Geschichte Der Halbinsel Morea Während Des Mittelalters: Ein Historischer Versuch. Untergang Der Peloponnesischen Hellenen Und Wiederbevölkerung Des Leeren Bodens Durch Slavische Volksstämme, Volume 1...

Jakob Philipp Fallmerayer

Geschichte

der

Halbinsel Morea

während

des Mittelalters.

Ein

historischer Versuch

von

Prof. J. Phil. Fallmerayer.

Erster Theil.

Untergang der peloponnesischen Hellenen und Wiederbevölkerung des leeren Bodens durch slavische Volksstämme.

Stuttgart und Tübingen,

in der J. G. Cotta'schen Buchhandlung.

1830.

Stat magni nominis umbra.

LUCAN

Stuttgart und Tübingen

1840.

Vorrede.

Das Geschlecht der Hellenen ist in Europa aus-
gerottet. Schönheit der Körper, Sonnenflug des
Geistes, Ebenmaß und Einfalt der Sitte, Kunst,
Rennbahn, Stadt, Dorf, Säulenpracht und
Tempel, ja sogar der Name ist von der Ober-
fläche des griechischen Continents verschwunden.
Eine zweifache Erdschichte, aus Trümmern und
Moder zweier neuen und verschiedenen Menschen-
racen aufgehäuft, decket die Gräber dieses alten
Volkes. Die unsterblichen Werke seiner Geister,
und einige Ruinen auf heimathlichem Boden sind
heute noch die einzigen Zeugen, daß es einst ein
Volk der Hellenen gegeben habe. Und wenn es
nicht diese Ruinen, diese Leichenhügel und Mau-
soleen sind; wenn es nicht der Boden und das
Jammergeschick seiner Bewohner ist, über welche
die Europäer unserer Tage in menschlicher Rüh-
rung die Fülle ihrer Zärtlichkeit, ihrer Bewun-

*2

derung, ihrer Thränen und ihrer Beredsamkeit ausgießen: so hat ein leeres Phantom, ein entseeltes Gebilde, ein nicht in der Natur der Dinge existirendes Wesen die Tiefen ihrer Seele aufgeregt. Denn auch nicht ein Tropfen ächten und ungemischten Hellenenblutes fließet in den Adern der christlichen Bevölkerung des heutigen Griechenlands. Ein Sturm, dergleichen unser Geschlecht nur wenige betroffen, hat über die ganze Erdfläche zwischen dem Ister und dem innersten Winkel des peloponnesischen Eilandes ein neues, mit dem großen Volksstamme der Slaven verbrüdertes Geschlecht von Bebauern ausgegossen. Und eine zweite, vielleicht nicht weniger wichtige Revolution durch Einwanderung der Albanier in Griechenland hat die Scenen der Vernichtung vollendet. Scythische Slaven, illyrische Arnauten, Kinder mitternächtlicher Länder, Blutsverwandte der Serbier und Bulgaren, der Dalmatiner und Moskowiten sind die Völker, welche wir heute Hellenen nennen, und zu ihrem eigenen Erstaunen in die Stammtafeln eines Perikles und Philopömen hinaufrücken. Archont und Mönch, Ackerbauer und Handwerker des neuen Griechenlands sind fremde Uebetzügler, sind in zwei historisch verschiedenen Zeitpuncten von den mitternächtlichen Gebirgen nach

Hellas herabgestiegen. Und das Wort Grieche selbst bezeichnet heute nicht mehr, wie ehemals, die zwischen dem Tempethal und den Strömungen des Eurotas angesiedelten Kinder Deukalions, sondern alle jene Völkerschaften, welche im Gegensaße mit der Lehre Mahomets und der römischen Kirche, Geseß und Glauben vom Patriarchalthrone zu Byzanz empfangen haben. Der Arnaut von Suli und Argos, der Slave von Kiew und Veligosti in Arkadien, der Bulgar von Triadißa und der christliche Räuber von Montenegro haben mit Skanderbeg und Colocotroni gleiches Recht auf Namen und Rang eines Griechen. Das Band, welches sie gemeinschaftlich umschlinget, ist stärker als die Bande des Blutes, es ist religiöser Natur und gleichsam die Scheidewand zwischen der Caaba und dem Lateran.

Die Erkenntniß dieser Dinge ist von großer Bedeutung, jeßt wo die Herrschaft über das menschliche Geschlecht von den latinischen und germanischen Völkern zu weichen und auf die große Nation der Slaven überzugehen scheint.

Was die Natur während eines mehrhundertjährigen Zeitraumes, unbelauscht von menschlicher Neugierde, unter jenem Himmelsstriche gemischt und geschaffen hat, tritt heute vollendet

unter die Blicke der erstaunten Welt. Und das
große Volk der slavo=arnautischen Christen von
Byzanz erhebt sich von Messenien bis Archangel
als eine blutsverwandte compacte Masse, als ein
neugeschaffener und von Einem Geiste beseelter
Riesenkörper plötzlich aus dem entflohenen Nebel=
dunst des illyrischen Continents. Den dunkeln
Gefühlen der Slaven Griechenlands haben end=
lich die Weltereignisse selbst Worte geliehen, und
ihnen in der Verzweiflung die Erkenntniß des
Heiles gebracht. Denn zurückgestoßen vom Mor=
gen = und Abendlande hatten sie schon seit Jahr=
hunderten alle Hoffnung der Erlösung durch Hülfe
ihrer christlichen Brüder des Occidents aufgege=
ben, und ihre Blicke sehnsuchtsvoll gegen Mit=
ternacht, gegen ihre alte, ihnen selbst fremd ge=
wordene Heimath, gegen den großen Beherrscher
von Turan gewandt. Es war ein Schrei der
Natur, den die Christen des Abendlandes nicht
verstanden. Die Morgenröthe der Vergeltung,
der Freiheit und des Ruhmes hat für diese Un=
glücklichen endlich am Himmelsbogen heraufgeblitzt,
und die von den Kindern Mahomets auf den
Gipfeln der Balkane aufgethürmte Scheidewand
ist bis auf den Grund eingesunken. Der christ=
liche Grieche von Mistra in Lakonien reicht sei=

dem Bruder dem griechischen Christen von Mistra in Moskovien nach langer Trennung die Hand,

ipsae te, Tityre, pinus,
Ipsi te fontes, ipsa haec arbusta vocabant.

Das späte Erkennen dieser so nahe liegenden, auf die künftige Gestaltung des öffentlichen Lebens in Europa so tief eingreifenden und alle Berechnungen der Philanthropen sowohl als der kühlen Aequilibristen zerstörenden Revolution des Continentes von Illyrien ist ein klarer Beweis, wie oberflächlich, wie mangelhaft und verkehrt selbst bei den aufgeklärtesten Nationen des Erdkreises die Ansichten über die Begebenheiten der vergangenen Jahrhunderte sind. Eine Katastrophe, so zu sagen mit dem Blute eines abgeschlachteten halben Welttheiles im Buche des Schicksales eingeschrieben, ist von den Weisen wie von den Thoren bis auf den heutigen Tag übersehen worden; weil man in den Annalen des menschlichen Geschlechtes nur jene Erscheinungen aufgezeichnet findet, die plötzlich wie das feurige Meteor, wie die Windsbraut und die Sturmfluth die Einbildungskraft der Sterblichen erschüttern. Der Boden von Hellas aber sank Stück für Stück, Scholle für Scholle in den Abgrund des langsam aber beharrlich untergrabenden Weltmeeres, und von den Hellenen stieg Haufe an Haufe, von den Keulen der

Scythen fortgetrieben, während der tiefsten Geister=
nacht in den Schlund der Vernichtung hinab. —

Das Feuermeer des Consuls Mummius, wel=
ches einst über Korinth und seinen Palästen zusam=
menschlug, hatte den Blick des Beobachters auf
immer aus Hellas verscheucht, und den Griffel der
Geschichte selbst zugleich mit den Tempelzinnen un=
ter Schutt und Leichenhügeln der griechischen Frei=
heit begraben. Und die Welt war undankbar ge=
nug, die Söhne des berühmtesten Volkes der Erde
schnell der Vergessenheit zu überlassen, nachdem ihr
Stern erbleicht und die doppelte Last der Ignoranz und
der Knechtschaft auf ihre Häupter herabgesunken war.

Heute, nach Umfluß von beinahe zweitausend
Jahren, wendet Europa seinen Sinn und sein Ge=
müth wieder auf das lang vergessene Land zurück,
und glaubt die Kinder eben jener edeln Männer
noch zu erkennen, die einst bei Leukopetra für das
Vaterland gestorben sind. Niemals ist aber ein
größerer Irrthum öffentlich ausgesprochen und ver=
theidiget worden. Es ist im Innern des ganzen
griechischen Festlandes gegenwärtig nicht eine einzige
Familie, deren Ahnen nicht entweder Scythen oder
Arnauten, Almugavaren oder Franken, oder gräci=
sirte Asiaten aus Phrygien, Cilicien, Kappadocien
oder Lydien wären. Und wenn sich Hellenenfreunde

etwa noch damit trösten wollen, daß wenn auch die alten Geschlechter von Hellas gänzlich untergegangen, doch ihre Sprache und ihr Accent auf die eingedrungenen Völker hinübergepflanzet, daselbst ununterbrochen die Herrschaft behauptet habe, so müssen wir ihnen leider auch diesen Trost noch rauben, und ihre letzte Hoffnung für eine Täuschung erklären, da es sich zeiget, daß man auf dem offenen Lande in Arkadien und Elis, in Messenien und Lakonien, in Böotien, Phocis und Akarnanien viele Menschenalter hindurch slavisch geredet habe, wie man es in Serbien und Dalmatien jetzt noch spricht, in Pommern und auf der Insel Rügen aber vor Jahrhunderten gesprochen hat.

Diese vollständige Verwandlnng des alten Bodens und seiner Bebauer fällt in die Zeitperiode hinein, welche vom Siege der römischen Legionen über Achaja bis zur gänzlichen Unterjochung Griechenlands durch die osmanischen Türken verflossen ist. Diese nämliche Zeit bildet zugleich das Stadium, auf welchem sich die vorliegende Schrift fortbewegt.

Wenn sie der Verfasser selbst nur einen „Versuch" nennt, so schreibe man dieses etwa nicht einer unzeitigen Bescheidenheit, sondern der Natur der Sache zu, da er beim Mangel aller Quellen und

Vorarbeiten häufig nur nach Conjecturen zu arbeiten genöthigt war. Jedermann weiß ja, daß die Geschichten des griechischen Volkes nur bis zur Vernichtung des achäischen Bundes durch die römische Welttyrannei kritisch gesichtet und wissenschaftlich geordnet und beschrieben sind. Von da bis zum Einbruch der nordischen Völker im vierten Jahrhundert nach Christus fallen nur einzelne Lichtpuncte hin und wieder in die traurige Oede dieser Himmelsgegend, bis sie sich endlich von scythischer Nacht eingehüllt länger als achthundert Jahre den Blicken der Menschen völlig entzieht. Aus dieser langen Periode bilden ungefähr sechs oder sieben zerstreute Phrasen Alles was man der Nachwelt über das Vaterland der Künste und der Philosophie überliefert hat. Und doch soll das Hauptverdienst der gegenwärtigen Unternehmung gerade darin bestehen, den Schleier auseinander zu reißen und das Ungethüm zu verscheuchen, welches den Zugang zu diesem alten Zauberlande hütet. Daß ein vollständiger Erfolg gleich den ersten Versuch kröne, ist nicht leicht zu erwarten. Denn neue Ideen sind verhaßt und werden von den herrschenden Doctrinen der Zeit oft eben so feindselig zurückgestoßen, wie unterdrückte Völker, wenn sie sich im Gefühle innerer Kraft aus dem Schlamme der Knechtschaft erheben und in die Reihe politisch freier Staaten erschwingen wollen. Neben den natürlichen Hemmnissen, welche die alte Zwingherrengewalt der einen, die Dunkelheit aber den anderen entgegenstellt, haben gewöhnlich beide noch gegen Schelsucht und gekränkte Eitelkeit derjenigen zu kämpfen, bei welchen sie Schirm und brüderliches Entgegenkommen erwartet haben.

Altes Gemäuer, zerbrochene Marmorblöcke, leere Grabmäler und Inschriften, — Trümmer einer untergegangenen Welt —, hat man seit mehr als hundert Jahren mit Aufwand und Fleiß in Hellas gesammelt und beschrieben; allein die Menschen daselbst, ihren physischen Bau und ihre Leidenschaften, so wie das Maß ihres Geistes, ihre Art zu wohnen und das bürgerliche Leben einzurichten, hat man in classischer Berauschung für unwerth gehalten, Gegenstand der Forschung zu seyn. Und doch ist eine richtige Erkenntniß derselben die einzig wahre Quelle, um über Gegenwart und Zukunft des heutigen Griechenlands ein Urtheil zu begründen, und zu erfahren wer eigentlich das Volk sey, dem die Könige der Christenheit nach langem vergeblichen Flehen endlich um den Preis von mehr als zwanzig Myriaden Todtenschädeln die Erlaubniß ertheilt haben, von nun an in einem Winkel ihres väterlichen Bodens ohne Furcht das Evangelium zu bekennen.

Es wäre gleichsam ein neuer Herodot oder Pausanias nöthig, um an Ort und Stelle selbst die Materialien zu einem Lehrgebäude aufzusammeln und die ganze Reihe der Verwandlungen darzustellen, die für Hellas mit der Einäscherung von Alt-Korinth begonnen, und mit der Uebergabe von Napoli und Monembasia an die osmanischen Türken am Schlusse des fünfzehnten Jahrhunderts ihre Vollendung erreicht haben. Ein solcher mit philosophischem Geiste ausgerüsteter Beobachter würde dann freilich finden, daß eine Bevölkerung mit slavischer Gesichtsbildung, oder mit den bogenförmigen Augenbrauen und den harten Zügen albanischer Gebirgshirten gewiß nicht aus dem Blute eines Narcissus, eines Alcibiades und Antinous entsprossen sey, und daß demnach nur eine romanhaft erhitzte Phantasie in unsern Tagen noch von einer Auferstehung der alten Hellenen mit ihren Sophoklessen und Platonen träumen kann.

Zur Begründung dieser neuen Ansicht gibt der Verfasser nur den ersten Impuls, der aber ohne Zweifel eine ganz neue Behandlung der Geschichte, nicht nur des eigentlichen Griechenlandes, sondern auch des ganzen großen illyrischen Continents als

Folge nach sich ziehen wird. Und alle weiteren Entdeckungen auf Morea und in Rum=ili, und alle ferneren Schritte in Enthüllung der mittelalterlichen Vergangenheit dieser Länder werden hoffentlich nur dazu dienen, die Ideen zu bestätigen, die man hier entwickelt hat, und den Bau zu vollenden, zu welchem der Verfasser das grobe Gezimmer liefert. Es ist deßwegen vorläufig auch nur Morea, oder der alte Peloponnes, in zwei Abtheilungen bearbeitet und die erste derselben gleichsam als Probe dem Publicum zur Beurtheilung hingestellt, theils wegen der insularisch in sich abgeschlossenen Lage dieses Eilandes, theils auch weil die Sache selbst ihrer großen Resultate wegen zu wichtig schien, um sie in der ganzen Ausdehnung eher zur Oeffentlichkeit zu bringen, als bis gelehrte und vorurtheilsfreie Männer die Grundprincipien geprüft, allenfallsige Irrthümer berichtiget, verhüllte Schwächen aufgedeckt, und über die ganze Anlage ein billigendes oder verdammendes Urtheil abgegeben hätten. Alle jene Gelehrten vom Fache, denen Wahrheit vorzüglicher scheinet als Irrthum, und welche Kraft genug haben eine geliebte Täuschung der besseren Ueberzeugung zum Opfer zu bringen, sind eingeladen, mit der Schärfe ihres Verstandes und mit dem Rüstzeug aller auf neugriechischem Boden selbst

gesammelten Erfahrungen die vorliegenden Sätze des
Verfassers umzustoßen. Niemand wünschet eifri-
ger als er selbst, daß man ihn eines vollständigen
Irrthums überführe. Denn bei den meisten Menschen, deren Jugend mit dem Mark der alten Literatur genährt wurde, knüpfen sich die süßesten
Erinnerungen vorzugsweise an die Schöpfungen
des genialen Griechenlandes, und selbst gegen den
Ekel, welchen gewöhnlich die Gegenwart den Menschen einflößt, ist ein Labetrunk aus dem ewig kla-
ren Geisterborn der Hellenenwelt, der kräftigste
Talisman. Deßwegen darf auch der Wunsch, die
Kinder der alten Lehrer und Freunde des menschlichen Geschlechtes möchten dem Sturm der Zeiten
zum Trotz Haus und Erbtheil ihrer Ahnen heute
noch besitzen, wohl Verzeihung finden. Zwar ist
dieser Wunsch vergeblich, aber er ehret nichts desto
weniger die menschliche Natur, weil er beweiset,
daß der Sinn für das menschlich Schöne, daß Achtung für die Vorzüge des Geistes, daß Mitleid
und Erbarmen in den Herzen der dankbaren Völker noch immer eine Zufluchtsstätte gefunden haben.

Landshut im October 1829.

D. B.

Inhalt.

*) Ghinsterna, Ghisterna oder Kynsterna sind gleich, man liest sie
alle drei.

Erstes Capitel.

Ueberblick der Hauptmomente der peloponnesischen Ge=
schichte, von den ältesten Zeiten bis zur Zerstörung des achäi=
schen Bundes, um 146 vor Christus.

———

Eine Linie, vom innersten Winkel des adriatischen Meeres
an die Mündungen der Donau gezogen, bildet die Grund=
fläche einer großen Länderpyramide, an welcher die Halb=
insel Peloponnes, wie das Haupt am thierischen Körper,
die Spitze bildet. An Flächeninhalt kaum mit dem Königs=
reiche Würtemberg zu vergleichen, und wie eine starke
Festung nur durch eine schmale Erdenge mit dem festen
Lande verbunden, kann dieses Eiland mit Recht die Akro=
polis von Griechenland heißen.

Von Sagunt bis an den Phasis, und von Cyrene bis
an die Mündungen des Borysthenes, auf allen Küsten des
inneren Meeres zerstreut, und wie ein Purpursaum an die
Landmarken der Barbaren hingeheftet, blickten die grie=
chischen Colonien aus allen Weltgegenden auf die pelo=
ponnesische Halbinsel, wie der vom nächtlichen Sturm
getriebene Schiffer auf die Flamme des Leuchtthurms.
Innerhalb der natürlichen Bollwerke dieser Burg hatten ja
die Hellenen ihre Penaten, ihre Tempel, ihre National=

fefte, ihre Vereinigungspunkte, ihre Reichthümer und ihr stehendes Heer in einem Feldlager am Fuße des taygetischen Gebirges. Während Korinth durch Theilnahme am Welthandel kunſtſinnig und üppig wurde, und der Meißel des Künſtlers in den Werkſtätten von Sicyon athmende Menſchengebilde aus Stein hervorzauberte, wurde die Kriegskunſt von den Bürgern in Sparta zu einer ſolchen Vollendung gebracht, daß ſich die griechiſche Nation unter den Fahnen derſelben den Peloponnes gegen das ganze menſchliche Geſchlecht zu vertheidigen ſtark genug glaubte. *) Und in der That, wem verdankte Altgriechenland ſein Heil im mediſchen Kriege, wem das menſchliche Geſchlecht die Hoffnung zur Freiheit, wenn nicht dem Heldenmuthe der ſpartaniſchen Hopliten am Schlachttage von Platää? Zwei Drittheile der helleniſchen Bevölkerung fochten unter den Fahnen des aſiatiſchen Weltmonarchen, während von den übrigen Staaten mehrere wankten oder wenigſtens ohne Theilnahme an den Gefahren des Vaterlandes blieben. Die Bürger von Athen allein hätten, ungeachtet ſie vom reinſten Feuer der Freiheitsliebe entzündet waren, Griechenland von der Knechtſchaft nicht retten können. Ihre Stadt war vom Grunde aus zerſtört, ihre Seemacht kaum gegründet, ihre Werften, Zeughäuſer und langen Mauern beſtanden nur erſt in der Seele eines Themiſtokles, und bloße Begeiſterung kann den Mangel eines ſtehenden und geübten Heeres im Kampfe gegen einen überlegenen und klugen Feind nicht lange erſetzen. Mardonius, als Satrap

---

*) Herodot.

von Hellas, hätte das menschenleere Attica mit barbarischen Colonisten aus Anatolien gefüllt; und Philosophie und Kunst, die beiden Pflanzen, auf deren Pflege und Gedeihen das Heil des menschlichen Geschlechtes beruhet, hätten ihr Vaterland auf immer verloren. Der Geist des Menschen ist eine Blume, die sich in der Atmosphäre der Knechtschaft unmöglich in voller Kraft und Majestät entfalten kann. Ruhe allein ist zu wenig; Entfernung jeder Furcht vor Unterdrückung, verbunden mit dem Bewußt-seyn eines vollendeten Triumphes über die Feinde, ist die Lebensluft, in welcher die großen Geister Athens jene genialen Gebilde weben konnten, welche ihnen selbst die Unsterblichkeit brachten, dem menschlichen Geschlechte aber ein ewig rinnender Brunnen der Glückseligkeit, und eine unerschöpfliche Fundgrube der Weisheit und der Tugend geworden sind.

Eine andere Wohlthat hat der Peloponnes weder dem Geschlechte der Hellenen, noch der Menschheit im Allge-meinen jemals geleistet, und man dürfte beinahe behaup-ten, die Spartaner seyen das Vorbild gewesen, nach wel-chem Plato die Krieger seiner Republik gebildet habe, während die Intelligenz oder die Archonten seiner idealen Staatsgesellschaft in den Obrigkeiten von Athen zu suchen sind. Wie wenig aber in Folge der Zeiten beide Gewalten von Hellas ihrem Ideale entsprachen, ist aus Thucydides und Xenophon hinlänglich bekannt. Die Republik der Krieger verlor im Glücke ihre wahre Stellung nicht we-niger schnell als die Republik der Weisen, und beide lieferten den Beweis, daß die alten Hellenen Alles

leisten und Alles tragen möchten, ausgenommen Herr-
schergewalt und Glück.

Von der Schlacht bei Plataä angefangen blieb der
Peloponnes nicht nur das große Rüsthaus, und Sparta
gleichsam das Hauptquartier der griechischen Streitkräfte
gegen Anatolien, sondern auch als Mittelpunkt, auf welchem die Fäden der Staatenpolitik von Asien und Europa
zusammenliefen, erblicken wir über ein volles Jahrhundert
herab die hölzerne Stadt am Eurotas.

Den Culminationspunkt ihrer Größe hatte diese Halbinsel um das Jahr 400 vor Christus erreicht. Das neben-
buhlerische Athen war überwunden, und die Macht aller
griechischredenden Staaten zu Wasser und zu Lande in
drei Welttheilen erkannte Majestät und Befehle der
Ephoren von Sparta. Die peloponnesischen Flotten bedeckten alle innern Meere; Sicilien, Italien, die ponti-
schen Handelsplätze, Cyrene und die Küsten des Morgenlandes sandten Tribut mit Huldigung an die tapfern und
klugen Männer von Sparta, welche Griechenland von der
athenäischen Knechtschaft befreiet hatten.

Spartanische Harmosten befehligten in allen Städten,
und Söldner aus dem Peloponnes fochten in den Heeren
aller Dynasten, so weit sich die von Griechenland aus-
gehende politische Bewegung der Welt erstreckte. Jenseits
dieser Gränze, nördlich vom Ister und von Illyrien, deckte
träger Schlummer die Länder der scythischen Slaven, der
Germanen und Kelten. Rom wurde noch nicht genannt,
und Karthago ward, wie Persien, von den Hellenen besiegt. Und wie die Sachen in jenem Augenblicke standen,

schien es keinem Zweifel unterworfen, daß sich die Peloponneser an der Spitze der Panhellenen der menschlichen
Dinge bemächtigen, daß sie die Wildheit der auswärtigen
Nationen mit Waffen und Gesetzen bändigen, und durch
die Lehren griechischer Weltweisen die Herrschaft des Rech-
tes und der gesetzlichen Freiheit über die Oberfläche der
Erde verbreiten würden.

Die Natur des spartanischen Staates aber und seine
Verfassung machten ihn unfähig eine Rolle zu spielen,
welche Macedonien noch Rom nach ihm übernommen und
zum Theil ausgespielt haben. Sparta war auf Stabilität seiner bürgerlichen Einrichtungen und auf gänzliche
Bewegungslosigkeit des menschlichen Geistes begründet,
und folglich von Natur aus nicht geeignet ein erobernder
und bildend eingreifender Staat zu werden. Seine Verfassung der Hauptsache nach das Product eines einzelnen
Mannes und nur auf die Voraussetzung berechnet, daß
die politische Weltstellung Griechenlands ewig dieselbe
bleiben werde, wie sie in Lykurgs Zeitalter war, drückte
den Bürgern einen Charakter von Härte und Trotz ein,
der das Band der Gemeinschaft zwischen Laconia und dem
übrigen Menschengeschlechte völlig zerriß. Während sich
rund umher Begriffe, Sitten, Städte, Tempel, Länder,
Menschen und Götter verwandelten, blieb Sparta auf
dem Punkte stehen, welchen ihm sein Gesetzgeber der Vorzeit angewiesen hatte. Jeder neuen Idee, jeder Verschö-
nerung des bürgerlichen Daseyns, jeder Veredlung des
Genusses, jeder neu aufkeimenden Blüthe des Geistes, jedem Fortschritte der menschlichen Würde setzte Sparta un-

beugsamen Trotz und stumpfe Geschlossigkeit entgegen, und wollte lieber zu Grunde gehen, als sich zum Eingeständniß der Perfektibilität der Staatseinrichtungen und des Menschengeschlechts bewegen lassen.

Wie aber Sparta dessen ungeachtet durch die Umstände verführt seine Hand nach fremdem Gut ausstreckte, auswärtige Staaten unterjochte, und seine Herrschaft sogar über den Kreis der griechischen Welt hinaus zu verbreiten suchte, so beglug es mit jedem Schritte vorwärts eine Sünde gegen seine Natur und seine politische Doctrin. Und gleich wie der einzelne Mensch durch gesetzwidrige Handlungen in unheilvollen Zwiespalt mit sich selbst geräth, und durch Gewissensbisse geängstigt gleichsam den innern Halt verliert, eben so zerrann der Kern der spartanischen Lebenskraft und mehrte sich der Widerspruch in der Seele der Republik durch jeden Act, zu welchem sie sich gegen die Mahnungen der althergebrachten Gesetze und Einrichtungen hinreißen ließ. Es fühlet, handelt und lebt ja der Staat ganz wie der einzelne Mensch. *)

Wie verschieden dagegen ist das Staatsleben des römischen Volkes bei aller anscheinenden Aehnlichkeit mit der kriegerischen Härte von Sparta. Der Grundsatz: alle menschliche Einrichtung sey unvollkommen in ihrem ersten Ursprunge, könne zwar durch die Erfahrung der kommenden Geschlechter und durch die collective Weisheit der Be-

---

*) Καὶ δίκαιον δὲ, ὦ Γλαύκων, οἶμαι, φήσομεν ἄνδρα εἶναι τῷ αὐτῷ τρόπῳ ὥσπερ πόλις ἦν δικαία.

Platon. Respublic. lib. IV, p. 441. Edit. Frid. Astius.

rather den Bedürfnissen der Menschen und den Zeiten angemessener, niemals aber auf einen solchen Grad von
Vollkommenheit gebracht werden, daß sie keiner weitern
Veredlung fähig wäre, liegt offenbar der römischen Staats-
gesetzgebung zu Grunde. Sie war aber auch nicht das Er-
zeugniß eines einzelnen Mannes und einer einzelnen Phase
der Zeit; sondern die Frucht einer Reihe großer und prak-
tisch eindringender Geister aus verschiedenen Jahrhunderten.
Denn zu keiner Zeit hat es, nach der Bemerkung eines
Staatsmannes aus eben dieser alten römischen Welt, irgend einen Mann von so durchdringender Schärfe des
Verstandes gegeben, daß ihm in Einrichtung des Gemein-
wesens durchaus gar kein Umstand entgangen wäre; und
die Gesammtintelligenz eines Menschenalters im Bunde
vermöge es nicht ohne Beiziehung alter Erfahrungen den
ganzen Proceß des Staatslebens zu durchschauen, und den
Entwickelungsgang desselben bis zu seiner vollendeten Ausbildung zu regeln und zu begleiten. *) Wir sagen hiemit
nicht, daß schon die ersten Häuptlinge und Moderatoren
Roms die künftige Größe und Macht der ewigen Stadt
vorhergesehen und berechnet haben. Wir behaupten nur
so viel, daß die ersten Gesetzgeber, Führer und Bildner
der Republik nicht wie Lykurg, Gebiet und Ausbildung
der neu eingerichteten Stadt für in sich abgeschlossen, für
unverbesserlich und permanent erklärt, sondern die künftige
Majestät und universalhistorische Größe derselben durch
Klugheit und richtigere Beurtheilung der menschlichen Dinge

---

*) Cicero de Republica.

vorbereitet haben. Bei jeder Verbesserung des bürgerlichen Zustandes im Innern, bei jedem Siege der volksthümlichen Rechte über Kastengeist, Privilegium und Ungerechtigkeit; beim Anblicke jedes mit Feindesleichen besäeten Schlachtfeldes, bei jeder Triumphfeier glücklicher Imperatoren, bei jedem neuaufgestellten Meilensteine auf den gegen alle Weltregionen gebahnten Heerstraßen mußte die Bürger Roms das freudige Gefühl beleben und beseligen, dem Ideal ihrer Weltbestimmung um einen Schritt näher gerückt zu seyn.

Dieser Weg scheint der allein richtige, um zu erklären, warum die Peloponnesier bei ihren Versuchen, die überwiegende Macht im Westen der alten Welt zu erringen, völlig scheiterten; Latium dagegen bei viel geringern Anfängen und Mitteln alle Reiche der Erde verschlang. Die erstern waren durch ihre Principien in Opposition mit der Natur des menschlichen Geistes, während Latium dem unvertilgbaren Hang desselben, Besseres in sich aufzunehmen, sich nach allen Seiten und Richtungen zu bewegen und auszubreiten, unbedingt huldigte, und eben dadurch bis zum Zeitpunkt seiner Demoralisation Beifall und Dank des Menschengeschlechtes verdiente.

Um den Widerspruch zu heben, in welchen Sparta durch die verfassungswidrige Ausdehnung seiner Herrschaft mit sich selbst gefallen war, gerieth es auf die sonderbare Idee, das eroberte Griechenland beider Kontinente zu dem entwürdigten Zustande der Messenier und Heloten herabzudrücken. Alles was im öffentlichen

Leben der Hellenenstämme geistig Edles und menschlich Erhabenes war, sollte gleichsam vertilgt, die Künste sollten ausgelöscht, die Bildungsanstalten vernichtet, Arbeit und Industrie geächtet, der Geist gefesselt, das Leben getödtet, die Namen der eroberten Länder und Nationen abgeschafft, gleichsam ganz Griechenland Laconia heißen, und außer den Bürgern der Stadt Sparta mit ihren Militärharmosten und decemviralischen Fanatikern in den bezwungenen Provinzen Niemand die Freiheit genießen. Daß in dieser Weise die Civilisation nach und nach hätte verschwinden und die blühendsten Landstriche der alten Welt sich hätten in Wüsten verwandeln müssen, wäre die natürliche Folge einer so unmoralischen Verwaltung gewesen. Man muß gestehen, ein in solchem Grade teuflisches Regiment, wie sich die spartanische Militärdespotie vom Siege bei Aegospotamoi bis zur Niederlage bei Leuktra gezeigt, hat selbst mit Einschluß des türkischen weder vor noch nachher jemals die Welt verpestet. Wahrhaft, es war dieses eine Empörung der Materie gegen den Geist. *) Eine Herrschaft, in ihrer Grundlage unmoralisch und zerstörend, kann in dem menschlichen Geschlechte unmöglich in die Länge oder auf immer bestehen. Und niemals war eine Insurrection gerechter in ihrem Princip, allgemeiner in

---

*) . . . ἐπανάςασιν μέρους τινὸς τῷ ὅλῳ τῆς ψυχῆς, ἵνᾳ ἄρχῃ ἐν αὐτῇ ὃ προσῆκον, ἀλλὰ τοιούτε ὄντος φύσει οἵου πρέπειν αὐτῷ δυλεύειν τῷ τοῦ ἀρχικοῦ γένους ὄντι.

Platon. Politia lib. A, p. 246. Edit. Astius (p. 444).

ihrer Ausdehnung, und beharrlicher in ihren Anstren=
gungen als die der griechischen Volksstämme gegen das
alle Tugend und altes Recht verhöhnende Sparta (394
—362 vor Chr.), sobald die Schändlichkeit seiner Herr=
schaft erkannt und die zerstörenden Wirkungen derselben
sichtbar wurden. Und so allgemein war der Unwille,
daß selbst Peloponnesier innerhalb des Isthmus am
Kampfe gegen ihre alten Schutz= und Feldherrn theil=
nahmen, und getrieben durch das Gefühl für Recht und
Tugend so zu sagen gegen ihr eigenes Blut und Leben
in die Schranken traten. Es gibt wenige Schlachten
wie die bei Leuktra, von welchen man mit gleichem
Rechte sagen kann, die Tugend habe über das Laster,
die Wahrheit über die Lüge, und reiner Bürgersinn
über stupide Soldatendespotie den Sieg errungen.

Die außeristhmische Herrschaft der Spartaner und
Gesammtpeloponnesier hatte der Tag bei Leuktra ge=
brochen und sie wieder in jene Stellung zurückgedrängt,
in welcher sie vor dem Ausbruch des siebenundzwanzig=
jährigen Krieges die edle Rolle spielten, die griechische
Freiheit vor den Eingriffen der Ausländer zu schirmen.
Es war von Außen zwar wieder dieselbe politische
Lage, nicht mehr war aber das alte Gemüth und die
alte Moral der Peninsulaner zurückgekehrt. Sparta hatte
Blut gekostet und die Süßigkeiten der unbeschränkten
Gewalt geschmeckt. Und keine Noth der Zeiten, keine
Gewalt der Umstände konnte die Erinnerung verronnener
Herrlichkeit verdrängen, aus goldgierigen Anarchisten
enthaltsame Bürger schaffen, und die entflohene Tugend

wieder nach Sparta zurückführen. Es blieb der alte
Sinn, die alte verderbliche Politik: der Herrschaft über
Griechenland Alles zu opfern. Vergeblich ging der edle
Epaminondas mit einem großen Heere über die Landenge
und trennte durch Zurückführung der zerstreuten Bürger
Messenien von Sparta; vergeblich baute er den Arka-
diern Megalopolis, um allen Widersachern Lacedämons
als Stützpunkt und Sammelplatz zu dienen; vergeblich
erschien er zweimal mit Heeresmacht vor der mauerlosen
Hauptstadt; vergeblich lieferte er die große Schlacht bei
Mantinea und starb selbst den Heldentod; um Griechenland von der Gefahr einer stehenden, sich selbst ewig
ergänzenden, in seinem Mark unheilbar verpesteten, das
ganze menschliche Geschlecht hassenden Kriegerkaste durch
Vertilgung zu befreien. Sparta glich damals einer
Löwenhöhle, deren Anblick die Nahenden noch immer
mit Grauen erfüllte, obgleich das Thier verstümmelt
und bluttriefend zu Boden lag.

Die dreißigjährige Ruhe, welche Sparta nach der
Schlacht von Mantinea (362—330) ununterbrochen ge-
noß, ersetzte einigermaßen den Menschenverlust der früheren
Feldzüge, ohne deßwegen den kriegerischen Trotz der
Republik zu schwächen. Das grausame und blutdürstige
Verfahren gegen Heloten und unterthänige Städte, so
wie einzelne Streifzüge gegen die verhaßten Neubauten,
Megalopolis und Messene, waren hinreichend, in der
Brust der spartanischen Jünglinge und Männer die
Kampfesgluth anzufachen und zu nähren, die trotz der
Schlappen von Leuktra und Mantinea auf einheimischem

Boden noch damals bei allen Griechen für unwiderstehlich galt.

Bekanntlich erlag Hellas während dieser genannten Zeitperiode den Nachstellungen und der Disciplin der Macedonier, erklärte die Könige Philipp und Alexander auf der Nationalversammlung in Korinth zu Hegemonen der hellenischen Völker gegen das Morgenland, und stellte das gesetzliche Kontingent an Truppen; Korinth nahm macedonische Besatzung ein, Achaja, Elis, Argos und Arkadien beugten sich vor dem Sieger von Chaeronea. Nur Lacedämon schwieg und übte sich in den Waffen. Die Mahnungen der neuen Oberfeldherrn sich an die allgemeine Sache der griechischen Nation gegen die Fremden anzuschließen, wieß es mit Unwillen zurück und verachtete unter allen Menschen damaliger Zeit allein ungestraft und ohne Furcht Alexanders Phalanx, sein Genie und sein Glück. Und als die Nachricht nach Europa gekommen war, Alexander sey über den Euphrat, sey über den Tigris gegangen, stehe im Angesicht des großen Perserheeres auf den Feldern von Gaugumela, hinter sich die reißenden, brückenlosen Ströme des Morgenlandes mit der furchtbaren, unerforschten Kette der kaukasischen Gebirge: so glaubten die Lacedämonier, daß der Zeitpunkt gekommen sey, die Schmach macedonischer Knechtschaft von Alt-Griechenland abzuwälzen und die verlorne Würde Sparta's inn- und außerhalb des Peloponneses wieder herzustellen. Lakonien, Achaja und Elis erhoben sich plötzlich. Korinth wurde durch die macedonische Besatzung, Arkadia und Messenia durch Neigung in der Pflicht erhalten. Agis der

Zweite belagerte an der Spitze des Insurrectionheeres das macedonisch gesinnte Megalopolis. Aus Macedonien eilte Antipater herbei und lieferte die Schlacht.*) Sie dauerte einen ganzen Tag mit abwechselndem Glücke auf Hügeln und in der Thalebene. Die beiden gewaltigsten Triebfedern menschlicher Kraftäußerung, Freiheit und Herrschaft, begeisterten beide Heere an diesem Tage zu übermenschlicher Tapferkeit. So lange Agis, von riesenhafter Gestalt und mit romanhaftem Heldenmuthe fechtend, die Seinigen noch ermunterte, schien das Glück selbst im Zweifel zu seyn, wem es den Sieg überlassen soll. So wie aber dieser gefallen war, verließen die Lacedämonier, erschöpft durch die unerhörte Arbeit, und geschwächt durch den großen Verlust, das Schlachtfeld, auf welchem mehr als fünftausend Leichen erschlagener Peninsulaner lagen. Megalopolis war das Chäronea der Peloponnesier. Die Halbinsel gehorchte und schwieg; und Antipater ging ohne Lacedämon weiter zu beunruhigen wieder nach Macedonien zurück. Sparta selbst anzugreifen schien ihm ein unnützes und gefährliches Wagestück, weil seine Aufträge wohl die Beruhigung, nicht aber die Sclaverei Griechenlands erheischten, und weil die Feuerbrände von Theben in Alt-Lacedämon hineinzuschleudern wohl ein siegender König, nicht aber ein glücklicher Unterfeldherr wagen dürfte. Ueberdieß wußte Antipater, daß jeder Angriff auf diese Löwenhöhle noch jederzeit durch Umstände vereitelt oder durch Gewalt zurückgetrieben wurde, und daß die Bewoh-

---

*) Im Jahr 330 v. Chr.

ner derselben, wenn auch auf fremdem Boden oft geschlagen, doch auf ihrer mütterlichen Erde unbesiegbar seyen.

Sechsunddreißig volle Jahre mußten verrinnen, ehevor sich die Republik von dieser großen Niederlage erholen und die beinahe ausgerotteten altspartanischen Familien wieder ergänzen konnte. Den Siegen der Macedonier
in Asien, dem schnell auflodernden Freiheitsrausch der Hellenen nach Alexanders Tod zu Babylon, so wie den Rasereien seiner Unterfeldherren und Erben, welche das reiche
Griechenland abwechselnd unterdrückten und befreiten,
plünderten und mit Wohlthaten überhäuften, setzte Sparta
jene stumme Gleichgültigkeit und jenen egoistischen Trotz
entgegen, welche nur der Fürst der Finsterniß empfinden
kann, wenn er sieht, daß ein anderer das Gute vollbrin-
get, welches er gehindert, und das Böse vollführet, welches zu thun er wohl den Willen, nicht aber die Kraft
besitze.

Demetrius, der Städtebelagerer, rüttelte
Sparta aus seinem Schlummer. Was Epaminondas,
was Philippus, was Alexander, was Antipater theils
nicht vermochten, theils verschmähten, die Einnahme der
alten Stadt Lacedämon, glaubte dieser gefeierte Held gleichsam aus ritterlicher Pflicht unternehmen zu müssen, und
zwar um eine Bevölkerung zu züchtigen, welche man damals mit einem gewissen Rechte den Sitz und das Hauptquartier der Ruchlosigkeit und Schande Griechenlands,
und gleichsam ein Seminarium der politischen Schlechtigkeit und Verderbniß nennen durfte. Auf den fatalen Feldern von Mantinea, auf den Gräbern der einst mit Epa-

minondas gefallenen Helden, erschlug Demetrius die wie-
deraufblühende Jugend Lakoniens unter ihrem König Ar-
chidamus zu Tausenden, drang den Eurotas hinab und
vernichtete von den fliehenden Trümmern im Angesicht
Sparta's noch siebenhundert Mann. Es war, wie es
schien, der letzte Tag der Freiheit für diese alte und
große Stadt gekommen, als der Zufall noch einmal Rettung verschaffte. Eilboten aus Cypern, aus Asien und
vom Hellespont nöthigten den Sieger, fremde Beut'fäh-
ren zu lassen, um seine Erbländer und Familienglieder
feindlicher Gewalt zu entreißen. Das Schicksal wollte
nicht, daß ein Macedonier die spartanischen Frevel be-
strafe; es sollte vielmehr einem Bürger des Poloponne-
ses selbst aufbehalten seyn, an Sparta die Rache des
verrathenen Griechenlands zu vollziehen.

Auf der Nordseite der Halbinsel zwischen den arkadischen Gebirgen und dem Meerbusen von Korinth wohnten in zwölf bundesverwandten Städten die Achäer,
der unscheinbarste aller, innerhalb des Isthmus sitzenden
Hellenenstämme. Während der glänzenden Periode der
Weltunterjochung wissen die Annalen Griechenlands von
diesem Volke nichts zu erzählen, als daß es die Gerechtigkeit und den Frieden liebte, nur aus Zwang an den
einheimischen Kriegen der Griechen untereinander Theil
genommen, und jederzeit die Partei desjenigen ergriffen
habe, dessen Sache ihm die gerechtere schien.

Während nach Demetrius Sturz eine Thronrevolu-
tion um die andere Macedonien zerrüttete, von dem so
vielfach besiegten Lacedämon für Griechenlands Heil we-

der etwas zu fürchten, noch etwas zu hoffen war, und
bei dem noch immer weltherrschenden Griechenvolke in
Europa keine präponderirende Macht als Leitstern und
Mittelpunkt der öffentlichen Dinge sich geltend machen
konnte, die einzelnen Stämme aber dennoch nicht Kraft
genug besaßen, um die bürgerliche Freiheit zu behaupten, erhob das schüchterne Achaja mitten unter den Ruinen allgemeiner Anarchie zuerst die Fahne der Freiheit
für ganz Hellas. Nicht Eroberung, nicht Herrschaft
durch Unterdrückung unter dem Trugbilde der Befreiung
aus fremder Dienstbarkeit, wie es ehemals von Seite
der Athener, der Spartaner und Macedonier geschehen
ist, sondern Gleichheit und Menschlichkeit (ἰσότης καὶ
φιλανθρωπία), bisher in Hellas unbekannte Namen,
waren die Grundzüge ihres Bundes und ihrer Staats-
verwaltung. Alle Städte griechischen Namens wurden
zur Theilnahme eingeladen, um durch eine Verbindung
aller einzelnen Gemeinwesen eine unbezwingbare, auf
Grundlagen der Gerechtigkeit ruhende Brustwehr gegen
Tyrannei und Gesetzlosigkeit in der alten Akropolis von
Griechenland aufzurichten. Sicyon und Korinth brachte
der tugendhafte Aratus in den Bund; Argos, Megalopolis mit Tegea, Mantinea und den übrigen Städten
Arkadiens, sogar Megara mit Athen und Heraklea außerhalb des Isthmus, und endlich der ganze Peloponnes-
nes, mit der einzigen Ausnahme Lacedämons, reihten sich
nach und nach unter das Panier der Gesetze und der
Freiheit. Und die Halbinsel schien neuerdings heilbringend und rettend an die Spitze der griechischen Nation

zu treten. Sonderbare Fügung der Umstände, nachdem
die rohe Kraft, die Kriegsdisciplin, die Begeisterung,
die List, das Genie und das Glück nacheinander das
Diadem über Griechenland getragen hatten, erhielt es
zuletzt Achaja und die Gerechtigkeit. Ist dieß nicht ein
Vorbild der endlichen Katastrophe der menschlichen Dinge?
Oder wird nicht auch unter dem Menschengeschlechte im
Allgemeinen zuletzt doch noch die Gerechtigkeit den Sieg
erfechten, die Throne der physischen Gewalt, der Hinterlist, der Stupidität und der Ruchlosigkeit zu Boden
schlagen und auf ihren Trümmern den Palast gesetzlicher
Freiheit gründen?

So oft es sich um Menschlichkeit, um reinen Bürgersinn und allgemeine Wohlfahrt handelte, konnte man
auf Theilnahme der Lacedämonier niemals zählen. Die
Freiheit der übrigen Griechen haßte dieses Volk instinctmäßig. Und so erbärmlich die Lage desselben in den
ersten fünfzig Jahren des achäischen Bundes war, so
hatte es doch Kraft genug, alle Zumuthungen zur Wie-
dergeburt des Peloponneses und des ganzen Griechenlandes mitzuwirken, abzulehnen und jeder Idee der Ver-
söhnung den Eingang zu verwehren. Nach Polybius
und Plutarch zu urtheilen, kann man sich von dem innern Verfall dieser einst so gewaltigen Republik kaum
eine genügende Vorstellung machen. Von den altspar-
tiatischen Hopliten, deren zur Zeit des großen Perserkrieges 8000 zu Sparta wohnten, waren im Jahre 240
v. Ch. nur noch 700 übrig, und von diesen noch 600
arm und ohne Grundeigenthum. Nur ungefähr Ein-

hundert besaßen noch ihr altes Familienerbtheil. Die 9000 Güterloose, in welche durch die lykurgische Staatsreform das Eurotasthal eingetheilt wurde, waren durch Aufhebung der Unveräußerlichkeit in den Händen einer kleinen Zahl Oligarchenfammilien zusammengeflossen. Ein Heer zuchtloser Weiber und Proletarier neben einem Häuflein unmäßig Reicher, behaftet zu gleicher Zeit mit allen Lastern der Ueppigkeit und der Armuth, war nach dem einstimmigen Zeugniß bewährter Autoren die Bevölkerung der großen Hauptstadt Lacedämon in jenem Zeitalter. Alle öffentliche Gewalt lag in den Händen der fünfjährlichen Ephoren; und die beiden Könige lebten in gleicher Erniedrigung und Unmacht, wie die übrigen Bürger. Eine Revolution war unter solchen Umständen unvermeidlich, sey es durch eine Insurrection der Armen gegen die Reichen oder der Könige gegen die oligarchische Tyrannei der Fünfmänner, oder endlich eine durch siegreiches Vordringen der achäischen Föderalisten bewirkte Umgestaltung der politischen Verhältnisse Lakoniens. Ein Versuch des tugendhaften Königs Agis, durch gütliche Uebereinkunft aller Theile eine Umwälzung zu bewirken, scheiterte am Widerstande seines Collegen Leonidas und seiner reichbegüterten Anhänger. Nach Agis sollten alle Schuldbriefe vernichtet, das Ackerland neu vertheilt, die Hoplitenfamilien der Hauptstadt durch Conscription schön gewachsener und frei geborner Provincialen ergänzt und die alte Lebensweise, Sitteneinfalt und Erziehung wieder gesetzliche Kraft und Geltung erhalten. Und dieß Alles wollte der gutmüthige König ohne Schrecken, ohne Gewalt und Blut-

vergießen auf dem Wege der Ueberredung und des freund=
schaftlichen Zusammenwirkens in der verdorbensten Republik
Griechenlands vollbringen. Welche Unkenntniß des mensch=
lichen Herzens! Auch büßte er sein Verlangen, die Sparta=
ner unter sich gerecht und gegen Auswärtige stark zu machen,
mit schmählichem Tode. *)

Mit Agis hatte das alte verfassungsmäßige König=
thum in der Hauptsache für immer eine Ende erreicht, und
die Oligarchie, die unmoralischste aller Regierungsformen,
schien vollkommen und bleibend befestigt. Denn gegen
die uralte Sitte blieb Leonidas allein König oder wurde
vielmehr als willenloses Werkzeug und Mitschuldiger an
den Frevelthaten der Fünfmänner bis an sein Absterben
geduldet. Kleomenes, sein Sohn, erntete die Früchte
so vieler Verbrechen und Schlechtigkeit. Die alte Freiheit
des Vaterlandes hatten die Oligarchen gestürzt; er stürzte
die Oligarchie und gründete die Alleinherrschaft erblich für
sich und seine Familie. Usurpation muß durch den Glanz
der Eroberung geadelt und beglaubiget werden. Erobern
konnte aber Kleomenes nicht ohne die alte Kriegsdisciplin
wieder ins Leben zu rufen; dieses war wieder nicht mög=
lich, ohne die politische Reform des unglücklichen Agis
durchzuführen. Sogleich wurden auch die Fünfmänner
während der Mahlzeit im Regierungsgebäude überfallen
und niedergemacht, das Ackerland ganz nach Agis Berech=
nung neu vertheilt, achtzig der Reichsten verbannt, ein

---

*) 241 v. Ch.

2 *

großer Theil der in Privathäusern aufgehäuften Schätze in die öffentliche Casse geliefert, die Altspartaner, oder Hoplitenfamilien, durch Aushebung auf viertausend Waffenfähige ergänzt, die militärische Erziehung wieder eingeführt; mit Einem Worte, der Staat wie durch einen Zauberschlag neu geschaffen. *)

Die Jünglinge, in Sparta wie überall, für Umwälzungen, für Reformen, für neue Ideen, für kühne Abenteuer, für Tugend oder Laster, je nachdem man sie führen will, für Ruhm und Gefahren gleich begeistert, träumten schon vom Wiederaufleben der gefallenen Größe des Vaterlandes; und Kleomenes rühmte sich laut, nicht nur die Halbinsel sondern ganz Hellas zu erobern, die achäische Bundesrepublik aufzulösen, das Königreich Macedonien niederzuwerfen, Sparta zur herrschenden Macht in Europa zu erheben. Und es schien geradezu, als wären die alten Helden wieder aus den Gräbern heraufgekommen; mit so unwiderstehlicher Wuth drangen die neuen Hopliten aus dem Gebirge hervor, eroberten Tegea, Mantinea, Argos, Phlius, Epidaurus, Troezene und Korinth; zerstörten das große Megalopolis, zerstäubten die Bundesheere, bedrohten Patras, brachten Achaja zur Verzweiflung.

Den Föderirten, deren Oberhäupter wohl rechtliche und kluge Männer, aber keine Feldherren waren, blieb kein anderer Ausweg übrig, als entweder den Monokraten von Sparta zum beständigen Anführer der Bundesstaaten zu

---

*) 230 — 227 v. Ch.

ernennen, oder die Könige von Macedonien, diese alten
Feinde der griechischen Republiken, um Hülfe zu bitten.
In beiden Fällen war die Halbinsel mit dem Verluste
der Freiheit bedroht.

Jedoch in Betrachtung, daß Macedonien weiter entlegen, und der damalige König Antigonus Doson ein Mann
von anerkannter Geistesüberlegenheit und Mäßigung war,
schien die Hülfe desselben den Achäern weniger gefährlich als die Hegemonie eines neugeschaffenen Despoten
von Lacedämon. Akrokorinth, das Hauptbollwerk des
Eilandes, wurde dem König Antigonus überlassen und
bei der spartanischen Gränzmark Sellasia das entscheidende Treffen geliefert. *) Mit revolutionärer Wuth
stritten die in altspartanischer Ordonnanz eingeübten,
aber zum Theil mit macedonischer Bewaffnung ausge-
rüsteten Soldaten des Kleomenes gegen die ruhige Begeisterung der freien Bürgerschaaren aus Achaja und den
bisher noch niemals überwundenen Phalanx der Macedonier, von dessen Mittelpunkt aus Antigonus mit der
kühlen Ueberlegung eines Königs, welcher Menschen und
Dinge nach Maßgabe des Privatvortheiles zu bemessen
pflegt, die Bewegung der Massen lenkte. Kleomenes
litt eine große Niederlage. Alle Neubürger mit der Blüthe
der spartanischen Jugend fielen, und nur zweihundert
von sechstausend aus Lakonien gezogener Krieger flohen
mit dem überwundenen König in die Hauptstadt zurück.
Dieser Schlag war tödtlich, der Verlust unwiederbring-

---

*) 222 v. Ch.

lich. Kleomenes floh nach Aegypten, wo er seinen Tod fand, und Sparta, die alte Stadt der Dorier, ergab sich an ihrem Heile verzweifelnd ohne Gegenwehr dem siegenden Antigonus. Ungefähr sechzehnhundert Jahre nach seiner Gründung, achthundert acht und vierzig nach seiner Kolonisirung durch die Herakliden, zweihundert zwei und zwanzig vor Anfang der christlichen Zeitrechnung; in eben demselben Jahre, in welchem der römische Consul Flaminius das Volk der Boji am Padus besiegte und das gallische Mediolanum bezwang, flehte das dorische Sparta, die Stadt mit lebendigen Mauern, einst die Ueberwinderin des Morgen= und Abendlandes, und Heimath eines Leonidas und Lysander, zum ersten Mal die Gnade eines fremden Siegers an, weil ihre Vertheidiger erschlagen, ihre Rathgeber entflohen, ihre Tugenden verschwunden und die schützenden Gottheiten selbst aus den Tempeln gewichen waren.

Die Ueberwundenen behandelte Antigonus mit Edelmuth, ließ ihre vaterländischen Gesetze unangetastet, ermunterte sie die Plätze der von Kleomenes erschlagenen Ephoren durch rechtliche Männer wieder auszufüllen, ermahnte das Volk zum Genusse einer gemäßigten Freiheit und zu einem friedlichen Benehmen gegen seine peloponnesischen Mitbürger, und verließ drei Tage nach seinem Einzuge die Stadt, um in sein Reich zurückzukehren, wo er nach glorreicher Besiegung der indessen eingefallenen Illyrier zu frühe für Griechenlands Heil Todes verblich. Der sechzehnjährige Philipp erbte die Krone.

Die Freude über Kleomenes Besiegung und Flucht war auf dem ganzen Eilande so groß und die Hoffnung auf einen dauerhaften Frieden so allgemein, daß nach dem Ausdrucke des Polybius die Bewohner des Peloponeses die Waffenübungen einstellten und sich sorglos ihrem Hange zu frohem Genusse des Daseyns überließen. Sparta gedemüthiget, Macedonien von einem unerfahrnen Jüngling beherrscht, von welcher Seite könnte wohl Gefahr drohen der Freiheit des peloponnesischen Bodens, auf dessen Berggipfeln und Vorgebirgen die Fahne der Gleichheit und der Gerechtigkeit wehete? Seit der Niederlage des medischen Heeres bei Platää hat die Hellenen innerhalb des Isthmus nie mehr ein ähnliches Wonnegefühl durchströmet als in dem Augenblicke, wo sie nach geschlossenem Frieden durch die Straßen Lacedämons in ihre Heimath zogen. Niemals wurde aber auch ihre Hoffnung jammervoller getäuscht! Nördlich am Korinthischen Meerbusen, Achaja gegenüber, wohnten die Aetolier, aus allen Stämmen Griechenlands der werthloseste und der verruchteste. Nach Polybius zu urtheilen, waren alle Aetolier von Geburt an Räuber und von allen Gefühlen der Menschlichkeit und der Ehre so verlassen, daß man sich billig über das Spiel der Natur verwundern muß, welche neben den kunstsinnigen Bürgern von Athen und den tugendhaften Republicanern von Achaja eine Menschenrace aufkeimen ließ, die man mit Recht die Malayen Griechenlands nennen könnte. So verlassen von allem Sinne für Kunst, für Schicklichkeit, Gerechtigkeit und Tugend wird uns dieses Volk geschildert, daß man glauben muß, es sey in demselben den Griechen ein lebendiges, beständig vor Augen schwe- bendes und wirkendes Bild des Bösen neben dem Gu- ten, des Schattens neben dem Lichte, des Verderbens neben dem Heile, der Ruchlosigkeit neben der öffentlichen Tugend als ewige Schule der Weisheit in ihrem eigenen Lande aufgestellt worden, damit phantastische Philosophen und Staatskünstler das luftige und bodenlose ihrer Theo- rien regeln, Ungelehrte aber ohne Commentar aus der Erfahrung die Ueberzeugung schöpfen könnten, daß Ver- nachlässigung der Geistesveredlung Individuen wie Völker zum Laster, dieses aber zum politischen Verderben führe, und daß Wohlfahrt und öffentliche Glückseligkeit Grie- chenlands keinen gefährlicheren Feind haben, als gesetz- lich eingeführte Roheit und Ignoranz irgend eines Thei- les seiner Bewohner.

Eben dieses Nebeneinanderwohnen der Bösen und der Gerechten macht es den letztern zur Pflicht, nicht auf die Güte ihrer Sache allein ihr Vertrauen zu setzen, sondern mit Sorgfalt und Kraft so lange auch die ma- teriellen Hülfsmittel nicht zu vernachlässigen, bis das Princip des Bösen ganz unterjocht und durch den Sieg der Gerechtigkeit und der Gesetze das Laster von der Erde verschwunden ist. Bis auf diesen, von allen Freunden der Tugend und Freiheit so sehnlich erwünschten und doch noch so entfernten Zeitpunkt ist die Hoffnung dauerhaf- ten Friedens ein eitler Wahn.

Die Kriegsflamme, welche schon im dritten Jahre nach dem Frieden mit Antigonus im Peloponnes auflo-

derte, und das schöne Eiland vier Jahre lang verheerte,
ward von den Aetoliern ohne alle äußere Veranlassung lediglich durch ihren natürlichen Haß gegen die politische
Glückseligkeit dieser Insulaner angefacht. Und sonderbar
genug fanden sie gerade bei jenem peloponnesischen Volksstamme, den die alte Zeit mit dem geheiligten Charakter
der Priesterschaft und Theilnahmlosigkeit an irdischen Zer-
würfnissen bezeichnet, Sympathie in Gesinnung und Han-
lungsweise. Das Volk der Elier, zur Schmach desselben
sey es gesagt, nahm die Räuber Griechenlands, deren
Ränke man selbst in Sparta zurückwies, in seinem Schoos
auf, und überließ ihnen die hinter tiefen Bergschluchten verwahrte Stadt Phigalia als Hauptquartier, um das friedliche und reiche Messenien zu plündern, allenthalben den
Samen der Zwietracht auszustreuen, allen Bösewichtern
und schlechtgesinnten Leuten zum Anhaltspunkt zu dienen,
besonders aber das mit Griechenland kaum versöhnte, und
auf dem Pfade bürgerlicher Tugend nur erst mit Mühe
und Unbeholfenheit forthinkende Sparta neuerdings auf
die verlassene Bahn des Verderbens zurückzulocken. Bald
zeigte sich zu Sparta eine macedonisch-achäische und eine
elidisch-ätolische Partei. Die eine wollte Frieden und ge-
wissenhafte Erfüllung der Friedensverträge mit Antigonus,
die andere den Einflüsterungen der ätolischen Räuber Eingang verschaffen und die Bürger zur Theilnahme am Kriege
gegen Achäa bewegen. Von den Fünfmännern, die sich
nach Kleomenes Flucht der Verwaltung bemächtiget hatten, hielten nur zwei die Partei der Macedonier. Und
als einer derselben von den Gegnern mit mehreren fried-

lichen Magnaten erschlagen wurde und der junge Protector
des Bundes wider Vermuthen schnell zur Rache an den
Gränzen Lakoniens erschien, heuchelte man unerschütterliche
Treue, wählte macedonisch gesinnte Fünfmänner, erschlug
sie aber nach Philipps Rückzug beim Mahle, erwürgte
oder exilirte alle achäischgesinnten Geronten, setzte den letz=
ten Herakliden Agesipolis auf den verlassenen Königsstuhl,
dessen zweiten Sitz Lycurgus, ein unbekannter aber reicher
Spartiat, von den Ephoren um Geld erhandelte, verbün=
dete sich nun öffentlich mit den Aetoliern und kündigte den
Achäern Krieg an, während anderseits Philipp mit Achaja
den Aetoliern und allen Bundesgenossen derselben bereits
den Fehdebrief übersendet hatte.

Die beiden Aratus, Vater und Sohn, die ange=
sehensten Männer und Prätoren des achäischen Bundes
waren leider keine Feldherren, und die Sache der Räuber
daher, wenigstens im Peloponnes, überall siegreich. Ly=
curgus auf der Ost= und die Elier auf der Westseite des
Eilandes verheerten die Bundesländer, welche von der
Seeküste herüber durch ätolische Haufen zu gleicher Zeit
angefallen wurden. Große Feldschlachten wie in den vo=
rigen Zeiten bei Megalopolis und Sellasia wurden in diesem
Kriege nirgends geliefert. Der Streit war auf der ganzen
Oberfläche zwischen den Gebirgsketten von Macedonien
und dem Cap Tänarus ausgesäet und reich an Ueber=
fällen, Belagerungen, Stürmen, Einäscherungen und
Metzeleien ergrimmter Bürger untereinander. In Sparta
selbst versuchte Chilon eine Gegenrevolution, erschlug die
Fünfmänner während der Mahlzeit, trieb den Lycurgus

aus, mußte aber bei schnellem Umschwung der Dinge selbst
von Allen verlassen nach Achaja flüchten. Die unbezwing=
liche Kraft des macedonischen Phalanx, den Philipp im
Laufe dieses dreijährigen Krieges zweimal über den Isth=
mus führte, sicherte endlich doch den Achäern das Ueber=
gewicht. Das einemal wurde Elis mit seinen zahlreichen
und starken Festungen unterjocht, das anderemal aber
das Eurotasthal bis zu den Vorgebirgen Tänarus und
Malea verheeret, eine Abtheilung der spartanischen Kriegs=
macht unter Lycurgus vor den Thoren der Hauptstadt
überwunden, auf die Stadt selbst aber doch kein Angriff
gemacht, weil der kluge Philipp die Gegner Achaja's aus
politischen Gründen nicht völlig vernichten wollte. Die
Frucht der macedonischen Siege über die Bundesfeinde
auf der Halbinsel wollte der König, wie man leicht vor=
aus wissen konnte, für sich allein behalten. An Uneigen=
nützigkeit und Edelsinn schon von Natur weit hinter Anti=
gonus zurück, soll dieser Fürst ganz die Gemüthsart und
das Talent Philipps des Ersten, seine Ränke und seine
Gewissenlosigkeit schon im Laufe dieses Krieges entwickelt
haben. Ueberdieß war seine Regierung in einen Zeitpunkt
gefallen, der das erbliche Ringen des macedonischen Kö=
nigshauses zur Dictatur über die griechische Welt dem
Ziele nahe brachte. Die Politik, welche das menschliche
Geschlecht damals in seinen edelsten Theilen bewegte, war
rein hellenisch, indem keine barbarische Nation irgend ein
Gewicht in die Wagschalen der Welt legte. Die Groß=
mächte, nach deren Winken die kleineren Staaten ihre
Handlungsweise abmaßen, waren Aegypten, Syrien

und Macedonien. Mit der größten Eifersucht beobachteten sich diese gegenseitig, besonders aber galt das reiche Aegypten als Zuflucht und Beschützer der in Europa von den Macedoniern bedrängten Republiken des griechischen Volkes. Aegyptisches Gold ergänzte die Heerhaufen aller Gegner Macedoniens, und ägyptische Fahrzeuge füllten die Seestädte in- und außerhalb des Peloponneses mit Kriegsvorräthen und Soldhaufen. Zur Zeit des Bundes-krieges aber ward der Hof von Alexandria so wie jener von Antiochia bereits von jenem Grade orientalischer Cor-ruption ergriffen, in welcher die Regeln einer weisen Po-litik den augenblicklichen Launen des Herrschers weichen müssen, und das Mark des Landes durch sinnlose Thor-heiten des Palastes vergeudet wird. Macedonien dagegen war durch die Weisheit seiner Könige aus den Stürmen, die es hundert volle Jahre nach dem Tode Alexanders er-schüttert hatten, siegreich hervorgegangen und stand um die besagte Zeit kräftiger nach Außen und wohlgeordneter im Innern als es je war, an den Thoren und im Herzen Griechenlands. Wer konnte ihm widerstehen? Der achäische Bund gehorchte ihm wenigstens so lange freiwillig, als er die Protertoralgewalt nicht mißbrauchte. Aetolien, Sparta und Elis waren besiegt, die übrigen Staaten Griechenlands aber zufrieden, wenn sie ruhig ihre Ein-künfte in Mahlzeiten und Schauspielen verzehren durften.

Läugnen wird es Niemand, daß die Peloponnesier durch ihre eigenen Thorheiten verblendet den günstigen Zeitpunkt vorüberließen, der alten Akropolis von Griechen-land wieder zur verlornen Würde zu verhelfen. Die ganze

Schuld dieser Verkehrtheit aber trägt, wie Jedermann ein-
sieht, der tückische Egoismus der Lacedämonier, die ihr
eigenes Vaterland mit dem ganzen Griechenvolke lieber in
die Knechtschaft der Fremden stürzen, als die Herrschaft
der Gesetze und der bürgerlichen Gleichheit in Hellas anerkennen wollten. — Weder Elis noch Sparta, obgleich
überwunden, trat in den achäischen Bund. Das erstere
blieb in unmittelbarer Abhängigkeit von Macedonien, und
in der Nähe des letztern war Philipp eben mit seiner Kriegsmacht eingetroffen, um die Angelegenheiten der Halbinsel
ganz nach seinem Interesse einzurichten, als ihm ein Bote
die Nachricht von einem großen Siege Hannibals über die
Römer am See Thrasymenus überbrachte. *) Von diesem
Augenblicke an beschloß der König mit den Hellenen Frieden
zu schließen und eine große Macht zu Wasser und zu Lande
für die Vertheidigung des großen Erdstriches zwischen dem
Ister und dem Vorgebirge Tänarus auszurüsten. Der
Tag am Thrasymen hat die ganze Politik der alten Welt
geändert. Denn plötzlich, wie durch einen elektrischen
Schlag getroffen, blickte Griechenland auf die italischen
Küsten hinüber. Jedermann, nicht etwa Philipp allein,
sah, daß der Sieger am Ende des furchtbaren Kampfes
im Abendland, sey es Rom oder Karthago, mit Italien
und Sicilien nicht mehr zufrieden, seine Schaaren über
das Meer führen und die hellenischen Staaten angreifen
werde. Und wer sollte diesem Sturm aus dem Abendlande
begegnen, wenn nicht das wohlgeordnete Macedonien an

---

*) 217 vor Christus.

der Spitze aller griechisch redenden Bewohner der beiden
Continente? Jene moralische Kraft, welche einst die
asiatische Knechtschaft von Hellas abgehalten hatte, war
damals völlig verschwunden, und ein Völkercomplex, der
aufgehört hat tugendhaft zu seyn, kann nur unter den
Fahnen eines Monokraten mit Erfolg gegen fremde Eroberer das Vaterland vertheidigen. Unter diesen Umständen fühlten beide kriegführende Theile gleiches Bedürfniß zum Frieden, und schlossen ihn auch ohne lange Unterhandlung zu Naupactus unter der Bedingniß, daß jeder
behalte was er habe. *) Philipp kehrte nach Macedonien
zurück und rüstete sich zum Streit gegen das Abendland.
Für Aufrechthaltung seiner Vortheile im Peloponnes wachte
der Befehlshaber der königlichen Besatzung auf Akrokorinth. Auch die Festungen der Provinz Elis schmachteten noch unter dem Joche macedonischer Soldhaufen.
Dem achäischen Bunde hatte der mit auswärtiger Hülfe
erfochtene Sieg keinen Gewinn gebracht, weil sich die
feindlich widerstrebenden Gesinnungen von Sparta und
Elis durch den Friedensschluß nicht verwandelten und diese
Staaten fort und fort die gleiche Fehdenwuth und unversöhnliche Rachsucht wider Bürgergemeinden nährten, die
gegen alle herkömmliche Sitte der Hellenen die Idee eines
ewigen Friedens und der bürgerlichen Gleichheit auf der
Halbinsel verwirklichen und den herrschenden Leidenschaften
feste Zügel anlegen wollten.

Während im Norden Philipp seine weitaussehenden

---

*) 211 vor Christus.

Entwürfe verfolgte, bemühten sich die Peloponnesier bei der Parteien die Spuren des erloschenen Krieges im heimathlichen Boden zu verwischen, wieder aufzubauen was Feuerbrand und feindliche Wuth niedergerissen, wieder zu pflügen was öde lag, wieder zu ergänzen was das Schwert hingerafft, wieder ins Leben zu rufen was bei der Unsicherheit der letzten Zeiten in Vergessenheit gerathen war. Allein Philipps unseliges Eingreifen in die Angelegenheiten des Occidents und sein Bündniß mit Hannibal verflocht bald auch die Peloponnesier in den großen Weltstreit zwischen Rom und Karthago. Aetolien, Elis, Messenien und mittelbar auch Sparta neigten sich auf die Seite der Italiener, deren Glücksstern wieder zu leuchten begonnen hatte, und erneuerten den Kampf gegen Achaja und Macedonien. Von Italien aus nur mäßig unterstützt erlag die ätolisch-römische Partei auch diesesmal ihren Gegnern und ward nach sechsjährigem Kampfe durch Philipps Kraft und Philopömens Heldenmuth niedergeschmettert und zur Niederlegung der Waffen gezwungen. *)

Philopömen aus Megalopolis hatte dem hinwelkenden Bunde ein neues Leben eingehaucht. Bewaffnung, Evolutionen, bürgerliche Verwaltung, Alles wandelte er zum Bessern um. So viel man weiß war er der letzte Mann in Griechenland, dem die Natur den Zauber verliehen hat, in der Brust der hellenischen Männer und Jünglinge jene, Freiheit und Tugend nährende Flamme anzuzünden, deren Schimmer uns allein aussöhnen kann mit der allge-

---

*) 204 vor Christus.

meinen Versunkenheit des damaligen Menschengeschlechtes und mit dem bittern Gefühle, allenthalben die Schlechten über die Guten triumphirend zu sehen. Megalopolis war der letzte bekannte Sitz der Bürgertugend in Griechenland. Und wie sich die Natur überall in Gegensätzen gefällt, so schlug die vollendete Ruchlosigkeit zu gleicher Zeit ihr Hauptquartier in Sparta auf. Um den Unterschied dieser beiden Städte und ihrer Bewohner so wie die Divergenz ihrer Bestrebungen ja recht auffallend kund zu thun, und allen Bösewichtern von Hellas ein weitleuchtendes und untrügliches Zeichen zu geben, daß man in Sparta gegen alle Anfechtungen der Tugend sicher sey, erhob nach Beseitigung der beiden letzten Könige Lycurgus und Agesipolis zuerst in der Person des Machanidas, und nach seiner Erlegung durch Philopömens eigene Hand in der Person des Nabis, die Tyrannei ihr blutrünstiges Schlangenhaupt über die Zinnen von Lacedämon und winkte, nachdem die Stadt mit dicken Ringmauern von Außen und durch eine Zwingburg im Innern gesichert war, allen ruchlosen Menschen der umliegenden Länder herbeizueilen, um Stützen und Bürger eines Reiches zu werden, in welchem Alles erlaubt war, ausgenommen tugendhaft und menschlich zu seyn.

Die fünfzehnjährige Herrschaft dieses Ungeheuers ist als Zeitpunkt anzusehen, in welchem der Kern der altspartanischen Bevölkerung bis auf geringe Ueberbleibsel ausgerottet wurde. Nicht auf Schlachtfeldern gegen auswärtige Feinde, nicht in brudermörderischem Streite innerhalb der Mauern verschwanden die Reste jener un-
gebän=

gebändigten Männer, sondern durch Verrath und Meuchelmord des Scheusales Nabis und seiner Satelliten. Um den Grund zu einer bleibenden Tyrannengewalt zu legen und selbst die Erinnerung an die alte Freiheit aus den Mauern Sparta's zu verbannen, verfolgte er jene ehemaligen Mitgenossen der obersten Gewalt mit unversöhnlichem Grimme. Was er von den reichen und durch Ahnen berühmten Männern nicht ermorden konnte, trieb er aus dem Lande, und gab ihre Weiber und ihre Güter seinen Söldnern. Diese aber hatte er aus Mördern, Beutelschneidern und Dieben, mit Einem Worte, aus dem Abschaume Griechenlands und aus dem Auswurfe aller umliegenden Länder und Inseln gesammelt und zu Bürgern seines neuen Reiches auserlesen. Die Vertriebenen ließ er theils auf der Flucht durch nachgesendete Meuchelmörder niedermachen, theils lockte er sie aus ihren Zufluchtsörtern, um sie zu ermorden. In jenen Städten aber, wo die übrigen Schutz fanden und lebten, ließ er durch unverdächtige Leute alle an das Wohnhaus irgend eines spartanischen Exulanten stoßenden Gebäude miethen, schickte kretensische Söldner hin, welche dann die Zwischenwände durchbrachen, oder durch Thüren und Fenster die Exulanten in ihren eigenen Wohnungen mit Pfeilen erschossen.

Ungefähr sieben Jahre nach der Niederlage des Machanidas hatte Nabis in der eben beschriebenen Weise Lacedämon im Innern umgeschaffen. *) — Daß aber

----

*) 200 vor Christus.

zwischen Achaja und einem solchen Nachbarstaate ein dauerhafter Friede nicht bestehen konnte, ist begreiflich. Nabis hatte den Räuberkrieg — denn große Feldschlachten wurden keine geliefert — im nämlichen Jahre begonnen, in welchem ein Consularheer auf den epirotischen Küsten landete und gegen Philipp von Macedonien zog. *) Außerhalb des lakonischen Bergkessels konnte das wilde Thier nirgends festen Fuß fassen. Die geübten und besser geführten Bürgersoldaten Achaja's trieben jeden seiner Ausfälle zurück, obgleich Philipp die bundesgemäße Hülfe nicht leisten konnte. Noch größere Hoffnüng, die ewigen Antagonisten der peloponnesischen Wohlfahrt gänzlich zu zermalmen, wurde bald nachher von einer Gesandtschaft des römischen Volkes auf dem Bundestage durch den Vorschlag erregt: „Achaja soll dem König Philipp das Protectorat abnehmen und als Bundesgenossin und Freundin des römischen Volkes Griechenland von der Tyrannei befreien helfen. Der Preis dieses Beistandes soll Korinth und das von den Macedoniern widerrechtlich occupirte Argos seyn.“

Durch seine grausame Gemüthsart und seine despotische Zügellosigkeit hatte König Philipp die Liebe der Achäer längst verscherzt, und Jedermann wußte, daß er nach Besiegung der auswärtigen Feinde die bundesverwandten Staaten mit demselben Uebermuthe behandeln

---

*) Um 201 vor Christus hatte Rom mit Karthago Frieden geschlossen, und im nächstfolgenden Jahre brach der Krieg gegen Macedonien los.

würde, wie die übrigen Republiken Griechenlands. Man
verließ ihn (198 v. Chr.) unter den von Rom gemachten
Bedingungen, und die entscheidende Niederlage, die die
Macedonier gleich im nächstfolgenden Jahre bei Cynos=
cephalä erlitten, rechtfertigte die Politik von Achaja.
Philipp mußte Frieden schließen und aus allen südlich
vom Tempethal liegenden Städten Griechenlands seine
Besatzungen zurückziehen. Aus der Burg von Korinth
zogen die Söldner und macedonischen Hauptleute trauernd
auf die Ebene herab und gingen über den Isthmus,
mit Wehmuth auf die hohe Veste zurückschauend, auf
welcher sie seit sechsundzwanzig Jahren die politischen
Bewegungen der Peloponnesier bewacht und gezügelt
hatten.

Durch ganz Griechenland ging nur Eine Rede, war
nur Eine Frage: Welches Schicksal etwa die von der
macedonischen Tyrannei befreiten Staaten haben; welches
Loos die griechische Nation überhaupt in der nächsten
Zukunft treffen werde? Die Freiheit, — das gestanden
sich die Hellenen selbst einander zu, — könne man nicht
hoffen. Oder, warum sollten die siegenden Italiener
eine andere Verfahrungsweise befolgen als alle jene
hellenischen Könige, Feldherren und Republiken, die seit
dem peloponnesischen Kriege nacheinander Hellas vom
Drucke befreiten, um es unter diesem schönen Vorwande
in eine noch härtere Knechtschaft zu stürzen? Sollten
denn diese Fremdlinge aus Abendland unter allen Sterb=
lichen allein den einer hellenischen Macht unwidersteh=
lichen Hang zur Unterdrückung der Schwachen zu be=

siegen vermögend seyn? Dieses erwartete man um so
weniger, da die Griechen im Allgemeinen die feste Ueber=
zeugung hatten, daß ihnen an Seelenadel und Großmuth
alle Völker der Erde weit nachstehen. Um so namen=
loser war ihr mit Erstaunen gemischtes Entzücken, als
bei den isthmischen Spielen, im Beyseyn unzähliger
Menschen, ein römischer Herold in die Arena trat und
unter Trompetenschall ausrief: Dieweil König Phi=
lippus und die Macedonier überwunden sind,
befiehlt der römische Senat und der Impe=
rator Titus Quinctius Flaminius, es sol=
len frei und unabhängig nach eigenen Ge=
setzen leben die Korinther, die Phokier, die
Lokrier aller Stämme, die Insel Eubda, die
Magneter, die Thessalier, die Perrhäben und
die phtiotischen Achäer. *)

Die versammelten Hellenen wollten diese Freuden=
botschaft anfangs gar nicht glauben. Sie meinten
nicht recht gehört zu haben, und baten den Herold, den
Ruf noch einmal zu wiederholen. Dann erst war der
Freudenrausch maßlos. Flaminius, der Sieger, drei=
unddreißig Jahre alt, in der Blüthe der Kraft, war
mit den vornehmsten Officieren des Heeres selbst gegen=
wärtig und konnte dem römischen Volke als Augenzeuge
hinterbringen, wie hoch man in Griechenland die bür=
gerliche Freiheit schätze. Er selbst wäre beinahe erlegen

*) Alle diese Stämme schmachteten vorher unter Philipps
Gewalt.

unter dem Haufen von Kronen und Bändern, die man von allen Seiten her auf ihn warf. Der Freudentaumel dauerte mehrere Tage. Man konnte sich nicht sättigen an dem Gedanken, daß die seit dem Tage von Chäronea (338 v. Chr.) aus Hellas entflohene Freiheit nun wieder gekommen sey. Es gibt also doch ein Volk auf der Erde, rief man aus, welches auf seine Kosten, mit seiner Mühe und Gefahr für die Freiheit anderer streite, und dieß etwa nicht nur für benachbarte und angränzende oder auf demselben Continent wohnende Menschen, sondern welches Meere durchschiffe, um auf dem ganzen Erdboden die Throne der Ungerechtigkeit umzustoßen und die Herrschaft der Gesetze der Gerechtigkeit und der bürgerlichen Gleichheit zu begründen. Durch Einen Ruf des Heroldes sehen alle Staaten des europäischen und asiatischen Griechenlandes frei und selbstständig geworden. Diesen Gedanken zu fassen sey die Sache eines kühn anstrebenden Geistes, ihn zu vollbringen aber vermöge nur eine unerreichbare Seelengröße und ein unerreichbares Glück. *)

Wäre dieses in der That so gewesen, und hätte das römische Volk wirklich in keiner andern Absicht als um Triumphe für Recht, Tugend und Gerechtigkeit zu erringen, seine Waffen nach Hellas getragen, so wäre diese Handlung ohne Beispiel in den Annalen des menschlichen Geschlechtes, und die Declamationen jener Philosophen, die unser Zeitalter das Reich der Gottlosigkeit

---

*) Livius lib. XXXIII. cap. 33.

nennen, wären vollkommen gerechtfertiget, weil man von
da an bis auf unsere Tage herab in keinem mächtigen
Staate, in keiner Verwaltung der öffentlichen Angelegen=
heiten, in keiner Regierungsform einen solchen Grad
öffentlicher Tugendhaftigkeit nachzuweisen vermöchte. Im
Gegentheil muß man der Politik jeder Gestalt und
Wirkungsart, besonders aber einem erobernden Staate
sogar die Fähigkeit absprechen, aus reinem Triebe ge=
recht zu seyn und der Tugend gleichsam nach den For=
derungen gewisser Moralphilosophen um ihrer selbst willen
öffentlich zu huldigen. Diese Hoheit der Gesinnung ver=
mochten bisher nur Individuen wie Sokrates, Epami=
nondas, l'Hopital, Fenelon u. dgl., niemals aber ein
Complex mit Uebung der Gewalt beauftragter Menschen
zu erklimmen. Aus allen Handlungen der Gerechtigkeit
aller Staaten, aller Orte und aller Zeiten kann man
auch nicht eine einzige anführen, die mit Beseitigung
alles Eigennutzes in der Tugend allein ihre Quelle hätte.
Es ist vielmehr unwiderleglich dargethan, daß die öffent=
liche Gewalt nur dann gerecht ist, wenn sie von Außen
es zu seyn genöthiget wird. Gerecht und milde sind nur
die Schwachen; und auch diese nicht länger als bis sie
stark genug sind, um ihrerseits ungerecht zu seyn und
Schutzlose zu unterdrücken.

Daß auch die Großmuth des römischen Volkes im
Jahre 196 v. Chr. keine andere Quelle gehabt habe, als
äußere Nothwendigkeit und den Drang der Umstände,
bestätiget ein Blick auf die Stellung der im Kreise der
damaligen Weltpolitik sich bewegenden Nationen zur

Evidenz. Karthago, und Macedonien waren zwar aus dem Felde geschlagen, aber nicht gänzlich niedergeworfen. Das große syrische Reich zwischen dem Euphrat und Hellespont drohte über Europa hereinzubrechen und, was mehr als Alles, Hannibal lebte noch. Dieser schreckliche Mann, allein von Rom mehr gefürchtet als die größten Heere streitbarer Völker, nöthigte die verödete, bluttriefende Republik ihre Zuflucht zur Tugend zu nehmen, und die Stadt Rom in den Augen der Nationen als domicilium der Freiheit und Gerechtigkeit schimmern zu lassen. Alle Eroberer der früheren und späteren Jahrhunderte übertraf Rom in dieser Kunst. Uebe die Tugend mit lächelndem Munde, wenn du gezwungen bist; sey aber lasterhaft, sobald und so lange du es ungestraft seyn kannst, war die einfache Grundlage der römischen Staatskunst. Kaum war Hannibal aus dem Wege geräumt, Antiochus besiegt und hinter den Taurus getrieben, Karthago's Macht durch Massinissa untergraben, der alte Thron Alexanders in Trümmer geschlagen und sohin keine Gewalt mehr auf der Erdfläche, um Rechte und Freiheit der Völker zu schirmen und den Uebermuth der römischen Aristokratie zu bezähmen, als sich der Senat und seine Proconsuln ungescheut ihrem natürlichen Hange zur Ausschweifung und Bedrückung auch in den Staaten des freien Griechenlandes überließen.

Daß Rom über kurz oder lange den Pfad aller früheren Eroberer betreten werde, konnten kluge Männer Achaja's gleich im nächstfolgenden Jahre nach dem macedonischen Frieden schon deutlich genug errathen. Philipp hatte, wie schon oben bemerkt, nach dem Abfalle Achaja's zu den Römern seinem Freunde Nabis die Bundesstadt Argos in die Hände gespielt. Der Tyrann, obwohl im Friedensvertrage mit eingeschlossen, verstärkte in schon angezeigter Weise seine Kriegsmacht und weigerte sich das widerrechtlich besetzte Argos dem Bunde auszuliefern. Er übernahm die Rolle des überwundenen Königs gegen Achaja und Rom. Der Senat sandte die Kriegserklärung, das römische Heer drang von Böotien herab über den Isthmus, nahm 11,000 Achäer in seine Reihen auf, und lagerte sich unter den Mauern von Lacedämon. *) Der Tyrann war wohl gerüstet. Zweitausend zweihundert Bogenschützen aus Kreta, eine Leibgarde von dreitausend auserlesenen Räubern neben eilftausend lakonischen Landbewohnern vertheidigten die mit hohen Mauern, tiefen Gräben und zahlreichen Schaaren neuer Bürger verwahrte Stadt. Die Söhne von achtzig alten und folglich verdächtigen Spartiatenfamilien ließ Nabis erwürgen und auf den Dörfern Alles ermorden, was Neigung zum Aufruhr blicken ließ. Während sich das verbündete Heer um die Mauern lagerte und Anstalt zum Sturm traf, nahm die Flotte das stark befestigte Gythium mit den Werften und Seearsenalen des lakonischen Tyrannen an der Mündung des Eurotas weg. Von der See abgeschnitten, mitten im Lande eingeschlossen und von allen Bundesgenossen getrennt, wollte Nabis das Ungewitter durch Unterhandlungen von seinem Haupte

---

*) 195 vor Christus.

ablenken: Argos wolle er den Achäern zurückgeben, auch
die Kriegsgefangenen und die Ueberläufer ausliefern; verlange man aber mehr, so möge es ihm der Imperator
schriftlich geben, damit er sich mit seinen Freunden berathen
könne. Flaminius ließ Neigung zum Frieden blicken,
die achäischen Feldherren aber drangen mit allem Feuer der
Beredsamkeit auf Kampf und Streit, bis der Tyrann gefallen und mit ihm alle Feinde der griechischen Freiheit ausgetilgt wären. Besser wäre es gewesen, fügten sie bei, den
Schild gegen Nabis gar nicht zu erheben, als vom begonnenen Streite wieder abzulassen, weil auf das römische Volk
dadurch gleichsam der Schein falle, als begünstige es die
Tyrannei, als wolle es die Freiheit der griechischen Nation
nicht dauerhaft und vollkommen begründet wissen, als wolle
es durch Aufrechthaltung und Anerkennung des Nabis und
seiner usurpatorischen Macht die Schwungkraft von Hellas
lähmen und die Keime innerer Kriege auf griechischer Erde
nähren, um endlich unter dem Vorwande der Pacification
die Freiheit Aller zu vernichten. „Allein die Belagerung
„einer solchen Festung wie Sparta,“ erwiderte der Impe-
„rator, „sey mit vielen Mühseligkeiten verbunden, daure
„lange und fordere großen Aufwand an Lebensbedarf, an
„Geld und an Menschen; und wie allen diesen Bedürfnissen
„begegnen, wo der Winter schon nahe und die Heere des
„Antiochus an den jonischen Küsten stünden, bereit nach
„Europa herüberzuschiffen? Wollten aber die Achäer
„durchaus von einem Vergleiche mit Nabis nichts
„hören, und nur nach Eroberung Lacedämons die Waf-
„fen niederlegen, so müßten sie es sich auch nicht ver-

„drießen laſſen, die nöthigen Vorkehrungen zum Unter=
„halte des Heeres an Geld, Lebensmitteln, Sturmzeug
„u. dgl. auf Koſten der Bundesſtädte herbeizuſchaffen,
„und ihre Mitbürger auffordern ſchriftlich zu erklären, wie
„weit ſich jeder einzeln genommen einzulaſſen gedenke.‟
Dieſe Rede verfehlte die beabſichtigte Wirkung nicht.
Aus allen Bundesſtaaten kamen ungünſtige Antworten.
„Schnell,‟ meinten die Achäer, „ſollte man den Tyrannen
„zermalmen, die Mauer im Sturm erſteigen, die Wider=
„ſacher der Freiheit niedermetzeln und Sparta mit oder
„wider Willen zum Eintritt in den Bund nöthigen, und
„ſo die Eintracht der peloponneſiſchen Völker herſtellen.
„Wozu neue Opfer? Die Gemeinden ſeyen erſchöpft; ſeit
„mehr als vierzig Jahren habe man Alles hingegeben und
„verlange nun einmal Ruhe und unverkümmerten Genuß
„der aus ſo viel vergoſſenem Bürgerblute aufkeimenden
„Friedensſaat. Ob man den Krieg verewigen, und die letzte
„Kraft des Landes durch methodiſches Aufſchieben der Ent=
„ſcheidung zu vergeuden gedenke? Das verbündete Heer ſey
„mächtig genug, wenn es von ſeiner Kraft Gebrauch machen
„wolle, den Tyrannen, ſeine Mauern und ſeine Satelliten
„mit Einem Schlag zu vertilgen.‟ — Gerade dieſes wollte
aber die römiſche Staatsklugheit nicht. Schwächen, nicht
vertilgen wollte ſie den Gewaltherrſcher. Den achäiſchen
Feldherren blieb in dieſer Lage nichts Anderes übrig, als
die endliche Entwirrung des Knotens dem Gutdünken des
Flaminius anheimzuſtellen. Dieſer bot den Frieden unter
folgenden Bedingungen: Nabis ſoll Gebiet und Feſtung
Argos räumen; den lakoniſchen Seeſtädten ihre Schiffe

zurückstellen, und selbst nur zwei Fahrzeuge behalten; die
Ueberläufer und Kriegsgefangenen ausliefern und den
Messeniern alles geraubte Gut erstatten; den Exulanten
die seinen Söldnern überlassenen Weiber und Kinder, im
Falle sie das Loos ihrer Männer und Väter theilen woll=
ten, wiedergeben; den lakonischen Ausreißern ihr confis=
cirtes Eigenthum zurückstellen; die auf Kreta occupirten
Städte räumen und der römischen Republik abtreten; we=
der Bündnisse schließen mit kretensischen Staaten oder
irgend einem andern Volke, noch Krieg führen; seine Be=
satzungen aus allen jenen Städten Lakoniens ziehen, die
sich den Römern ergeben wollten; weder auf seinem eige=
nen noch auf fremdem Boden eine Stadt oder ein Castell
bauen; fünf Geiseln, und darunter seinen eigenen Sohn,
für künftige Treue stellen; fünfhundert Talente Silber
Kriegskosten erlegen, und zwar einhundert auf der Stelle,
den Rest in acht Jahren. *)

Auf diese Bedingnisse antwortete Nabis durch einen
wüthenden Ausfall gegen die Belagerer. Flamininus trieb
ihn zurück, und ließ durch sein fünfzigtausend Mann star=
kes Heer auf drei Seiten zugleich Sturm anlegen. Eine
starke Abtheilung war schon eingedrungen und Nabis zur
Flucht bereit, als durch einen glücklichen Zufall eines sei=
ner Unterfeldherren die an die Stadtmauer stoßenden Häu=
serreihen angezündet wurden. Die nachrückenden Legionen
hielten vom Sturm ab, und die eingedrungene Schaar zog

---

*) Livius lib. XXXIV. cap. 35.

sich wieder zurück, worauf der Imperator jeden weitern
Angriff untersagte. Er hatte dem Tyrannen seine Macht
gezeigt, und begnügte sich, die Stadt enge einzuschließen
und den Belagerten durch Schanzen und Pfahlwerke die
Auswege zur Flucht abzuschneiden. Drei Tage nach
dem Sturm bat Nabis um Frieden, den ihm Flami=
nius unter den obengenannten Bedingnissen, jedoch mit
Vorbehalt der im nächsten Frühjahre erfolgten Geneh=
migung des römischen Volkes, gerne verlieh. Das achäi=
sche Heer ging in seine Heimath, das römische aber in
seine Standquartiere in Nordgriechenland zurück. Nach=
dem die Friedensschlüsse mit Philipp und mit Nabis in
allen Punkten vollzogen, und die neuen Verhältnisse
Griechenlands geordnet waren, erschien Flaminius noch
einmal auf der achäischen Bundesversammlung zu Ko=
rinth, und redete vor dem Volke von seinen Thaten,
von seinen Kämpfen und Müheseligkeiten für die Freiheit
von Hellas, nach deren bleibender Begründung er die
italienischen Besatzungen aus Akrokorinth, aus Chalcis
und Demetrias zu ziehen, und mit allen Legionen nach
Italien zurückzugehen gesonnen sey. Er ermahnte die
Griechen zur Einheit und zu mäßigem Gebrauche der
Freiheit, deren Dauer überhaupt nur durch beständiges
Selbstverläugnen und unausgesetztes Bekämpfen der ihrer
Nation gleichsam eingebornen Leidenschaft des Neides,
der Herrschsucht und Tollkühnheit zu erringen sey. Aus
der Art und Weise, wie sie von nun an ihr politisches
Leben einrichten, werde das römische Volk beurtheilen,
ob sie das durch fremde Waffen und fremde Großmuth

errungene Kleinod der Freiheit zu bewahren vermögen und zu genießen würdig seyen.

Die Hellenen vergossen Freudenthränen, und Flamminius selbst, menschlich gerührt, mußte mitten im Flusse der Rede inne halten, und schloß endlich mit der Bitte: wenn etwa römische Bürger, durch Hannibal im letzten Kriege gefangen und verkauft, in Achaja lebten, möchten sie ihnen die Freiheit verschaffen und durch diesen Act der Menschlichkeit gegen ihre Wohlthäter dankbar seyn. — Laut gelobte ihm das versammelte Volk einig, tugendhaft und dankbar zu seyn. — Während dieser rührenden Scene sah man in der Ferne die Besatzung von Akrokorinth den Berg herabsteigen und durch die Thore der Stadt gegen den Isthmus ziehen. Unter lautem Jubel und Segenswünschen der Hellenen schloß sich Flaminius dem Zuge an und verschwand aus den wonnetrunkenen Blicken der peloponnesischen Bürger.

Der Friede mit Rom und Achaja hatte den Nerv der politischen Kraft Sparta's zerschnitten, weil es das Arsenal, die Schiffe und selbst die Eurotasmündung mit allen Städten an der Seeküste, aus welchen es seine besten Krieger erhielt, verlor, und auf das Thalland zu beiden Seiten des Flusses eingeschränkt wurde. Die Niederlagen bei Leuktra, Mantinea, Megalopolis und Sellasia hatten jedesmal nur das offensive Lacedämon zermalmt, seine Soldaten getödtet und seine Eroberungswuth gedämpft; den heimischen Boden aber und den Hinterhalt seiner sich immer wieder ergänzenden Macht unangetastet gelassen. Wie jener Riese der Fa=

bel erftärkte es nach jedem Verlufte in der Fremde durch
den frifch zuftrömenden Nahrungsfaft der heimathlichen
Erde, um diefe trotz unerhörter Unfälle und Weltftürme
hundert acht und fiebenzig Jahre lang gegen den Zorn ganz
Griechenlands ungefchmälert zu erhalten. Das defenfive
Lacedämon endlich hat nicht Epaminondas, nicht Philippus und Alexander, nicht Aratus und Philopömen,
auch nicht das gerechte Achaja oder irgend eine andere
griechifch redende Kriegsmacht, fondern der Ausländer
Titus Quinctius Flaminius, und auch diefer nicht mit
Schwert und Lanze, fondern durch feine Politik niedergeworfen. Diefe Wunde war unheilbar. Sparta erholte fich nicht wieder und welkte ab, wie ein Baum,
deffen Herzwurzel das Beil zerfchnitten hat. Im Jahre
hundert neunzig und fünf vor unferer Zeitrechnung hörte
Lacedämon auf zu feyn, was es achthundert Jahre lang
abwechfelnd gewefen ift, der Hort und das Schrecken
Griechenlands. Tyrannei, Henkerbeil und Schmach,
durch welche es Jahrhunderte lang nicht nur die arbeitenden Claffen im Eurotasthale, fondern auch die Bewohner der Küftenorte niedergehalten hatte, waren auf feine
eigenen Bürger zurückgefallen, und während in der Runde
umher unter dem Schirm Achajens in den emancipirten
Gemeinden die bürgerliche Freiheit aufblühte, krümmten
die Nachkommen der Leonidas, der Agefilaos, der Kleomenes und Agefipolis ihren Nacken unter dem Joche
eines blutdürftigen Wütherichs, wurden ihrer Erbtheile
beraubt, aus der Stadt getrieben, im Kerker erwürgt,
ihre Weiber und Kinder den Satelliten ihres Tyrannen

hingegeben. Und was ihre Verzweiflung auf das Höchste steigern mußte, es war keine Hoffnung, den Jammer des hinsterbenden Vaterlandes je zu lindern, die entflohene Freiheit und Macht je wieder nach Lacedämon zurückzuführen. Denn was wollten die wenigen Spartiaten gegen das Reich der Gottlosen? — Nur der Gedanke mochte sie in der Erniedrigung noch einigermaßen trösten, nicht durch ihre ehemaligen Unterthanen und Reisder, die europäischen Hellenen, sondern durch ein fremdes Volk gestürzt und der Gewalt beraubt worden zu seyn. — Nabis selbst, voll Unmuth über den Verlust, und von den Aetoliern durch das Versprechen schneller Unterstützung zur Wiedereröffnung der Feindseligkeiten heimlich aufgereizt, griff zwei Jahre nach dem Frieden mit Rom zu den Waffen, um die verlornen Küstenorte wieder zu gewinnen. *) Intriganten, Meuchelmörder und offene Gewalt wurden zu gleicher Zeit in Bewegung gesetzt, besonders aber das befestigte Gythium zu Wasser (mit einigen angekauften Fahrzeugen) und zu Lande belagert. Achaja war zur Beschirmung der Angegriffenen verpflichtet, und so loderte denn die kaum erstickte Kriegsflamme neuerdings auf der peloponnesischen Halbinsel. Die Gefahr war dringend, von Rom im Augenblicke keine Hülfe zu erwarten, und die Aetolier wiegelten Macedonien, Griechenland und Anatolien gegen die Italiener auf. Der Senat war in großen Sorgen.

Achaja betrat den Kampfplatz anfangs ganz allein.

---

*) 195 vor Christus.

Gythium vermochte Philopömen zwar nicht zu retten, aber
zu Lande brachte er dem Tyrannen zwei große Niederlagen
bei, und trieb ihn in die Mauern seiner Hauptstadt zurück.
Philipp blieb ruhig innerhalb seines Reiches, und Antio=
chus zögerte mit seiner Macht in Europa einzubrechen und
Griechenland, wie er und die Aetolier sagten, von dem
römischen Joche zu befreien. Und weil diese Aetolier
glaubten, die Lacedämonier seyen im begonnenen Kampfe
aus dem einzigen Grunde weniger muthvoll, beharrlich und
glücklich, weil sie unter den Fahnen eines Tyrannen fech=
ten, und als Frucht ihres Heldenmuthes nicht Mehrung
und Befestigung der einheimischen Freiheit, sondern ein
noch drückenderes Joch der Knechtschaft erwarten müßten;
so schickten sie einen gewissen Alexamenus mit einer tausend
Mann starken Hülfsschaar nach Sparta, und gaben ihm
zugleich den geheimen Auftrag, durch Nabis Ermordung
dem Schwunge alter Nationalkraft zu Gunsten der Aeto=
lier Luft zu machen. Die eine Hälfte des Auftrages er=
füllte Alexamenus mit vieler Entschlossenheit, verfehlte
aber, durch Raubsinn und Thorheit verführt, die andere
gänzlich. Auf dem Waffenplatze am Eurotas, vor der
Front seines in Reih und Glied stehenden Heeres wurde
der Tyrann niedergestoßen. Allein anstatt den bewaffne=
ten Bürgern in einer schicklichen Anrede zu erklären, daß
die That nur ihre Befreiung von der Knechtschaft beabsich=
tige, Leben und Eigenthum der übrigen Lacedämonier aber
ohne Gefährde sey, eilte Alexamenus mit der Hülfsschaar
in die Stadt, verschloß sich mit wenigen Vertrauten in
der Burg, um die Schätze des ermordeten Nabis auf=

zu=

zusuchen, während seine übrigen Landsleute allenthalben plünderten und Ausschweifungen begingen. Ohne Mühe wurden die Zerstreuten von den erbitterten Einwohnern erschlagen, Alexamenus im Palaste erwürgt, und die Hauptmasse der treulosen Bundesgenossen beim Tempel der Minerva vernichtet, so daß an einem und demselben Tage der Tyrann aus dem Wege geräumt und zugleich seine Mörder bestraft wurden. Nur wenige von den letzteren entflohen nach Tegea und Megalopolis, wo man sie ergriff und auf dem Sclavenmarkte verkaufte.

Klüger in Benutzung dieses Ereignisses war Philopömen. Er eilte in die von Tumult, Furcht und Anarchie erfüllte Stadt, redete vor den Häuptern des Volkes Worte der Eintracht und des Friedens, auf welche die Lacedämonier um so bereitwilliger hörten, weil zu gleicher Zeit Atilius mit einer Abtheilung der römischen Flotte Gythium einschloß. Sparta trat in den achäischen Bund. Allein wie hätte dessen ungeachtet ein friedliches Verhältniß unter den damaligen Umständen in die Länge bestehen sollen, da die wesentlichsten Bedingungen der spartanischen Staatswohlfahrt nach wie vor gefährdet blieben? In den Küstenorten wohnte noch eine bedeutende Anzahl exilirter oder ausgewanderter Lacedämonier, deren unter Philopömens Schirm zu befürchtende Rückkehr mit Recht große Besorgnisse einflößte, weil die Zurückerstattung ihrer seither in die vierte und fünfte Hand übergegangenen und mannichfach getheilten Besitzungen mit einer neuen Umwälzung drohte, und durch Mehrung der politischen Factionen das allgemeine Verderben herbei-

führen müßte. Gleichsam in einem Ringe friedlich gesinnter
Volksgemeinden festgebannt und von der Seeküste abgeschnitten, wie wollten die Spartaner Gesandte nach Rom
schicken, um Klage zu führen und Hülfe gegen so viele Be-
drängnisse und Gefahren zu erbitten? Wie die üppige und
arbeitsscheue Population der Hauptstadt nähren, da aller
Handel darniederlag, und den fremden Waaren aus Anatolien und Libyen der Weg nach Sparta verschlossen war?
Durch die gleiche Noth gedrängt wie kurz zuvor unter
Nabis, und nachdem alle Vorstellungen zu Rom und am
Bundestage vergeblich blieben, überfielen die Lacedämonier
bei Nacht den Küstenort Las, um alle daselbst wohnenden
Exulanten zu ermorden und mit der See in Berührung zu
bleiben. Obgleich sie nach Tagesanbruch wieder zurückgetrieben wurden, bewirkte Philopömen, dem jede Veranlassung Sparta's Macht und Ansehen zu mindern willkommen war, doch auf einer Tagsatzung ein Bundesdecret,
laut welchem der Angriff auf Las und die bei dieser Begebenheit vorgefallene Metzelei als Verletzung des Land-
friedens erklärt wurde, wenn die Urheber und Mitschul-
digen dieser That nicht ungesäumt an die nach Lacedämon
gesandten Untersuchungsrichter ausgeliefert würden. Dieser Beschluß schien den Spartanern so übermüthig, ent-
ehrend und gefährlich zu seyn, daß sie in der ersten Wuth
alle vermeintlichen Anhänger Philopömens und der Exulanten ermordeten, dem Bündniß mit Achaja entsagten,
und Gesandte nach Cephalonn schickten, um Lacedämon
den Römern zu übergeben, und den Consul Marcus Ful-
vius zu bitten, er möge in den Peloponnes kommen, um

die Stadt Sparta in Treue und Pflicht des römischen Volkes aufzunehmen. Achaja dagegen erklärte gegen Lacedämon den Krieg, obgleich die winterliche Jahreszeit außer kleinen Raubzügen zu Wasser und zu Lande jede ernsthaftere Bewegung vor der Hand untersagte. Beide Parteien haderten unterdessen vor dem Tribunale des nach Elis gekommenen Consuls, der keine entscheidende Antwort zu ertheilen wagte, aber doch den Ausbruch der Kriegsflamme auf so lange hinderte, bis sie sich mit ihren gegenseitigen Beschwerden durch Gesandschaften an den römischen Senat gewendet hätten. Die Väter, denen es wegen der großen Macht des achäischen Bundes noch nicht an der Zeit schien, die Larve abzulegen, hörten die langen Reden der geschwätzigen Griechen geduldig an, und gaben zuletzt eine so verwickelte Antwort, daß die Achäer meinten, man habe ihnen Recht, die Lacedämonier aber dafür hielten, ihnen habe man nicht Unrecht gegeben.

Philopömen lagerte im Frühling des kommenden Jahres mit dem Bundesheere und allen Exulanten und Ausgewanderten an den Gränzen, und forderte die Auslieferung aller Urheber des Abfalles, wogegen er die Stadt nicht weiter zu beunruhigen und auch die Ausgelieferten nicht ungehört abzuurtheilen versprach. Kaum näherten sich aber diese letztgenannten in Begleitung einiger angesehenen Männer und Fürsprecher dem achäischen Lager, als ihnen der ganze Trupp der Ausgewanderten entgegentrat, sie zuerst mit Schmähungen überhäufte, und endlich, wie die Gemüther entbrannten, die wüthendsten unter den Exulanten auf die durch das Lagerthor einziehenden Lacedämo-

4 *

nier einen Angriff machten. Und obgleich diese letzteren Göt=
ter und Gesandtschaftsunverletzlichkeit zu Zeugen aufriefen
und durch achäische Officiere wenigstens scheinbar beschirmt
wurden, war die Erbitterung, das Geschrei und der Tumult
jener Rasenden doch so unbändig, daß siebzehn Abgeord=
nete vor dem Thore mit Steinen erschlagen, die dreiund=
sechzig übrigen aber am anderen Tag in Folge eines Ur=
theilspruches durch Philopömen hingerichtet wurden. Hier=
auf rückte das Heer vor Lacedämon und befahl den einge=
schüchterten Bürgern: „die Stadtmauern niederzureißen,
alle ausländischen Kriegsknechte und Söldner der Tyrannen
aus Lakonien fortzuschicken; alle Unfreien, denen die Ge=
waltherrscher Freiheit und Bürgerrecht geschenkt hatten,
aus der Stadt zu treiben, bei Strafe nach Umfluß des
angesetzten Termins auf dem Sclavenmarkt verkauft zu
werden; die Lykurgischen Gesetze abzuschaffen, und die
Jugend nach den Sitten der Achäer zu bilden; endlich allen
Exulanten und Ausgewanderten Bürgerrecht und Eigenthum
zurückzustellen." — Sparta ward wieder, wie vor Alters,
ein großer offener Flecken; jetzt aber mit einer zusammen=
geschmolzenen Bevölkerung ohne Muth und Kraft. Die
Reichen waren von den Tyrannen ausgerottet, das gemeine
Bürgervolk aber durch Philopömen ausgetrieben und zum
Theil in Achaja colonisirt; dreitausend aber solcher Neu=
bürger aufgegriffen und verkauft, weil sie sich geweigert
hatten ihre neue Vaterstadt zu verlassen. Das gedeh=
müthigte, ausgemordete, durch vier entgegengesetzte Fac=
tionen zerrissene Lacedämon ward eine unterthänige Stadt
des verhaßten Bundes von Achaja, bis es endlich nach

acht ſchmachvollen Jahren und wiederholten Proſcriptionen durch Fürſprache des römiſchen Senates neuerdings mit gleichen Rechten in den Bund aufgenommen wurde. *)

Die Zeit, welche von dieſer gewaltſamen Vernichtung der alten Verfaſſung, der Feſtungswerke und der Neubürger Lacedämons bis zum Tode Philopömens verfloſſen iſt, war der Höhepunkt der politiſchen Macht des achäiſchen Bundes. Der unverſöhnlichſte Feind der einheimiſchen Freiheit und Ruhe ward endlich erſtickt, und der ganze Umfang des Eilandes einem Geſetze, einem politiſchen Impulſe unterthan. Von den Gewalthabern in Aegypten, Aſien und Macedonien wurde dem Bunde geſchmeichelt, und mit Rom unterhandelte er wie eine unabhängige Macht mit der andern. Daß aber die hochmüthigen und räuberiſchen Italiener dieſe Schöpfung ihrer Menſchlichkeit und Großmuth, wie ſie dieſelbe nannten, duldeten, lag damals ſo wenig als zur Zeit des erſten macedoniſchen Krieges in der Gerechtigkeitsliebe der Väter, oder in der Enthaltſamkeit der nach Hellas geſchickten Feldherren und Schiedsrichter, auch nicht ſo faſt in der Scheue vor den kriegeriſchen Milizen Achaja's, ſondern in der furchtbaren Macht und in den unermeßlichen Vorräthen an gemünztem und ungemünztem Golde, welche der Beherrſcher von Macedonien während einer langen Friedenszeit geſammelt hatte. Wir wüßten von den älteſten Zeiten bis auf unſere Tage kein einziges Beiſpiel anzugeben, daß Könige oder Machthaber in was immer für einer Geſtalt Böſes zu thun länger

*) 182 vor Chriſtus.

verschoben hätten, als bis sie es nach Maßgabe ihrer
Einsicht mit Sicherheit und Gewinn thun zu können glaub-
ten. Deßwegen zweifelt zu unserer Zeit auch beinahe
Niemand, daß die Gewaltthätigkeit, das Unrecht, das
Laster, mit Einem Wort, das Schlechtere allenthalben auf
dem Erdboden die Herrschaft so lange behaupten werde,
als Klugheit in Beurtheilung der Umstände, und Kenntniß
des menschlichen Herzens, seiner Schwächen und seiner
Neigungen der physischen Macht zur Seite steht. Sollte
Jemand als Beweis des Gegentheiles die Zeitperiode geltend machen, welche vom Sturze des letzten allgemeinen
Imperators in Europa bis zum Ausbruche des Türken-
krieges im Jahre eintausend achthundert achtundzwanzig
verflossen ist; sollte Jemand die Ruhe des heftig erschüt-
terten Welttheiles der Friedensliebe, der Uneigennützigkeit,
der Gerechtigkeit und dem Tugendgefühle der christlichen
Großmächte zueignen: so wollten wir die Träume eines
solchen gutmüthigen Schwärmers mit der einzigen Bemerkung widerlegen, daß zwar die Fürsten Europa's in
der eben genannten Zeitperiode nicht durch Furcht vor einem
thronenzermalmenden Eroberer und Kriegsgotte in den
Schranken der Mäßigung festgehalten, und wenigstens
unter sich selbst gerecht zu seyn gezwungen waren, sondern
daß eine Macht, viel furchtbarer als der geharnischte Phalanx der Macedonier, die Schwerter unserer Könige in der
Scheide hielt, nämlich das Bewußtseyn, daß die Nationen
durch unerhörte Unglücksfälle, durch langes Leiden und
Forschen endlich zur Kenntniß der Natur und unzerstör-
baren Tendenz aller Macht gekommen seyen, und auf

Mittel sinnen, wie sie ähnlichen Jammerscenen für die
Zukunft vorbauen und überhaupt nach den Bedürfnissen
vernünftiger Wesen regiert werden könnten. Diese Idee
ist das Palladium der europäischen Freiheit, ist das Me=
dusenhaupt, vor welchem die aller menschlichen Gewalt
angeborne Neigung zur Ungerechtigkeit zurückbebt. In
der alten Welt dagegen vermochte es physische Stärke
allein, fremder Willkür und Beleidigung zu wehren.
Und hätten die Griechen jenes Zeitalters die Kunst ver=
standen, Stätigkeit in ihre Nationalangelegenheiten zu
bringen, und ihre kräftige Stellung gegen das Abendland
nur um ein halbes Jahrhundert länger zu sichern, so hätte
die römischen Legionen selbst vermuthlich eher das Ver=
derben ergriffen, als sie es wagen durften mit Verachtung
aller göttlichen und menschlichen Rechte Griechenland in
Fesseln zu schlagen. Denn wir glauben nicht, wie viele
Andere, daß die Gottheit Rom zur Weltherrschaft bestimmt
und aus teleologischen Zwecken alle Völker vor den Thoren
der ewigen Stadt in Staub zu legen beschlossen habe.
Die Schwäche der Könige und die dumme Lasterhaftigkeit
der Nationen waren der Schemmel, auf welchem Rom und
die Cäsarn zur Herrschaft über das menschliche Geschlecht
emporgestiegen sind.

Unserem Zeitalter muß es beinahe unbegreiflich schei=
nen, daß keine Erfahrung, kein Unglück, ja selbst das
gänzliche Verderben unter ausländischer Knechtschaft die
Bewohner des verhältnißmäßig kleinen Eilandes Pelo=
ponnes je zur Eintracht und zum friedlichen Nebeneinan=
derleben bewegen konnte. Es waren, wie es scheint, die

alten Griechen von der Natur so eingerichtet, daß sie nicht
begreifen konnten, wie ein Mensch dem andern gehorchen,
alle aber vor dem Gesetze sich beugen sollen. Und doch
hatte jedes gesunde Individuum dieser Nation einen unwiderstehlichen Trieb Anderen Befehle zu ertheilen. Diejenigen unter ihnen, die jedesmal im Besitze des Reichthums und folglich der Macht standen, wünschten auch jedesmal Stabilität der öffentlichen Dinge, im Gegensatz
der Unbegüterten, Unglücklichen und Schwachen, denen
die Gegenwart unerträglich war, und in einer Umwälzung oder Erschütterung des Vaterlandes allein Hoffnung
des Heiles erblühte. Eine solche Richtung der Gemüther
machte die Revolution in Griechenland permanent. Denn
die Kunst, die Ungleichheit des materiellen Besitzes, des
Reichthums und der Macht unter den Sterblichen auszu-
gleichen, hat noch kein Gesetzgeber erfunden, und sie ist
auch bei der natürlichen Ungleichheit der Fähigkeiten, der
Regsamkeit und des Glückes der Einzelnen durch keine
menschliche Weisheit je zu entdecken. Ein solches Wunder
kann und konnte (man muß es eingestehen) nur die christliche Religion bei einigen Menschen und auf eine kurze
Zeit bewirken. Dadurch daß sie die Nichtigkeit der irdischen Dinge, die Vergänglichkeit des Reichthums, die
Leerheit menschlicher Hoheit und Größe predigte, und auf
Vergeltung und Ausgleichung jenseits des Grabes anwies,
hob sie das Gemüth der Menschen weit über die Sphäre
empor, in welcher es sich vorher bewegte, und erfüllte es
mit sehnsüchtigem Verlangen nach jenen ewigen Wohnungen
des unvergänglichen Friedens und einer nie mehr gestörten

Seligkeit. Diese Lehre bannte zuerst den Geist der Revolution und brachte mehr Gleichmäßigkeit und Ordnung in die Bewegung der menschlichen Dinge. Und wer wird sich noch wundern, daß sich die Gewaltigen unseres Zeitalters der Verbreitung einer solchen, das Herrschen so erleichternden Doctrin nach Möglichkeit günstig zeigen, jedoch ohne sich selbst, ihre Neigung und ihre Handlungsweise den Forderungen derselben zu unterwerfen. Ganz verschieden dachte man im Peloponnes, besonders in den Zeiten des achäischen Bundes. Von den Vornehmen und einflußreichen Personen glaubte im Ernst Niemand an eine Unsterblichkeit und ewige Gerechtigkeit. Genuß hienieden war den Hellenen das höchste Gut, und zur Herrschaft zu gelangen das einzige, eines freien Mannes würdige Streben. Im Grunde verehrten sie deßwegen auch nur zwei Gottheiten: die jeweilige weltherrschende Macht, und die Revolution. Auf den Altären der ersteren, sie mochten in Asien, in Macedonien, in Rom oder in Scythien seyn, opferten alle Gold- und Einflußreichen, alle kleinen und großen Gewalthaber, mit Einem Worte, Alle welche Aufrechthaltung des Bestehenden wünschten. Zum Beistande der letzteren nahmen ihre Gegner die Zuflucht. Ueber Zeus, Minerva und Apollo der Andächtigen lachten beide.

Die Partei der Gerechten und der wahren Freunde des Vaterlandes war, wie allezeit und überall, so auch im Peloponnes, die am wenigsten zahlreiche, und konnte sich nur durch den Credit und die Talente einiger her-

vorragender Männer geltend machen. *) So mühselig,
so lästig und nutzlos finden es die Menschen im Allge=
meinen, uneigennützig und gerecht zu seyn, daß sich
diese Partei der Bessern nach Philopömens Tode kaum
noch ein Jahr lang durch Lykortas Kraft zu erhalten
vermochte. Und das Jahr einhundert und achtzig vor
Chr. darf mit Recht als der Zeitpunkt angenommen
werden, in welchem die öffentliche Tugend in Achaja
ihren nutzlosen Kampf gegen das Schlechte endlich ver=
loren gab. Denn unter allen Herrschaften scheint den
Menschen die der Tugend am unerträglichsten zu seyn. —
Dem berüchtigten Kallikrates, an der Spitze der pelopon=
nesischen Archonten, schien zu jener Zeit die Macht des
römischen Volkes hinlänglich consolidirt, um den Unter=
drückern bürgerlicher Freiheit durch Localtyrannei reicher
Geschlechter auf dem ganzen Erdboden als Grundlage
und Strebepfeiler zu dienen. Philopömens und Lykor=
tas Verfügungen in Betreff Lacedämons und Messe=
niens hob dieser Kallikrates als Präsident des Bundes
wieder auf, erlaubte die Wiedererbauung der niederge=
rissenen Stadtmauern Sparta's, die Wiedereinführung
der Lykurgischen Disciplinargesetze, und lockerte in dieser
Weise nach und nach das Band, welches Messenien und

---

*) Tria genera principum in civitatibus erant: duo, quae
adulando aut Romanorum imperium, aut amicitiam
regum, sibi privatim opes oppressis faciebant civitatibus:
medium unum, utrique generi adversum, libertatem et
leges tuebatur.
Liv. lib. 45, cap. 31.

Sparta mit Achaja verknüpfte. Zuletzt forderte er den
römischen Senat geradezu auf, in Zukunft mit Achaja
nicht mehr als Macht gegen Macht, sondern als Gebieter gegen Untergebene zu sprechen, und sich dießfalls
ganz auf die Ergebenheit der achäischen Optimaten an
die Sache Roms zu verlassen. Bis zum Sturze des
macedonischen Reiches durch die Schlacht bei Pidna (167
vor Chr.) zeigte der Senat, ungeachtet dieser kriechenden
Schmeicheleien, doch noch einige Scheu vor den Bitten,
vor der alten Bundestreue und Macht der Peloponnesier.
Nach jenem welthistorischen Momente aber hatte er keinen Beweggrund weiter den vollen Triumph der römischen Archontenfaction über ihre eigenen Mitbürger zu
hemmen. Jedermann weiß, daß nach der Niederlage
des Perseus eine Commission von zehn Senatoren Griechenland durchzog und in allen Staaten alle von ihren
politischen Gegnern als macedonisch Gesinnte bezeichneten
Patrioten zur Verantwortung vor ihr Tribunal beschied.
Hinrichtungen, Landesverweisungen, Metzeleien in Massen, kurz, eine Gegenumwälzung erschütterte alle hellenischen Länder. Aus dem Peloponnese allein wurden
durch die Partei Kallikrates mehr als tausend Männer,
und zwar lauter Magistrate, Feldherren und einflußreiche
Bürger, als Gegner der römischen Herrschaft bezeichnet
und zur Verantwortung nach Rom geschleppt, von wo
man sie, statt ihre Sache zu untersuchen, als Staats-
gefangene in verschiedene Städte Italiens deportirte.
Verurtheilen konnte man sie nicht, weil sich weder unter
den Papieren des überwundenen Perseus, noch sonst

irgendwo ein materieller Beweis ihrer Schuld finden ließ.
In ihr Vaterland zurück wollte man sie auch nicht las=
sen, weil man unter den damaligen Umständen das un=
schuldige, aber noch starke Achaja in keiner andern Weise
tödtlicher verwunden konnte als durch Wegführung aller
Männer von Talent, Kraft und Vaterlandsliebe. So
glaubte man allein die verwaiste, rathlose Bürgermasse
der einzelnen Staaten in das Netz der italienisch ge=
sinnten Archonten zu treiben, oder zu solchen Handlungen
zu verleiten, deren Natur das gewaltsame Einschreiten
eines Consularheeres und die Auflösung des Bundes
veranlassen würde. Allein die decemviralische Inquisition
hatte alle Gemüther eingeschüchtert, und Achaja beschränkte
sich auf Gesandtschaften, Bitten und Vorstellungen zur
Wiederbefreiung seiner gefangenen Mitbürger. Der Senat
blieb taub, bis nach Umfluß von siebzehn Jahren von
den tausend Männern kaum noch dreihundert am Leben
waren. Diesen ward die Rückkehr in das Heimathland
gestattet. Erbittert durch die lange Ungerechtigkeit,
großentheils auch schon auf jene Altersstufe vorgerückt,
wo Unbeugsamkeit die entflohene Kraft ersetzt, dazu noch
Griechen von Natur, welche Beleidigungen niemals ver=
gessen, und kein süßeres Gefühl als Rache kennen, wa=
ren diese Männer wie ein Gährungsstoff unter die ohne=
hin schon aufgereizten Bewohner der Halbinsel ge=
kommen. *)

Unabhängig von aller ausländischen Macht konnte

---

*) 150 vor Christus.

der Peloponnes und das übrige Griechenland nicht mehr
lange bleiben, und von zwei Wegen ihr Verhängniß zu
erfüllen, mußten die Achäer einen wählen.*) Entweder
konnten sie sanft duldend und ohne den Schild zu erheben sich ein Attribut der Freiheit nach dem andern
entreißen lassen, und nur, wie einst jener Dictator am
Fuße der Pompejussäule, für anständiges Niedersinken
in den Todesschlummer Sorge tragen: oder sie mußten,
ihre letzte Kraft noch einmal aufraffend, und Göttern
und Menschen zum Trotz fechtend, Leben und Tod ver-
achtend, stürmend, rasend in den Schlund des Verderbens hinabspringen. Vermöge ihrer Natur wählten die
Griechen das letztere. **) Und als Choragen dieser
Tragödie erschienen auf der Bühne der Spartaner Menalcidas, die Achäer Damocritus, Diäus und Critolaus
aus der Zahl der Deportirten; im Chor erblicken wir
das Volk von Korinth, von Chalcis und Theben. Das
Feuer des Verderbens ging, wie allezeit, von Lacedämon
aus. Bei seinem Austritte als Bundeshaupt um 148
vor Chr. wurde Menalcidas durch seinen persönlichen
Gegner Kallikrates des Verrathes angeklagt, weil er zu
Rom auf Trennung seiner Vaterstadt vom achäischen
Bunde angetragen habe. Menalcidas, obgleich über-
wiesen und nach den Gesetzen des Todes schuldig, bestach

---

*) Καὶ τὸ τέλος ἐγγὺς ἦν.

Plut. in Philop. 17.

**) θάνε καὶ σύ, τίη ὀλοφύρεαι αὔτως;

Homerus.

seinen Amtsnachfolger Diäus mit drei Talenten und wurde
von ihm zu allgemeinem Aergerniß der Achäer freigesprochen.
Um das Gehässige dieser Handlung zu tilgen und die ver=
lorne Achtung wieder zu gewinnen, bediente sich Diäus
einer amtlichen Lüge. Der römische Senat hatte nämlich
die wegen Gränzstreitigkeiten mit Argos klageführenden
Lacedämonier an die Entscheidung der Bundesversamm=
lung gewiesen, und dem Bericht hierüber fügte Diäus
lügenhaft bei: der Senat habe gegen ein früheres Decret
die Lacedämonier von nun an auch in peinlichen Sachen
den Achäern untergeordnet. Dieses neue Gesetz wurde
discutirt und angenommen,—in Sparta aber griff man zu
den Waffen. Diäus rückte mit dem Bundesheer in La=
konien ein. Unvermögend zum Widerstande schlugen die
Spartaner den Weg der Unterhandlungen ein, in die sich
Diäus um so bereitwilliger einließ, da er nach seiner eige=
nen Versicherung nicht mit dem Volke von Lacedämon,
sondern nur mit einigen Widersachern der öffentlichen
Wohlfahrt daselbst im Streit begriffen sey. Auf Anrathen
der Klügeren im Rathe verließen diese vierundzwanzig na=
mentlich bezeichneten Männer, gleichsam als wären sie
exiliret, freiwillig das Vaterland; gingen aber nach Rom
um Klage zu führen. Mit gleicher Heuchelei verurtheilte
man sie, sobald man wußte, daß sie die lakonischen Kü=
sten verlassen hatten, in der Heimath zum Tode, und
Diäus zog befriedigt in sein Land zurück. Vor dem rö=
mischen Senate, wohin er nach dem Feldzuge ebenfalls
gegangen war, um den Exulanten entgegen zu arbeiten,
wußte er so wie sein Gegner Menalcidas als Haupt der

letzteren, mit Hülfe griechischer Dialektik die Streitfrage
so zu verwickeln, daß der Senat nicht Scharfsinn genug
besaß, um zu entscheiden, auf welcher Seite die Wahrheit
liege, und wollte deßwegen Gesandte in den Peloponnes
schicken, um die Sache an Ort und Stelle zu untersuchen.
Während diese mit der Abreise zögerten, eilten Diäus
und Menalcidas in das Eiland zurück und zündeten die
Kriegsflamme an, indem ersterer der Versammlung verkündete, es würden die Gesandten Alles zum Vortheile der
Achäer entscheiden; Menalcidas aber seine Mitbürger ver-
sicherte, in kurzer Zeit werde Lacedämon von Achaja getrennt und für eine freie und selbstständige Republik ausgerufen werden.   Die Entscheidung wurde den Waffen
anheim gestellet.   Gegen Rath und Ermahnung des römischen Feldherrn Metellus, der mit einem Heere in Macedonien stand, schlug der neue Präsident Damocritus die
Lacedämonier mit Verlust von tausend Mann unter den
Mauern ihrer Hauptstadt und hätte diese selbst erobert,
wenn er nicht seine Krieger, die zugleich mit den fliehenden
Feinden durch die Thore drangen, vom Kampfe abgerufen
hätte.   Diäus trat an seine Stelle und gab den wiederholten Bitten des Metellus, Sparta bis zur Ankunft der
Gesandten aus Italien nicht zu bekriegen, so weit nach,
daß er zwar keine offenen Feindseligkeiten beging, Lacedämon aber durch Befestigung der angränzenden Städte
und Flecken gleichsam wie im Belagerungsstande hielt.
Eines dieser Städtchen, Jasos mit Namen, übertumpelte
der spartanische Feldherr Menalcidas, und zog durch diese
Verletzung des Waffenstillstandes auch seiner Vaterstadt

den Unwillen des römischen Volkes zu; er entleibte sich aber freiwillig, um der Rache seiner Landsleute zu entfliehen.

Kurze Zeit nachher landete die römische Gesandtschaft zu Korinth und Aurelius Orestes, ihr Oberhaupt, eröffnete die Bundesversammlung mit einer Rede, welche, weit entfernt die erbitterten Gemüther zu besänftigen, das Nationalgefühl der Achäer aufs tiefste verletzte. Für die Natur der Bewohner Griechenlands, sagt er, passe eine Föderativ=Verfassung durchaus nicht, weil Tücke, Neid, Eifersucht und unversöhnlicher Haß die einzelnen Staaten hindere, die Gesetze zu vollziehen, welche die Deputirten in allgemeiner Versammlung entwerfen; daher unerschöpfliche Materie zu ewigem Hader der Theile mit dem Ganzen, zu einheimischen Kriegen und Blutvergießen ohne Ende, wodurch friedliche Naturen beunruhigt, benachbarte geärgert, der Senat aber in seinen Sorgen für Frieden und Wohlfahrt des Erdkreises auf die unverantwortlichste Weise gestört werde. Um diese ewige Pest aus Achaja zu entfernen, gebe es kein anderes Heilmittel, als wieder zu trennen, was man niemals hätte verbinden sollen, und wieder zu isoliren, was eine übel verstandene Politik verschmolzen habe. Deßwegen sey es Wille und Wohlgefallen des Senates in Rom: „daß alle Städte, welche vor Alters mit dem achäischen Bunde nicht vereinigt gewesen, nämlich Korinth, Lacedämon, Argos, Orchomenus und Heraklea in den Thermopylen vom allgemeinen Bündniß abgesondert, nach ihren eigenen Gesetzen sich regieren

gieren sollen." *) Kaum waren diese Worte ausgespro=
chen, als die Deputirten, ohne Aurelius seinen Vortrag
enden zu lassen, aus der Versammlung stürzten, die Bür=
ger von Korinth auf dem Forum zusammenriefen und den
Inhalt der römischen Gesandtschaftsrede verkündeten.
Die ganze Stadt gerieth in Aufruhr, und in der ersten
Wuth wurden alle Lacedämonier, die man finden konnte,
selbst im Hause der Gesandten ermordet. Umsonst suchte
sie Aurelius zu schützen und drohte mit der Rache Roms,
welches die Sache der Lacedämonier als wie seine eigene
ansehe. Er selbst mußte sich mit seinen Collegen eilig aus
der Stadt und ganz Achaja entfernen. Des giftigen Be=
richtes ungeachtet, welcher von den Heimkehrenden im Se=
nate abgestattet wurde, hielt man es doch für rathsamer,
mit Klugheit und Mäßigung zu verfahren, weil sich Kar=
thago noch mit den Künsten der Verzweiflung wehrte, in
Macedonien ein gefährlicher Aufruhr brannte, und in al=
len Länder rundumher das Feuer unter der Asche glimmte.
Eine zweite Gesandtschaft, an deren Spitze Sextus Ju=
lius, ein ebenso sanfter und umsichtiger Mann, als Aure=
lius gebieterisch und rücksichtslos war, erschien auf dem
Convent zu Aegium. Mit freundlicher Miene redete er
zu den Häuptern des Volkes: „Rom entschuldige noch das
erste Aufbrausen einer durch blinden Eifer fürs Vaterland
aufgeregten Volksmasse, weil man wisse, daß die Obrig=

---

*) Polybius meint, Aurelius habe in diesem Punkte seine
   Vollmacht überschritten und seine Privatmeinung als Sena-
   tusconsultum vorgetragen.

keit sie bei solchen Umständen nicht zu zügeln vermöge.
Und habe man auch die Heiligkeit der Gesandten in blin-
der Wuth nicht hinlänglich geachtet, so lasse sich der Fehler leicht wieder gut machen, indem das römische Volk mit
dem geringsten Zeichen von Reue zufrieden sey, und als
Genugthuung nichts Anderes verlange, als daß man die
Lacedämonier unangefochten und den Peloponnes im Frieden lasse." Von der Trennung der Bundesstaaten sagte
Julius kein Wort, und verließ unter großem Beifalle die
Versammlung, und der Friede wäre dieses Mal noch erhalten worden, wenn die rachsüchtige Partei der Deportirten, und besonders Critolaus, der Präsident, nicht um
jeden Preis Krieg gewollt hätte. Letztgenannter suchte
den vortheilhaften Eindruck, welchen Sextus Rede auf
die Gemüther der Vaterlandsfreunde gemacht hatte, durch
die Bemerkung auszulöschen: „daß die Mäßigung der
„Römer nur anscheinend und ihr Racheplan nur aufge-
„schoben sey, bis Macedonien gedemüthiget und Karthago
„vertilget wäre; dann werden die Legionen Verwüstung
„und Knechtschaft über den geheiligten Boden Achaja's
„verbreiten; Rom verzeihe niemals. Noch sey Hoffnung,
„den Welttyrannen zu widerstehen und das Vaterland
„vor Sclaverei zu bewahren; darum meine er, man solle
„den Friedensworten keinen Glauben schenken und die
„Waffen zur Vertheidigung rüsten." Da die letzten Wah-
len ganz im Sinne der Deportirten ausgefallen waren, erhielt Critolaus ohne Mühe die Stimmenmehrheit für seine
Ansicht; und das Herz der Achäer wandte sich von Rom,
vom Frieden und vom Glücke. Amtlich jedoch wurde dem

Sextus eine friedliche, aber ausweichende Antwort gegeben: man werde Theanides wegen Verletzung der Gesandtschaft nach Rom schicken, und unterdessen einen Bundestag nach Tegea ausschreiben, um den Frieden mit Lacedämon zu verhandeln. Dieses war jedoch nur eine Ausflucht, denn man ließ Römer und Lacedämonier in besagter Stadt lange vergeblich warten, und zuletzt erschien Critolaus ganz allein auf dem Congresse mit der Erklärung, daß er über Dinge von solcher Wichtigkeit zu unterhandeln keine Vollmacht besitze, und erst nach Verlauf von sechs Monaten vor einer Generalversammlung des achäischen Volkes darüber berichten könne. Im darauffolgenden Winter bereisete Critolaus alle Städte des Landes, rühmte sich der Verhöhnung des römischen Volkes in seinen Gesandten und entflammte allenthalben die Gemüther der Einwohner zu Haß und kriegerischem Muth. Gegen seine Gewohnheit gönnte der Senat, dieser neuen Beleidigungen ungeachtet, den Rasenden doch noch Zeit zu Besinnung und Reue. Metellus erhielt Befehl, von Macedonien aus eine neue Gesandtschaft mit versöhnenden Anträgen an den Bund zu schicken. Cn. Papirius mit drei vornehmen Senatoren erschien zu Korinth. Critolaus gestattete ihnen aber nicht einmal in der Versammlung des Ausschusses zu reden, sondern nöthigte sie, sich ihrer Aufträge vor einem auf dem Forum versammelten Volkshaufen zu entledigen. Papirius redete mit Mäßigung und warnte sie vor einem unbesonnenen und muthwilligen Bruche des ihnen so nützlichen Freundschaftsbündnisses mit Rom. Von einer Trennung der

Staaten redete auch er nicht. Dieser Umstand wurde von der thörichten Menge der Furcht vor den Waffen Achaja's zugeschrieben, und ein Haufen von Handwerkern fiel die Gesandten an, verhöhnte und trieb sie mit allen Arten von Beschimpfungen von dem Marktplatze, während Critolaus in der Rathsversammlung einen Beschluß durchsetzte, in welchem an Lacedämon und folglich auch an Rom der Krieg erklärt wurde. Heraklea außer den Thermopylen weigerte sich allein, den gesetzlichen Antheil an Mannschaft zu stellen. Critolaus belagerte es mit einem starken Bundesheere, dem sich auch die Mehrzahl der Bürger von Chalcis und Theben angeschlossen hatte. Die übrigen Hellenen außerhalb des Isthmus blieben ruhige Zuschauer des Kampfes zwischen Rom und Peloponnes. Um die Belagerten zu befreien und die Verletzung des Völkerrechtes zu bestrafen, eilte Metellus in großen Zügen aus Macedonien herbei. Critolaus erwartete ihn nicht, hob die Belagerung auf, und floh durch die Engpässe, wurde aber eingeholt und mit dem größeren Theile seines Heeres vertilgt. Aus Theben entflohen die Einwohner, und 4000 Peloponnesier räumten Megara ohne Schwertstreich; vorwärts Korinth auf der Landenge stand Diäus mit der Hauptmacht, um die Pforten des Eilandes zu beschirmen. Metellus, um das schöne Korinth zu retten und seinem Nachfolger L. Mummius die Ehre des letzten Krieges zu entziehen, bot noch einmal die Hand zum Frieden. Diäus, unheilbar verblendet, verschmähte Alles, ließ die Gesandten (es waren edle Griechen) zum Tode verurtheilen und trieb die Vorposten des in der Zwischenzeit vom Consul übernommenen Heeres über den Isthmus zurück. Bei Leukopetra in einem Thale geschah die Hauptschlacht. Mummius hatte 23,000 Mann zu Fuß und 3500 zu Pferd ohne die kretischen Bogenschützen und Hülfsvölker aus Pergamus. Ungefähr eben so stark waren die Peloponnesier. Die griechischen Reiter ergriffen beim ersten Stoß der italienischen die Flucht; tapferer stritt der Phalanx. Von vorne durch den furchtbaren Andrang der Legionen, in den offenen Flanken durch die siegenden Reiter geängstigt, stob er nach vielem Blutvergießen und vielen tapfern Thaten auseinander. Diäus gab Alles verloren, eilte nach Megalopolis hinauf, tödtete sein Weib, verbrannte den Leichnam in der Gluth des angezündeten Hauses und trank Gift. Niemand dachte das feste Korinth zu vertheidigen; die Thore blieben offen, die Thürme unbesetzt, die Mehrzahl der Bürger verließ in derselben Nacht Hausgötter und Gut, viele entleibten sich selbst vor den Altären ihrer Penaten, auf den Straßen, auf der Flucht, unter den Augen ihrer Angehörigen, um der Rache eines unmenschlichen Siegers zu entrinnen. Mummius, Hinterlist fürchtend, harrte lange vor den Mauern. Am dritten Tage endlich zogen die Kriegsbanden durch die Pforten in die öden Straßen hinein. Todtenstille lag auf den alten ehrwürdigen Palästen und Tempeln. Alle Erwachsenen männlichen Geschlechts wurden erschlagen, Kinder und Weiber zu Sclaven gemacht; die Hauptstadt der Künste, des Reichthums, der Ueppigkeit geplündert und auf zwanzig Orten zugleich unter Trompetenklang in Brand gesteckt. Zuletzt riß man auch noch die

Mauern nieder, zermalmte sogar die Steine, *) damit der Sturmwind den Verwesungsstaub von Korinth zu heilsamer Warnung über die Oberfläche Griechenlands trage und die Hellenen belehre, wie Rom Beleidigungen räche. Dieß war das Ende der zehnthalbhundertjährigen Stadt des Aletes und zugleich der Anfang einer zweitausendjährigen Knechtschaft der peloponnesischen Völker. **) — Es ist nirgends zu lesen, daß die Achäer nach diesem erschütternden Schlage irgend ein Mittel des Heiles versucht hätten. Auf dem Kampfplatze zu Leukopetra und unter den Aschenhügeln der eingesunkenen Paläste schien mit dem Glücke zugleich das Andenken an die alten Zeiten, schien Kraftgefühl und Besinnung begraben zu seyn. Die Bundesversammlung hatte die Flucht ergriffen, die Häupter und Lenker der letzten großen Nationalbewegung waren auf dem Schlachtfelde oder durch ihre eigene Hand gefallen, und von den übrigen dachte keiner daran, die Sieger zu besänftigen, durch Abgeordnete um Gnade zu flehen, oder irgend ein anderes Mittel in der Noth zur Rettung des Bundes vorzuschlagen. Zu Messena, zu Patras, zu Megalopolis und Sicyon nahmen sich viele Bürger in hoffnungsloser Verzweiflung das Leben, andere entflohen gänzlich

---

*) Etiam lapidibus in pulverem comminutis.

Liv.

**) Von der Zerstörung des achäischen Bundes durch Mummius bis zur siegreichen Insurrection der Neu = Peloponnesier gegen Sultan Mahmud im Jahre 1821 sind eintausend neunhundert siebenundsechzig Jahre verflossen.

aus dem Lande, weil man glaubte, allen Städten, deren Bürger zu den Waffen gegriffen, sey das Loos von Korinth beschieden. Mummius aber war nur in Bestrafung der Verletzer des Völkerrechtes unerbittlich; den übrigen Städten wurde verziehen. Von den ersteren so wie von den Sclaven, welchen Didäus die Freiheit und mit dieser das Schwert gegen Rom gegeben, sollte keiner der Strafe entgehen. In allen Städten in und außer der Halbinsel wurde Alles, was von den Einwohnern Korinths der Flamme oder dem Schwert entgangen war, aufgesucht und als Sclaven verkauft, so daß Stadt, Volk und Name von Alt-Korinth gänzlich von der Erde verschwand. Ja selbst die Aecker und Felder dieser Unglücklichen hätte man vernichten mögen, wenn es ebenso in der Macht der Menschen wäre, athmende Wesen zu vertilgen, und den Boden, auf welchem ihr Fuß wandelte, vom Continente wegzureißen. Den größten Theil der Aecker, Wälder, Wein- und Olivengärten kauften die benachbarten Sicyonier bei der öffentlichen Versteigerung, welche der römische Feldherr hielt. Durch die zehn Organisations-Commiſſäre, welche bald nach dem Siege im Peloponnes landeten, wurden auf Befehl des Senates das Bündniß der achäischen Städte aufgelöst, die Rüsthäuser ausgeleert, Mauern und Festungswerke geschleift, die demokratische Verfassung allenthalben abgeschafft und die Regierung der einzelnen Städte den Geld-Optimaten *) in die Hände ge-

---

*) Magistratibus ex censu constitutis.

Liv.

liefert; über alle aber ein jährlich aus Italien gesandter
Prätor aufgestellt, welcher seinen Sitz in der Seestadt
Paträ nahm. Der Peloponnes und das übrige Griechen=
land bis an die Engpässe ward unter dem Namen Achaja
römische Provinz; wurde entwaffnet, zahlte Tribut, Zoll
und Pacht; wurde durch Hochmuth und Geiz italienischer
Proconsuln im Ganzen, im Einzelnen aber durch die
eigenen Bürger, d. i. durch die reichen und römisch ge=
sinnten Archonten tyrannisirt, gedrückt und ausgeplündert
ohne Schutz, ohne Hülfe, ohne Hoffnung. Denn die
Götter halfen nicht, und Selbstrettung durch Insurrec=
tion war unmöglich, weil Waffen, Mauern, Muth, Ein=
heit und Intelligenz zugleich aus Hellas verschwunden, die
Häupter der vereinzelten Staaten durch Privatvortheile
an die ausländischen Gebieter geködert und keine andere
menschliche Macht fähig war, dem noch immer wachsen=
den Koloß der römischen Weltherrschaft zu widerstehen.
Die Stelle der Freiheit und der Waffen hatte Gehorsam
und Geduld in Achaja eingenommen. — Eroberer hat es
zwar viele gegeben; bleibende Herrschaft zu gründen scheint
nur Rom gelernt zu haben. Philipps, Alexanders, De=
metrius, Antigonus und der übrigen griechisch redenden
Könige Herrschaft über Griechenland war in ihrer Natur
von der römischen wesentlich verschieden. Die ersteren
wollten die unterjochten Völker veredeln, zu den Siegern
erheben, mehren und bilden; behandelten sie mit einem
gewissen Edelmuthe, fühlten das Bedürfniß geliebt zu
seyn, wollten lieber über gebildete und freie Männer, als
über feige Sclaven herrschen, waren mit Einem Worte

gewöhnlich hochherzige und humane Fürsten. Der Senat
dagegen haßte die Freiheit instinctmäßig, erstickte ihre
Keime überall, redete eine andere Sprache, hatte andere
politische Einrichtungen und Sitten, und setzte den Kampf
gegen die Besiegten auch nach dem Siege noch fort, indem
er die Kraft der Völker durch unerschwingliche Tribute er-
schöpfte, durch Verbot der Waffenübungen die Seele scla-
visch, und durch Beförderung des Luxus, der Weichlichkeit und Sinnenlust träg und verächtlich machte. Der
Satz, von welchem die versammelten Väter ausgingen,
war einfach: Sollten die Bürger Einer Stadt über alle
Länder der Erde herrschen, so müssen die Bewohner dieser Länder schwächer seyn als die Bürger der Einen Stadt;
Völker schwächt man aber dadurch, daß man sie arm und
unwissend, feig und lasterhaft zugleich macht. — Roms
Herrschaft beruhte auf Unmoralität. Und deßwegen hat
seine Macht auch länger gedauert als die Gewalt vieler Könige, die entweder edel und menschlich, oder dumm und
lasterhaft gewesen sind. Denn eine in ihrem Princip un-
gerechte, aber in der Verfahrungsweise consequente Herrschaft fand zu allen Zeiten und unter allen Völkern eine mehr
constante und kräftige Unterstützung als jene, welche die
öffentlichen Angelegenheiten im Sinne allgemeiner Men-
schenliebe und nach dem Gesetze der Billigkeit verwalten
wollte. Wer reich ist, will dominiren und unterdrücken,
und wird allzeit geneigt seyn, ausländischer Gewalt, sobald sie ihn allein schützt, auf Kosten seiner geringeren
Mitbürger mit seinem ganzen Credit als Grundlage zu
dienen. Wankelmuth und Feigheit der Menge, so wie

anderseits Sorglosigkeit und Scheu vor bürgerlichen Dingen bei der ohnehin kleinen Zahl gediegener und tugendhafter Männer haben den Besitz der Macht von jeher den
Klugen, den Regsamen, und den muthvoll die Tugend
und das Recht verachtenden Menschen überlassen. Man
muß sich daher nicht täuschen lassen, wenn italienische
Autoren aus dem Zeitalter Augustus schreiben: „Das
Volk in Achaja habe sich der neuen Ordnung der Dinge
unter römischer Landeshoheit gefreuet, sobald der erste
Sturm der Unterjochung verbrauset war." Zufrieden waren, und konnten auch nur jene Peloponnesier seyn, welche
unter dem Schirm der Proconsuln ihre Mitbürger unterdrücken konnten ohne Furcht, durch politische Umwälzungen Macht und Einfluß zu verlieren. — Daß es,
wenn der Werth von menschlichen Handlungen von dem
Erfolge abhängt, für Individuen und für Staaten im
Ganzen besser ist, selbstsüchtig und treulos, als vater-
landsliebend und gerecht zu seyn, haben bei dieser nämlichen Katastrophe Griechenlands die Lacedämonier bewiesen. Der Ruchlosigkeit, der unversöhnlichen Tücke,
und der egoistisch=consequenten Politik dieses Staates
muß man ja den Untergang der Freiheit im Peloponnes
vorzüglich zuschreiben. Lacedämon appellirte zuerst an
das römische Volk und an die Legionen, lud unter den
Hellenen zuerst die Römer ein, Stadt, Land und Volk
von Sparta als Unterthan aufzunehmen, beugte zuerst
seinen Nacken unter dem Beile der Lictoren, ward das
Hauptquartier der italienischen Ränke, das Waffenhaus
aller Feinde und Widersacher der einheimischen Freiheit,

und bekannte laut, es wolle lieber mit ganz Hellas ei
Sclave Roms, als gerecht und mit gleichen Rechten
neben seinen griechischen Mitstaaten in der Unabhängig:
keit leben. So viel Schändlichkeit durfte von den Sie:
gern nicht unbelohnt bleiben. Lacedämons Mauern blie:
ben aufrecht stehen, seine Burg ungebrochen, seine Bür:
ger bewaffnet und unbesteuert, sein Gebiet ungeschmä:
lert, seine Verwaltung unverändert und gesichert gegen
alle Anfechtungen von Innen und von Außen, während
man in den Städten ihrer Nebenbuhler die Bürger auf
dem Sclavenmarkt verkaufte, ihre Wohnungen nieder:
riß, und von den kümmerlichen Resten der freien Bevöl:
kerung Tribut forderte, ja sogar die achtzehn Städtchen
und Flecken an der Seeküste, welche man im Friedens:
schlusse zwischen Nabis und Flaminius von Sparta los:
gerissen und mit der Freiheit beschenkt hatte, wieder in
die alten Hörigkeits-Verhältnisse zurückzukehren nöthigte.
Als Schadenersatz für alles wegen Anhänglichkeit an
Rom erlittene Ungemach wurde Achaja überdieß noch
verurtheilt, zweihundert Talente an Lacedämon zu erlegen,
später aber auf Bitten von dieser letzten Strafe wieder
freigesprochen. Bei all dem blieb den spartanischen Ar:
chonten doch immer der Trost, die Manen der für die
peloponnesische Freiheit erschlagenen Bürger zu verhöh:
nen, und allen Nationen als lebendiger Beweis zu die:
nen, daß es viel gewinnreicher sey, mit den Mächtigen
Schandthaten zu verüben, als zum Besten des gemei:
nen Wesens Ungemach und Mühseligkeiten zu erdulden.
Mit dieser furchtbaren und traurigen Lehre verließ das

altgriechische Volk der Peloponneser auf immer die politische Schaubühne. Seine Rolle im Weltdrama war ausgespielt, und der lange Todesschlummer begann die durch tausendjähriges Kämpfen und Ringen ermatteten Glieder zu fesseln. Alles Jammern über den Untergang der Freiheit eines so berühmten Volkes ist aber vergeblich und unzeitig, weil die Wehklage über den Fall der Hellenen nichts Anderes wäre als eine Klage, daß die Menschen Menschen sind, daß die Schwäche der Stärke erliegt, die größere Macht die geringere verzehrt, und Eisen den Thon zermalmt. Diese Gesetze der Natur sind ewig; alles Menschliche ist ihnen unterthan.

Zweites Capitel.

Wie der Peloponnes unter der Herrschaft Roms verödet, durch nordische Völker verwüstet, und endlich zum Christenthum bekehret wird. Von 146 vor, bis 400 nach Christus.

———

Um wie viel die politische Freiheit, auch wenn sie manchmal durch heftige Stürme erschüttert wird, im Allgemeinen zum Flor einer Nation vortheilhafter als jene antichristliche, von Alt=Rom ausgegangene Ruhe der Knechtschaft und des Todes wirke, lehrt die Verwandlung des Peloponneses in den hundertundfünfzig Jahren, die zunächst auf die Zerstörung des achäischen Bundes verflossen sind. Der Verfall der Städte, die Verödung des Ackerlandes, Armuth und Ignoranz der Einwohner drückten dieß altberühmte Eiland in unglaublicher Schnelligkeit zum Range einer der unbedeutendsten Provinzen des Weltreiches herab. Die Uebel, welche die Wuth der Bürgerkriege in früheren Zeiten dem Lande geschlagen hatte, fanden in der innern Selbstständigkeit der einzelnen Republiken jedesmal wieder einige Linderung, weil die Verödung nur aus der Thorheit und Unbändigkeit der menschlichen Natur, nicht aber aus egoistisch=consequenter Berechnung einer unmoralischen Regierung hervorgegangen war. Verbrannte Orte baute

man oft schöner auf, Saaten und Bäume wucherten üp-
piger aus den Schoose der Erde heraus; durch Betrieb-
samkeit wurde der Verarmte wieder wohlhabend, und die
verschwundene Population durch ewig frischen Trieb der
freien Natur ergänzt. Das große, reiche, kunstsinnige,
handeltreibende Korinth ergoß durch zahlreiche Canäle die
Früchte seiner Lebensthätigkeit über alle Gegenden der
Halbinsel. Als Hauptstapelplatz des Welthandels im
Occident, und als Werkstätte aller das Leben und den
Genuß verschönernden Künste war diese herrliche Stadt
gleichsam Herz und Blut nicht nur des achäischen Staatskörpers, sondern gewissermaßen der ganzen über die
Erdfläche verbreiteten Nation der Altgriechen. Mit ihrer
Vernichtung standen plötzlich alle Lebenspulse still, und
das Land verwelkte wie der thierische Körper, wenn man
ihm die Nahrung entzieht. Aus den Palästen aller kunst-
liebenden Könige des Morgen- und Abendlandes rannen
Goldströme in die Werkstätten von Korinth, nahmen aber
nach der Katastrophe ihre Richtung in andere Gegenden,
so daß mit der bürgerlichen Freiheit zugleich der Reichthum,
und mit beiden auch die Menschen von der peloponnesischen
Erde verschwanden. Wer noch reich war, trug seine
Hausgötter nach Italien, nach Rom, in den Mittelpunkt
der Weltmacht, weil der reiche Grieche damals die Ruhe
nicht ertragen, außer dem Strudel politischer Umtriebe
nicht leben konnte. Den Armen dagegen trieb die Noth in
fremde Länder, weil ihn nach Abschaffung der demokratischen Verfassungen weder das Gemeinwesen, noch die
Arbeit nach erstorbenem Kunstfleiße nähren konnte. Man

darf annehmen, daß zur Zeit der Unterjochung auf der Halbinsel wenigstens dreißig wohlbestallte, und was die innern Angelegenheiten betrifft, von einander ganz unabhängige Freistaaten, und folglich eben so viele Hauptstädte und Regierungssitze bestanden, durch welche ein vielbewegtes Leben und mannichfaltige Wechselwirkung, reges Treiben und Schaffen auf der ganzen Oberfläche des Eilandes verbreitet und unterhalten wurde. Dieß Alles erstarb plötzlich unter dem Beile der Proconsular=Lictoren. Vom Range gebietender Herren stiegen die Bürger in den Kreis der Unterthanen, die Residenzen aber in die Dunkelheit armer und vergessener Landstädtchen herab. Und welche Wirkung auf Bevölkerung, auf Wohlstand und bürgerliche Glückseligkeit der Länder Verwandlungen dieser Art hervorbringen, kann man an vielen ehemals reichen, jetzt aber armen und halbverlassenen Städten Deutschlands und Italiens sehen. Gegen solche Uebel kennt die politische Weisheit eben so wenig eine Abhülfe als gegen das Hinwelken und Ersterben der blühenden Natur, sobald die Sonne nach der entgegengesetzten Hemisphäre entflieht. *)

Wie ruchlos, wie unersättlich, wie stolz und grausam die römische Verwaltung in diesem Zeitraume, besonders während der Mithridatischen, Syllanischen, Cäsariahischen und Augustischen Kriege war, ist ja aus den Schriften

---

*) . . . . at si formosus Alexis
Montibus his abeat, videas et flumina sicca.
Aret ager: vitio moriens sitit aeras herba:
Liber pampineas invidit collibus umbras.

Virgil.

jenes Zeitalters hinlänglich bekannt. *) Die Ueberbleibsel
der asiatischen Reichthümer, welche Jahrhunderte lang
durch Söldnerei und Handel nach Hellas und besonders in
den Peloponnes geflossen, wurden durch Privat= und öf=
fentlichen Raub, durch Contribution und andere Kunstgriffe
der raffinirtesten Tyrannei aus dem Lande gezogen. Grund=
stücke, Gemälde, Statuen, und zuletzt sogar noch die
Kinder oder einen Theil der freigebornen Bürger mußten
die Gemeinden an die italienischen Kriegscommissäre, Wu=
cherer und Steuereinnehmer hingeben, um die wiederholten
und unerhörten Contributionen zu bezahlen. Wer wird
sich noch verwundern, wenn Servius Sulpicius an einen
berühmten Zeitgenossen schreibt: er habe auf einer Reise
von Aegina über Megara, Korinth und die Nordküste des
Peloponneses nichts als Ruinen halb oder ganz verfallener
Städte und Flecken gesehen! Dieser aber in einem Briefe
an Quintus ausdrücklich bemerkt: durch die Last der Schul=
den und öffentlichen Abgaben erdrückt, seyen mehrere grie=
chische Städte verlassen und eingefallen (dirutas ac paene
desertas). Siebenzig Jahre dieser ausländischen Herr=
schaft reichten hin, den stolzen und aufbrausenden Muth
der peloponnesischen Bevölkerung so völlig zu erdrücken,
daß beim ersten großen Einbruch des Mithridates in Eu=
ropa die Nationalkraft schon bis auf den innersten Keim
erstorben schien. In ganz Griechenland, in Asien, in
Africa, selbst in Italien, und in allen umliegenden Län=
bern

---

*) Am besten zusammengestellt von Fr. Christoph Schlosser in
seiner Universalhistorischen Uebersicht rc.

dern zweifelten damals wenige Menschen am nahen Unter=
gang der weltherrschenden Republik, und erwarteten nichts
Geringeres als eine allgemeine Combustion der menschlichen
Dinge. Im Innern wütheten die Schrecken des Bürger=
krieges, von Außen mähte Mithridates die Italiener nach
Hunderttausenden, und näherte sich mit großen Flotten und
zahllosen Heeren wie der Sturmwind den italienischen
Küsten. Die Idee und das Schwert stritten zu gleicher
Zeit für Mithridates. Die Freiheit verkündete er den
niedergetretenen Völkern, und bewährte sein Wort durch
große Thaten. Allein vergebens hallte dieser Ruf durch
die Thäler der Halbinsel; man verstand ihn nicht mehr;
man hatte schon vergessen, was die Freiheit sey. *) Den
Sclaven, welche das Feld bauten, galt der Ruf ohnehin
nicht. Die Optimaten, großentheils schon romanisirt, zitter=
ten für ihre Ruhe, für ihre Reichthümer und ihre Macht,
deren Fortdauer von dem Heil des römischen Volkes abhing.
Und wer hätte denn außer diesen für die Wiedererweckung der
Nationalunabhängigkeit wirken sollen? Für die bei Korinth
erschlagenen Bürger kam die Hülfe zu spät, und die Ruinen
von Megalopolis bedurften ihrer nicht mehr. Veröddung,

---

*) Nach einer Stelle bei Appian (p. 190 de Bello Mithridat.)
waren allerdings Kriegshaufen aus Lakonien und Achaja
den Feldherren des Mithridates zu Hülfe gezogen. Allein
im ersten Buch de Bell. Civil. p. 398 schreibt der nämliche
Autor: Sylla habe in seinem Heere Krieger aus dem Pelo=
ponnes gehabt. Wahrscheinlich ist, daß sich keine Republik
öffentlich für Mithridates erklärte, privat aber mehrere
Abenteurer seinen Fahnen folgten.

Ruinen, Laster und Grab sind feste Grundlagen der Herrschaft und der Macht. Die Dauer einer durch Glück,
Weisheit und Heldenmuth errungenen Gewalt hat Rom
durch diese Mittel auf länger als ein halbes Jahrtausend
gesichert.

Nach diesen Vorgängen hat man es auch nicht zu bedauern, daß sich von der Bedeutungslosigkeit und von den
Leiden der Halbinsel während jener mörderischen Kriege
bis zur Schlacht von Actium keine genaue Nachricht erhalten hat. Daß an der Landenge von Korinth, daß in
Achaja und Arkadien gestritten, verheert und geplündert
wurde, deutet der Sieger von Pharsalus in seinen Commentarien deutlich genug an. Es waren aber Fremdlinge,
welche auf griechischer Erde um die Herrschaft der Welt
stritten, und die Eingebornen hatten selten dabei eine andere Rolle zu spielen, als die Kriegsheere beider Theile zu
nähren und zu bezahlen, und in Demuth abzuwarten,
welchem der beiden Athleten sie als Beute anheimfallen. —

Wo die meiste Kraft und Lebensfülle war, da wirkte
auch die Verwesung am furchtbarsten. Und gleichsam als
sollte es recht anschaulich gemacht werden, daß eine geheime Macht, ein feindlicher Dämon, eine unerbittliche
Nemesis das menschliche Geschlecht, seine Tugend und
seine Glückseligkeit verfolge, hatte die Geißel der römischen
Welttyrannei gerade jene Theile der Halbinsel am wüthendsten zerfleischt, in welchen die größte Summe öffentlicher
Tugend, Kraft und Mannhaftigkeit war, d. i. Arkadien
und Achaja. Diese beiden Provinzen, in den letzten Zeiten
des Bundes noch stark bevölkert, blühend und reich, waren

im benannten Zeitraume im eigentlichen Sinne des Wortes
mit Ruinen bedeckt, und streckenweise von ihren Bebauern
verlassen. *) Das große Megalopolis, zu dessen ursprüng=
licher Bevölkerung im vierten Jahrhundert vor Christus
mehr als vierzig benachbarte Städtchen und Flecken Arka=
diens die Bewohner liefern mußten, war nur mehr eine
große Ruine, und glich eigentlich einem halbverfallenen
Palaste, worin ein kleiner Winkel noch einige Menschen
verbarg. **) Eben so standen die Städte Dyspontion,
Hyrmine, Cyparissia, Maciston und Buprasion in Elis
menschenleer, weil die Bürger, unvermögend das gemeine
Wesen fortzuführen, sich theils mit den Bewohnern grö=
ßerer Orte in der Nachbarschaft verschmolzen, theils den
Peloponnes gänzlich verließen, wie die Leute von Dyspon=
tion, um unter fremdem Himmelsstriche eine glücklichere
Heimath zu suchen. Die Trümmer der Burgen Akro=
Korinth und Ithome zeugten zu Pausanias Zeiten noch
von dem Grimme der Legionen unter Consul Mummius.
In jedem Falle scheint Arkadien am meisten gelitten zu
haben. Wenigstens sagt Strabo, es sey gar nicht mehr der
Mühe werth von diesem Lande und seinen Städten zu
reden, weil es beinahe ganz öde liege, und nach dem
Untergang der Städte von seinen Bebauern verlaffen wor=
den sey. ***) Daß aber in Arkadien alle menschliche

---

*) Strabo p. 267. Edit. Casaub.

**) πολλὰ τῆς Μαγάλης πόλεώς ἐςιν ἐρείπια ἐφ᾽ ἡμῶν.

Pausan. in Arcad.

***) διὰ τὴν τῆς χώρας παντελῆ κάκωσιν. —

Diese Stelle, wenn sie anders von Strabo ursprünglich

6 *

Cultur verschwunden, und eine scythische Wüste entstanden sey, muß man deßwegen doch nicht glauben. Gehölze und Weideland mit zahlreichen Heerden, und von Sclaven gehütet, bedeckten in noch viel späterer Zeit seine Oberfläche. Auch von den Städten und Flecken waren noch sehr viele mehr oder weniger bewohnt, und die Felder in der Nähe angebaut, wie man aus dem später lebenden Pausanias erfährt. In dieser Weise schmolz im Peloponnes, wie in allen Ländern, welche die Pest der römischen Herrschaft erreichte, die Zahl der freien Bürger auf ein kleines Häuflein Optimaten zusammen, während sich die Zahl der Sclaven in eben dem Maße vermehren mußte, um die übermäßig ausgedehnten Ländereien anzubauen. Diese Bemerkung ist nicht neu; Livius macht zu eben derselben Zeit über die Abnahme der freien Population in den weiland beglücktesten und von Bewohnern wimmelnden Provinzen Italiens die nämliche Erinnerung. Deßwegen darf man auch eine Stelle Plutarchs, worin er bemerkt, daß ganz Altgriechenland zu seiner Zeit kaum dreitausend Hopliten (freie Bürger in schwerer Rüstung) aufzubringen vermöge, gar nicht unglaublich finden. Wohl aber ist die Behauptung falsch, daß durch unaufhörliche Bürgerkriege der achäischen Republiken untereinander diese grausame Verödung erfolgt sey, wie bei Strabo zu lesen ist. *) Polybius sagt ausdrücklich: der Peloponnes allein habe in

---

herrührt, enthält offenbar Uebertreibungen, wie wir weiter unten näher zeigen wollen.

*) p. 267. Edit. Casaub.

den letzten Zeiten des Bundes noch zwischen dreißig= und
vierzigtausend freie Bürger ins Feld gestellt. Und die
Arkadier allein verloren in der Schlacht gegen Metellus
bei Thermopylä und während des Rückzugs unter Critolaus
mehr als dreitausend Waffen tragende Männer, ohne ihren
Verlust in dem mörderischen Treffen von Leukopetra mit
einzurechnen. Alle Städte Arkadiens standen noch und
waren Sitze freier Bürgergemeinden zur Zeit als Mum=
mius unter Paukenschall die Mauern von Korinth nieder=
riß. Begreifen kann man unterdessen, warum Strabo
die Schuld des öffentlichen Elends den Peninsulanern selbst
aufbürdet. Oder wie hätte er als römischer Unterthan
öffentlich sagen und schreiben dürfen, daß die Herrschaft
Roms wie ein giftiger Pesthauch die Welt veröde! —
Eine der schlimmen Folgen der Knechtschaft ist es eben,
daß Nationen ihren Verfall entweder als eine Wohlthat
ihres Gebieters zu preisen, oder wenigstens als Folge ihrer
frühern Thorheiten anzuerkennen genöthiget sind. Wahr
ist es, daß in den peloponnesischen Städten auch nach der
Unterjochung der uralte gegenseitige Groll doch nicht er=
starb, daß Lacedämon mit dem benachbarten Messenien,
dieses mit Arkadien, Arkadien mit Elis, und Argos mit
allen seinen Nachbarn, und die Gemeinden eines und
desselben Stammes untereinander ewigen Stoff zu Fehden
forthätten. Allein es war nicht mehr erlaubt die strei=
tigen Punkte mit dem Schwerte auszufechten. — Zu Patras
vor dem Prätor, zu Rom im Senate oder vor dem Tri=
bunale des Imperators durften sie ihrem Grimm durch
lange Reden, Klagen und Bitten Luft machen, und waren

dann versichert, daß allzeit jener Theil Recht behalte,
welcher den andern an Bestechung, Unterwürfigkeit,
Schmeichelei und Knechtsinn übertroffen hat.

Daß mit der politischen Freiheit, mit der freien Bevölkerung und mit dem Reichthum auch die Blüthe der
griechischen Kunst und Geistesveredlung nicht nur auf der
Halbinsel, sondern in ganz Hellas, und so zu sagen im
ganzen menschlichen Geschlechte erstarb und ersterben
mußte, weiß ohnehin Jedermann. Haben wir denn nicht
oben gesagt, daß die Weltherrschaft des Senates und der
Cäsarn in Ertödtung und Erniedrigung des menschlichen
Geistes seine vorzüglichste Stütze hatte? Sobald die freien
Bürgerschaften ausgerottet und ihre Städte verfallen waren, war die Verwilderung auch schon vollendet. Es
starb die Cultur in Hellas nicht langsam; sie erlosch plötzlich wie eine in der Finsterniß vom Sturmwind umgesto-
ßene Fackel des Leuchtthurms. „Ich war zu Argos, in
Phocis, in Lokris, zu Megara, zu Sicyon,“ schreibt
Apollonius von Tyana im ersten Jahrhundert unserer
Zeitrechnung an die Vorsteher des Museums zu Alexandria, „und fand, daß ich verwilderte, nicht weil ich lange
von Hellas abwesend, sondern weil ich lange daselbst an-
wesend war.“ *) Der Geist der Hellenen war nach Rho-
dos, nach Byzanz, nach Alexandria gewandert, um in
diesen letzten Asylen der Freiheit endlich noch mit einiger

---

*) ἐβαρβαρώθην οὐ χρόνιος ὢν ἀφ' Ἑλλάδος, ἀλλὰ χρόνιος
ὢν ἐν Ἑλλάδι.

Epist. 54.

Würde zu ersterben. Der einzige Vorzug, der dem Peloponnes bis zur gänzlichen Vertilgung der hellenischen Bevölkerung, Religion und Cultur durch Scythen und Mönche
vor den übrigen Ländern griechischer Zunge auch im Laufe
dieser trauervollen Zeiten blieb, war die Feier der olympischen Spiele. Hier durfte dieses berühmte Volk in herrlichen Sommernächten unter den Oelbäumen und Thränen-
weiden am Ufer des Alpheus, beim Anblicke der Denkmäler
einer unerreichbaren Vorwelt auf kurze Zeit seine Leiden
vergessen, und bei der Erinnerung alter Majestät sich im
Geiste über seine brutalen Beherrscher erheben. Der Peloponnes glich einem ungeheuren, von den alten Bewohnern
großentheils verlassenen Palaste, wohin nach jedesmaligem
Umfluß von vier Jahren die auswärtigen Hellenen wanderten, um sich in dieser alten Nationalburg ihres gemeinsamen Ursprungs und ihrer Gesittung zu freuen. Auf
das Festgetümmel folgte die vorige Stille und Verödung.
Jedoch hatten sich in den zusammengeschmolzenen Resten
der alten Population alle Schattirungen der hellenischen
Urstämme in Sprache und Lebensweise erhalten, indem
die vorgenannten Autoren des ersten und zweiten Jahrhunderts ausdrücklich bemerken, daß man in den Städten
des Peloponneses verschiedene Dialekte zu ihrer Zeit wie
vor Alters noch immer spreche, und folglich die Masse der
Einwohner wohl gemindert, aber noch nicht durch Zusatz
fremder Bestandtheile getrübt und verwandelt gewesen sey.*)

_____

*) σχεδὸν δ'ἔτι καὶ νῦν κατὰ πόλεις ἄλλοι ἄλλως διαλέγονται.
Strabo p. 230. Casaub. — Pausan. in Messen.

Die Spartaner, obwohl üppig und entnervt, συβάριδος μεϛοί, hatten vom Dorismus ihrer Sprache auch nicht einen Buchstaben geändert, und in öffentlichen Erlassen den alten lakonischen Styl aus den Zeiten eines Lysander und Agesilaos beibehalten, wie aus einem Schreiben der Ephoren an den nämlichen Apollonius von Tyana zu ersehen ist. *)

Da die Hauptabsicht dieser Schrift dahin gerichtet ist, die allmähliche Vertilgung der alten Bewohner des Peloponneses gegen die irrigen Ansichten unserer Zeit darzuthun, welche die Moraiten des neunzehnten Jahrhunderts zwar für ausgeartete, doch aber für gerade und unvermischte Descendenten eines Agesilaos, Aristodemos, Aratos und Philopömen geltend machen will; so bitten wir den Leser, die eben vorher gemachte Bemerkung über die zu Pausanias Zeiten noch bestehende Reinheit der verschiedenen Dialekte der Halbinsel nicht außer Acht zu lassen. So mannichfaltig die Revolutionen der Menschen und der Dinge auch immer seyn mögen, so wird man doch in der Geschichte des menschlichen Geschlechtes kein einziges Beispiel finden, daß verschiedene Stämme eines und desselben Volkes ihren von den Voreltern ererbten Dialekt vor dem Untergang der Sprache selbst oder des ganzen Stammes je geändert

---

**) Λακεδαιμόνιοι Ἀπολλωνίῳ.

Τὰν διδομέναν τιμάν σοι ἀπεϛάλκαμεν. Τόδε ἀντίγραφον σημηνάμενοι τῇ δημοσίᾳ σφραγίδι (sic), ἵνα ἴδῃς (sic).

Philostrat. Vit. Ap. Tyan. epist. 62.

hätten. Religion, Freiheit, Bauart, Kleidertracht und Kriegssitte können den Einwirkungen der Zeiten und der Umstände weichen; Sprach=Nüancen aber werden so lange dieselben bleiben, als die nämlichen Sprechorgane im Lande geboren und fortgepflanzt werden. Sobald wir daher finden, daß man in den Gegenden, welche ehemals Messenien, Sparta, Elis u. s. w. hießen, nicht mehr Dorisch redet; wenn wir finden, daß Brunnen, Bäche, Hügel, Berge, Thäler, Ebenen und Ortschaften daselbst andere Namen tragen; so ist dieses ein unumstößlicher Beweis, daß eine große Revolution und allgemeine Umkehrung über jene Himmelsstriche gewandelt, und die alten Bewohner vernichtet habe.

Wie in allen Dingen und in allen Ländern begann die Corruption des hellenischen Blutes, der hellenischen Sitte und Redeweise auch im Peloponnes zuerst in den Städten, besonders in denjenigen, welche an der See=küste lagen. Der Handelsverkehr zog Fremdlinge aus den verschiedensten Ländern herbei, von welchen sich nach und nach in allen Verkehr treibenden Städten kleine Colonien bildeten, und die alte Bevölkerung verdrängten. Jedoch war Alles dieses im ersten Jahrhundert der Unterjochung von keiner großen Bedeutung und — etwa Patras ausgenommen — die Bevölkerung der Halbinsel noch rein und unvermischt. Die erste peloponnesische Stadt, welche durch Ausländer und zwar der Haupt=sache nach Nichtgriechen förmlich colonisirt wurde, war Dyme, eine der zwölf alten Republiken Achaja's. Diesen Ort muß die Geißel der römischen Herrschaft be=

sonders stark getroffen haben, da er ungeachtet der vorher-
gegangenen Incorporation der Bürger von Olenos zur
Zeit des großen Piraten-Krieges doch seiner Verödung
nahe war. Eine Abtheilung der Cilicisch-Isaurischen Seeräuber verpflanzte Pompejus nach ihrer Besiegung in diese
Stadt, um als friedliche Bürger die leeren Häuser zu bewohnen und die ungebauten Felder zu pflügen. *) Ungefähr zwanzig Jahre später rief Julius Cäsar Korinth
wieder aus der Asche hervor, und besetzte die neue Stadt
ganz mit lateinisch redenden Colonisten aus Alt-Rom. Patras aber und sein ganzes Gebiet mit allen Dörfern bis
zur Meerenge von Rhium wurde durch Augustus Octavianus nach der Schlacht von Actium (31 vor Chr.) dem
siegreichen Heere überlassen, von welchem sich ein großer
Theil (ἀξιόλογον μέρος) daselbst niederließ. **) Und
doch verlor dieser großen Einwanderung fremder Völker
ungeachtet noch keine Stadt, kein Fluß, kein Gebirge
seinen altgriechischen Namen, weil das hellenische Element
noch überwiegend und kraftvoll genug war, um die ausländischen Zusätze einzusaugen und gleichsam mit seinem
Wesen zu verschmelzen. Die neuen Colonisten von Korinth,
Patras und Dyme wurden nach Umfluß kurzer Zeit durch
Vermischung mit Eingebornen in Griechen umgewandelt,

---

*) Δέδεκται δ᾽ οἰκήτορας καὶ ἡ Δύμη μικρὸν πρὸ ἡμῖν, ἀν-
θρώπους μιγάδας, οὓς ἀπὸ τοῦ πειρατικοῦ πλήθους περιλι-
πεῖς ἔσχε Πομπήιος καταλύσας τὰ λῃστήρια.
Strabo p. 267. Casaub.

**) Strabo ibid.

redeten Griechisch, und kleideten sich auch nach der Sitte ihres neuen Vaterlandes. Eine Uebersiedlung in solchen Massen ist aber doch ein offenbarer Beweis, daß die einheimische Bevölkerung jener Gegenden entweder dem größern Theile nach verschwunden, oder vom siegenden Octavianus ausgetrieben war. Woher hätte man sonst Ackerland genommen, um so viele tausend fremde Familien zu versorgen, wenn das Gebiet von Patras den alten Reichthum an Bebauern damals noch gehabt hätte? Zwar hatten die Achäer von Patras mit den übrigen peloponnesischen Gemeinden, nur Sparta ausgenommen, bei Actium gegen Octavianus gestanden und nachher mehr oder weniger bestraft worden. Allein keine einzige Stadt der Halbinsel erfuhr deßwegen das Loos von Capua, von Mantua oder Cremona. Vielmehr wurde Patras, welches damals fast öde stand, durch den Sieger wieder aufgerichtet, indem die in den Landstädtchen Messalis, Anthea, Boline, Argyra und Aroa zerstreute Bevölkerung desselben in die alten Mauern zurückgeführt und durch die Bürger der niedergerissenen Stadt Rhypä noch erhöht wurde. In den erledigten Feldmarken ließen sich dann Colonisten aus Italien nieder.

Die Griechen selbst hüteten sich äußerst sorgfältig vor Mischung ihrer Race mit fremdem Blute. Und es ist bekannt, daß dieses Volk im Allgemeinen, die Peloponnesier aber, und aus ihnen die Arkadier insbesondere, auf Erhaltung ihrer Nationalität mit solcher Eifersucht wachten, daß sie nicht einmal einen Sclaven über die Gränzen des Vater-

landes hinaus verkaufen ließen. *) Niemals legte dieses
Volk die stolze Meinung von seinen natürlichen Vorzügen
über die übrigen Erdbewohner ab. Niemand sollte in den
alten Wäldern Arkadiens Eichen fällen; Niemand auf seinen
Triften Rinder, Schafe, Schweine und Pferde weiden,
und Niemand die schmutzigen (συώδεις) Dörfer bewohnen
außer den Abkömmlingen jener pelasgischen Autochthonen,
die in der Sagengeschichte als die ersten Bebauer dieses
Alpenlandes bezeichnet werden. Und da während der
Herrschaft des römischen Volkes über Griechenland außer
den oben angedeuteten Gegenden kein anderer Punkt der
Halbinsel colonisirt worden ist, so darf man als unbestreitbar annehmen, daß Messenien, Elis, Lakonien, Argolis und Arkadien von der im Elend der
Zeiten zwar allmählich dahinsterbenden, aber der Hauptsache nach doch unvermischten Hellenenbevölkerung bis auf
den Zeitpunkt bewohnt blieben, in welchem der Strom
scythischer Wanderungen über den Isthmus hereinbrach
und die Halbinsel durch zweihundertjähriges Toben vom
Grunde aus umkehrte.

Das erste Sausen dieses Sturms erreichte den Po-
loponnes in der zweiten Hälfte des dritten Jahrhunderts.
Und gleichsam als wollte die Natur selbst im Bunde mit
dem Verhängniß den eindringenden Uebeln alle Schranken wegräumen, verheerten in den hundertundzwanzig
Jahren, welche vom Tode des Kaisers Hadrianus bis
zum ersten Einbruch der nordischen Völker in Griechen-

---

*) Philostrat. Vita Apollonii Tyan. lib. 8. cap. 12.

land verflossen sind, zu wiederholten Malen pestartige
Seuchen die ohne das schon dünne bevölkerten Provinzen von Hellas. Es ist bekannt, daß unter Marcus
Aurelius Antoninus diese furchtbare Geißel einen großen
Theil des menschlichen Geschlechtes vertilgte, und wenige
Jahre vor Ankunft der Fremden besonders in den Städten Achaja's die schauderhaftesten Verheerungen angerichtet hat. *) Gegen die Wuth dieses Uebels wußte man
damals keine Hülfe. Man ließ es toben, bis es durch
Aufzehrung seiner Kraft von selbst erlosch. In Rom
wurden die Lücken der Population zwar schnell wieder
ausgefüllt durch Colonisten, die man aus den Provinzen in die Hauptstadt führte. Aber diese letztern sanken
durch die zweifache Geißel der Pest und der Emigration
in einen Zustand von Verödung, von welchem man sich
schwerlich einen Begriff machen kann. Alle Nachrichten
aus jenem Zeitalter zusammengefaßt, beweisen unwiderleglich, daß die Regierung des weisen Antoninus als der
Zeitpunkt anzusehen ist, in welchem sich die menschlichen
Dinge nicht nur im Peloponnes und in Hellas, sondern
auf der ganzen römischen Erde in einer auffallenden
Weise zum Untergang neigten. Mit der alten Bevölkerung, welche auf der ganzen Oberfläche des Reichs zu
Hunderttausenden hingerafft wurde, erloschen die alten
Ideen, der alte von Generation zu Generation fortge-
erbte Sinn für schöne Künste; selbst die Kraft und das
Genie starben ab, weil Niemand übrig war, um das

---

*) Trebellius Pollio in Gallien. duob. cap. 5.

hinterlaſſene Erbtheil der Geiſter anzutreten. Deſſen ungeachtet wäre aber alle Bösheit des Menschen und alle Schlechtigkeit der Regierung von Commodus bis Arcadius herab doch nicht ſtark genug geweſen, um den menſchlichen Geiſt völlig zu unterdrücken und die Nacht der Barbarei über die Erde zu verbreiten, wenn ihnen Hunger und Seuchen im Kampfe gegen das menſchliche Geſchlecht nicht Beiſtand geleiſtet hätten. Hundert Jahre der ſorgfältigſten Pflege unter einer milden und väter= lichen Verwaltung würden kaum hinreichen, ein durch ſolche Uebel zerſtörtes Land wieder blühend, reich und bevölkert zu machen. Die Provinzen des Reiches aber genoſſen weder eine ſo lange Ruhe, noch waren ſie nach Grundſätzen der Milde und der Menſchlichkeit verwaltet. Waren denn nicht die meiſten Cäſarn Bluthunde, und ſahen ſie nicht in der Sichel, welche die Nationen nie= dermähete, einen willkommnen Bundesgenoſſen, der ihnen zur Vernichtung der Feinde, das iſt, aller tugendhaften und wohlwollenden Unterthanen Beiſtand leiſtete? Oder wünſchte nicht jener Cajus dem ganzen römiſchen Volke nur Einen Kopf, um es mit Einem Hiebe zu vertilgen? Und ſchrieb nicht jener feine Schlemmer Gallienus nach Beſiegung eines Uſurpators in Illyricum an ſeinen Feld= herrn Celer Verianus, er ſolle nicht nur die Bewaffneten und Waffenfähigen tödten, ſondern das ganze männliche Geſchlecht der Provinz ausrotten, ſelbſt Greiſe und Kin= der nicht ſchonen? *)

---

*) Lacera, occide, concide war der Schluß des eigenhändi= gen Schreibens des Imperators.   Trebellius Pollio.

Ich wäre fürwahr begierig, den Zustand des Peloponneses und die Gemüthsstimmung seiner Bewohner
in jenem Augenblicke zu kennen, in welchem der Proconsul Messala, vom Imperator Decius (151 v. Ch.)
schriftlichen Befehl erhielt, dem Tribun Claudius zweihundert Soldaten aus Dardanien, hundert Cuirassiere,
hundertsechzig leichte Reiter, sechzig Bogenschützen aus
Kreta, und tausend Neuausgehobene zur Beschirmung
der Thermopylen und der Landenge von Korinth zu überlassen. In ganz Griechenland war keine Festung, das
Volk hätte seit vielen Menschenaltern keine Waffen getragen, keinen Feind gesehen, keine Schlacht geliefert;
war gewohnt durch Demuth, durch lange Reden und
Bitten gegen räuberische Proconsuln und lästige Publicanen zu streiten. Von Germanen und Parthern durch
weite Zwischenräume gebändigter Provinzen geschützet;
im Süden ein breites Meer und ein besiegter Erdtheil;
im Norden durch hohe Gebirge, streitbare Legionen und
einen breiten Strom vom näher gelegenen Lande der
Scythen getrennt, hatten die ausgeplünderten, ver-
dünnten Hellenen auf Befehl ihrer Zwingherren soldati-
sche Kraft und Heldengeist ihrer Ahnen längst vergessen,
und feigen Lebensgenuß als das größte Verdienst und als
die größte Glückseligkeit kennen gelernt. Bis zu den Tagen der Imperatoren Decius, Valerianus und Gallienus
hätte Rom selbst eher an eine Umkehrung der ewigen Gesetze der Natur geglaubt, als an die Möglichkeit, daß
feindliche Heere vom Ister und dem Euxinus her die Verwüstungen bis ins Herz der peloponnesischen Halbinsel trügen,

Bekanntlich nannten die Griechen alle dem Ister und Pontus nördlich gelegenen Länder Scythia. Im Innern dieses unermeßlichen aber unbekannten Landstriches wohnte damals wie heute das große Volk der Slaven. In den Strichen zunächst an den Ufern hatten streitbare und räuberische Scythenstämme ihren Wohnplatz; jenseits derselben fesselte träger Schlummer die Kräfte des sich selbst und der Welt unbekannten Volkes. Es gehört nicht hieher zu erzählen, wie um die bemeldete Zeit die furchtbaren Gothen mit andern zahlreichen Stämmen aus Germanenland hervorbrachen und mit der neuen Herrschaft ein in jener Weltgegend bisher ungefühltes Leben und Treiben entzündeten. Sie brachten Gährungsstoff in die träge Masse, und trieben sie gegen die Bollwerke der Legionen, die an den Pforten des Weltreiches Wache hielten. Zu Wasser und zu Lande, in Haufen zu vielen Hunderttausenden, drangen sie über die Donau, über den Pontus, durch den Bosphorus, in Illyrien, Mösien, Thracien, Klein-Asien und Süd-Griechenland ein, verheerten die Inseln und Küsten beider Continente; verbrannten die herrlichsten Städte, Tempel und Kunstwerke; landeten auf Cypern, auf Kreta, im Pyräus, im Golf von Lacedämon und Thessalonica beinahe zu gleicher Zeit; sie hatten zweitausend Fahrzeuge, und ihre Streiter, Gothen, Heruler, Karpen, Boranen und Slaven waren ohne Zahl. *) Gallienus der Imperator hielt üppige Gastmahle und lachte während die Säulen des Reiches umstürzten, ein zwanzigfacher

cher

---

*) 250—270 u. Ch.

cher Bürgerkrieg die Provinzen zerriß, und die Pest ohne
Unterschied die Bewohner, ihre Feinde und ihre Vertheidiger in ungezählter Menge verschlang. In Hellas dachten
nur die Bürger von Athen an Tapferkeit und Gegenwehr;
im Peloponnes hob Niemand die Hand zum Streite auf.
Wie eine Wasserfluth, wie ein Sturmwind wälzten sich
die Feinde den Eurotas hinauf nach Lacedämon, dessen
Mauern durch Alter eingefallen, dessen Bürger schwach
und des Kriegs unkundig waren. Sparta, Tegea, Argos
und Korinth wurden ausgeplündert und verwüstet. An
der Landenge wehrte Niemand, und die Räuber drangen
durch Böotien, Akarnanien und ganz Hellas, leerten
Delphi aus, und verschwanden wie ein feuriges Meteor aus
den Blicken der betäubten Bewohner Griechenlands. Den
Schluß dieser zwanzigjährigen Schreckenszeit machte der
heldenmüthige Imperator Claudius durch jene Vertil-
gungsschlacht im heutigen Bulgarien, in welcher er die
Barbaren für ihre Frevel züchtigte, und die griechische Erde
auf lange Zeit von ihrer Gegenwart befreite. Wären die
Schriften des Athenäers Derippus, der seine Mitbürger
in diesem Kriege befehligte und nachher die Begebenheiten
desselben beschrieb, auf unsere Zeiten herabgekommen, so
könnte man den Grad der Verheerung so wie den inneren
Zustand der Halbinsel freilich mit deutlicheren Zügen
schildern.

Solche Wunden kann nur ein langer Frieden wieder
heilen. Wann genoß aber das römische Menschengeschlecht
jener Zeit diese edelste Gabe des Himmels? Waren die
Scythen auch aus dem Innern Achaja's vertrieben, wüthete

der Kriegssturm doch mit geringen Unterbrechungen hundert volle Jahre am Euphrat, am Kaukasus, am Pontus, am Ister und in Illyrien bis in die entfernten Länder der Kelten fort. Golddurst der Barbaren von Außen, und die Purpurwuth der Militärbefehlshaber im Innern ließen den erschöpften Provinzen keine Zeit, durch Sparsamkeit im städtischen Haushalt die Wirkung vergangener Leiden auszutilgen. Das römische Volk war auf die Vertheidigung zurückgeworfen, war gleichsam in einer ungeheueren Festung eingeschlossen, an deren Bollwerken von Kaledonien bis an der Tigris jeden Tag durch erbitterte Barbaren gestürmt wurde. Und die dahinter liegenden Provinzen hatten keine andere Bestimmung als für Sold, Unterhalt und Ergänzung der Streiter zu sorgen. — Der Standpunkt am Bosphorus, auf welchem sich gleichsam die Straßen von Anatolien, Europa und Scythenland begegneten, schien den Imperatoren nach den letzten Ereignissen von besonderer Wichtigkeit. Diocletianus wählte anfangs Nikomedia, und bald nach ihm Constantinus das in ein christliches Constantinopel umgewandelte Byzantium als Standlager, um die Städte und die Küsten Griechenlands gegen die Nordischen zu schirmen. Ungefähr siebenzig Jahre nachdem die Gothen das erstemal in Neu-Korinth, Argos und Sparta Feuer eingelegt und geplündert hatten, hatte sich eine Weltstadt, das große Constantinopel, am Ufer des Propontis erhoben und sich gleichsam als neue Hauptstadt des griechischen Volkes angekündigt. Wenn Sparta, wenn Athen, wenn Korinth, wenn Olympia und Megalopolis in den Augen der Hellenen auch in

der Erniedrigung noch hohe Bedeutung hatten, so mußten
sie am Tage der Einweihung der neuen christlichen Kaiser=
stadt schmerzlich empfinden, daß die alte Zeit gänzlich da=
hin, und Zeus Olympius selbst den Scepter unwiderbring=
lich verloren habe.   In der Nähe dieses neuen Sitzes irdi=
scher Größe, Pracht und Herrlichkeit verdorrten die Städte
Griechenlands noch schneller als unter der Brandfackel
streifender Scythen, oder unter dem Drucke unersättli=
cher Proconsuln.

Im Jahre dreihundert der christlichen Zeitrechnung
(man muß dieß wohl beachten) hatte der Peloponnes,
einen Theil seiner Bewohner und seiner Reichthümer
ausgenommen, noch nichts verloren, keine Verwandlung
erlitten.   Die alten Namen der Volksstämme und Län=
der, die alte Form der Gemeinwesen, die Landmarken,
die Spiele, die Wege, die Tempel, die gegenseitige
Eifersucht der Städte, Hader und Zanksucht, Gotthei=
ten und Aberglauben waren damals noch wie zur Zeit
des Philopömen und Polybius. Pausanias bemerkt aus=
drücklich, daß die Römer nach gänzlicher Niederdrückung
Griechenlands den Peloponnesiern aus Mitleiden erlaubt
haben, die früher verbotenen Landtage der einzelnen
Volksstämme wieder zu feiern, und über die Angelegen=
heiten des Vaterlandes zu berathen.   Wie zu den Zeiten
des großen Bundes versammelten sich die Alt=Achäer am
Ende des zweiten Jahrhunderts noch immer einmal des
Jahrs zu Aegium, so wie jeder Stamm in seiner
Bundesstadt.   Es war für die Griechen gleichsam Be=
dürfniß, zusammenzukommen, zu reden, zu zanken, ihre

7 *

Theorien auszukramen, Vorschläge zu machen, nichts auszurichten, und zuletzt zu thun, was die Römer befahlen. Diesen kleinen Trost für die verlornen Güter des Lebens gestatteten die Imperatoren des dritten Jahrhunderts eben so gerne als die vorhergehenden. Mit Ende des vierten Jahrhunderts, als die Lage des Reiches unheilvoll zu werden begann, beförderten die Cäsarn sogar diese Deputirten = Versammlungen der einzelnen Provinzen, um durch ihre Hülfe die aus dem römischen Staatskörper entflohene Lebenskraft wieder zurückzurufen. *) Die Lacedämonier hatten zwar längst alle ihre martialischen Tugenden vergessen, und standen an Nichtswürdigkeit und Knechtsinn weit hinter den übrigen Peninsulanern zurück; sie meinten aber noch immer die alten Helden zu seyn, weil ihre Kinder nackt gingen und jedes Jahr einige Jünglinge um ein Dianabild herum todt gegeißelt wurden. So groß ist das Bedürfniß der Völker sich selbst zu täuschen oder durch andere sich täuschen zu lassen. Die isthmischen, nemeischen, die olympischen Spiele wurden nach Umfluß der gesetzlichen Zeiträume gefeiert. Argos, Elis und Neu = Korinth hatten ihre Rechte als Vorsitzer und Anordner ununterbrochen geübt, ausgenommen die Zwischenzeit der Zerstörung und Wiedererbauung des letztern, wo Sicyon als Grundbesitzer die isthmischen Spiele ordnete. Außer der Residenz des Proconsuls wurde in der Verwaltungsform nichts geändert,

---

*) Guizot, Cours d'histoire moderne, 2me Leçon, pag. 17. Erste Ausgabe, Paris 1828.

Das arme, kleine Patras wurde mit Neu=Korinth ver=
tauscht, deſſen Bewohner in kurzer Zeit, wenn auch nicht
Reichthum und Herrlichkeit, doch Prachtliebe, Genuß=
ſucht und Liederlichkeit, und vielleicht auch die Menge
ihrer unglücklichen Vorgänger erreichten. Wohnend in
der Hauptstadt Achaja's, im Sitze des Statthalters, der
Steuereinnehmer, Pächter und Wucherer, wohin das
Mark des Landes floß, und stolz auf ihr italienisches Blut,
hatten dieſe Neu=Griechen, mit Bewilligung Roms, Ge=
biet und Stadt der verarmten Argiver ihrer Municipalbe=
hörde unterworfen und für die Kosten Korinthischer Spiele
und Localausgaben gegen Fug und Recht beizutragen ge=
nöthiget, wie aus einem Schreiben des Imperators Julia=
nus vom Jahre 361 zu erſehen ist. Den übrigen ſtatiſti=
ſchen Neuerungen, die Augustus in den Gränzmarken der
einzelnen Staaten des Eilandes hin und wieder vornahm,
lag offenbar die Abſicht zu Grunde, den beiden mit Colo=
niſten aus Italien bevölkerten Cantonen Patras und Neu=
Korinth einen überwiegenden Einfluß auf die Angelegen=
heiten der Halbinsel zu verſchaffen, die Einheimiſchen da=
gegen zu ſchwächen und herabzudrücken. Deßwegen wur=
den Dyme, Phará und Tritia der Municipalbe=
hörde zu Patras; Argos aber mit einem großen Theile
des nordöstlichen Peloponnesses jener zu Neu=Korinth un=
tergeordnet. Lacedämon dagegen verlor jene achtzehn Kü=
ſtenorte, die ihm der Senat zur Zeit des achäiſchen Kriegs
als Preis des Verrathes geopfert hatte. *) Es war im

----

*) Pausanias Laconica cap. 21.

Peloponnes, mit Einem Worte, noch immer die alte Zeit, das alte Volk, die alte Sitte. Die Menschen wallfahrteten, flehten, zitterten vor den Bildsäulen des Zeus, des Apollo, des Aeskulap zu Olympia, Amyklä und Epidauros. Der Glaube an ihre Macht war in den Gemüthern der Peloponnesier noch unerschüttert, und Niemanden aus dem gemeinen Volke fiel es ein, an den Wunderwerken zu zweifeln, die jedes Jahr zu Wasser und zu Lande, an Kranken, Schiffbrüchigen und Elenden aller Art mit Hülfe und Beistand der Götter geschahen. Im Gegentheile, es entzündete sich mit dem Elend der Zeiten die Inbrunst der Gläubigen zu neuer Gluth, um Hülfe zu erflehen gegen die Wuth der Scythen und Germanen, von welcher weder sie selbst noch das ewige Rom zu schützen vermochte.

Nur zu Korinth und zu Patras, und etwa wohl auch in anderen Städten der Halbinsel wohnten in abgesonderten Quartieren Fremdlinge aus Morgenland, die am Gottesdienste und an den religiösen Gebräuchen und Meinungen der Eingebornen keinen Antheil nahmen. Es hatten diese Leute weder Tempel noch Bilder, noch Vielheit der Götter, lebten mäßig, waren arbeitsam und gewöhnlich wohlhabend. Für Erzeugnisse der bildenden Künste und des menschlichen Geistes hatten sie keinen Sinn, sahen auch solche Gegenstände mit Widerwillen und Verachtung an. Dieses Volk waren die Juden. Nach Unterjochung ihres Königreiches durch Pompejus und Antonius waren sie in alle dem römischen Volke unterworfene Länder des Abendlandes gezogen, und hatten auch in den vornehmften Städten von Hellas Niederlaſſungen gegründet. In den Tagen des Kaiſers Claudius (41 — 54 n. Ch.) er= ſchien im Judenquartier zu Korinth ein Mann mit Na= men Paulus, aus Tarſus in Cilicien gebürtig, von Pro= feſſion ein Teppichweber, Phariſäer und Schriftausle= ger, der aber auch einige Bekanntſchaft mit griechiſchen Dichtern verrieth. Nach der Sitte ſeines Volkes erklärte er mehrere Sabbathe hintereinander in der Synagoge die heiligen Schriften, und bewies den Juden, daß der von den Prieſtern zu Jeruſalem verrätheriſcher Weiſe zum Tod gebrachte Jeſus der Sohn Gottes und der verſpro= chene Welterlöſer ſey. Er forderte ſie auf, an ihn zu glauben, ſeine Lehre anzunehmen, und ihr Leben zu beſ= ſern. Und weil er, wie allenthalben auf ſeiner Reiſe, bei den Stammgenoſſen wenig Gehör fand, ſo verkündete er die Botſchaft des Heiles auch einigen Griechen von Neu= Korinth, von welchen er während ſeines achtzehnmonat= lichen Aufenthalts mehrere für die neue Lehre gewann. Dieß war die erſte Saat des Evangeliums auf pelo= ponneſiſcher Erde. Außerhalb des Judenquartiers er= regte dieſer Vorgang auch nicht die geringſte Aufmerk= ſamkeit, bis endlich der Uebertritt eines Synagogenvor= ſtehers die ganze Genoſſenſchaft in Aufruhr brachte. Man ergriff den Glaubensneuerer und ſchleppte ihn vor das Tribunal (βῆμα) des Proconſuls Gallio, mit der Klage: er führe geſetzwidrigen Gottesdienſt ein. Ehe= vor Paulus den Mund zur Vertheidigung öffnete, be= merkte Gallio den Klägern, daß er bereit wäre, gegen Beleidigung und ſchlechte Handlungen Recht zu ſchaf=

fen, in Sachen aber, wo es sich nur um Worte, Namen und jüdische Religionsbegriffe handle, ihr Richter seyn weder könnte noch wollte. Und mit diesem Bescheide trieb er die Juden mit Sanct Paulus aus dem Prätorium. *) Kirchliche Neuerungen, religiöse und politische Umwälzungen sind, wenn sie zeitgemäß waren, beinahe immer hauptsächlich deßwegen gelungen, weil man anfangs ihre Wichtigkeit und tiefeingreifende Bedeutung nicht erkannt, und sie überhaupt gering geachtet hat. Wer hätte aber wohl auch glauben sollen, daß einige arme, geschmacklose Juden den olympischen Zeus vom Throne zu stoßen, und die hellenische Welt mit allen Reichthümern der Kunst und der irdischen Glückseligkeit zu vertilgen fähig wären? — So exemplarisch auch Lebensweise und Einrichtung der neuen Bekenner seyn mochte, fanden sie bei der Masse der Peloponnesier und der übrigen Bewohner von Alt=Hellas dessen ungeachtet nicht denselben Beifall, wie bei den schwärmerischen Völkern des Orients. Und ich glaube nicht, daß die christliche Lehre, ihrer inneren Würde und Heiligkeit ungeachtet, auf dem Wege der Sanftmuth den Sieg über den alten Gottesdienst so schnell in der römischen Welt errungen hätte, wenn ihr nicht das Schwert neubekehrter Barbaren und einiger fanatischen Cäsarn zu Hülfe gekommen wäre. In Griechenland, wie allenthalben, würden einige Menschen der Wahrheit ihr Ohr geliehen, andere aber sie

---

*) *Καὶ ἀπήλασεν αὐτοὺς ἀπό τοῦ βήματος.*

Acta Apostol. cap. 18, v. 16.

verschmähet haben, weil unser Geschlecht von Natur so
eingerichtet ist, daß es jeder Neuerung, gleichviel ob gut
oder schlecht, Widerstand entgegensetzt und das Alte um
so inniger umfasset, je ungestümer das Neue sich seiner
zu bemächtigen strebt. Ohne die außerordentlichen Ereignisse, von denen wir kurz nachher reden, würde ein
Theil der Peloponnesier heute noch vor dem ehrfurchtge-
bietenden Zeus in den Säulengängen Olympia's anbeten,
und die ganze Reihe ihrer heitern Gottheiten dankbar im
Herzen bewahren, während der andere im Glauben an
das lebendige Wort den einzig richtigen Weg des Heiles
erblickte. — Und — wenn ich es ohne Verletzung zarter
Gemüther sagen darf — hätte man wohl irgend eine Art
Gottesverehrung erfinden können, gegen welche sich das
Gefühl feingesitteter und kunstsinniger Hellenen mehr em-
pören mußte als gegen die christliche in dem Zustande von
Corruption, in welchem sie von einem Theodosius, von
einem Arcadius und Zeno den Nationen aufgedrungen
wurde? Kündigte sie sich nicht als Feindin und unversöhnliche Zerstörerin aller jener Dinge an, die dem griechischen
Volke theuer und unverletzlich waren? Zerstörte sie nicht
in ihrer Wuth alle Wunderwerke der Baukunst, Säulen,
Tempel und mit unerreichbarer Kunst gearbeitete Bilder? *) Vertilgte sie nicht Alles, was das Leben verschö-
nert und civilisirte Nationen von Barbaren unterscheidet?
Mit welchen Empfindungen des Schmerzens und des Un-

---

*) Liban. Orat. pro Templis ad Theodosium. Tom. 2.
pag. 148.

willens glaubt man wohl, daß dieses feinfühlende und
in seiner Erniedrigung dennoch edle Volk die Predigten
mancher zu glaubenseifrigen Bischöfe, oder das Toben
verwilderter Anachoreten aus der libyschen Wüste ange=
hört habe, in welchen man ihm sagte: Der Zeus des
Phidias zu Olympia, vor welchem Hellas im Staub liege,
sey der Fürst der Finsterniß; die Kunstgebilde auf den
Märkten und Säulengängen seyen Ebenbilder höllischer
Geister, die Tempel Grabmähler der Verwesung, und
aus dem Munde Apollo's von Delphi habe der Teufel
geredet; die Feier der olympischen Spiele sey eine gott=
beleidigende Verruchtheit; den Geist an den Meisterwer=
ken der Vorzeit laben, verdammungswerth, und Ab=
legung aller Gefühle der Menschheit und der Gesittung
der einzige Weg, um dem Gott der Christen zu gefal=
len; zerstöret, reißet nieder, rottet aus! — Oder war
nicht dieses der Weg, auf welchem der neue Gottesdienst
nach Griechenland gewandert ist? *) Wie hätten solche

---

*) Der Verfasser müßte sich sehr unglücklich ausdrücken, wenn
es hier nicht klar seyn sollte, daß er nicht die christliche Re=
ligion als solche, sondern die Art ihrer Verbreitung in Hel=
las als ein für die alten Kunstwerke verderbliches Ereigniß
bezeichnen wollte. Jene blinden Eiferer, welche auch hier=
in die Christen von allem Tadel freisprechen, will er nur
auf Matth. X. 14, und überhaupt auf die Milde und Klug=
heit der Apostel aufmerksam machen. Oder gibt es wohl
überhaupt Jemand, der da glaubt, daß man sich bei Unter=
drückung des Heidenthums allenthalben von jener Mäßi=
gung, Liebe und Schonung habe leiten lassen, die der Re=
ligion Jesu Christi inwohnet?

Reden mit entsprechenden Handlungen begleitet, nicht Erbitterung und Abneigung erzeugen sollen? Auch ist es
gewiß, und selbst alle Kirchenscribenten gestehen es nicht
undeutlich ein, daß die neue Lehre im Allgemeinen von
den Hellenen zurückgewiesen, und nur durch Hülfe blu-
tiger Gräuel und Vertilgungskriege dem Rest dieser Nation aufgenöthiget worden sey. *) An der Göttlichkeit
des Christenthums, so wie es Sanct Johannes nach
Jonien, und Sanct Paulus in den Peloponnes gebracht
haben, wird Niemand zweifeln, weil die Wahrheit ein
zu köstliches Gut ist, als daß sie irgend anderswoher
als von Gott kommen könnte. Und was lehrten denn
diese Männer, wenn nicht Mäßigung der Begierden,
Gerechtigkeit, innere Heiligung und Menschlichkeit? Wohl
versuchten sie den großen Haufen zu belehren, daß hölzerne, marmorne, goldene Gebilde nur Holz, Stein,
Metall seyen, ohne Kraft den Streblichen zu nützen.
Vernünftige Leute wußten dieses ehevor, und der große
Haufe machte sich in kurzer Zeit statt der alten Götzenbilder neue. Dagegen wird man mir auch erlauben,
in dem Christenthum eines Constantin und Constantius
nichts Anderes zu sehen, als ein Vehikel für irdische
Zwecke, wie es bei den Großen der Erde von jeher Sitte

---

*) Ut etiam ipse (Alaricus) ultor impietatis, quae hacte-
nus in ea provincia spretis Imperatorum Christianorum
legibus, vigebat, divinitus missus esse probari possit:
nam praestitit ipse gladiis, quod tot Christiani prin-
cipes datis saepe rescriptis frustra tentassent.
Annal. Eccles. Baronii cum Critice Pagii, Tom. VI. p. 203.

war; im Dogmenstreite dagegen zwischen Sanct Athanasius und Arius nur den erbitterten Kampf zwischen Vernunftglauben und Supernaturalismus, wie ihn jede Religion bestehen muß. Weit entfernt, die benannten Imperatoren zu verdammen, muß man vielmehr ihrer politischen Klugheit, ihrem richtigen Blick Gerechtigkeit wiederfahren lassen. Es war eine Weltrevolution, Aufstand der untern, armen gedrückten, exoterischen Volksclassen gegen die esoterischen, geistig dominirenden, folglich schwächeren Theile des menschlichen Geschlechtes, und Constantin und seine Nachfolger waren durch Beispiele früherer Zeiten belehrt, daß Widerstand vergeblich sey, und daß man große Katastrophen nur dadurch beherrsche, daß man sich an ihre Spitze stelle und ihre planlos wirkenden Kräfte durch Intelligenz lenke. Sittenreinheit, Menschlichkeit, Liebe und Gerechtigkeit waren nicht mehr Gegenstand des Streites; denn daß man diese Tugenden besitzen soll, hat weder Heide noch Christ jemals in Abrede gestellt. Es fragte sich auch nicht, ob man den Cäsarn, den Proconsuln, den Prätoren gehorchen, und den Publicanen Zölle geben solle, da sich die Bekenner der neuen Lehre, selbst nach den Zeugnissen der Heiden, durch Unterwürfigkeit gegen die Staatsgewalt und durch Pünktlichkeit in Entrichtung der Abgaben häufig sehr vortheilhaft auszeichneten. Kein Christ, sagt Ammianus Marcellinus, bettelte, ging müßig, oder gewann durch schlechte Künste sein Leben. Arbeit, Sparsamkeit und gegenseitige Unterstützung verbannten alle ekelhaften Scenen der Armuth und der Liederlichkeit aus ihren Gemeinden. Jedoch galt diese edle Haltung der Christen nur bis zu ihrer Emancipation durch Constantin. Sobald sie ihre Gegner mit überlegenen Kräften unter dem Schutze des kaiserlichen Adlers bekämpfen durften, waren sie plötzlich umgewandelt und an Rachsucht, Lieblosigkeit und Härte weit heidnischer als ihre alten Gegner; nicht etwa als wenn alle Tugenden plötzlich aus den christlichen Gemeinden verschwunden wären, sondern weil durch urplötzliche Beimischung heidnischer Corruption der klare Brunnen des Christenthums getrübt wurde, in dem die Bekehrung nicht mehr nach freier Ueberzeugung und innerem Drange, sondern auf Commando der kaiserlichen Autoritäten in Massen geschah. Mit Karthago fiel die römische Tugend, wie mit den olympischen Göttern das wahre Christenthum; selbst das Gute und das Glück verlieren mit dem Verschwinden ihres Gegensatzes den alten Glanz. Die Natur der menschlichen Dinge in ihrem weitesten Umfang verlangt ewiges Wirken und Gegenwirken zweier feindlichen Kräfte. Ihre Harmonie ist der Tod, weil mit Ueberwältigung der einen auch die andere stirbt.

Wenn man diesen Kampf der beiden Elemente von seinem Beginnen bis zu seiner tragischen Entwickelung historisch verfolgt, schien es sich zuletzt nur darum zu handeln, ob man in den Tempeln das Bild des olympischen Zeus und der Athene mit dem Bilde des Gekreuzigten und der Madonna gloriosa, ob man Apollo und Mercurius mit Sanct Stephan und Sanct Crispinus vertauschen, und anstatt zu den olympischen Spielen in eine Versammlung von Bischöfen gehen wolle, die unter dem Präsidium des heiligen Geistes mit Schmähworten und Faustschlägen das

Stadium der Orthodoxie ausmaßen. Und hätten nicht Scythen und Cäsaren der einen der streitenden Parteien ihr Schwert geliehen, wie hätte der Hellenismus je überwältigt werden können? Die Wagschalen würden sich vermuthlich im Ganzen genommen bis auf den heutigen Tag noch das Gleichgewicht halten, weil die unbewältigte Natur in allen Dingen nach den Gesetzen der Isostatik zu wirken scheint. — Als Beweis von den geringen Fortschritten, welche die Botschaft des Heiles in Alt=Hellas im Allgemeinen, und insbesondere im Peloponnes, auf dem friedlichen Wege der Bekehrung gemacht habe, kann die geringe Anzahl von Blutzeugen gelten, welche auf dieser Halbinsel wegen Anhänglichkeit an die neue Lehre den Tod gelitten haben. Denn unter den vielen Tausenden von Martyren der orientalischen Kirche, welche das große Menologium des Kaisers Basilius enthält, findet man die Namen von nicht mehr als siebzehn peloponnesischen Christen, welche auf Befehl der kaiserlichen Obrigkeiten hingerichtet wurden. Und von diesen siebzehn sind n e u n aus der Stadt Korinth und folglich Neu=Griechen. Die acht übrigen waren aus der Umgegend und aus andern nicht namentlich bezeichneten Orten der Halbinsel. *) Daß ein Lacedämonier

---

*) Die Namen dieser Schlachtopfer religiöser Ueberzeugung sind: Myron, Victorinus, Victor, Nicephorus, Claudianus, Diodorus, Sarapion, Papias und Codratus (Quadratus), sämmtlich aus Neu=Korinth; Cyprianus, Dionysius, Anectus, Paulus, Crescens, Leonides, Irene und Hadrianus, deren Heimath nicht angegeben ist. Die letzteren drei scheinen sogar außerhalb des Isthmus gebürtig zu seyn.

oder Tageate, ein Megalopolitaner, ein Elier oder Ar=
giver wegen Abtrünnigkeit von den althellenischen Göt=
tern sein Blut vergossen habe, wird nirgends gemeldet,
und man darf deßwegen auch als unbezweifelt annehmen,
daß sich während der drei ersten Jahrhunderte außer
den apostolischen Kirchen zu Patras und Korinth auf
der ganzen Halbinsel keine bedeutende Christengemeinde
gebildet habe. Urkundlich kann man die Existenz einer
christlichen Filialgemeinde im Laufe des besagten Zeit=
raumes nur von Lacedämon nachweisen, und zwar durch
ein Sendschreiben, das der Korinthische Bischof Diony=
sius unter Marcus Aurelius an dieselbe erlassen hat,
um sie zur Rechtgläubigkeit, zum Frieden und zur Ein=
tracht ὀρθοδοξίας, εἰρήνης τε καὶ ἑνώσεως) zu er=
mahnen. *)

Auffallend bleibt diese Erscheinung immer, wenn
man die reißenden Fortschritte der neuen Lehre, und die
blutigen Auftritte vergleicht, die zur benannten Zeit in
Aegypten, in Palästina, in Syrien, in Anatolien, in
Italien, namentlich aber in den großen Städten Alexan=
dria, Antiochia, Cäsarea, Smyrna, Thessalonika und
Rom vorgegangen sind. Alles wird aber begreiflich,
wenn man den Charakter der Bewohner dieser Länder
und Städte kennet. Für die Verachtung, für den Haß,
und für die wegwerfende Behandlung, die so lange von
Europa aus über das Morgenland und besonders über
die Kinder Israels ergangen ist, konnte sich dieser

---

*) Euseb. IV. cap. 23.

Welttheil und dieses Volk in keiner andern Weise rächen, als daß es seinen hochmüthigen Besiegern das
Joch der Levitenherrschaft über den Nacken warf, bis
endlich Mohammeds Schwert Europa's Frevel am menschlichen Geschlechte zur Strafe zog.

Den ersten Stoß versetzte dem religiösen Hellenismus das Edict von Mediolanum, durch welches im
Spätjahre dreihundert zwölf unserer Zeitrechnung die Imperatoren Constantin und Licinius nicht nur die tyran-
nischen Gesetze gegen die Anhänger des Christenthums
aufhoben und ihren christlichen Unterthanen gleiche
staatsbürgerliche Rechte mit den Götzendienern verliehen,
sondern zum Theil auch selbst zum Cultus der neuen
Lehre übergingen. Eine Sache, die nicht mehr zeitgemäß, und folglich in ihrem Umfange nicht mehr gut
ist, fängt zu sinken an, sobald man ihr Monopol und
ausschließende Herrschaft entzieht. — Welche Wirkung
diese Entfesselung außerhalb Achaja gemacht habe, gehört nicht zur Sache. Im Peloponnes dagegen sank
die Wagschale noch immer auf der Seite des Olympiers,
und zwar auch dann noch als Constantin nach Verdrängung aller Mitimperatoren die Alleinherrschaft errungen hatte, und auf Instigation der christlichen Priester
eine Art Reaction gegen ihre früheren Verfolger begann.
Grausam und ungerecht, wie späterhin Theodosius und
Justinian, verfuhr er nicht, und hätte es auch nicht
wagen dürfen. Bitten, Ermahnungen und wo die Christen die Mehrheit bildeten, wohl auch Befehle, schickte er
in die Provinzen, die alten Götter zu verlassen und Je-
sus

sus Christus anzubeten; jedoch, setzte er bei, soll je=
der thun wie er will. *) Die Peloponneser thaten
auch wie sie wollten; sie feierten die olympischen Spiele
und beteten den Zeus an. Wo es ohne Auflauf und Blut=
vergießen geschehen konnte, ließ er sogar Götzenbilder ihres
Schmuckes entkleiden, zerschlagen, wegnehmen, die Tem=
pel ihrer Dächer oder Thüren berauben, wie z. B. den
Musentempel auf dem Berge Helikon in Böotien. Auch
zu Delphi wurden Versuche gemacht durch Entheiligung
und Wegführung des Dreifußes das Apollo = Orakel stumm
zu machen. Olympia aber, Amyklä und Eleusis, die drei
Hauptquartiere des Hellenismus, blieben unberührt, weil
in diesen Orten kein Christ lebte, und die Zerstörung der=
selben das Signal eines allgemeinen Aufstandes gewesen
wäre. Für ihren Glauben und für ihre Götter wußten
Heiden eben so gut zu sterben als Christen für die Wahrheit
der neuen Lehre. Constantins Humanität und die fana=
tischen Rasereien, die gleich nach Erringung des Religions=
friedens unter den Christen selbst über Trinität, Incar=
nation und Gottheit des Logos ausbrachen, gewährten den
Heiden eine lange Frist, welche sie weislich benützten, um
mit Hülfe der Philosophie die Ungereimtheiten des Poly=
theismus gegen ihre zwar politisch mächtigen, geistig aber
noch ziemlich schwachen und ungeübten Gegner zu verthei=
digen. — Mit Julians Thronbesteigung (361 nach Chr.)
schien Zeus noch einmal und zwar auf immer in Achaja

---

*) ἕκαςος ὅπερ ἡ ψυχὴ βούλεται, τοῦτο καὶ πραττέτω.
Euseb. Vita Constantin. lib. 2, cap. 56.

über den Christengott zu triumphiren. Die Heiden waren
überall die Mehrzahl, erhielten alle öffentlichen Aemter;
Opfer und Spiele zu Delphi, zu Korinth, zu Argos und
Olympia wurden mit erneuter Pracht gefeiert; in Korinth,
in Argos und sogar in Sparta philosophische Stützen für
die sinkenden Altäre der Götter gezimmert. *) In Athen,
das ist bekannt, war beinahe gar kein Christ, und der
Hellene im Allgemeinen auch damals noch viel zu gut un=
terrichtet, die Bekenner der neuen Religion schon so demo=
ralisirt, und ihr Glaubenssystem (im Grunde so einfach
und so rein) durch Aberglauben und Ignoranz zu sehr ent=
stellt, als daß es noch der Mühe werth geschienen hätte,
von einem Cultus zum andern überzugehen. **)

Wären die Absichten dieses letzten Patrons der alten
Götter, wie es natürlich war, auch bei einem längeren
Lebenslauf im größern Theile seines Reiches mißlungen,
so hätte er sich doch in Hellas eines vollständigen Sieges
zu erfreuen gehabt. Seine Regierung war aber in der
That, wie Sanct Athanasius sagt, nur ein schnell vor=
übergehendes Wölkchen, da er kaum zwanzig Monate nach

---

*) Οὐδὲ τὴν Σπάρτην, οὐδὲ τὴν Κόρινθον ἐπέλιπεν ἡ φιλο-
σοφία· ἥκιϛα δέ ἐϛι τῶν πηγῶν ἕκητι τὸ Ἄργος πολυδίψιον.
Julian. Orat. 5.

**) Hiemit soll nicht gesagt seyn, daß es dem Verfasser gleich
ist, ob er Christ oder Götzendiener sey, oder daß er das
Christenthum nicht für besser halte als das hellenische Hei=
denthum. Man hat hier nur gesagt, daß die Peloponneser
des vierten Jahrhunderts so zu denken Ursache haben
mochten.

Beginn seiner religiösen Gegenumwälzung im Kampfe gegen auswärtige Feinde blieb. Julian war der letzte Monarch der alten Römerwelt, der die Götter des Scipio und des Trajanus anbetete. Seine Nachfolger Jovianus, Valens und Gratianus thaten den Gewissen ihrer Völker keinen Zwang an. Nicht so der neubekehrte spanische Heide Theodosius der Erste, ein tapferer Kriegsmann, aber ein fanatischer Ignorant und ein blindes Werkzeug in den Händen orthodoxer Fanatiker. Mit der Regierung dieses Mannes, (380 n. Chr.) begann die erste Heidenverfolgung und dauerte unter seinem Sohne Arcadius und dessen Nachfolgern bis zur allmählichen Vernichtung derselben un-unterbrochen fort. Die Gesetze, welche dieser Mann ge-gen die Altgläubigen erließ, sind im Codex Theodosianus bis auf unsere Zeit gekommen, als ein bleibendes Denkmal der Ueberredungskünste, deren man sich bediente, um die Griechen zur Religion der Liebe zu bekehren. Wohl mochte er den heidnischen Priestern ihre Rechte, den Tempeln ihre Einkünfte, den Götzendienern Aemter und Würden entziehen, und ihren Gottesdienst bei Todesstrafe ver-bieten: sie widerstanden ihm doch. So sehr fiel es dem damaligen Menschengeschlecht schwer und unzusammen-hängend, dasjenige plötzlich für gottlos und teuflisch zu halten, was seit unfürdenklichen Zeiten heilig und göttlich war. Wie rauh und gebieterisch Theodosius auch war, hatte er doch zu viel gesunden Verstand, um nicht einzu-sehen, daß er ganze Provinzen und Städte ausmorden, und die Hälfte seines Reiches in eine menschenleere Wüste verwandeln müßte, wenn man die Gesetze in ihrer ganzen

Strenge vollziehen wollte. Seine ewigen Kriege gegen Barbaren und Usurpatoren hinderten ihn, ernsthafter an der Bekehrung seiner Unterthanen zu arbeiten. Sein Sohn Arcadius dagegen dachte sich diese Bekehrung einer halben Welt ganz leicht, schnell und heilsam, weil ihn Eunuchen, Köche und Bedienten seines Palastes versicherten, er sey allmächtig, und Gott lasse in seinem Grimm nur deß= wegen die nördlichen Völker in das Reich hereindringen, die Legionen niederhauen, die Provinzen verwüsten, die Bewohner von der Pest wegraffen, und ganze Städte von der Erde verschlingen, weil noch nicht alle Götzentempel zerstört, noch nicht alle Heiden bekehrt oder ausgerottet seyen. Die Namen der Christen, welche als Opfer ihrer Ueberzeugung gefallen sind, hat man der spätesten Nach= welt überliefert. Die Namen jener unerschrockenen Män= ner aber, welche unter den Söhnen des ersten Theodosius gleichfalls für ihre Ueberzeugung in den Tod gingen oder in Massen ermordet wurden, sind zugleich mit den Gegen= ständen ihrer Andacht unter dem Schutte der niederge= rissenen Tempel begraben. Nicht Jedermann ist hart genug, sich ihrer Niederlage zu freuen und über die Ströme von Thränen und Blut zu frohlocken, welche besonders in den Jahren von dreihundert sechsundneunzig bis neunund= neunzig in Italien, Griechenland, Aegypten und Africa geflossen sind. Man muß die unnöthige Grausamkeit der Einen, so wie die Blindheit der Andern beweinen. — Das Jahr 396 kann man als den Zeitpunkt ansehen, in welchem der öffentliche Götterdienst auf der peloponnesischen Halbinsel in der Gluth der brennenden Tempel unterge=

gangen und Zeus Olympius von seinem Throne gesunken
ist, als den Zeitpunkt sage ich, in welchem das Schwert
der Scythen den Kern der heidnischen Bevölkerung ver=
zehrte, und das Kreuz siegreich auf ihren Gräbern sich
aufrichtete.

Im letzten Jahre des Kaisers Valens waren die Hun=
nen in Europa eingebrochen, hatten die an den Thoren
dieses Welttheiles gebietenden Germanen besiegt und die
Westgothen genöthiget von den Römern Wohnsitze in men=
schenleeren Gegenden ihres Reiches zu erbitten. Jeder=
mann weiß, daß im Jahre dreihundert siebenzig und sechs
dieses tapfere Volk mit allen seinen Kriegsmännern, Wei=
bern, Kindern und Sclaven, mehrere Hunderttausend
stark, über die Donau schiffte, um sich in den unange=
bauten Ländereien des heutigen Bulgarenlandes nieder zu
lassen, aber dabei nur zu schnell veranlaßt wurde, feindlich
in einem Lande aufzutreten, wohin es als Gast und Bun=
desgenosse gekommen war. Die Gräuel dieses Gothen=
krieges, in welchem das offene Land zwischen dem Ister
und den Thermopylen verwüstet wurde, so wie die Ver=
tilgungsschlacht bei Adrianopel, in welcher Kaiser Valens
mit zwei Drittheilen des großen Römerheeres erschlagen
wurde, müssen hier mit Stillschweigen übergangen werden.
Durch Klugheit und Waffengewalt vermochte zwar Theo=
dosius den losgebrochenen Sturm zu beschwören, und die
Rasenden auf einige Zeit in friedliche Colonisten und
Wächter des Kaiserreiches umzuschaffen. Allein kraftvollen
Barbaren, wie diese Gothen waren, kann man nur durch
Gerechtigkeit und kriegerische Tugenden Ehrfurcht abnö=

thigen. Dem charakterlosen und feigen Arcadius zu gehorchen schien ihnen schmählich, und mit Freuden ergriffen sie die Veranlassung, welche Rufinus darbot, die geschwornen Verträge zu brechen. Rufinus, ein Gallier von Geburt, war Vormünder des Kaisers Arcadius, den die Natur zu ewiger Unmündigkeit verurtheilt hatte. Das gleiche Verhältniß war in der Regierung des Abendlandes, wo Honorius auf dem Throne saß und Stilicho die Geschäfte besorgte. — Rufinus dachte unedel genug, das Reich in eine solche Verwirrung zu stürzen, daß entweder eigenes Bekenntniß der Unfähigkeit, oder Wuthgeschrei der empörten Unterthanen seinem schwachen Herrn und Gebieter das Diadem von der Stirne reißen und ihm selbst umbinden sollte. Hunnen und Gothen mußten als Werkzeuge dienen. Die ersteren wurden eingeladen, durch die kaukasischen Thore in Asien, die andern aber von der Donau her in die europäischen Provinzen des Kaiserthums die Fackel der Verwüstung hineinzutragen. Zugleich erhielten die Befehlshaber in Engpässen und Festungen die Weisung, sich alles Widerstandes zu enthalten und die ihrem Schutze anvertraute Bevölkerung dem Schwerte der Barbaren preiszugeben. Alarich, dem Häuptling der gothischen Heeresabtheilung in Diensten des Kaisers, wurde eine große Summe Goldes aus dem öffentlichen Schatze ausbezahlt, um die jenseits der Donau hausenden Gothen, Slaven, Heruler, Gepiden und andere Barbaren unter seine Fahnen zu reihen, und ein Heer aufzustellen, stark genug, um alle dem rechtmäßigen Monarchen etwa treu

bleibenden Feldherren und Legionen zu zermalmen. *)
Alarich, jung, feurig, und zum Feldherrn geboren, be=
schwerte sich über Kränkungen, die er nicht erlitten, und
machte Forderungen, die ihm nicht gebührten, um eine
Veranlassung zur Gewaltthat zu finden.

Im Frühling des dreihundert fünfundneunzigsten
Jahres, dem ersten der Regierung des Kaisers Arcadius
über die Morgenländer, brachen die Wilden zu beiden
Seiten des Eurinus wie ein wilder Waldstrom aus den
mitternächtlichen Ländern hervor. Die Hunnen drangen
bis Antiochia im Herzen von Syrien, von wo sie sich
gegen Kleinasien wandten. Ihr Weg war mit Brand=
stätten und mit Leichen erschlagener Menschen bedeckt. —
Die Gothen und ihr Feldherr waren eben neubekehrte
Christen Arianischen Bekenntnisses. Und zu der ange=
bornen Wildheit, Raubsucht, Raserei und Blutgierde
dieser Nordmänner ward in solcher Weise auch noch die
Gluth fanatischer Religionsschwärmerei beigesellet, damit
ja durch Austilgung jedes Funkens menschlicher Gefühle
durch die doppelten Stachel natürlicher Wildheit und
eingeimpften Glaubens eine Art höllischer Geister ent=
stünde, um sie gegen die Götter Griechenlands loszu=
lassen. Wehe dir, geheimnißvoller Dom zu Eleusis!
Wehe dir, majestätisches Gebilde des Zeus zu Olympia,
wenn sich diese Räuber deinem Heiligthume nähern!

---

*) Parce puer stimulis, et fortius utere loris,
    Sponte sua currunt, labor est inhibere volentes.

                                        Ovid.

Wer wird dich schützen? Wird sich deine Rechte beleben? Wird sie den funkelnden Donnerkeil auf die Häupter der Frevler schleudern, wenn sie dir das goldene Gewand rauben, wenn sie in deinem Tempel Feuer einlegen? Jetzt ist der Augenblick gekommen zu entscheiden, ob du wirklich der Allgewaltige, der Wolkenversammler, der Olympuserschütterer, — oder ob du, wie deine Feinde sagen, nur ein hohles Gebilde, eine Truggestalt bist, unvermögend, dich selbst und deine Gläubigen zu schirmen! — Jedoch hofften die Hellenen vergeblich auf Wunderwerke zum Schutz ihrer Hütten und Tempel. Die Götter haben zumal den Peloponnesiern eine Heimath verliehen, in welcher sie vor einem Feind nicht zu verzagen nöthig hatten, der ohne Schiffe nach Griechenland kam. Sollten ihn auch die Pässe bei Thermopylä nicht aufhalten, wie wollte er durch die engen Felsenpfade des Isthmus dringen, wie den Widerstand der gesammten, hinter Mauern und Gräben aufgestellten Bewohner des Eilandes besiegen? In den Thermopylen hielt zu jener Zeit Gerontius, am Isthmus von Korinth aber Antiochus, Proconsul von Achaja, die Wache. Das ganze dahinterliegende Hellas war aufgeregt und rüstete sich bei der Kunde, daß eine neue Fluth Barbaren sich von Mitternacht her gegen Griechenland herabwälze. Nach Verschiedenheit des religiösen Cultus mischte Furcht oder Hoffnung die Gemüther. Dem Spruche des Dichters: Ein Wahrzeichen gelte nur, das Vaterland vertheidigen, huldigte man damals nicht mehr, wie vormals im griechischen Volke. Die Religion hatte ja

Alles entzweit. Ein Theil der Bewohner sah in den heranrückenden Barbaren nicht mehr die Feinde des hellenischen Vaterlandes und der hellenischen Freiheit; man hatte diese beiden Ideen auf dem Altare der neuen Gottheit als Sühnopfer niedergelegt, um die himmlische Heimath dagegen einzutauschen. Diese christlichen Griechen sahen in Alarich nur einen Bundesgenossen Jesu Christi und einen Feind der alten Götter, deren Hartnäckigkeit in Vertheidigung ihrer uralten Sitze bisher weder Belehrung, noch Mirakel, noch kaiserliche Ordonnanzen zu erschüttern vermochten. So wie Alarich durch Macedonien und Thessalien gegen die Engpässe vorrückte, schlossen sich die Christen von allen Seiten dem Zuge an, verriethen ihm die geheimen Pfade, halfen den Barbaren mit Rath und That die natürlichen Hemmnisse besiegen, welche auf dem Wege ins Innere von Hellas feindlichen Heeren entgegenstehen. Und wenn man eine Stelle bei Eunapius recht versteht, so haben sich bei diesem Bekehrungszuge gegen das heidnische Griechenland besonders die im Gebirge lebenden christlichen Mönche und Einsiedler durch Verrath des Vaterlandes bemerkbar gemacht. Oder was will denn der ebengenannte Scribent in der unten stehenden griechischen Stelle Anderes sagen, als daß „die Gottlosigkeit der, aschenfarbige Bußkleider Tragenden dem gothischen Feldherrn die Thore von Hellas geöffnet habe?" *) — In Ober= und Niedermösien, in

---

*) Τοιαύτας αὐτῷ τὰς πύλας ἀπέδειξε τῆς Ἑλλάδος ἥτε τῶν τὰ φαιὰ ἱμάτια ἐχόντων ἀκωλύτως προςπαρειςελθόντων ἀσέβεια . . . . . Eunapius, Edit. Com. p. 95.

Thracien, Macedonien und Dardanien waren die Ein=
wohner durch die früheren Einbrüche der Barbaren schon
abgerichtet, bei der ersten Gefahr das platte Land zu ver=
lassen und mit all' ihrem beweglichen Gut in feste Plätze zu
flüchten. In Hellas war dieses nicht der Fall, theils weil
die barbarischen Ueberzügler selten in das Innere vorzu=
bringen vermochten; theils weil eine geringe Mannschaft
in den Engpässen allen rückwärts liegenden Völkerschaften
hinlängliche Sicherheit darbot, und bei einiger Gegenwehr
in jedem Falle die nöthige Zeit verschaffte, für die Sicher=
heit der unkriegerischen Menge und der fahrenden Habe zu
sorgen. Auf Gerontius, den Befehlshaber in Thermo=
pylä, blickte ganz Griechenland mit ruhigem Vertrauen.
Dieser aber, in der doppelten Eigenschaft als Christ und
als Creatur des Verräthers Rufinus, verließ im Angesicht
des gothischen Heeres seinen Posten, und zog sich auf die
Gebirge. Wie eine Meeresfluth bei nächtlicher Weile un=
vermuthet die Bewohner der Niederungen überrascht, so
drangen die dichten Barbarenhaufen durch Locris, Phocis
in die Ebenen von Böotien und Attica herab. Alle Städte
und Dörfer wurden angezündet, alle erwachsenen Personen
männlichen Geschlechtes getödtet, Kinder und Weiber als
Sclaven weggeführt, die Tempel der alten Götter ge=
schleift, die Bilder verhöhnt und zertrümmert, besonders
aber die Mauern und Castelle der befestigten Städte vom
Grunde aus niedergerissen, und das Land, so weit die feind=
lichen Fluthen drangen, in eine Wüste verwandelt. Nur
das seit dem ersten Gothenkrieg unter Gallienus von den
Bürgern stark befestigte Athen mit der hohen Burg, mit

dem koloſſalen Minervabild und mit den Monumenten aus
dem Zeitalter des Perikles, wurden von Alarich verſchont.
Die Einwohner dieſer berühmten Stadt, von ihrem un=
würdigen Fürſten verlaſſen und vom Diener deſſelben an
die Scythen verrathen, ſorgten durch eigene Klugheit für
ihr Heil. Wäre Alarich nicht Barbar allein, wäre er
auch ſtupid geweſen, ſo hätte ohne Zweifel ſchon damals
auch die Propyläen, das Parthenon und die koloſſale
Schutzgöttin der Akropolis das Loos der Vernichtung ge=
troffen. Starke Mauern, Muth und Schmeichelei dieſer
alten Athender erwirkten aber Schonung von Seiten eines
Fürſten, den ſeine Beſtimmung, die alte Welt zu zer=
ſtören, raſtlos durch die Länder trieb. Dagegen wurden alle
Ortſchaften in der Richtung gegen den Iſthmus zerſtört,
und was von den Bewohnern nicht entflohen war, nieder=
gemetzelt. Hier geſchah es, daß zum erſtenmale Uneinge=
weihte, daß Scythen, Chriſten, Mönche in das geheim=
nißvolle Dunkel des großen Ceres=Tempels zu Eleuſis
eindrangen, die heiligen Myſterien verhöhnten, die Schätze
raubten, und Feuerbrände in dieſen letzten Zufluchtsort
der überwundenen Götter ſchleuderten. Mit der Lohe des
einſtürzenden Tempels miſchte ſich das Blut des letzten
Hierophanten von Griechenland, welcher nach Eunapius
die Kataſtrophe vorherverkündet hatte und mit allen ſeinen
Unterprieſtern durch Alarich erſchlagen wurde. Barbar!
wirſt du nicht ſtille ſtehen in deinem Laufe? Iſt dein
Schwert noch nicht ſtumpf, dein Blutdurſt noch nicht ge=
löſcht? Haſt du deinen Gott noch nicht geſättiget mit
Heidenblut und mit Hekatombendampf eingeäſcherter Hütten

und verbrannter Göhendiener? Wende dich zurück, Unbe=
sonnener! vielleicht ist der Grimm der alten Götter noch
nicht zur Ohnmacht herabgesunken! Wagten es ja auch
die Reiterschaaren jenes gewaltigen Königs von Asien
nicht, näher hinzurücken zu den Pforten des peloponne=
sischen Eilandes. Siehst du nicht die engen Felsenpfade
zwischen dem Doppelmeere, und die Kinder der Insel,
die Hand zum Streite aufgehoben, und im fernen Hinter=
grunde den gewaltigen Zeus auf den Tempelzinnen von
Olympia, wie er drohend seine Rechte bewegt, wenn du
es wagst über die Schwelle zu schreiten! — So hat viel=
leicht ein frommer Heide in dem Augenblicke ausgerufen,
als er Alarichs Schaaren durch das ausgebrannte Megara
auf der Straße nach Korinth fortziehen sah. Der goldene Zeus
aber und der Proconsul Antiochus vertheidigten den Eingang
in den Peloponnes eben so wenig als Gerontius die Ther=
mopylen und Ceres ihre Altäre in Eleusis. Auch An=
tiochus hatte geheimen Befehl, sich ohne Kampf vor dem
anrückenden Feinde zurückzuziehen. Und wird wohl Jemand
Schonung erwarten für die peloponnesischen Städte von
einem aus zwanzigerlei Völkern Scythiens zusammenge=
setzten, von Raubgierde und Religionswuth entflammten
Heere, unter einem Feldherrn, der von Thracien bis zu den
Stadtmauern von Korinth Götter und Menschen mit glei=
chem Grimm zermalmte? Schleudert Wölfe unter eine
Schafheerde und zweifelt an ihrem Untergang! — Von
Antiochus verrathen lief das peloponnesische Kriegsvolk
von den Schanzen des Isthmus in die Heimath zurück,
damit nach altgewohnter Weise jede Stadt für ihre eigene

Rettung sorge. Ob, und wie tapfer die Neugriechen von Korinth, die Altbürger von Argos, Mantinea, Tegea, Lacedämon und Megalopolis ihre Mauern gegen die stürmenden Gothen vertheidiget haben, sagt Zosimus nicht; wohl aber, daß sie alle vertilgt und die benannten Städte niedergerissen wurden. Lacedämon, die uralte Stadt, welche die macedonischen Könige verschont, Pyrrhus nicht bezwungen, Machanidas und Nabis mit Mauern befestiget, Philopömen entwaffnet, Kallikrates und Rom neugestärket und gemehrt, die Cäsarn anfangs geschätzt und später verachtet, Gothen und Heruler aber, in einem Streifzuge geplündert und das Evangelium vergeblich erleuchtet hatte, wurde im Jahre dreihundert neunzig und fünf durch den furchtbaren Alarich eingenommen, angezündet und vom Grunde aus umgekehrt.*) Die Mehrzahl der Bewohner erschlagen, der Rest als Sclaven unter das Heer vertheilt und nach Epirus, Illyrien, Italien, Gallien und Hispanien geschleppt, unbetrauert, ferne vom Heimathland und den rauschenden Wellen des Eurotas, unter einem fremden Himmelsstriche eine Beute des Kummers, der Knechtschaft, der Verzweiflung.

Das liebliche Amyklä mit allen Ortschaften im Flußthale, von Pellane bis Gythium, wurden ausgebrannt und von den Bewohnern Alles erschlagen, was nicht entflohen war. Alarich durcheilte das Eiland nicht flüchtig; er blieb ein volles Jahr im Herzen desselben, um

---

*) E fundamentis disjecit.

es bis ins Innerste zu verderben. Das halböde Megalopolis mit allen noch übrigen Städten Arkadiens wurde
verwüstet und, o der Trauer, der Mittelpunkt des heidnischen Griechenvolkes — Olympia, der große Tempel,
das kolossale Bild mit allen noch übrigen Kunstwerken
von diesen höllischen Geistern vernichtet. Und wäre Stilicho nicht mit den Legionen des Occidents, wider Willen des byzantinischen Hofes, dem mit der Verzweiflung
ringenden Griechenlande zu Hülfe geeilet, so wäre der
ganze Peloponnes von diesem erbarmungslosen Feinde
ausgemordet und in eine scythische Wüste verwandelt
worden. Stilicho, von welchem einige Scribenten behaupten, daß er eben so ehr-, herrsch- und goldsüchtig
wie Rufinus gewesen sey, und seinen stupiden Gegner
nur an Geist und Heldenmuth übertroffen habe, war
gleich bei den ersten Bewegungen Alarichs gegen die
Süddonau-Länder, nach Thessalonika aufgebrochen, um
Griechenland zu schirmen und wo möglich auch den verhaßten Nebenbuhler zu stürzen. Der bethörte Arcadius
ertheilte ihm aber gemessenen Befehl, mit seinen Legionen das morgenländische Kaiserthum zu räumen, indem
Alarich Freund und Bundesmann des Imperators sey.
Dieser Befehl überlieferte Hellas dem Schwerte der nördlichen Völker. *) Dessen ungeachtet landete er im Sommer des nächstfolgenden Jahres (396) unweit der Rui-

---

*) Si tunc his animis acies collata fuisset,
   Prodita non tantas vidisset Graecia clades;
   Oppida semoto Pelopeïa Marte vigerent:

nen von Neu-Korinth und vernichtete in einer Anzahl
von Gefechten große Haufen gothischer Mordbrenner.
Alarich selbst mit der Hauptmasse der Fremden wurde
in die Gegend des Berges Pholoe an den Landmarken
von Achaja, Elis und Arkadia zurückgedrängt und, wie
einige Zeit nachher Rhadagaisus unweit Florenz, durch
weite Circumvallationslinien eingeschlossen. Stilicho, obgleich von Geburt ein Barbar, verstand wie ein zweiter
Marius den großen Krieg. Ohne eine Hauptschlacht
zu verlieren, war der Gothenfürst zur Verzweiflung gebracht und hatte zwischen Tod durch Hunger oder Fein-
desschwert allein noch die Wahl, wenn er nicht mit dem
ganzen Heere die Waffen strecken wollte. So sehr hatte
ihm Stilicho's Feldherrntalent durch schulgerechte Auf-
stellung des westlichen Heeres alle Wege des Heiles abgeschnitten. Ja sogar der Fluß, aus welchem die Gothen Wasser schöpften, ward aus dem Bereiche des feindlichen Lagers abgelenket. Und doch entkam er. Stilicho, des Sieges gewiß, hatte sich vom Heere entfernt,
um, wie ihm Zosimus vorwirft, seinen Hang nach Ausschweifungen zu befriedigen. In Abwesenheit des Feldherrn wurden auch die Soldaten in ihren Pflichten nach-
lässiger, verließen schaarenweise ihre Standorte und
schwärmten durch die Halbinsel, um zu rauben, was
etwa den Gothen noch entgangen seyn mochte.   In

Starent Arcadiae, starent Lacedaemonis arces.
Non mare fumasset geminum flagrante Corintho,
Nec fera Cecropias traxissent vincula matres.

Claudian in Rufin. lib. 2.

Handhabung der Disciplin war Stilicho kein Marius, und diesem Umstande verdankte Alarich sein Heil. Unvermuthet brach er durch die Linien, schlug sich mit allen gefangenen Peloponnessiern und mit dem unermeßlichen Raube so vieler zerstörten Städte beladen durch das feindliche Heer, und entkam über die Landenge von Korinth nach Aetolien, Akarnanien und Epirus, von wo aus er den Vertilgungskrieg gegen Städte und Menschen so lange und mit solcher Wuth fortsetzte, bis Arcadius seine und seines Volkes Freundschaft durch neue Opfer an Geld, und durch Verleihung der Militär-Statthalterstelle über Illyricum erkaufte. Der Peloponnes mit ganz Hellas gehörte aber nach der damaligen Eintheilung zur politischen Diöcese Illyricum, und Alarich, nunmehr byzantinischer Soldkönig der Gothen, ward als oberster Befehlshaber über die nämlichen Provinzen aufgestellt, die er eben mit barbarischer Wuth zertreten hatte. Glaubt man wohl, daß dieses Mittel das wirksamste war, um das unübersehbare Unglück der beiden letzten Jahre zu heilen und das öde Griechenland wieder blühend zu machen? Wer sagt aber auch, daß ein Monarch, wie Arcadius, ein Spielball boshafter Weiber und Eunuchen, Wunden heilen und Länder blühend machen will? Man weiß aber auch nicht, ob man mehr die Schwäche oder die dumme Bösartigkeit eines solchen Regiments verwünschen soll. Müßig war man zwar im Palaste nicht. Man war ja eifrig beschäftigt, Todesstrafen, Landesverweisungen und Vermögensconfiscationen gegen Ketzer und Heiden zu decretiren und Krieg zu führen gegen Tempel, Götzentempbilder und alte Volksgebräuche. Etwas Verächtlicheres als diese christlichen Römer jener Zeit kann man sich fürwahr nicht denken, wenn es wahr ist, was Sanct Chrysostomus über die Aeußerung eines auf römischem Boden angesiedelten Barbarenhäuptlings schreibt. „Er wundere sich,“ soll er gesagt haben, „über die Unverschämtheit der römischen Soldaten, die sich wehrloser als die Schafe schlachten lassen und dessen ungeachtet doch noch auf Siege hoffen und das Land nicht räumen wollen. Ihn selbst ekle bereits das mühelose Niedermetzeln derselben an.“*) Glaube Niemand, daß man hier das Christenthum lästern wolle, oder der Meinung sey, die Aufnahme der neuen Lehre habe an und für sich die beschriebenen Calamitäten über das Reich gebracht. Wohl aber wird hier gesagt, der Hof und die Unterthanen seyen durch den Uebertritt zum Christenthum weder tapferer, noch tugendhafter, noch glücklicher geworden. Ich sage dieses nicht aus mir selbst, sondern beziehe mich auf die Briefe eines Sanct Hieronymus, auf die Reden und Sendschreiben eines Sanct Chrysostomus, und auf die Abhandlung eines heiligen Bischofes Salvianus über die göttliche Providenz. Dieser letztere besonders schildert die Grausamkeit, Zornmüthigkeit, Unzucht, Lügenhaftigkeit und Trunkliebe der ins Reich eingedrungenen Gothen, Allemanen, Franken, Vandalen und Hunnen mit furchtbaren Zügen, setzt aber hinzu, daß sie von den rechtgläubigen Römern in allen diesen Lastern noch weit übertroffen werden. Wenn die Regierung talentlos und boshaft, das Volk aber lasterhaft und feig

*) Chrysostomus ad viduam junior.

war, was Anderes muß man schließen, als daß das Herz jener Menschen die Dornhecke, der Weg, der Felsgrund gewesen ist, auf welchem der Same des Evangeliums erstickt, zertreten, aufgezehrt wurde, und folglich die peloponnesischen Griechen nicht getadelt werden können, oder wenigstens zu entschuldigen sind, wenn sie sich lieber auf den Altären des Apollo und der Athene abschlachten ließen als sich zu einem Cultus bekennen, der ihnen durch grausame Edicte einer feigen Regierung und durch die Brandfackel entmenschter Barbaren aufgedrungen wurde.

Nachdem Alarichs Heer so wie die westlichen Legionen (denn gleich nach dem Friedensschlusse mußte Stilicho auf Befehl des giftigen Hofes von Byzanz nach Italien zurücksegeln) das Eiland verlassen hatten, konnten die Bewohner das Unermeßliche ihres Unglückes überschauen. Das Land war Eine Ruine und die Bevölkerung furchtbar verdünnt. *) Außer den Küstenorten waren ja alle Städte und Flecken angezündet, und in den großen Städten nicht etwa nur die Wohngebäude allein verbrannt, was z. B. in Lacedämon im Allgemeinen nicht viel zu sagen hätte. Alarich, von einer uns beinahe unbegreiflichen Wuth fortgerissen, hatte auch das Mauerwerk besonders an Citadellen, Ringmauern, solide Tempelwände wo möglich aus dem Fundamente herausreißen und zermalmen lassen. Wenn sich das Geschichtwerk des Philosophen Eunapius von Sardes, der Alarichs Feldzug gegen Hellas mit allen

*) Ove tutto era sangue, e grida, e fiamme, e minacciar.
Alfieri Traged.

Umständen als Zeitgenosse beschrieben hat, wirklich unter den Handschriften von San-Marco in Venedig vorfindet, wie Vossius schreibt, so hat man Hoffnung, über die Zerstörung des alten Peloponneses noch umständlichere Nachrichten zu erhalten. Daß die Provinzen Korinth, Argolis, Lacedämon und besonders Arkadia die Wuth der Gothen vorzüglich empfunden haben, sagen Zosimus und Claudianus deutlich genug. Wie weit aber Messenien, Elis und Alt-Achaja von dieser Geißel erreicht worden seyen, läßt sich aus den angezogenen Quellen nicht hinlänglich erholen. Wenn auch in den angezündeten Städten allenthalben eine Menge Volkes erschlagen wurde, so retteten sich doch auch Viele auf den vielen beinahe unzugänglichen Bergschluchten der Halbinsel, oder fanden an der Seeküste Schutz, und kehrten nach dem Abzuge der Ausländer auf die Brandstätte der Heimath zurück. Wie schwer es sey, auch in längerer Zeit, ein Land ganz auszumorden, haben wir in unsern Tagen an der Invasion der nämlichen Halbinsel durch die Streitkräfte des Vesires Mehmet Ali von Aegypten gesehen, die übrigens mit den Schrecknissen der gothischen unter Alarich freilich in keinen Vergleich zu setzen ist. Häuser wurden in allen Städten wieder gebaut und häufig durch griechischredende Colonisten aus Anatolien bevölkert. Tempel aber, Kunstwerke und Ringmauern blieben im Schutte liegen, weil Armuth der geschmolzenen Bevölkerung, und zum Theil auch die Zeitumstände und die allgemeine Krisis in der Weltbewegung eine Wiederherstellung der drei genannten Zierden des Peloponneses unmöglich machten. Hundert

9 *

dreißig Jahre nach dieser Verwüstung fand Procopius noch alle Städte des Eilandes ohne Mauern und Festungs= werke. Am schnellsten und besten erholte sich das nun zum zweitenmal vollständig zerstörte Korinth, weil es Sitz des Proconsuls und Mittelpunkt des Verkehres blieb. Wenn aber ja eine aus den großen Städten des Landes nicht mehr in ihrer vorigen Ausdehnung hergestellt wurde, so ist es gewiß das große Megalopolis, welches schon 200 Jahre vorher nur dünne bewohnt und zur Hälfte einge= fallen war. Ortschaften mit slavischer Benennung, von Slaven aus den Ruinen desselben erbaut und bewohnt, finden wir in der Nachbarschaft von Megalopolis, so= bald der erste Lichtstrahl der Geschichte wieder auf diese traurige Oede fällt. Diesesmal blieb noch kein Barbar aus Scythien als Bebauer auf dem peloponnesischen Bo= den zurück, wie es in beiden Mösien, in Thracien, in Dardanien und Illyrien schon damals geschehen ist. Was im Peloponnes lebte und die Frucht des Halmes genoß, stammte aus dem Blute der acht alten Völker des Eilandes oder wenigstens von gräcisirten Asiaten ab, ausgenommen die Colonisten, welche das römische Volk aus Italien herübergeführt hatte, wie man früher nach= gewiesen hat. Hätte in dieser Bevölkerung noch jener Blüthentrieb, jenes innere Leben und Gähren der Säfte wie in der Vorzeit gelebt, wie leicht wäre es dann ge= wesen, die Städte wieder aufzubauen und die Spuren der feindlichen Wuth auszutilgen! Der hellenische Volks= stamm war aber hohl, die Wurzeln waren abgefault, die Krone erstorben, die Zeugungskraft erstickt, und er

konnte so die von der Barbaren=Axt abgehauenen Aeste
nicht mehr aus sich selbst ergänzen. Christliche Kirchen
ließ der Byzantinische Hof hie und da bauen, um die
Reste der von Wölfen zerrissenen Heerde in den Schaf=
stall Christi hineinzulocken. Sonst geschah aber für die
Aufnahme des Landes von Seiten der Regierung nichts.
Es schien gerade als wenn die Höflinge ein Land, in
welchem ehemals die furchtbarsten Feinde der Könige
und Tyrannen gelebt hatten, mit geheimem Grauen be=
trachteten und durch die geringste menschliche Vorsorge
jene Freiheitsmänner wieder aus den Gräbern herauf=
zurufen fürchteten, durch welche einst mit himmlischem
Glanz umstrahlte Despoten des Orients zur Erkenntniß
ihrer menschlichen Schwächen gebracht worden sind.

Vier Jahre ungefähr regierte Alarich als kaiser=
licher Präfect Ost=Illyricum, und eben so lange can=
tonnirte sein großes Heer in Griechenland, saugte die noch
nicht geplünderten Gegenden vollends aus; und erpreßte
unter dem Namen von Jahrgeldern ungeheure Summen
vom hülflosen Arkadius. Im ersten Jahre des fünften
Säculums trieb es den Weltverwüster abendwärts, um
dem schönen Italien, um der ewigen Stadt, um der
alten Weltgebieterin das Schicksal von Megalopolis,
von Lacedämon und Olympia zu bereiten. —

Mit thränenvollem Auge, aber doch gerne, schweifet
die Phantasie über diesen großen Leichenacker zerbroche=
ner Denkmäler, rauchenden Tempelschuttes, verlassener
Rennbahnen und Grabmäler altberühmter Städte. —
Wie doch die Mächtigen gefallen, und die Siegeshym=

nen in Pallästen und Hainen verschwunden sind! — Diese
Halbinsel, acht Jahrhunderte vorher der Mittelpunkt des
menschlichen Geschlechtes, das Land der furchtbarsten Soldaten des Erdkreises; jetzt elend bewaffneten und halb-
nackten Scythen ein Spott; auf Befehl eines gallischen
Höflings und eines boshaften Eunuchen mit der eisernen
Ruthe der Barbaren zerfleischt, alles Schmuckes beraubt
und mit Ruinen zugedeckt, — welche Lehre der Vergänglichkeit aller menschlichen Größe und Macht! O Christenthum, konntest du nur nach Demüthigung des irdischen
Stolzes, nur auf Trümmern und Leichenhügeln deine
Hütten bauen! Mußte denn Alles sterben, was je das
Auge der Sterblichen entzücket und ihre Sinne berauscht
hatte! Ist denn dein Erscheinen nicht wie das Säuseln
des Abendwindes nach der Schwüle des Tages; ist es wie
der Gluthhauch aus der Sandwüste, der das Gras versengt
und alles Leben tödtet! — Zeus, Apollo, und ihr, furchtbare Eumeniden, euer Spiel ist verloren, der Zauber
euer Macht geschwunden, das Kreuz hat euch besiegt; —
doch bilden die Trümmer einer zusammenstürzenden Welt
euer Grab. *) —

Wir haben die peloponnesischen Dinge auf den Punkt
herabgeführt, wo der Kampf der alten und neuen Zeit eine
entschiedene Wendung zum Vortheil der letzteren nimmt,
und es ist der Augenblick gekommen, auf immer vom alten
Pelopounes, von dem Festverein zu Olympia, von den

*) Romanus orbis ruit.
Heronym. Epistol. Bb. 2. ad Heliodorum.

Kunststätten Sicyons, von den Göttern und Heroen dieses berühmten Eilandes Abschied zu nehmen. Schon Theodosius hatte kurz vor dem Einbruche Alarichs in Griechenland die olympischen Spiele und die Zeitrechnung nach Olympiaden auf ewige Zeiten untersagt: ein Beweis, daß die Nation trotz aller Verbote und Erinnerungen vorübergehender Regenten, und trotz aller Predigten und Homilien christlicher Priester dieses theure Kleinod des griechischen Volkslebens bis dahin noch immer gerettet hatte. Wie hätte sich aber auch eine Regierung, wie die Byzantinische, und eine Religion, wie die der Mönche und Anachoreten, in der Welt behaupten können, wenn man den Völkern gestattet hätte, die Leiber kraftvoll und den Geist gesund zu erhalten? Keine Verordnung des kaiserlichen Hofes aber erregte in Hellas tiefere Trauer, als das Verbot dieser großen, und alle Interessen des griechischen Volkes berührenden Versammlung. Man fühlte, daß mit dem Erlöschen der olympischen Spiele zugleich die Nation in ihrem Wesen ersterbe. Und welches Volk wird sich nicht gegen seine politische Vernichtung sträuben, und sollte es auch nicht Erinnerungen an eine so glorreiche Vergangenheit, wie das griechische, in seinem Busen verwahren? Dieses Decret des Kaisers Theodosius haben die Gothen mit Feuerbränden in Olympia selbst vollzogen. Wohl mögen die traurigen Reste der Heiden bei wiederkehrendem Cyclus der Nationalversammlung instinctmäßig an die heilige Stätte gewandelt seyn, um den Fall des Vaterlandes und der alten Hellenen zu beklagen: Ja, man möchte beinahe glauben, daß die Bewohner der Halbinsel

auch nach Zerstörung des Tempels und nach ihrem gewaltsa=
men Uebertritte zum Christenthum auf den Ruinen noch die
alte Feier begangen haben, weil Justinianus hundertvier
und dreißig Jahre nach dem Gothenkriege Theater und
Olympiadenfeier bei Todesstrafe verbieten mußte. So
schwer ist es selbst für mächtige Despoten, die Natur eines
civilisirten Volkes zu unterjochen und zu verwandeln!

Selbst in auswärtigen Ländern war bei der Nachricht
über die entsetzliche Katastrophe von Eleusis und Olympia
unter jenen Griechen, welche der alten Sache zugethan
waren, das Wehklagen und die Trauer allgemein. Und
wie einst nach den Unglückstagen von Chäronea und Korinth, so machten auch damals viele edle Männer ihrem
Daseyn freiwillig ein Ende, oder starben vor Gram, wie der
Philosoph Priscus in Epirus. — Ueberhaupt zählt man
drei Begebenheiten, welche der hellenischen Nation tödt-
liche Wunden schlugen: Die Niederlage bei Chäronea
durch König Philipp von Macedonien; die Zerstörung von
Korinth durch Mummius, und die Vertilgung der Na-
tionalgötter durch Alarich. Erstere hatte die Autonomie
der einzelnen Republiken geraubt, die zweite das Joch
eines nicht Griechisch redenden Volkes auf den Nacken von
Hellas gelegt, die dritte aber die Lebenswurzel dieser
Nation im innersten Keime getödtet. Für den Verlust
solcher Güter konnten die Griechen im Christenthum eines
Arkadius, eines Theodosius des zweiten, eines Leo, eines
Zeno, eines Justinianus und einer Theodora keinen Er-
satz finden. Zeno, der Isaurier, besonders wird von den
Scribenten als einer der dümmsten und lasterhaftesten

Monarchen geschildert, muß aber deſſen ungeachtet als
Verfolger der Heiden und vorzüglicher Bekehrer des Peloponneſes bei der Kirche großes Anſehen genießen. Während ſeiner Regiernng (474—491) mußten ſich die heid-
niſchen Familien mit ihren Domeſtiken und Sclaven in
Maſſe taufen laſſen. Götzendienern wurden alle staats-
bürgerlichen Rechte entzogen, Apoſtaſie mit dem Tode,
Verweigerung der Taufe mit Güterconfiscation und Exil
beſtraft; Antheil an Spenden, nnd das Recht Unterricht
zu ertheilen den Heiden auf immer verſagt. Im zwölften
Jahre ſeiner Regierung bereiste er Hellas und kam bis
in die peloponneſiſche Halbinſel, um gehorſamen aber verarmten Chriſten, um Nonnen und Mönchen Kleidungs-
stücke, Lebensmittel und Gnaden auszutheilen. Zu Pe-
ges, am Eingange der Landenge von Korinth, beſchenkte
er ein armes Frauenkloſter reichlich, entehrte aber die
jüngsten und ſchönſten Bewohnerinnen der heiligen Mauern
zu großem Aerger der Chriſten ſowohl als der Götzendiener. Was er zur Aufnahme und Sicherſtellung der Städte
und für das irdiſche Wohl ſeiner Unterthanen im Peloponnes angeordnet, haben die Kirchenscribenten nicht aufgezeichnet in einem Zeitalter, in welchem obſtinates Feſt-
halten am Dogma viel höher geachtet wurde, als Sittenreinheit, als evangeliſcher Wandel und bürgerliche Regen-
tentugend. Deßwegen konnte es auch im Byzantiniſchen
Reiche beinahe ohne Aergerniß geſchehen, daß die laſter-
haftesten und ſchändlichſten Perſonen der höhern Welt gewöhnlich genöthiget wurden, Aebte oder Biſchöfe zu werden, wenn man ſie von der politiſchen Schaubühne entfer-

nen wollte. Vernünftige Leute, deren es zu allen Zeiten einige gegeben hat, konnten sich an solchen Vorgängen freilich nicht besonders erbauen.

In den wiederaufgerichteten Städten schworen zwar die Ueberbleibsel der Heiden im Laufe des fünften Jahrhunderts nach und nach zur Fahne des Gekreuzigten. In den schwer zugänglichen Bergschluchten des Taygetus aber und auf den hafenlosen Küsten des heutigen Maïna-Landes, von Kap Tänarus bis Kardamyle, wehrten sie sich gegen christliche Priester und Seeräuber, gegen kaiserliche Decrete und Ordonnanzen, gegen Gothen und Vandalen, gegen Alarich und Genserich mit gleicher Wuth und Beharrlichkeit. *) Vom Jahre 396 an, bis auf die neuesten Zeiten, drängte sich die Kraft der Peloponnesier auf diesen unwirthbaren, früherhin niemals genannten Küstenstrichen zusammen. Tapferkeit, Stärke, Trotz und Freiheit war von Sparta entwichen und mit Allem, was noch die alte Zeit und die alten Götter ehrte, in die traurigen Nadelholzwaldungen und dürren Steinklippen des Hochgebirges gezogen. Es gab im fünften Jahrhundert einen heidnischen und einen christlichen Peloponnes; zwischen beiden ewige

---

*) Das gemeine Volk und überhaupt die Ackerbau treibende Classe der Einwohner blieb aller dieser Verfügungen des kaiserlichen Hofes ungeachtet noch lange heidnisch, weil ihr die Obrigkeiten und kaiserlichen Statthalter selbst in entfernteren Provinzen gegen Erlegung gewisser Taxen den Göttern zu opfern erlaubten.

St. Gregorii Magni Epistol. lib. 5. epist. 4. item lib. 5. epist. 65.

Feindschaft. Der heidnische Gebirgsmann und Waldbewohner verachtete und plünderte den feigen, knechtisch gesinnten Bebauer der christlichen Ebene. Und obgleich mehr als 400 Jahre später das Kreuz sein siegreiches Panier bis in diese entlegenen Winkel ausbreitete, konnte es doch die Scheidewand nicht mehr niederreißen, welche sich einst zwischen dem christlichen Flachlande und der heidnischen Gebirgskette erhoben hatte. Die Bürger von Maïna blieben auch nach ihrer Bekehrung noch Räuber zu Wasser und zu Lande. Selbst den traurigen Trost hatten sie, auf dem größten Theil der Halbinsel das Christenthum nach zweihundertjähriger Herrschaft wieder ausgetilgt zu sehen. Erblicken konnten sie von ihren Waldkuppen herab die Feuersäulen, welche die Wohnungen, die Tempel, die Bilder und die Städte ihrer Nebenbuhler verzehrten. Das blitzende Schwert konnten sie sehen, welches ihre christlichen Brüder in Laconia, Arcadia, Messenia, Elis und Achaja vertilgte. Die Schläge der barbarischen Axt konnten sie hören, die für wilde Slavinen und Avaren Hütten zimmerte, wo ehevor die schönsten Denkmäler der Baukunst und des geläuterten Geschmackes das Aug' entzückten. Doch von dieser letzten, wichtigsten, allgemeinen und bleibenden Revolution des Peloponneses soll in einem der nächsten Capitel umständlich gehandelt werden. Hier ist nur noch beizufügen, daß der letzte politische Act, den die Geschichte von den hellenischen Bewohnern dieser Halbinsel erzählt, dem götzendienenden Theile derselben zum größten Ruhme gereicht: die Niederlage Genserichs in einem Landtreffen bei Taenarus. Dieser Wütherich, ein halbes Jahrhundert

(428—478) die Geißel der römischen Welt, verheerte um 467 von Africa aus den kaum aus den Ruinen hervorgegangenen Peloponnes mit einer den Vandalen eigenthümlichen Grausamkeit und Zerstörungswuth, von deren Einzelnheiten sich freilich keine Nachrichten erhalten haben. Die Griechen jenes Zeitalters waren entweder mit den Scenen der Vertilgung so vertraut, daß man sich nicht mehr die Mühe gab, dergleichen alltägliche Dinge der Nachwelt zu überliefern; oder vielleicht war im Peloponnes auch Niemand mehr fähig, das Elend jener Zeiten in seiner ganzen Schrecklichkeit zu erfassen und in allen seinen Theilen auszumalen. Die hellenischen Heiden hatten aufgehört, Geschichtschreiber hervorzubringen. Eunapius und Zosimus waren die letzten. Nach ihnen wurde der großentheils christliche Peloponnes als fremdes Land angesehen, und das wahre Hellas nur noch in den philosophischen Schulen von Athen und Alexandria erkannt. Die christlichen Scribenten aber waren fürwahr nicht geeignet in die Fußstapfen eines Thucydides, Xenophon oder Tacitus, oder auch nur eines Zosimus und Eunapius zu treten. Weitläufig und zusammenhängend schrieben sie nur über Ascetik, über Dogmen und Ketzerstreit, über Legenden der Heiligen, über Mirakel und Bischofwahl. In dieser unglückseligen Zeit, wo die menschlichen Dinge ohne sichere Grundlage waren, und eine Barbarenwoge die andere über die Oberfläche der civilisirten Erde trieb, hatte man keine Muße an die künftigen Geschlechter zu denken. Man zweifelte vielmehr, ob es überhaupt noch eine Nachwelt gebe, und nicht vielmehr das ganze Werk

schengeschlecht am Rande des Verderbens angekommen
sey. — Die Verheerung Griechenlands durch die Van=
dalen flößet aber auch nicht mehr denselben Grad von
Theilnahme und Wehmuth ein, wie die Gräuelscenen
Alarichs, weil Genserich doch nur neue Ruinen auf alte
häufte, während die Gothen den traurigen Ruhm davon
trugen, das Rüstwerk der alten Welt im Peloponnes
vernichtet zu haben. So viel nur wissen wir aus Pro=
copius, daß es außer den Heiden von Maïna auf der
ganzen Halbinsel Niemand wagte, mit den Waffen in
der Hand den Räubern entgegenzugehen. Zwar wurde
die Stadt Tänarus vom Grunde aus umgekehrt, aber
Genserich auf den Ruinen selbst geschlagen und zur Flucht
über das Meer genöthiget. Daß ihnen der Ruhm, den
Vandalen widerstanden zu haben, nicht als Heiden,
sondern als abgehärteten und kampfgeübten Bergbewoh=
nern gebühret, wird wohl von selbst klar seyn. Und
überdieß dürfe das kaiserliche Heer, das zu Schiffe von
Constantinopel gekommen war und im nächstfolgenden
Jahre Tripolis in Africa einnahm, zum glücklichen Er=
folge der Feldschlacht wohl auch in einer oder der anderen
Weise mitgewirkt haben.

Daß aber die Verwüstung beim Vandaleneiu=
bruche vorzüglich jene Städte und Gegenden des Landes
getroffen habe, von welchen man glauben muß, daß
sie zu Alarichs Zeiten verschont blieben, liegt außer
Zweifel, weil Genserich von Mittag her ans Land ge=
stiegen, der Gothenkönig aber von Mitternacht her durch
den Isthmus von Korinth eingedrungen war. Groß

auch das vom Feinde verursachte Elend in jedem Falle gewesen, und seine Spur lange sichtbar geblieben seyn, weil Kaiser Zeno in eigener Person Griechenland besuchte und Hülfe brachte. Wenigstens wußte man sonst keinen Grund zu einer Reise dieses Isauriers in die peloponnesische Halbinsel, wohin in den ersten tausend Jahren des Byzantinischen Reiches, soviel man wissen kann, außer Zeno kein Monarch gekommen war. Die Bemerkung, welche man bei allen früheren Irruptionen ausländischer Völker in das Eiland gemacht hat, gilt auch für diesen letzten Fall; die Fremdlinge wurden aus der geheiligten Erde vertrieben, und ließen nur solche Spuren ihres Daseyns zurück, welche Zeit und Fleiß der Menschen wieder verwischen konnten. Verbrannte Hütten baute man wieder, und die Stelle der Erschlagenen nahmen nach und nach doch wieder neue Sprößlinge ein aus dem noch immer rein erhaltenen Blute der alten Kinder der Halbinsel. Nur muß man annehmen, weil es so in der Natur des Menschengeschlechtes liegt, daß mit dem wachsenden Maße der öffentlichen Calamitäten auch der trübsinnige Geist religiöser Schwärmerei, Pönitenz und Superstition in dichteren Lagen Heiden und Christen im Peloponnes bedeckte.

Drittes Capitel.

Verwüstung der Süd-Donauländer durch Hunnen, Bulgaren und Slaven. Ankunft der Avaren in Europa, und allgemeine Bewegung der nördlichen Völker gegen Griechenland. Einnahme und Verwüstung des Peloponneses. Avaren und Slaven besetzen den leeren Boden. Reste altgriechischer Bevölkerung und Anfang eines neuen Lebens. Von 467 — 783 nach Christus.

So lange noch die streitbaren Völker Britanniens, Galliens, Rhein-Germaniens, Hispaniens und Noricums die Legionen recrutirten, konnte Rom und Byzanz dem Andrang der nordischen Völker gegen die Donauländer und gegen Inner-Griechenland mit Erfolg widerstehen. Gingen auch große Schlachten verloren, wurden auch die beiden Mösien, wurde Dardanien, Thracien, Jllyrien, ja selbst Macedonien mit Alt-Hellas von zahlreichen Barbarenhaufen überschwemmt und verwüstet: so wurden diese doch endlich jedesmal entweder durch die Heere des Occidentes niedergeworfen oder ließen sich durch andere Mittel, deren Grundlage doch allzeit auf der Kriegsmacht des Abendlandes beruhte, über die Gränzen zurücktreiben. Wie sich aber das Weltreich in zwei feindlich gesinnte Hälften, die abend- und morgenländische, gespalten, und erstere

gleich unter der Regierung des Honorius (395—422) bei=
nahe alle germanischen und keltischen Provinzen an die Bar=
baren verloren hatte; so war für Constantinopel auch schon
die Möglichkeit verschwunden, noch länger die Thore des
Reichs an den Donauufern gegen das furchtbare Gähren
und Drängen der Völker zwischen Sirmium und dem
Innern Scythiens zu beschirmen. Die Bewohner Thra=
ciens und der großen Gebirgskette zwischen dem schwarzen
Meere und den Küsten Dalmatiens lieferten im Byzan=
tinischen Europa allein noch Soldaten zur Landarmee.
Die Bevölkerung der Hauptstadt und die Bewohner der
Inseln und der Küstenländer zu beiden Seiten des
ägeischen Meeres dienten in der Regel nur auf der
Flotte. Und dieser geringe einheimische Militärhinterhalt
mußte häufig auch zur Vertheidigung des Orients gegen
die Sassaniden und Saracenen Streitkräfte über den
Hellespont senden, weil sich diese weitläufigen, aber
großen Theils von wenig kriegerischen Volksstämmen be=
wohnten Länder aus eigenem Mittel nicht zu schützen ver=
mochten. Der Save= und der Donaustrom war freilich
durch eine Reihe fester Plätze verwahret; jedoch waren
die Besatzungen gewöhnlich schwach und die Bürger im
Streite ungeübt. Wäre das illyrische Länderdreieck nur
von der eingebornen Bevölkerung der gegenüberliegenden
Donaugegenden, oder nur hin und wieder durch fremde
Ueberzügler aus dem tiefern Nordlande bedroht gewesen;
so hätten sich Angriff und Widerstand vollkommen aus=
geglichen. Wie aber ein, in unsern Tagen nicht mehr
zu erklärender Impuls die breite Völkersäule des ganzen
heu=

heutigen Rußlands erschütterte und länger als zwei volle
Jahrhunderte in zusammenhängenden Strömungen und
mit ununterbrochener Wuth gegen den Ister trieb, mußte
endlich die Kraft der Illyrier ermatten, mußten endlich
die Dämme brechen, mußte endlich die wilde Fluth Alles
verschlingen. Es ist ein trauriges Geschäft, auch nur ein
flüchtiges Gemälde über die Vertilgung so vieler und so
berühmter Völker zu entwerfen, welche von der Mitte des
fünften bis zur Mitte des achten Jahrhunderts von der
Oberfläche dieses großen Erdstriches verschwunden und durch
barbarische Ueberstedler verdrängt worden sind. Und doch
ist es unerläßlich das stufenweise Fortschreiten der Verödung von der Save bis zum Meerbusen von Korinth, wenigstens in den vorzüglichsten Umrissen zu bezeichnen, weil
sonst nicht wohl klar zu begreifen wäre, wie selbst der Peloponnes im innersten Winkel des Dreieck's von dem Welt-
brande erreicht werden konnte, der sich in einer solchen
Entfernung erhob.

Im Vergleich mit den vorhergehenden und nachfol-
genden Zeiten genossen die Byzantinischen Donauländer
während der dreiunddreißig ersten Jahre des fünften Säculums ein erträgliches Schicksal. Alarichs und seiner
Westgothen war man auf Kosten des Abendlandes endlich
los geworden, und die Hunnen, welche jenseits des Stromes den Meister spielten, wurden bald durch Gewalt,
öfter aber durch Gold von Plünderungszügen in die Reichs-
provinzen abgehalten. Zurückgebliebene Gothencolonien
bauten als friedliche Christen und Unterthanen zu beiden
Seiten des Hämusgebirges jene Ländereien an, die während

des zwanzigjährigen Kampfes ihre Bevölkerung verloren hatten.

Die lange Reihe der Trübsal begann mit der Thronbesteigung des Hunnenkönigs Attila im Jahre 434 unserer Zeitrechnung. Fünf Jahre lang beschwichtigten zwar Gold und Bitten des zweiten Theodosius den Grimm auch dieses Weltverwüsters. Dann aber fiel er im Byzantinischen Illyricum ein, zerstörte alle Donaufestungen im heutigen Serbien und Oberbulgarien, vertrieb oder rottete die Bewohner der Ebenen zwischen dem Strome und der Bergkette völlig aus und befahl das Land öde zu lassen. *) Weder Barbar noch Römer durfte es bebauen.

Bis zum Friedensschlusse mit Constantinopel (449) war beinahe jedes Jahr durch einen Zerstörungszug dieses unwiderstehlichen Drängers bezeichnet; jedoch kamen seine Schaaren nicht weiter als zu den Pässen Thermopylä. Auch ihn hat das Verhängniß von der griechischen Erde fort in das Abendland, und bald nachher in das Grab getrieben, nachdem er die Bollwerke des Reichs niedergeworfen, die Unmacht der Byzantinischen Legionen vor der ganzen Welt zur Schau gestellt, und den nordischen Völkern den Weg in das Herz der großen Halbinsel Illyrien gezeigt hatte. Die Sage von der Glückseligkeit des griechischen Himmels, von der Ueppigkeit des mit Früchten der edelsten und mannigfaltigsten Art bedeckten Bodens, so wie von den Reichthümern und

---

*) Excerpta de Legat. Edit. Venet. p. 25.

von der Feigheit der Menschen in Marmorpalästen war
durch ihn zu jenen Völkern hinaufgedrungen, welche damals wie heute unter dem allgemeinen Namen der
Slaven die unermeßliche Waldregion zwischen den karpathischen Gebirgen und den Gränzen von Sibirien bewohnten. Attila war, so viel man weiß, der erste Eroberer, welcher von Süden herauf zu den Schilfhütten
der Slaven gekommen ist, viele ihrer Stämme unterjocht,
mit dem Waffenhandwerk vertraut gemacht, unter sein
Heer aufgenommen, und mit der Kenntniß der südlichen
Himmelsstriche ein unvertilgbares Verlangen sie zu besitzen in der Brust derselben entzündet hat. Attila's
Phantom, in Riesengestalt auf dem Gipfel der Karpathen
stehend, winkte selbst nach seinem Tode noch den aufgeregten Völkern: Sehet euren Raub! Nehmet und vertilget. —

Es ist ein großes Glück, daß den Menschen ihre
künftigen Schicksale verborgen sind. Die Freude über
Attila's Hinscheiden und über die Zersplitterung seines
Reiches war im Constantinopolitanischen Gebiete um so
ausgelassener, da Niemand zweifelte, daß nach einer
solchen Erschütterung ein ewiger Friede und ungetrübte
Glückseligkeit das menschliche Geschlecht für die vergangenen Leiden trösten müsse. Das verödete Land von der
Ausmündung der Save bis zu den thracischen Engen
wurde durch Reste der wiederkehrenden alten Bewohner,
sodann durch Heruler, sarmatische Slaven und Gepiden
wieder colonisirt; in Nieder-Mösien und Klein-Scythien
aber, d. i. im heutigen Bulgarien und Dobrudsche, At-

vila's jüngster Sohn Ernach mit zahlreichen Haufen von
Hunnen, Schyren und Alanen angesiedelt; allen aber
Jahrgelder aus der kaiserlichen Schatzkammer bezahlt,
weil sie theils aus Unkunde des Ackerbaues, theils aus
Faulheit nicht fähig waren ihren Lebensunterhalt aus
dem Boden des neuen Vaterlandes zu gewinnen. Donau
aufwärts von dem Ausflusse der Save bis Vindobona
hatten die befreundeten Stämme der Ostgothen die men-
schenleeren Gegenden besetzt, und somit war, wie die
durch Streitigkeiten über die Naturen Christi erhitzten
Constantinopolitaner meinten, der Strom der weltlichen
Dinge wieder in sein natürliches Rinnsal zurückgekehrt.
Denn daß Barbaren lieber reiche und schwache Nachbarn plündern als ihren Unterhalt im Schweiße des
Angesichts aus der Erde ziehen, oder um einen mäßigen
Sold ihre Kriegslust auf immer mit träger Ruhe vertauschen, schien man im kaiserlichen Palaste nicht zu bedenken. Hätte man es aber auch bedacht, wie wäre zu
helfen gewesen, da sehr oft die Dinge mächtiger sind
als der Wille und die Kraft der Menschen! — Unter
Marcians Nachfolger, Leo dem Aeltern, wiederholte der
Ostgothe Theodorich das alte Spiel; er überwältigte die
neuen Colonien von der Save-Mündung bis zur heutigen
Stadt Sofia in Bulgarien, und Leo ward genöthiget
durch Ueberlassung dieser großen Landstrecke Frieden zu
erkaufen. *) Bei den Bürgerkriegen zwischen Zeno und
Basiliscus riefen beide Parteien die Gothen zu Hülfe,

---

*) 463 nach Christus.

die zuletzt ihre vereinte Macht gegen die Eingebornen kehrten, durch die Päffe von Macedonien brachen, bis an die Mauern Theffalonica's Alles verheerten, Dyrrachium mit ganz Epirus eroberten, und nur gegen Abtretung des heutigen Bulgarenlandes von dem armfeligen Hofe zu Constantinopel beruhigt wurden.   Dieser Krieg hatte fünf Jahre gedauert, den überschwemmten Ländern unfägliches Elend bereitet, und neue Schaaren nordischer Gäfte hereingebracht. *)   Wir enthalten uns aber der einzelnen Nachweifungen, weil der junge Gothenfürft wenige Jahre später mit der ganzen Nation der Oftgothen zur Eroberung Italiens auszog, und von allen feinen Eroberungen an der untern Donau nur Obermöfien und Dacien behielt.

Wir haben es hier nicht mit Königen und Feldherren, nicht mit Regentenfamilien und Gränzberichtigungen, fondern mit dem Schickfale der alten, Künfte und Feldbau treibenden Population des illyrischen Dreieckes zu thun.   Ihre Leiden, ihre Vermischung mit Fremden, ihre endliche Vertilgung durch die Nordifchen find der einzige Gegenfand unferer Aufmerkfamkeit.   Ob die Gränzfäulen der Byzantinifchen Imperatoren heute zu Philippi und Sardica, morgen zu Ambracia und Singidön, ein andermal an den Quellen des Po und am Vorgebirge Lilybäum ftanden, kann uns nur dann zu wiffen von Wichtigkeit feyn, wenn fie zugleich die Grän-

---

*) Vertriebene Haufen Rugier erhielten durch Theodorich Grundftücke in Bulgarien.

zen der gegen den Peloponnes vorrückenden Verödung bezeichnen.

Von dem Zuge Alarichs in das Abendland bis zur Eroberung Italiens durch Theoderich waren beiläufig neunundachtzig Jahre verflossen. Und wenn wir das Resultat aller dazwischen fallenden Begebenheiten im Byzantinischen Europa in unserm Sinne zusammenfassen, so zeigt sich, daß am Schlusse des fünften Jahrhunderts Obermösien mit Dacien beinahe ausschließlich, in Niedermösien und Kleinscythien aber großen Theils das platte Land durch fremde Colonisten besetzt, in beiden Provinzen aber große Strecken ohne Stadt, ohne Bewohner und ohne Anbau waren. *) Jenseits der Bergkette hatten nur Gothen in Thracien Aecker und Dorfschaften erhalten. Den Sitzen des altgriechischen Volkes am nächsten gerückt waren die Heruler, indem sie nach Attila's Tode durch Kaiser Marcian in den Bergschluchten des nördlichen Macedoniens angesiedelt wurden. In keinem Falle aber pflügte innerhalb der Thermopylen ein nicht

---

*) Eunapius sagt ausdrücklich, daß die Barbaren allenthalben die männliche Bevölkerung erschlagen, alle Orte deren sie sich bemächtigten, zerstört, und sogar Thracien (Θ ω ρ α) großentheils verödet haben. Nur wenige fest ummauerte Städte des illyrischen Continents seyen der Vernichtung entronnen (καὶ τῷ φονικωτάτῳ πρὸς τὸ κρατούμενον πάντα ἀνδρῶν ἐχήρωσαν .... πόλεις γοῦν εὐάριθμοι καὶ ὀλίγαι τινὲς διεσώθησαν, καὶ ἔτι σώζονται τειχῶν ἕνεκεν καὶ οἰκοδομημάτων. ἡ δὲ Θ ω ρ α καὶ τὸ πλεῖστον ἀπανάλωται, καὶ ἐστιν ἀοίκητον καὶ ἄβατον διὰ τὸν πόλεμον.

Ex histor. Eunapii Sardiani in Excerpt. de Legat. p. 14.

griechisch redender Mann das Feld. Befehlshaber in
Städten und Festungen waren freilich seit mehr als
hundertfünfzig Jahren häufig geborne Barbaren. —

Gleich nach dem Abzuge der Ostgothen aus Nieder=
mösien erschienen die Bulgaren an den Mündungen der
Donau, und machten Versuche die erledigten Wohnsitze
auf der Südseite des Stromes einzunehmen. Dieses
Volk, dessen Rolle bei der Verwandlung des griechischen
Reiches von so großem Gewichte ist, war der erste sla=
visch redende Stamm, welcher aus dem Herzen des
heutigen Rußlands und von den Ufern der Wolga kom=
mend, vor den Thoren des Byzantinischen Reiches er=
schien. Ihr erster großer Einbruch über den Ister ge=
schah im letzten Jahre des fünften Jahrhunderts, dem
neunten des Kaisers Anastasius. Die Milizen und ge=
schwächten Besatzungen einiger Ufercastelle konnten die
zahlreichen Schwärme dieses neuen Feindes nicht abhal=
ten, und die barbarischen Ansiedler des flachen Landes
schlossen sich ungesäumt, ihre Aecker und Hütten ver=
lassend, an die Fremdlinge an, um gemeinschaftlich mit
ihnen das fruchtbare Thracien auszuplündern. Durch
die Pässe des Hämus, des in unsern Tagen vielfach
besprochenen und gerühmten Bollwerks gegen die neu=
scythische Invasion, stiegen die Bulgaren und Hunnen
damals ohne Hemmniß, wie durch offenstehende Thore
in die kornreichen Flächen Thraciens hinab; so groß
war die Desolation der einheimischen Bevölkerung, und
so beklagenswerth die Zerrüttung, Auflösung und Schwäche
der Gewalthaber von Constantinopel. Mit Raub und

Blut gesättiget gingen die Unholden eben so ungehindert wie sie herüber gekommen waren, wieder über den Strom zurück. In kleinern oder größern Haufen erschienen sie von nun an jedes Jahr, besonders 501, wo sie sich selbst in die Umgegend von Constantinopel vorwagten, und die Landgüter der Hauptstadt verheerten. Die Bulgaren, wie alle slavischen Völker, rohe Götzendiener und blutdürstig von Natur, wütheten in den Christenländern wie gereizte Tiger unter wehrlosen Schafen mit unerhörter Grausamkeit. Alle Erzeugnisse des menschlichen Kunstfleißes und der Natur wurden vernichtet, und Alles was Odem hatte, erschlagen; Gefangene in den ersten Zeiten keine gemacht. Was that denn aber Anastasius zum Schutze seiner mösischen und thracischen Unterthanen? Er ließ sie für ihre Hütten und Aecker, für ihr Heil und Leben selbst Sorge tragen, und begnügte sich quer über Feld, Gebirg und Wald vom Propontis bei Selymbria bis an den Strand des schwarzen Meeres die so genannte lange Mauer aufzuführen, versehen mit Thoren und Thürmen zum Schirm der Hauptstadt und ihres Weichbildes. *) Und doch könnte Thracien allein ein Heer von 60,000 Streitern aus den Colonien der Bessen und Gothen zur Verfügung des Kaisers stellen. Anastasius mußte aber theologische Controversen entscheiden, und unter den Bürgern der Hauptstadt entzündete sich über das Dreimal heilig ein Aufruhr, in welchem einmalhunderttausend Menschen erschlagen wurden, während ein zahlloses Heer Bulgaren, Hunnen und

*) 507 nach Christus.

Slaven die Dörfer und Staten der Bauern in Mösien
und Thracien verbrannte. *)   Umständliche Nachrichten
über das Schicksal der Ackerbau treibenden Classe in den
von Constantinopel entfernten Provinzen sind aus diesem
trüben Zeitalter nicht überall zu erwarten, weil die Chronikschreiber außer den Palastrevolutionen, Concilien und dog-
matischen Erörterungen nur den Gang des Nationalkam-
pfes gegen die Saffaniden und gegen die Religion der Zo-
roastrischen Magier neben den Vorfallenheiten in unmittelbarer Nähe der Hauptstadt in ihre Register aufnahmen.
Die Provinzen des Binnenlandes jenseits der Anastasischen
Mauer waren den eingebornen Constantinopolitanern bald,
eben so fremd und unbedeutend als die Länder der Nasa-
monen und Gätulier.   Nur wenn unübersehbare Wolken
transdanubianischer Völker vom Ufer des Stromes bis an
die Thermopylen den Erdboden bedeckten und Hunderttausende der hülfelosen Bebauer vernichteten oder als
Sclaven forttrieben, wie um 517, wurde die Begebenheit
mit zwei Worten der Nachwelt überliefert.   Der Besitz
der irdischen Güter in der Hauptstadt wie in den Provinzen wechselte mit unglaublicher Schnelligkeit, und das
Leben der Generationen selbst war kurz; ein Geschlecht
stieß in rascher Folge das andere aus Glücksgut und Daseyn durch ansteckende Seuchen, durch Circus- und Glau-
benswuth oder durch den stupiden Grimm der Barbaren.
Wo aber keine Erinnerung an vergangene Glückseligkeit,
und keine Hoffnung für eine bessere Zukunft ist, da erwartet man vergebens Philosophie und Geschichte.

---

*) 512 nach Christus.

Bis nach Epirus und zu den Thermopylen sind im Jahre 517, wie es heißt, die scythischen Unholden vorgedrungen, und haben eine ungezählte Menge von Menschen getödtet, hundert und zwanzigtausend aber gefangen über die Donau getrieben. Festungen und besonders Seeplätze konnten allein Schutz gewähren gegen diese Wilden, die weder Geduld noch Kunst und Mittel besaßen, befestigte Orte zu überwältigen. Die einzelnen Umstände dieser Invasion sind uns völlig unbekannt. Nur soviel läßt sich aus den Nachrichten über den einförmigen und traurigen Gang dieser Begebenheiten entnehmen, daß die Barbaren, so oft sie mit Macht eingebrochen waren, ihre Streitkräfte theilten und zu gleicher Zeit gegen die Mauer des Anastasius, gegen den thracischen Chersones und gegen die Defileen von Scupi nach Macedonien, vorrückten, und nach Ueberwältigung der letzteren in Thessalien und Epirus einbrachen. Widerstand wurde von den Römern jedesmal nur in den Thermopylen, an der Brustwehr des Chersonnesus, und hinter den langen Mauern von Selymbria geleistet. Und doch waren die Verheerungen dieser Länder unter Anastasius und seinem Nachfolger Justinus I. von 518 — 527 nur Kinderspiel gegen die Drangsale, welche unter Kaiser Justinianus dem Ersten hereinbrachen. Namentlich hatten in Thracien einige Friedensjahre gewöhnlich die Spuren der feindlichen Wuth wieder ausgelöscht, weil wegen der ausnehmenden Fruchtbarkeit des Bodens die Stelle der erschlagenen oder weggeschleppten Bebauer ungesäumt durch Colonisten aus Anatolien wieder besetzt wurde. Und die Behauptung, daß Thracien mit Ausnahme der festen Städte und Küstenplätze während der Byzantinischen Kaiserregierung seine Feldbau treibende Population wenigstens zehnmal ganz verloren habe, wird ein aufmerksamer Leser der Byzantinischen Scriptoren für sehr gemäßigt finden. Nicht so war es in den Gegenden jenseits des Berges Rhodope und Hämus, und im alten Griechenlande, welches die Slaven und Hunnen während der achtunddreißigjährigen Herrschaft Justinians bis unter die Schanzen des Isthmus völlig ausmordeten. Wollte man diesen Monarchen nicht nach den Lobpreisungen der politischen Staatsvergötterer und Pandektisten, sondern nach gesündern Regierungsprincipien, nach dem Wohl oder Wehe seiner Völker beurtheilen: so müßte man ihn für eine ewige Pest des menschlichen Geschlechts, für einen höllischen Geist in Menschengestalt erklären, der auf den Thron gestiegen war, um die römische Welt in ein weites Grab zu verwandeln. Er selbst von Geburt ein Nichtgrieche aus Bedriana in Illyricum, ahmte die Transistrianer in Kleidung und Lebensweise nach, verlieh siebenzig Tausenden dieses Geschlechtes Wohnsitze und Bürgerrechte in Constantinopel selbst. Zugleich begannen mit seinem Regierungsantritte die Einbrüche der Antes, der eigentlichen Slaven, Slavinen oder Slavesianen und der Hunnen mit einer Uebermacht, Beharrlichkeit und Wuth, welche deutlich verkündeten, daß die Ankömmlinge nicht allein Blut und Raub, sondern auch Boden und bleibenden Besitz verlangten. In den drei ersten Jahren trieb er die Räuber mit Hülfe der Donauarmee über den Strom zurück, und griff sie selbst auf ihrem eigenen Boden an. Im vierten Jahre aber fand der tapfere Feldherr Chilbudius mit allen seinen Leuten in einer Schlacht gegen ein überlegenes Slavenheer den Untergang. *) Von diesem Tage an blieb der Donauübergang offen, und die Reichsheere konnten nicht mehr wehren.

Justinian ließ diese Fremdlinge kommen und gehen, plündern und morden wie sie wollten. Beinahe jedes Jahr, schreibt Procopius der Zeitgenosse, sind diese reißenden Thiere in das Land der Romäer gekommen, und jedesmal haben sie im Durchschnitte an zweimalhunderttausend Einwohner weggetrieben oder vernichtet. Wie eine schwellende Wasserfluth schritt die Verödung näher an den Peloponnes, und die beklagenswerthen Bewohner Griechenlands glichen den in der Höhle des Cyklopen eingepferchten Gefährten des Ulysses, von welchem das Unhold bei jeder Heimkehr einige abschlachtete und aß. Besonders Schauder erregend waren die Grausamkeiten der Slaven. Diese verschonten in den ersten Einbrüchen kein lebendiges Wesen, steckten, satt von Mord und Raub, die Gefangenen auf Pfähle; oder banden sie mit Händen und Füßen schwebend auf vier Pflöcke, und schlugen ihnen mit Keulen die Schädel ein, oder hingen sie bei den Füßen auf, und zündeten unter den Köpfen Feuer an; auch wurden die armen Griechen schaarenweise sammt ihrem Viehe und ihrer Habe in ihren Häusern verbrannt. **)

---

*) 530 nach Christus.
**) Procopius.

Bis zum Ausbruche des Krieges gegen die Ostgothen in Italien waren die Besitzungen dieses eben genannten Volkes in Dalmatien, Illyricum und Ober-Mösien zugleich eine Schutzmauer gegen die jenseits hausenden Barbaren, welche in dieser Weise nur von der Unter-Donau her in das Byzantinische Reich eindringen konnten. Wie aber Belisar in Italien landete und den Gothenkönig ängstigte, wurden die Schranken in Ober-Mösien aufgethan, und Einladungen an alle Wilden jenseits des Stromes und der Gebirge gesandt, die Abwesenheit der kaiserlichen Armeen zu benutzen und ihren Durst nach Römerblut und Beute der schönen Länder zu benutzen. Demzufolge geschah im Jahre 539 der große Einbruch der Hunnen, Slaven, Bulgaren, Anten und Gepiden in das Land der Romäer. Von den Mündungen der Save bis zum Ausflusse des Isters ins schwarze Meer ergossen sich die Wellen dieser neuen Völkerfluth über die ganze Oberfläche der so oft geplünderten und decimirten Provinzen Romaniens. Und weil das platte Land in den meisten Gegenden ohnehin schon öde lag, wagten sich die Barbaren diesesmal an die Städte, stiegen an die Seeküste herab, griffen die Romäer in ihren letzten Zufluchtsorten, hinter den Mauern und Schanzen der Chersonnese an.

In Illyrien erstiegen die Hunnen zweiunddreißig feste Castelle und Städte, metzelten alles Lebende nieder, zündeten die Gebäude an, und rissen die Mauern nieder. Diesesmal wurden auch die Festungswerke der Halbinsel Kassandra in Macedonien, und des thracischen Chersonnefes am Hellespont erstürmt und die Bewohner beider Halb-

Inseln mit unzähligen Flüchtlingen der Binnengegenden ausgerottet. *) Selbst die Thermopylen konnten Alt-Hellas vor dem Heißhunger dieser reißenden Wölfe nicht mehr schirmen. Wie einst die Meder, so fanden damals die scythischen Wilden Mittel auf geheimen Gebirgspfaden der Engpaß zu umgehen, und Inner-Griechenland zu überschwemmen, wohin seit Alarich kein Barbarenheer vorgedrungen war. Die Burg Theben, die Stadt Athen und die Schanzen an der Landenge von Korinth widerstanden allein der von Norden herabbrausenden Fluth. Das übrige Land zwischen Thermopylä und dem Golf von Korinth wurde in eine menschenleere Einöde verwandelt, aus welcher die Räuber endlich durch Mangel an Subsistenz entwichen. **)

Vor dieser Katastrophe schien der Kaiser Alt-Griechenland gar nicht zu kennen, noch sich jemals zu erinnern, daß er die Herrschaft über das berühmte Geschlecht der Hellenen besitze. Um die Wiederkehr eines so großen Unglückes zu verhüten, ließ er die Thermopylen und alle

---

*) Was Sanct Hieronymus von den Hunnen seiner Zeit geschrieben, gilt besonders auf dieses 539ste Jahr unserer Zeitrechnung: insperati ubique aderant, et famam celeritate vincentes, non religioni, non dignitatibus, non aetati, non vagienti miserebantur infantiae.

S. Hieronym. Epist. lib. 3. ad Oceanum
de vita Fabiolae.

**) οὕτω δὲ σχεδὸν ἅπαντας Ἕλληνας, πλὴν Πελοποννησίων, διεργασάμενοι ἀπεχώρησαν.

Procop. de Bello Persico lib. 2, cap. 4.

Gebirgspässe nach Hellas mit Quermauern verschließen, die Festungswerke von Theben, Platää und Athen verbessern, besonders aber die halbverfallenen Mauern und Gräben an der peloponnesischen Landenge erneuern, Castelle und Wachtthürme errichten und Hohen-Korinth befestigen. Die übrigen Städte der Halbinsel ließ er nach Procopius insgesammt ohne Mauern, weil sie bei hinlänglicher Verwahrung des Isthmus von jeder Anfechtung der Barbaren sicher wären. *)

Zehn Jahre nach dieser Begebenheit waren die Länder Klein-Scythia, die beiden Mösien und Dacia, Dardania, Inner-Thracien und die Binnenthäler und Höhenzüge zu beiden Seiten der Gebirgskette, welche Süd-Illyrien und Epirus von Macedonien und Thessalien scheidet, so sehr von aller menschlichen Cultur verlassen, daß jene dichte Wolke von Slaven, die im Jahre 549 auf 550 einwanderte, gegen Erlegung einer großen Summe Goldes von den Gepiden die Erlaubniß erkaufte, unweit der Save-Mündung über den Strom zu setzen, um in das bisher verschontgebliebene Küsten-Dalmatien einzubrechen. Sie erstürmten und zerstörten eine Menge Städte, tödteten aber dießmal nur die Männer, behielten Weiber und Kinder der Romäer als Sclaven. Denn nicht mehr in ihre Heimath wollten sie zurückkehren, sondern häuslich niederlassen wollten sie sich von nun an unter einem so schönen Himmelsstrich. In viele Haufen getrennt durchschwärmten sie ohne Wi-

---

*) Procop. de aedific. lib. 4, cap. 2.

derstand alle Süd-Donauländer vom adriatischen bis zum
schwarzen Meere. Am grausamsten wütheten sie in den
beiden nächstfolgenden Jahren in Thracien, weil der
Besitz dieses Bodens wegen seiner ausnehmenden Fruchtbarkeit von allen Seiten Bebauer herbeilockte. Die
Niederlassungen slavischer Völker in den Gegenden zwischen Thermopylä und der Donau schreiben sich urkundlich von diesem Zeitpunkt her. Von jetzt an entsagten
aber auch die den Metzeleien eroberter Städte entflohenen
alten Bewohner aller Hoffnung, ihre Heimath je wieder
zu sehen und bauten sich auf schwer zugänglichen Felsen
an der Meeresbrandung, auf kleinen Eilanden und La-
gunen ein neues und gesicherteres Vaterland. So z. B.
gründeten im Jahre 549 die Bürger der von den Slaven zerstörten Stadt Epidaurus in Dalmatien das später so berühmt gewordene Alt-Ragusa, *) wie ehemals
die Flüchtlinge aus Patavium vor dem Grimm Attila's
auf den Sanddünen Malamocco's Sicherheit gefunden
hatten.

Im Innern des Reiches konnten sich nur große
Festungen, wie Adrianopel, Philippopel, Justiniana;
oder kleinere mit Lebensbedarf wohl versehene Castelle
in den Gebirgen des Hämus, des Pindus u. s. w. mit
Erfolg gegen die leichtbewaffneten und regelmäßiger Belagerungen unkundiger Barbaren behaupten. Diese Orte
ragten aber auch wie Oasen im Meere der Verwüstung,
wie Säulen unter Ruinen hervor. Auch an den Ufern

der

---

*) Constantin Porphyrog. de administrat. Imp.

der Donau erhielt sich eine Reihe Castelle und fester
Städte im kaiserlichen Gehorsam, obgleich das platte
Land allenthalben von Feinden besetzt, oder durch strei-
fende Horden unsicher, verlassen und öde war, und
folglich die Verbindung mit der Hauptstadt meistentheils
nur zu Wasser geschehen konnte. In dieser Weise geschah
es, daß das Byzantinische Reich, ohne eine Provinz verloren zu haben, vom Ister bis Thermopylä außer den
Küstengegenden und befestigten Städten, beinahe keine
Unterthanen hatte und keine Steuer bezog. Denn die
Wilden aus Sклавinenland kamen und giengen, und trieben
ihre Heerden von einer Provinz in die andere, ohne mit
Justinian in Unterhandlung zu treten, oder sich in irgend
eine sociale Beziehung mit dem kaiserlichen Hofe und den
umwohnenden Christen zu setzen. Scythenland hatte sich
bis an die Thore von Hellas ausgedehnt. Procopius be-
zeuget ausdrücklich, daß zu seiner Zeit sogar dicht vor
Thessalonica, am Flusse Rhechius, schon Barbaren wohnten, das Thal Tempe öde lag, und die Bürger der
Festung Larissa nicht auf die lieblichen Felder ihres Weichbildes hinauszugehen wagten, aus Furcht vor den Slaven
in den benachbarten Bergen. Das ehemals blühende
Diocletianopolis an den thessalischen Marken hatte bei
einem Ueberfalle dieser Barbaren alle Bewohner verloren,
und war zu seiner Zeit eine traurige mit Gras bedeckte
Ruine. *)

Zu diesen Drangsalen rechne man auch noch eine
fünfzigjährige Pest, die vom Jahre 531 angefangen,

----
*) Procop. de aedific. lib. 4, cap. 3.

während der ganzen Regierungszeit Justinians und seiner
Nachfolger bis ungefähr 611 das menschliche Geschlecht
zu verzehren nicht nachließ, alle Provinzen des Morgen= und
des Abendlandes nach und nach besuchte, in Italien die
alte Bevölkerung furchtbar verdünnte, in Constantinopel
lange fort täglich bei zehntausend Menschen wegraffte, so
daß diese Hauptstadt der Welt den Anblick eines weiten
Grabmales darbot. Und gleichsam als hätten so viele Uebel
noch nicht hingereicht, die alten Menschen, die alten Ideen,
die alte Welt zu vertilgen und die Nacht der Barbarei über
den Erdkreis auszuspannen, kann man in den Annalen un=
seres Geschlechtes kaum einen Zeitpunkt auffinden, in wel=
chem die Erdbeben schauderhaftere Verwüstungen angerichtet
hätten als unter Justinian. Wurden in Syrien und Phö=
nizien nicht ganze Landstrecken umgekehrt und mit allen
Städten und Menschen von der Erde verschlungen? Er=
schütterte nicht im siebzehnten Jahre des gothischen Krie=
ges (551 n. Ch.) ein Erdbeben den Meerbusen von Ko=
rinth, durch welches alle Städte und Flecken ringsumher
umgeworfen wurden? Das von Gott und Menschen ver=
folgte Neu=Korinth wurde sammt seinen Bewohnern ver=
schüttet, die Schanzen am Isthmus eingestürzt, in Pa=
tras viertausend Bürger von den einfallenden Häusern er=
schlagen, Achaja mit Ruinen und Leichen bedeckt.

Wenn es auch nicht buchstäblich wahr seyn sollte, was
Procopius angibt, daß unter Justinians Regierung in der
Provinz Africa allein fünf Millionen; in allen Ländern um
das Mittelmeer herum aber an die einhundert Millionen Men=
schen durch Kriege, Hunger, Pest und Erdbeben zu Grunde

gegangen seyen *), so ist doch so viel gewiß, daß sich
das Andenken an die schauderhaftesten Calamitäten des
menschlichen Geschlechtes an den Namen dieses famosen
Imperators knüpft, und daß er von den armseligen
Resten der civilisirten Menschen seines Zeitalters als
Markstein aufgestellt wurde, bei welchem der Genius
der althellenischen Welt unter den Streichen der scythischen Barbaren, der Finsterniß und des Aberglaubens
ermattet und niedergesunken ist. Wahr ist es freilich,
in Justinians Macht lag es nicht, den pestartigen Seuchen und den Erdbeben zu gebieten; allein durch weise
und gerechte Handlungen seine Völker zu beglücken und
vor den Pfeilen der Scythen zu beschirmen, wäre in
seiner Gewalt gewesen. Ueberdieß ist der Despot, wie
jener Sohn des Himmels in Sina, auch für unvermeid-
liches Unglück verantwortlich, oder er steige zur Rang-
ordnung gesetzlicher und menschlicher Regenten herab. —

Justinian nahm seine Zuflucht zu Geschenken, zu
Bestechungen, zu trugvoller Unterhandlung und zur Hinterlist, um die nordischen Völker in die Waffen zu bringen und sich selbst gegenseitig zu zerstören. Zu diesen
Machinationen verschwendete er unermeßliche Summen
Goldes, deren Beitreibung auf die bürgerliche Glückseligkeit seiner Staaten ebenso verderblich zurückwirkte,

---

*) Statt μυριάδας μυριάδων μυρίας wird man cap. 18.
histor. arcan. wohl μυριάδας μυρίας lesen müssen, was
mit den πεντακοσίας μυριάδας der Provinz Africa allerdings näher zusammenpaßt.

11*

als die Feindseligkeiten der Scythen.. In Athen wurden
die Schulen der Philosophie, der Rechtsgelahrtheit und
Astronomie geschlossen; der Sold aller Lehrer in der Monarchie, mit Ausnahme der beiden Rechtsschulen zu Constantinopel und Berytus, eingezogen; die Theater mit
dem letzten Schatten der Olympischen Spiele endlich ganz
verboten, und von den übriggebliebenen Bewohnern der
Länder alles Gold ausgepresset, um die Barbaren zu
besolden, um eine Unzahl von Schlössern und Gränz-
castellen zu errichten, welche Niemand vertheidigte, um
den Kampf gegen Iran zu bestehen, um die zerrütteten
Reiche in Italien und Africa umzustoßen, und die Pest
der Byzantinischen Herrschaft bis an den Abendrand
der Erde zu verbreiten. Und obwohl die noch bestehenden Städte in Hellas unerschwingliche Tribute bezahlten,
ließ sich der kaiserliche Blutegel dennoch eine besondere
Summe erlegen, um eine stehende Wache von zweitausend Mann in den Pässen von Thermopylä zu unterhalten, als wenn die Beschirmung der Unterthanen vor
aller feindlichen Invasion nicht ohnehin zu den Attribu-
ten oder vielmehr zu den Pflichten eines Regenten gehörte. Alle öffentlichen Gebäude und Belustigungsorte
mußten die Magistrate in Hellas schließen, um diese
außerordentliche Kriegssteuer noch aufzubringen. *) Ist
es ein Wunder, wenn sich unter solchen Umständen viele
hellenische Familienväter selbst entleibten? wenn Ehen
selten wurde, und beim Anblick der Steuereinnehmer

---

*) Procop. histor. arcan. cap. 26.

allenthalben Wehklagen, Jammergeschrei, Flucht und Verzweiflung entstand? *).

Den letzten Versuch, in das Innere von Hellas vorzudringen, machte ein hunnobulgarischer Heerhaufe im Jahre 558, dem einunddreißigsten des Kaisers Justinianus. Zaber-Chan, ihr Oberhaupt, ging mit nicht mehr als etwa zwanzigtausend Reitern über die gefrorne Donau. Durch Klein = Scythien und Mösien, sogar durch die Schluchten des Hämusgebirges, zog er ohne Hinderniß, weil er, wie Agathias sagt, Alles öde fand. **) Auf den Ebenen Thraciens angekommen, theilte er seine Kriegsmacht in drei Abtheilungen, von welchen die erste gegen Thermopylä, die zweite gegen die wiederhergestellten Mauern des thracischen Chersones am Hellespont, die dritte aber, siebentausend Pferde stark, unter seiner persönlichen Anführung gegen Constantinopel vorrückte. Diese geringe Macht plünderte, tödtete, und trieb ein Heer Gefangener aus unbefestigten Orten zusammen, ohne irgendwo einem bewaffneten Widerstand zu begegnen. Selbst an den langen Mauern des Anastasius fanden sie Alles verödet, die Brustwehr verfallen, den Weg bis zum goldenen Thor von Constantinopel offen. Die beiden ersten Haufen wurden geschlagen, der eine bei einem mehrtägigen Sturm auf die Schanzen des Chersones,

---

*) ὥστε πολλοὺς ἢ ἀποκαρτερήσαντας, ἢ βρόχον ἀψαμένους τὸν βίον ἀπολιπεῖν.

Excerpta de Legat. p. 24.

**) Agathias lib. 5, cap. 10.

der andere aber bei einem wüthenden Angriff auf den zu-
gemauerten Paß Thermopylä. Dem Chan selbst tödtete
der altersschwache Belisar vierhundert Mann durch eine
Kriegslist. Und eine Masse Goldes aus der kaiserlichen
Schatzkammer bewog endlich das Unhold langsam gegen
die Donau zurückzugehen. So endete der letzte Besuch
dieser alten und furchtbaren Gäste. Durch Justinians
Ränke verführt, zerrissen sie sich gleich nach Jaber-Chans
Heimkunft aus Thracien einander selbst, und wurden von
den zu jener Zeit aus Orient eingewanderten Avaren zer-
streuet, unterjocht oder vertilgt, daß ihr Name nicht mehr
gehört wurde.

Der Einzug der Avaren in Europa bildet eine eigene
Epoche in den Jahrbüchern Griechenlands. Dieses Volk
aß rohes Fleisch, trank Blut, focht nur zu Pferde, war
allem menschlichen Gefühle fremd, und schien von dem
Verhängniß besonders ausersehen, um den von nördlichen
Völkern bisher planlos geführten Vertilgungskrieg gegen
die illyrische Halbinsel, ja gegen das ganze menschliche
Geschlecht in ein regelmäßiges System zu bringen. Flüchtig vor einem mächtigern Feinde am Altai sind sie nach
Europa gekommen, um diesen Weltheil von der Südspitze des Peloponneses bis an die Gestade des fränkischen
Meerbusens und von den Stadtthoren Constantinopels
bis an den Rheinstrom mit Kriegsgetümmel, mit Verwüstung und Gräbern anzufüllen.

Während der zehn ersten Jahre nach ihrer Niederlassung in Europa waren sie jedoch als besoldete und zu
Hülfe gerufene Freunde des Byzantinischen Hofes für

Griechenland heilbringend, weil die Slaven aller Stämme
und Namen; weil Hunnen, Bulgaren und Gepiden von
nun an genöthiget waren, ihren periodischen Wanderungen über den Ister zu entsagen, und ihre eigenen Wohnsitze, ihren gesammelten Raub und ihre eigene Freiheit
gegen den Heißhunger dieser Fremdlinge zu vertheidigen.
Sie wurden aber in kurzer Zeit insgesammt Knechte
der Avaren, und mußten mehr als ein Jahrhundert
lang ihren Strömungen jene Richtung geben, welche
ihren neuen Gebietern beliebig war. Die große Explo-
sion der Slavenstämme über die ganze Osthälfte von
Europa, durch Attila aufgeregt, hundert Jahre lang
nach seinem Tode in periodischen Undulationen fortge-
setzt, erhielt durch die vorherrschende Macht des Groß-
Chans der Avaren einen Stoß, dessen Wirkungen bis auf
den heutigen Tag geblieben sind. Und obgleich die Erdringe
auf den Flächen an der Theiß nicht mehr stehen, obgleich
ihre Kriegsheere, ihre Macht, sie selbst und ihr Name
in Europa ausgetilget sind: so leben sie doch als Trei-
ber und Bedränger zweier Welttheile, als Eroberer von
Hellas und Peloponnes, als langjährige Verwüster,
Beherrscher und Verwandler dieser geheiligten Erde in
den Jahrbüchern der Geschichte fort. — Ihre Züge
gegen die Länder Germaniens dürfen wir nur mit der
allgemeinen Bemerkung andeuten, daß sie um 563 schon
plündernd in Thüringen erschienen, und daß die Aus-
breitung der westlichen Slaven gegen die Oder- und
gegen die Elbe-Gegenden, gegen Schlesien, Böhmen,
Mähren, Steier und Kärnthen hauptsächlich von dieser

Zeit an mit Macht begann, bis ins achte Jahrhundert ununterbrochen fortdauerte, und nicht eher erlosch als bis sie den Südrand des Dänenlandes, das Harzgebirge, Junichen im Tyrol, und das Bollwerk der salzburgischen Tauern erreicht hatte.

Der offene Kampf zwischen dem griechischen Reiche und den Avaren begann nicht vor dem Jahre 572, obgleich das gute Vernehmen schon sieben Jahre früher durch Kaiser Justins Verweigerung der jährlichen Pension gestört ward. Nach Vernichtung des Gepidenreiches zwischen der Drave und Save verlangte Bajan-Chan (so hieß das kriegerische Oberhaupt der Avaren) auch die illyrische Gränzfestung Sirmium, dessen sich Justin mit Willen der gepidischen Bewohner bemächtiget hatte. Das Byzantinische Heer unter Tiberius wurde besiegt, und Dalmatien auf Bajans Befehl durch einen Haufen von zehntausend kutrigurischen Hunnen so lange verwüstet, bis im nämlichen Jahre noch ein friedlicher Vergleich die Zwistigkeiten endigte.

Alles was der Kaiser an Streitkräften zusammen bringen konnte, mußte nach diesem Frieden an die persische Gränze ziehen, wo nach kurzer Waffenruhe ein neuer, zwanzigjähriger Kampf (570—590) das Mark des Reiches verzehrte. Zum Schirm der Provinzen in Europa konnte nichts zurückbleiben, ausgenommen kleine Besatzungen in den Gränzfestungen neben den wenig disciplinirten Milizen Thraciens und Illyricums. Dieser Hülflosigkeit ungeachtet blieb Bajan dem Friedensvertrage so lange treu, bis sich sein Volksstamm von den Verlusten

vorhergegangener Kriege erholt hatte. Das Vorspiel
sollten unterdessen die zinspflichtigen Slaven beginnen.
Heimlich aufgemuntert durch Bajan-Chan gingen sie im
vierten Jahre des Tiberius Cäsar (578) hunderttausend Köpfe stark über die Donau. *) Es ist gut, daß
Menanders Schriften bis auf wenige Bruchstücke verloren
sind. Wie dürften wir sonst die Schilderung des Jammers
übergehen, der sich im Gefolge einer solchen Feindesmacht
über das ganze wehrlose Land ergoß? Vernichtung war
das allgemeine Loos. Selbst Constantinopel war in Gefahr; Muthlosigkeit und Verzweiflung überall. Während
ein Theil der Feinde Thracien verwüstete und die Hauptstadt bedrohte, brachen andere Schwärme in Hellas ein,
zündeten alle Orte an, die sie erreichten; erschlugen alle
Menschen, die ihrem Schwerte begegneten. Thermopylä
konnte die Fluth nicht mehr dämmen, und vermuthlich
konnten auch die vom Erdbeben umgestürzten Schanzen am
Isthmus schon diesesmal das Eindringen saugender
Slavenhorden in den Peloponnes nicht verhüten. Ausdrücklich sagt es Menander nicht, wohl aber schreibt er:
Hellas wurde von den Slavinen zerfleischet, und Tiberius brachte nicht einmal so viele Streitkräfte zusammen,
um nur eine einzige Abtheilung der Feinde mit Erfolg zu
bekämpfen, geschweige denn ihre ganze Macht.‘‘**) Wie

---

*) Μετὰ δὲ τὸ τέταρτον ἔτος Τιβερίου κωνςαντίνου Καίσαρος
ἐν τῇ Θρᾴκῃ ξυνηνέχθη τὸ Σκλαβηνῶν ἔθνος μέχρι που
χιλιάδων ἑκατον Θρᾴκην καὶ ἄλλα πολλὰ λῃσασθαι.

Menander de Legat. p. 84. Edit. Venet.

**) Κεραϊζομένης τῆς Ἑλλάδος ὑπὸ Σκλαβηνῶν καὶ ἄπαντα-

ein Lavastrom wälzten sie sich in die entlegensten Winkel
um Alles wegzusengen, was den frühern Stürmen entronnen oder seitdem wieder erneuert war. Das Elend
war so groß, und der Grimm der Slaven in Ausrottung
der Hellenen so andauernd und so unwiderstehlich, daß
Tiberius selbst bei dem Avaren = Chan um Hülfe für das
arme Griechenland zu bitten genöthiget war. Bajan, der
geheime Beförderer dieser Zerstörungsscene, wollte groß-
müthig scheinen, zu gleicher Zeit doch aber auch die Slaven
ausplündern, bei denen er sehr viel gemünztes Gold, Vieh
und kostbare Stoffe aus den Byzantinischen Ländern zu
finden hoffte. Er überfiel die Hütten der ausgezogenen
Stämme, nahm den Raub weg und legte Feuer ein. Jedoch war Bajan schon wieder in seine Ringe heimgekehrt,
als auf erhaltene Kunde des feindlichen Ueberfalles einige
Slavenhaufen zur Vertheidigung der Heimath aus Thracien über den Ister herüberkamen, und wieder zur vorigen
Beschäftigung zurückgingen. Die entlegneren Haufen in
Hellas hatten sich ehevor nicht stören lassen, oder waren
vielmehr gleich anfangs gesonnen ihre Wohnsitze in den
eroberten Ländern aufzuschlagen. Von dieser Zeit an legt
sich von Thermopylä bis Tänarus über ganz Altgriechenland eine bluthrothe Wolke, nach deren Zertheilung wir die
Bewohner dieses Himmelsstriches, ihre Sitten, ihre

χόσε ἀλλ᾽ ἐπαλλίλων αὐτῇ ἐπηρτημένων τῶν κινδύνων. ὁ
Τιβέριος οὐδαμῶς δύναμιν ἀξιόμαχον ἔχων, οὐδὲ πρὸς
μίαν μοῖραν τῶν ἀντιπάλων, μήτιγε πρὸς πᾶσαν....
Menander p. 110. Edit. Ven.

Sprache, ihre Religion, so wie die Namen ihrer Städte, Dörfer, Berge, Brunnen und Bäche völlig verwandelt finden.

Durch eine neue Gesandtschaft ließ sich Tiberius über die Treulosigkeit des Chans beklagen, der nun die Larve vollends ablegte, und außer dem jährlichen Tribut von achtzigtausen Goldstücken, vom Kaiser auch noch die Abtretung von Sirmium erzwang. Sein Anerbieten, die Slaven aus dem Innern Griechenlands herauszutreiben, wenn man ihm Schiffe liefere, um das große Avarenheer über den Ister zu setzen, lehnte Tiberius vitelich ab. Mit Dank und Geschenken beladen wurde die avarische Gesandtschaft in Constantinopel entlassen, aber unterwegs von einem Haufen Slavinen ausgeplündert und getödtet.

Zwei Jahre später wurde der Friede schon wieder gebrochen, *) und die wichtige Stadt Singidon mit einigen kleinern Plätzen in der Nachbarschaft durch die Avaren mit großem Blutvergießen erobert und alle weitere Schonung gegen die bedrängten Römer auf die Seite gesetzt. Bajan dringt bis ans schwarze Meer hinab, geht über den Hämus und bewilligt endlich dem demüthig bittenden Kaiser Mauritius unter der Bedingniß Frieden, **) daß den avarischen Handelsleuten gewisse Vortheile und Begünstigungen eingeräumt, ihm selbst aber jährlich einmalhunderttausend Goldstücke bezahlt werden. Damit aber die Verwüstung nach Bajans Rückzug dennoch fortdaure, ergoß

*) Im Jahr 583,
**) Im Jahr 584,

sen sich auf sein Geheiß, wie nach einem der früheren
Friedensschlüsse, neue Schwärme von Slaven über die
ohnehin schon zerrissene, ausgemordete und von der alten
Bevölkerung verlassene Oberfläche des illyrischen Dreiecks.
Um jene, welche sich nach Altgriechenland wendeten, konnte
man sich nicht kümmern. Nur von der Hauptstadt und
dem nahe liegenden Thracien suchte man sie wegzutreiben,
was diesesmal mit mehr Erfolg als gewöhnlich geschah.
Wenigstens schlug sie der Byzantinische Feldherr von den
Mauern des Anastasius und von der Stadt Adrianopel weg.
Dieser kleine Schimmer von Glück war aber schon hinreichend Bajans Grimm zu reizen und einen abermaligen
Friedensbruch herbeizuführen. Eine Menge Donaufestungen und mehrere Städte des Binnenlandes wurden erstürmt, ausgemordet und angezündet. Rhateria, Bono-
nia, Acys, Durostolum, Saldapa, Pannasa, Marciano-
polis und Tropäum nennt Simocatta ausdrücklich. *)

Wie doch der griechische Boden noch Getreidehalme
hervorbringen, und das Menschengeschlecht daselbst die
Kraft der Reparation bei einem so großen Elend noch bewahren konnte! Man hüte sich ja, die Kriegsscenen jener
Slavenrevolution Griechenlands mit den humanen Formen
unserer Kriege zu vergleichen. Griechenland wurde von
den scythischen Völkern damals eben so behandelt, wie die
Eilande Westindiens und der Continent von America durch
die spanischen Ueberzügler des sechzehnten Jahrhunderts.
Es war ein Vernichtungskampf der Starken gegen die

---

*) Lib. 1, cap. 8.

Schwachen, ein Kampf, der nicht eher erlischt, als bis die Materie des Streites selbst verschwunden ist.

Was sollen wir uns aber auch die nutzlose Mühe geben, die einzelnen Phasen dieses langen Kampfes aufzuzählen, der während der zwanzig Regierungsjahre des Mauritius (582—602) niemals ruhte? Sagte ja dieser Imperator selbst zu einem seiner Kriegsobersten, daß das Herüberströmen der Slaven über den Ister nicht eher aufhören könne, als bis Byzanz hinlängliche Streitkräfte besitze, um die Ufer dieses Flusses gleichsam zu verschließen. *) In welcher Weise hätte aber dieses geschehen sollen? Die Uferfestungen hatte der Chan beinahe alle zerstört, und der ewige Kampf mit Iran hemmte alle Kraftäußerung in Europa. Aus den kaiserlichen Ländern in Italien, Spanien und Africa konnte weder Geld noch Mannschaft zur Beschirmung Griechenlands abgeliefert werden, weil ersteres von den Longobarden bis auf einige Reste verschlungen, die spanische Südküste in täglicher Gefahr vor den Gothen, letzteres aber gegen die Empörungen der Eingebornen selbst kaum zu behaupten war. Auf der langen Zeile von den Säulen des Hercules bis an die Ufer des Araxes drückten die nordischen Völker auf die Bewohner des unglücklichen Reiches Byzanz zu gleicher Zeit und mit ungeheurer Kraft wie eine Fluth von Gewässern gegen einen schwachen Damm.

Wenn man durch das bisher Gesagte bewiesen hat, daß das vorzüglichste Instrument, dessen sich die Avaren

---

*) Simocatta lib. VI, cap. 6.

zur Veröbung der illyrischen Länder bedienten, die slavisch redenden Völker gewesen sind, so ist der Zweck vollkommen erreicht. In welchem Umfang sich aber Bajan-Chan dieser Werkzeuge der Zerstörung bediente, mag aus dem Aufrufe erhellen, durch welchen er nicht nur alle in den Gegenden der heutigen Städte Moskwa, Tula, Smolensk und Wladimir wohnenden Slavinen gegen Griechenland in Bewegung setzte, sondern auch die Stämme am baltischen und finnischen Meerbusen, oder am Westocean, wie Simocatta schreibt, zu Hülfe rief. Avarische Gesandte mit reichen Geschenken für die Stammhäuptlinge erschienen daselbst, um Kriegsvölker gegen die Süddonauländer zu erhalten. Die Häuptlinge nahmen die Kostbarkeiten, weigerten sich aber die Mühseligkeiten eines so entlegenen Kriegszuges zu übernehmen. Fünfzehn Monate waren die drei Slavenmänner auf dem Wege, um dem Avaren-Chan die Antwort der Vorsteher zu überbringen. Gegen das Völkerrecht von ihm zurückgehalten, entwischten sie auf das römische Gebiet und erzählten dem Kaiser Mauritius Vieles von der Friedensliebe und Sitteneinfalt ihrer Stämme, die nicht einmal den Gebrauch der Waffen kannten, in ungetrübtem Frieden lebten und lieber den Klang der Laute als das Schmettern der Kriegstrompete hörten. *) Wenn diese Erzählung der Gesandten auch etwas fabelhaft klingt, lehret sie uns doch die Größe des Uebels kennen, welches am Schlusse des sechsten Jahrhunderts Griechenland erdrückte. Zwischen dem letzten Einbruche

---

*) Simocatta lib. VI, cap. 2.

Bojan-Chans in Thracien (587) und dem Jahre fünfhundert neunzig müssen in der That der ergangenen Einladung zufolge unermeßliche Schwärme land- und beutelüsterner Barbaren aus dem Innern Rußlands an die
Donau gekommen seyn, weil sie von da an zu gleicher Zeit
und mit unabtreiblicher Wuth Thracien, Macedonien,
Thessalien, Althellas, Albanien, Istrien und Friaul verwüsten, vor Thessalonica erscheinen, Adrianopolis bestürmen, und mit Hülfe longobardischer Werkmeister Flotten zimmern, um die Seestädte Dalmatiens und selbst
Constantinopel auf der Wasserseite zu schrecken. *) Die
Gefahr war niemals dringender. Und Mauritius, dem
der Friede mit Iran (591) freier zu athmen gestattete,
wollte in eigener Person ins Feld ziehen, um den gänzlichen Ruin seiner europäischen Provinzen abzuwehren.
Allein der bloße Entschluß, das Heer in Person gegen die
höllischen Rotten der Slavinen und Avaren zu führen,
machte den Hof zittern. Die vornehmsten Staatsbeamten,
der Patriarch, die Kaiserin suchten ihn mit Thränen zu-
rückzuhalten, stellten ihm seine Kinder vor, fielen vor
seinen Füßen nieder. Mauritius selbst schien über sein
Vorhaben erstaunt zu seyn und brachte vor dem Auszuge
aus der Hauptstadt eine Nacht in der Sophienkirche zu,
in der Hoffnung, Gott werde ihm durch ein Traumbild
den Erfolg seiner Unternehmung offenbaren. Und da er

---

*) Le-Beau ad ann. 593. —
     Gregor. Magn. ad Maximum Salonit. Episcop.
        lib. X, epistol. 36.

keine, himmlische Erscheinung hatte, ging er Tags darauf
in Procession und von allem Volke begleitet in eine andere
Kirche, außerhalb der Ringmauer belegen und berühmt
wegen vieler Mirakel. Am folgenden Tage setzte sich das
Heer in gottesdienstlicher Haltung mit Kreuz und Heiligen-
bildern auf der Straße gegen Selymbria in Bewegung. *)
Mauritius kam aber nicht weit. Das öde Thracien, be-
denkliche Wahrzeichen, eigene Furcht, und die Bitten der
Großen bewogen ihn schon wenige Tage nachher für seine
Person wieder umzukehren, und die Avaren mit ihren
Verbündeten durch seine Feldherren bekämpfen zu lassen.
Sechs Feldzüge dieses kaiserlichen Heeres beschreibet Simo-
catta umständlich. Alle Thaten desselben beschränkten sich
aber auf die Beschirmung der Zugänge zur Mauer des
Anastasius, auf einige Versuche, die Slavencantone jen-
seits des Isters in der heutigen Wallachei und Moldau zu
allarmiren, und die noch nicht zerstörten Donaufestungen
zu erhalten. Macedonien, Thessalien und Hellas mit dem
Peloponnes wurden ihrem Schicksale überlassen. Allein
nicht einmal von Thracien vermochte der Byzantinische
Feldherr die Slaven abzuhalten. Wie hätte er dem großen
Avarenheere widerstehen; wie die nördliche Reichsgränze
vom innersten Winkel des adriatischen Meerbusens bis zur
Ausmündung der Donau hüten sollen? Schien das Glück
die Byzantinischen Krieger auf der Seite des schwarzen
Meeres nur im geringsten zu begünstigen, brach Bajan-
Chan alsogleich mit Furienwuth aus seinem Ringe hervor,

um

---

*) Simocatta lib. V, cap. ultim. — Le-Beau lib. 54.

um den Strom wieder in das alte Rinnsal zu treiben. Und sonderbar genug lenkte er seine Angriffe während der ganzen dreißig Jahre, in welchen er entweder mit seiner Nationalmacht oder durch die Slavenschwärme ohne Unterlaß das Byzantinische Reich ängstigte, bald gegen Dalmatien, bald gegen den Propontis und die Hauptstadt; niemals aber südwärts gegen Hellas hinab, weil in dieser Richtung außer den Küstenorten Alles öde lag, oder von wandernden Horden durchstrichen war. So z. B. fiel Bajan um 588 in Dalmatien ein, eroberte die Stadt Bankes mit Sturm, plünderte und zerstörte vierzig kleinere Festungen vom Grunde aus, und verheerte an den Ufern des adriatischen Meeres Alles mit Feuer und Schwert. Im Jahre darauf belagerte er die Stadt Tomá in Klein-Scythien am schwarzen Meere, rieb das schlecht geführte und, wie Simocatta glaubt, vom eigenen Feldherrn verrathene Heer des Mauritius auf der Nordseite des Hämus gänzlich auf, stieg nach Thracien hinab, eroberte und zerstörte das feste Drizipera, eine der Vorwerke Constantinopels, und rasete in dem wehrlosen Lande so fürchterlich, daß die Bürger von Constantinopel selbst an ihrem Heile verzweifelten und gänzlich aus Europa flüchten wollten, um sich zu Chalcedon auf der gegenüberliegenden Küste Anatoliens niederzulassen. Unter demüthigenden und entehrenden Bedingungen erkaufte Mauritius noch einmal Frieden. Abtretung einer Provinz südlich von der Save und dem Ister verlangte Bajan auch diesesmal nicht, auch erlaubte er dem Kaiser sich gegen die Angriffe der Slaven zu vertheidigen. *)

*) Simocatta lib. VII, cap. 15.

Das platte Land außerhalb der ummauerten Städte war häufig nur von wilden Thieren bewohnt, so daß selbst ehemals stark besuchte und bevölkerte Straßen über die Gebirge gänzlich in Vergessenheit geriethen. Der Torjanische Heerweg vom heutigen Sistova an der Donau über das Hämusgebirg nach Philippopolis war, nach Versicherung eines Donauanwohners jener Zeit, seit zwanzig Jahren unbetreten, und kein Wegweiser vermochte die Richtung desselben einem kaiserlichen Feldherrn zu zeigen. Um von Constantinopel an die obere Donau und an die Save zu gelangen, zogen die Armeen am schwarzen Meere herauf zu den heutigen Orten Prawadi und Schumla, weil die große Passage über Philippopel und Sophia, so wie die übrigen Gebirgswege nach Dardania und Ober-Mösia entweder menschenleere Wüsten, oder durch wilde Haufen feindlich gesinnter Einwanderer besetzt waren. Eben dieselbe Richtung nahm Bajan-Chan, wenn er von der Savemündung zu der Mauer des Anastasius, wenn er nach Selymbria, wenn er nach Rhodestus und Heraklea am Propontis rückte um die Constantinopolitaner ängstigte. Und doch waren die Byzantinischen Streitkräfte zu schwach und zu unkriegerisch, dieses enge Defile, dieses einzige Thor gegen die undisciplinirten Horden der oft genannten Völker zu beschirmen. Sechs bis zehntausend unter der Last des stupidesten Aberglaubens niedergebeugte Soldaten zählten die kaiserlichen Feldherrn gewöhnlich unter ihren Fahnen. Ueber zwanzigtausend hatten sie niemals, selbst nachdem der Krieg mit Fran geendet war. In einer solchen Zerrüttung und Armuth waren die Angelegenheiten des romäischen Reiches

unter Mauritius.   Von den unbefestigten Städten war
nicht eine einzige der Zerstörung entgangen, und die mit
Mauern verwahrten mußten alle durch den Arm der eige=
nen Bürger vertheidiget werden. Der Kaiser konnte Nie=
manden helfen.

Obwohl wir uns nur die politischen Verwandlungen
der Halbinsel Peloponnesus zu beschreiben vorgenommen
haben, so waren die vorstehenden Bemerkungen über Hülf=
losigkeit und Unmacht der Byzantinischen Regierung im
Allgemeinen, so wie über allmähliche Verödung aller nördlich
über Hellas hinaus gelegenen Länder insbesondere, doch
ganz an ihrem Platze, weil der Leser auf diesem Wege
gleichsam von selbst zur Ueberzeugung gelangen mußte,
daß der Peloponnes bei einer so verzweifelten Lage der
Dinge die Barbarenfluth um so weniger zurücktreiben
konnte, da alle seine Städte ohne Ringmauern, und die
Schanzen an der Pforte der Halbinsel, und Korinth selbst
durch Erdbeben erschüttert und eingefallen waren.

Unterdessen ist doch Jedermann geneigt eine so traurige,
mit unsern Wünschen für das Heil der Peloponnesier so
sehr im Widerspruch stehende Begebenheit so lange wegzu=
läugnen, bis man für ihre Wirklichkeit solche Beweisgründe
vorlegt, denen man selben Glauben nicht versagen kann.
Wenn daher Evagrius der Kirchengeschichtschreiber des
sechsten Jahrhunderts immerhin schreibt: die Avaren seyen
in den Jahren 587 bis 593 zweimal bis an die Mauer des
Anastasius gekommen, haben Singidon, Anchialus und
ganz Hellas eingenommen, und mit Feuer
und Schwert verheeret, so werden dessen ungeachtet

nicht etwa nur blinde und unkritische Vertheidiger der Moraiten unserer Tage, sondern auch gründliche und vorurtheilsfreie Männer bemerken, daß Evagrius den Peloponnes nicht namentlich unter den Provinzen Griechenlands aufzählet, die das Schwert und die Brandfackel der Avaro-Slavinen verödet habe. Und wie einst beim großen Hunneneinbruch unter Kaiser Justinianus der Peloponnes unberührt geblieben ist; so könne es den Bewohnern dieses Eilandes ja auch in den beklagenswerthen Zeiten des Mauritius gelungen seyn, die Landenge gegen die Anfälle der scythischen Horden zu bewahren. Und warum, könnte man endlich noch beifügen, sagt denn Simocatta, der Biograph des Imperators Mauritius, nichts von der Eroberung eines so berühmten Landes wie der Peloponnes? — Dieser letzte Einwurf wäre leicht zu beseitigen, weil der genannte Scribent nur jenen Kampfplatz im Auge behält, auf welchem die mobile kaiserliche Armee unter den Befehlen des Kaisers oder seiner Kriegsobersten auftrat. Das innere Griechenland war aber seit Justinians Regierung großentheils menschenleer, und die noch übrigen Castelle und befestigten Städte des Binnenlandes nicht durch stehende Garnisonen oder irgend einen Theil des activen Heeres, sondern durch unbesoldete Bürgermilizen vertheidigt. — Gewichtiger wäre allerdings der erste Einwurf, weil unter allen bis jetzt bekannt gemachten Byzantinischen Geschichtschreibern kein einziger die Nachricht von einer schon im sechsten Jahrhundert unserer Zeitrechnung erfolgten Ausrottung der alten Griechen des Peloponneses, und einer Wiederbevölkerung des letzten

Bodens durch scythische Volksstämme der Nachwelt überliefert hat. Es gibt in unsern Tagen Leute, deren Sinn
und Gemüth von der kriegerischen Größe des Lycurgischen
Lacedämons, von der Majestät des Zeus von Olympia,
und von der Herrlichkeit der Kunststätte in Sicyon und
Korinth jetzt noch völlig berauschet sind; Leute die das griechische Volk mit der Zerstörung von Korinth aus dem Auge
verlieren und jetzt — nach Umfluß von zweitausend Jahren
— es gerade so wieder zu finden glauben, wie es damals
war, als Polybius auf Befehl des römischen Senates die
neue Verfassung in Achaja eingerichtet hat. Unbekannt
mit dem Charakter der Menschen und der Zeiten während
der fünf ersten Jahrhunderte der Byzantinischen Herrschaft
über Hellas, übersehen sie eine der größten Revolutionen,
die das menschliche Geschlecht in seinen edelsten Theilen
erlitten hat. Solchen Träumern muß es freilich unbegreiflich scheinen, daß griechische Geschichtschreiber, deren Reihe
in Constantinopel doch niemals dauernd unterbrochen
wurde, die Verwandlung des hellenischen Peloponneses in
ein slavisches Morea gänzlich mit Stillschweigen übergangen
hätten.

Hellas fesselt aber die Bewunderung der Nationen nur
so lange es die politische Freiheit und die alten Götter hatte.
Hellas mit der Sclavenkette und einer christlichen Klerisei
ist nicht mehr Hellas; es ist etwas, was Niemand kennen, Niemand beachten will. Der morgenländische Despo-
tismus der Theodosius, der Arcadius, der Justiniane im
Bunde mit Sanct Pachomius, Sanct Athanasius und
Sanct Spirydion haben die Lebenswurzeln des hellenischen

Volkes abgeschnitten und den Grundcharakter verwischet.
Die leeren Gebilde, die hohlen Gestalten, die seelenlosen
Leiber wurden durch die Pfeile der Scythen weggeräumet,
ohne daß man es in Constantinopel, in Alexandria oder
am Orontes zu bemerken schien. Die Constantinopoli-
nischen Bürger des sechsten Jahrhunderts waren aber eben
so wenig Hellenen, als ihre Kaiser, ihre Mönche und
ihre Chronikenschreiber; es waren vielmehr gräcisirte Ana-
tolier aus Lydien, Bithynien, Phrygien, Pontus und
Cappadocien, oder griechisch redende und zu Christo be-
kehrte Barbaren, aus den Trümmern jener nordischen
Völker zusammen gelesen, die seit dem Jahre dreihundert
sechsundsiebenzig das Reich überschwemmt und wieder verlassen haben. Und selbst dieses christliche Gesindel wurde
durch Palast= und Circusrevolutionen, oder in Folge schau-
derhafter Epidemien im fünften, sechsten, siebenten,
achten und neunten Jahrhundert mehreremal aufgerieben,
und aus drei Welttheilen wieder ergänzet. Das Leben
einer heiligen Mutter Gondaluch, die Mirakel irgend eines
heiligen Einsiedlers oder Säulenbewohners hatten und
mußten in den Augen der Scribenten eines solchen Volkes
und eines solchen Zeitalters unendlich größere Wichtigkeit
haben, als das Schicksal eines Eilandes und eines Volks-
stammes, von welchem man damals in Constantinopel
nichts wußte, als daß es die Annahme des christlichen
Cultus hartnäckig verweigert habe, und in den Engschluchten des taygetischen Gebirges mit verstockter Bosheit
die alten Götter vertheidige. In dieser Bemerkung soll
jedoch kein Tadel weder der Sitten noch der Zeiten der

byzantinischen Gastberen liegen. Wir sind wie noch gewöhnt, die Menschen in allen politischen Verhältnissen die Religion in allen Formen mit der gebührenden Achtung zu behandeln. Und wer sieht nicht ein, daß man in den Tagen eines Justinianus, eines Tiberius, eines Mauritius nichts Klügeres hatte thun können, als seine Sinne in heiliger Schwärmerei berauschen, und sein Auge in geistige Beschauung des ewigen Friedens versenken und gleichsam taub und blind seyn bei den Gräuelscenen, bei dem Getöse einer untergehenden Welt.

Und fürwahr, daß wir heute noch das Jahr bestimmen können, in welchem die Slaven unter den Auspicien ihres Chans den Peloponnes eingenommen, und zu bewohnen angefangen haben, verdanken wir einem Mirakel, welches Sanct Andreas in den ersten Zeiten des neunten Jahrhunderts bei einem Gefecht der Bürger von Patras gegen die eingedrungenen Fremdlinge gewirkt haben soll. Die umständliche Erzählung der Kriegsthat und der Wundergeschichte werden wir im Verlaufe der Untersuchung an der gehörigen Stelle einschalten. Hier soll nur dasjenige ausgehoben werden, was in chronologischer Beziehung Aufschluß geben kann. In einem Schreiben an den Kaiser Alexius Comnenus vom Jahre 1081 bezieht sich der Byzantinische Patriarch Nicolaus auf eine vom Kaiser Nicephorus unterzeichnete und im Archiv zu Constantinopel niedergelegte Bulle, laut welcher das Erzbisthum Patras zum Rang einer Metropolis erhoben, und drei peloponnesische Bischofsitze der Metropolitankirche zum heiligen Andreas daselbst untergeordnet wurden, — und zwar aus

Dankbarkeit für den persönlichen Beistand, welchen dieser Apostelfürst den Bürgern von Patras während des Gefechtes geleistet hat, in welchem das Heer der peloponnesischen Avaren unter den Mauern ihrer Stadt geschlagen und zur Aufhebung der Belagerung genöthigt worden ist. Das Jahr, in welchem Kaiser Nicephorus das angezogene Document unterzeichnet hat, ist im Schreiben des Patriarchen nicht bemerkt, dagegen aber der Umstand angefügt, daß diese wunderbar erfolgte Niederlage zweihundert achtzehn Jahre nach der Einnahme des Peloponnes durch die Avaren statt gefunden habe. *) Nicephorus regierte aber zu Constantinopel vom Jahre 802 bis 811, und folglich fällt die Eroberung des Peloponneses durch die Avaro-Slavizen zwischen die Jahre 584 und 593 hinein. Aus Constantin Purphyrogenetes aber wissen wir, daß eine saracenische Flotte die Slavenhäuptlinge bei der Belagerung von Patras unterstützte, und daß zur nämlichen Zeit auch die Insel Rhodus mit mehreren andern Eilanden des Archipelagus durch mohammedanische Landungs-

*) Ἐν τῇ καταστροφῇ τῶν Ἀβάρων .... ἐπὶ διακοσίοις δέκα ὀκτὼ χρόνοις ὅλοις κατασχόντων τὴν Πελοπόννησον.

Leunclavius Jus Graeco-Romanum pag. 278. Edit. Frankfurt. 1596.

Statt der Slaven, aus welchen die Masse des Eroberungs- und Colonisationsheeres bestand, nennet das Diplom die Avaren, weil diese die Oberherrschaft über die Slavenländer übten, und bei der Einnahme des Peloponneses die oberste Feldherrnstelle bekleideten.

truppen verwüstet worden. Dieser Angriff der Saracenen
auf die griechischen Inseln geschah im achthundert und
siebenten Jahre unserer Zeitrechnung und dem sechsten
des Kaisers Nicephorus. Folglich ist das Jahr Christi
589 unbestreitbar als der Zeitpunkt anzuerkennen, in
welchem der Peloponnes bis auf wenige Strecken an der
Seeküste von den nördlichen Völkern erobert und besetzt
worden ist. *) Nichts ist in dieser Bestimmung willkürlich, und ein kaiserliches Diplom dienet dem Calcul
als Grundlage. Ueberdieß stimmt der oben angezogene
Kirchengeschichtschreiber und Zeitgenosse Evagrius wunderbar mit uns zusammen. In der schon früher angedeuteten Stelle läßt er die Avaren in eben demselben Jahre
ganz Hellas unterjochen und ausmorden, in welchem
ein großes Erdbeben die Stadt Antiochia zerstörte,
Dieses habe sich aber im 637sten Jahre der Antiochensi-
schen Zeitrechnung und in eben derselben Nacht ereignet,
in welcher Evagrius daselbst seine Vermählung gefeiert
habe. Daß aber das sechshundert sieben und dreißigste
Jahr der Kirche von Antiochia dem fünfhundert neun
und achtzigsten der allgemeinen christlichen Zeitrechnung
entspreche, ist aus Valesius hinlänglich bekannt. **)
Damit aber ja kein Zweifel obwalte, setzt der genannte
Autor noch bei, daß Antiochia gerade einundsechzig Jahre

---

*) Constantin. Porphyrogen. de administrat. Imp. cap. 49.
Le - Beau in Nicephor.
**) Evagrii Scolastici Ecclesiastic. historiæ cum adnotat,
Valesii lib. VI, cap. 10.

früher, das ist im Jahre 528, dem zweiten Regierungsjahre des Kaisers Justinianus durch ein ähnliches Naturereigniß vernichtet worden sey. *) Alle diese chronologischen Bestimmungen treffen auf das fünfhundert neun und achtzigste der christlichen Zeitrechnung zusammen, welches zugleich das achte des Kaisers Mauritius war.

Ueber das Schicksal der peloponnesischen Bevölkerung bei dieser Katastrophe kann nicht der mindeste Zweifel bestehen; — sie entfloh oder wurde vertilgt, so weit die Feinde kamen, und alle Orte wurden angezündet, zerstört, vernichtet. Evagrius schildert ihren Untergang mit wenigen aber kräftigen Worten: Τούτων ὧδε χωρούντων οἱ Ἄβαρες δὶς μέχρι τοῦ καλουμένου μακροῦ τείχους διελάσαντες, Σιγγιδόνα, Ἀγχίαλον τε, καὶ τὴν Ἑλλάδα πᾶσαν καὶ ἑτέρας πόλεις τε καὶ φρούρια ἐξεπολιόρκησαν καὶ ἀνδραποδίσαντο, ἀπολλύντες ἅπαντα καὶ πυρπολοῦντες. **) Höret man bei Lesung dieser merkwürdigen Stelle nicht gleichsam das Wuthgeschrei der Stürmenden, das Knistern der Funken, das Geprassel der Feuerflammen, das Krachen der einstürzenden Tempelbalken, das

---

*) Idem ibidem.

**) Zweimal während dieser Vorgänge kamen die Avaren an die sogenannte lange Mauer, eroberten Singidon, Anchialus und ganz Hellas mit andern Städten und Castellen im Sturm, vernichteten und verbrannten Alles.

Evagrius Scolastic. histor. ecclesiastic.
lib. VI, cap. 10.

Gewimmer sterbender Hellenen, und das verhallende Echo im öden Gemäuer!

Umständliche Berichte über den Untergang der einzelnen Cantone, Städte und Flecken wird hier wohl Niemand erwarten. Genug ist es, wenn man im Allgemeinen die Bruchstücke zu bestimmen vermag, die bei dem großen Schiffbruch des peloponnesischen Eilandes dem Verderben entgangen und in den Händen der alten Bevölkerung geblieben sind. Wie in Böotien, wie in Lokris, Thessalien, Macedonien, Akarnanien und Dalmatien sind auch im Peloponnes nur befestigte Küstenorte, besonders auf der Ostseite der Halbinsel, und die heidnischen Cantone am Fuße des taygetischen Gebirges damals dem Schwerte und der Brandfackel der Slaven entgangen. Hieher gehören erweislich Akrokorinth mit den beiden Hafenorten Kenchrä und Lecheum;*) Burg und Stadt Patras am Eingange des Meerbusens; die Städte Koron und Modon in Messenien; die Thalebene von Argos mit Stadt und Bergschloß gleiches Namens; die argivische Hafenfestung Anapli mit einigen ummauerten Flecken am Gestade und im Gebirgskessel des heutigen Cantons Prasto; am Westabhange des Taygetus endlich der feste Ort Vitylos mit den schwer nahbaren Felsenneftern des heutigen Burgfriedens Maïna nordwärts des Vorgebirges Tänarus. — In den übrigen Gegenden der Halbinsel wurde nach und nach Alles zerstöret, ausgerottet und verbrannt. In Achaja

---

*) Sanct. Gregorius Magnus, Epistol. lib. I. epist. 27, al. 26.

zwischen Korinth und Patras, in Elis zwischen Patras und Modon, in Lakonien von den Quellen des Eurotas bis zu seiner Mündung, in Messenien, und besonders in Arkadien nach seiner ganzen Ausdehnung blieb keine Stadt, kein Dorf und kein menschliches Wesen übrig. *) Denn die Wilden zogen nicht mehr hinaus über den Isthmus; sie blieben im Innern des Landes als ein neues Geschlecht von Bewohnern der alten peloponnesischen Oede. **) Und vor der Wunderschlacht von Patras durfte es kein Grieche wagen, das Gebiet dieser heidnischen Ueberzügler zu betreten. Sie lebten in vollständiger Unabhängigkeit von allen Byzantinischen Statthaltern der Seeküste, wie es in dem oben angezogenen Document des kaiserlichen Archives ausdrücklich angemerkt wird: „Sie (die Avaren des Peloponneses) waren dem Reiche der Romäer nicht unterthan, so daß kein Grieche einen Fuß in dieses Land setzen durfte.‘‘ ***)

---

*) Ob hierin einige Ausnahmen statt finden, wird später geprüft und festgestellt werden.

**) Wie es sich im Verlaufe dieser Abhandlung zeigen wird, überschwemmten die Slavenhorden bei diesem ersten Einbruche besonders Arkadien, die Flächen von Elis und die Gegenden zu beiden Seiten des untern Alpheus-Stromes, während sich die an Zahl weit schwächern Avaren vorzüglich in Messenien niederließen und aus den Trümmern des zerstörten Pylus in der Folge die Stadt Avar, d. i. Avarinos bauten.

***) Καὶ τῆς ῥωμαϊκῆς ἀρχῆς ἀποτεμομένων ὡς μηδὲ πόδα βαλεῖν ὅλως δύνασθαι ἐν αὐτῇ Ῥωμαίων ἄνδρα.

Leunclav. ut supra.

Die Autorität dieser griechischen Stellen kann nicht angefochten werden. Sie sagen aber auch nichts Anderes,
als daß im fünfhundert neun und achtzigsten Jahre nach
Christus die peloponnesischen Hellenen in den bezeichneten
Gegenden des Eilandes durch die nämlichen Feinde ausgerottet und die Wohnorte zerstört und verbrannt worden
seyen, die seit Ende des fünften Jahrhunderts ihre verheerenden Einfälle in das Byzantinische Reich von der
Donau her begonnen hatten. Wenn nun Jemand hieraus
den Schluß zöge, daß in dieser Weise die Hellenen in
Böotien, in Phocis, in Lokris, in Aetolien, in Akarnanien, in Thessalien und Macedonien noch eher hätten vertilgt werden müssen, als die Reihe an die Bewohner von
Arkadien und Elis kommen konnte; so wäre dieser Schluß
ganz der Wahrheit gemäß, und wir sagen es jetzt gleich vor-
neweg, daß außer einzelnen Streifen an der Seeküste und
etlichen mit Namen zu bezeichnenden Burgen weiter landeinwärts in den benannten Provinzen das alte hellenische
Geschlecht völlig vernichtet wurde, und daß die Population, welche in unsern Tagen schon an die zwölfhundert
Jahre die Städte, Dörfer und Hütten dieser Länder bewohnt, die christliche Religion bekennet und das Byzantinische Griechisch spricht, aus den Kindern und Nachkommen jener teuflischen Unholde erwachsen ist, welche vom
sechsten Jahrhundert an unter den Namen Scythen, Slaven, Slavinen, Slavesianen, Bulgaren, Hunnen, Avaren,
Pazinaken, Kumanen und Alanen als Eroberer und Vertilger eingedrungen sind. *) Den Beweis sind wir nur

*) Man kann die Beobachtung machen, daß die Vernichtung

für die Pelopsinsel zu führen verpflichtet. — Gleich wie man Ausdehnung und Wirkung einer Wasserfluth auch nach wiedererfolgter Beruhigung des Elementes aus den zurückgelassenen Spuren noch bestimmen kann; eben so lassen sich auch die Gränzpunkte der slavischen Ueberschwemmung des Peloponneses mit aller Schärfe bezeichnen. Bei dieser Untersuchung wird sich aber Niemand weigern als Grundsatz gelten zu lassen: Erstens, daß ein Volk die Benennung seiner Städte, Dörfer, Maierhöfe, Brunnen, Bäche, Quellen, Ufer, Gebirge, Waldungen und endlich des Landes selbst der Hauptsache nach aus seiner

---

der griechischen Elemente am vollständigsten und gräuelvollsten auf den westlichen Küsten zwischen Durazzo und Modon gewesen ist. Gewiß ist in Akarnanien kein Mensch und kein Dorf übrig geblieben, und mit Ausnahme der Seefestung Naupactus und ihres Weichbildes in Aetolien und Phocis Alles vernichtet worden. Glücklicher waren die Ostküsten Griechenlands von Thessalonica bis Malea-Promontorium, besonders aber Athen und Attica: Die Besatzungen der reichen und großen Insel Euböa schirmten die Hellenen in Athen, in Eleusis, in Marathon und Oropus mit Erfolg gegen den Andrang der nordischen Fluth, und sogar die Burg von Theben blieb durch ihre Verbindung mit dem nahen Chalcis mitten unter den slavischen Umwohnern noch in den Händen der Griechen. Halten nicht auch in unsern Tagen die mohammedanischen Besatzungen des nämlichen Eilandes Euböa, Theben und Attica noch unter dem Joche der Knechtschaft, während die Sonne der Freiheit schon lange die Küsten des westlichen Griechenlands erleuchtet?

eigenen Muttersprache entlehne, und daß diese Benennungen dem Grundcharakter nach auch so lange dieselben
bleiben als die National-Muttersprache im Volke allein
gültig und herrschend ist. Zweitens, daß der Grund-
typus er Namen in der Regel doch nicht verschwinde,
wenn auch die Eingebornen durch was immer für einen
Vorgang veranlaßt werden, den alten Namen irgend
eines der eben bezeichneten Gegenstände umzuändern.
Wenn z. B. Korinth in vorhomerischen Zeiten Ephyra,
Patras ehemals Aroe, Myrsinus früher Myrruntiou,
und Sicyon einst Mekone geheißen hat; so ist die spä-
tere Benennung eben so gut aus der hellenischen Landessprache entlehnt, wie die vorangegangene.   Wenn
man aber nahe bei den Ruinen von Mantinea, von
Aegium, von Olenos, von Amyklä, Messene und Megalopolis Ortschaften und Bäche findet, welche Goritza,
Vostitza, Caminitza, Pirnatscha, Chlumutzi, Slavitza,
Veligosti und Arachova heißen; so wird keine tiefe Einsicht nöthig seyn, um zu erkennen, daß man solche Namen in keinem altgriechisch gebliebenen Lande, wohl
aber in Serbien, in Bulgarien, in Galizien, in Böhmen, Krain, Pommern und in Rußland finden kann,
und daß sie folglich nicht von Hellenen, sondern von slavisch
redenden Menschen ursprünglich geschöpft worden sind.
Erscheinen aber dagegen auf den Felsenriffen des peloponnesischen Eilandes zwei neue, um die Mitte des
sechsten Jahrhunderts noch nicht vorhandene Städte,
Arcadia und Monémbasia, so wird Jedermann aus-
rufen, das sind hellenische Namen und von Hellenen

gebaute Orte. — Wenn wir nun auf diesem Wege den Peloponnes Canton für Canton untersuchen, überall die Gebirgs-, Fluß- und Ortsbenennungen, wie sie zur Zeit des Pausanias und Procopius im dritten und sechsten Jahrhundert gestaltet waren, mit ihrer verwandelten Form im achten und den darauf folgenden vergleichen; so wird auch der Ungelehrte den Umfang der Revolution zu beurtheilen im Stande seyn, welche dieses berühmte Eiland in seinen Grundfesten umgekehrt hat. Den Einwurf machen, daß die heutigen Moraiten unmöglich slavischer Abkunft seyn können, weil sie griechisch reden, hieße eben so viel als die Behauptung aufstellen, die Insel Rügen, die Länder Pommern, Mecklenburg, Sachsen, Mähren, Steier und das östliche Tyrol seyen immer von Germanen bewohnt und niemals von den Slaven überschwemmt worden, weil man in diesen Ländern heut zu Tage allgemein die deutsche Sprache redet. Dessen ungeachtet wird auch dieser Umstand gründlich und überzeugend erläutert werden, damit der Götzendienst, den man noch immer mit einem übertünchten Mausoleum treibt, aufhöre, und unsere Zeit in den Moraiten nicht die Kinder der alten Hellenen, sondern die menschlichen Wesen lieben und unterstützen lerne. Den Beweis selbst führen wir in einem der folgenden Capitel, weil es zweckdienlicher scheinet, nicht eher ein Bild des verwandelten Peloponneses aufzustellen, als bis der Strom der slavischen Wanderung abgelaufen, das Land gefüllet, und das wieder gekräftigte Element der griechisch-byzantinischen Macht und Bildung

die

die neugegründeten Tzupanien oder Slaven = Cantone der
Halbinsel zu bekriegen und zu durchgähren begann.

Der Friede zwischen Mauritius und dem Groß=Chan
wurde im nämlichen Jahre (600), in welchem er geschlos=
sen ward, durch den Kaiser auch wieder gebrochen, weil
die Slaven, diese alten und wahrhaft fürchterlichen Feinde,
ihre vorigen Raubzüge in die romäischen Provinzen mit
gleicher Beharrlichkeit auch nach dem Friedensschlusse fort=
setzten. Mit dieser in eine Unzahl von Tzupanien oder
Fürstenthümer getrennten, und keinem allgemeinen Ober=
haupte durchweg gehorchenden Völkerschaft war keine Un=
terhandlung möglich. Man lieset auch nicht, daß Byzanz
je mit Slavenfürsten dieser Zeitepoche völkerrechtlichen
Verkehr angeknüpft, daß slavische Gesandte in Byzanz,
oder Byzantinische in den Kantonen jenseits des Isters er=
schienen wären. Die Slaven wollten keinen Frieden,
der ihnen den Donau=Uebergang verschlösse, sie in dem
Sumpf=, Wald= und Nebelklima von Scythien festban=
nete. Auf dem Grund und Boden Romaniens wollten sie
ihre Zelte aufschlagen, aus den Silberquellen des Pe=
neus trinken, und mit ihren Heerden die paradiesischen
Triften von Thessalien und Elis abweiden. Krieg auf
Leben und Tod war daher ihr Losungswort. Kriege dieser
Art kann man nicht beschreiben, weil gewöhnlich die Ma=
terialien fehlen. — Die Byzantinischen Feldherren machten
verheerende Streifzüge über die Donau nach Slavinien,
und drangen im vorletzten Jahre (601 n. Ch.) des Kaisers
Mauritius selbst in die Stammsitze der Avaren siegreich
ein. Das Resultat war aber doch immer dasselbe, da

die Feinde ihrerseits über den Fluß herüberschifften und die Verheerungen der Romäer mit gleicher Wuth vergalten. Im Spätjahre ging die Byzantinische Armee jedesmal nach Thracien und Constantinopel zurück. Und wie der Kaiser das Heer nöthigen wollte, die Winterquartiere jenseits des Isters im Slavenland zuzubringen, empörten sich die Soldaten gegen den Kaiser, und riefen einen kappadocischen Hauptmann, mit Namen Phokas, zum Kaiser aus. Die Aufrührer führte Phokas augenblicklich nach Constantinopel zurück, wo er den wegen seiner unglücklichen Regierung von Niemand vertheidigten Monarchen sammt seiner ganzen Familie hinrichten ließ. *) Dieser Phokas, ein ganz gemeines Wesen, weder Feldherr noch Regent, hatte durchaus nichts an sich, um die Usurpation nur einigermaßen zu rechtfertigen, und ward bald durch die Niedrigkeit seiner Denkungsart, durch die Sinnlosigkeit seiner Handlungsweise und durch die Verworfenheit seines ganzen Wesens selbst den Constantinopolitanern zu schlecht. Dessen ungeachtet behauptete sich das Ungeheuer mit Hülfe des Henkerbeils und der Geduld der Menschen beinahe acht Jahre auf dem Thron, und wird hier nur deßwegen genannt, weil die Vernichtung der griechischen Volksstämme durch Slavinen und Avaren während seiner Herrschaft vollendet wurde. Das Heer, welches ihn gehoben und seit dem Jahre 591 Thracien gegen die Wilden beschirmt hatte, mußte gleich im ersten Jahre der Palastrevolution nach Anatolien ziehen, weil

---

*) Im Jahr 602. Monat November.

Chosrew der Zweite den Krieg erklärt hatte und in Mesopotamien eingebrochen war. Dieser Kampf, der letzte zwischen Byzanz und dem sassanidischen Iran, dauerte sechsundzwanzig volle Jahre, bedrohte die Morgenlande mit dem nämlichen Schicksale, welches Avaren und Slavinen den Provinzen in Europa bereitet hatten. Die Byzantiner verloren alle Schlachten, die meuterische, mit dem Blute ihres gesetzmäßigen Herrn besprizte Armee war in kurzer Zeit aufgerieben, und Phokas hatte weder Geld noch Soldaten, um dem Feinde zu widerstehen. Die Avaren besezten den ganzen, öde liegenden Landstrich, der heute Bosnien, Croatien und Dalmatien heißt, und belagerten die Seestädte, während sich die Slaven ungehindert vom Ister bis an die Südspitze des Peloponneses ausbreiten, erobern und vernichten konnten, so weit ihr Schwert und ihre Kräfte reichten. Durch Phokas Ermordung und Heraclius Erhebnng wurde das Uebel nicht gemildert. Die Iranier plünderten ganz Asien aus und erschienen endlich mit einem starken Heere an der Meerenge gegenüber Constantinopel. Dem griechischen Kaiser blieben nur die Inseln und die Küstenstädte seines Reiches übrig. In der ganzen Weltgeschichte findet man kein ähnliches Beispiel von Muthlosigkeit und Verzweiflung. Zwölf volle Jahre lebte Haraclius in Constantinopel eingeschlossen, ohne irgend etwas für die Rettung der letzten Trümmer seines Reiches zu unternehmen. Aus dem ungeheueren Länderdreiecke, in welchem die Seepläze Triest, Modon und Varna die Spizen bilden, konnte er weder Mannschaft

noch Steuer ziehen, weil im Innern aller dieser Länder
entweder Niemand lebte, oder eingedrungene, ihm nicht
gehorchende Völker streiften und die noch etwa hin und
wieder bestehenden Festungen und Castelle von dem Ver=
kehr mit der Hauptstadt abschnitten, die Küstenstädte
aber allenthalben von den Wilden bedroht, sich selbst kaum
zu vertheidigen vermochten.   Während inner den Mauern
von Constantinopel der Hunger wüthete und eine persische
Armee auf der Ostseite lagerte, brach der Chan mit dem
großen Avarenheere durch die Mauer des Anastasius gegen
Selymbria hervor, und bedrohte die Stadt von der Abend=
seite.*)   Das Ende des Reiches schien nahe und unvermeid=
lich.   Heraclius selbst gab Alles verloren, legte seine Reich=
thümer in Fahrzeuge und wollte nach Africa entfliehen.
Bitten und Thränen der Constantinopolitaner bewogen
ihn, sein Vorhaben aufzugeben und wenigstens die Ret=
tung der Provinzen Anatoliens zu versuchen, weil in Europa
außer dem Weichbilde der Hauptstadt ohnehin Alles ver=
zweifelt und verloren war.   Die Menschen waren ja ver=
schwunden, und den Erdboden konnten die Barbaren weder
zerstören noch fortschleppen.   Um auf der Abendseite
Ruhe zu gewinnen, ließ er den Chan um Frieden bitten.
Der Barbar schlug Heraklea am Propontis als Unterhand=
lungsort vor, suchte aber den Kaiser, der mit vielem
Golde und kostbaren Geräthe in Begleitung einer großen
Menge friedlicher Menschen aus der Stadt gegangen war,
mit allen seinen Leuten aufzuheben.   Heraclius entrann

---

*) Im Jahr 618.

mit genauer Noth der Gefangenschaft; alle Reichthümer
sammt Diadem und Kaisermantel gingen verloren; der
Weg von Selymbria bis Constantinopel war mit Leichen
bedeckt; alle Wohnorte bis zu den Thoren der Hauptstadt
wurden angezündet, und siebenundzwanzigtausend gefangene Constantinopolitaner nach Avarenland fortgeführt.
Der Chan entschuldigte sich mit der unbändigen Wildheit
seiner Leute, und ließ sich endlich durch neue Geschenke
den Frieden abkaufen. *)   Die Kirchen mußten alles Gold
und Silber in die Münze liefern, um den Tribut an den
Chan zu erlegen und ein kleines Heer zur Wiedereroberung
Asiens auszurüsten.   Heraclius wußte wohl, daß die Avaren dessen ungeachtet bei der ersten Gelegenheit den Frie-
densvertrag zu brechen und in seiner Abwesenheit den Sitz
des Reiches neuerdings zu gefährden nicht versäumen werden.   Er wollte sie deßwegen in ihrem eigenen Lande be-
schäftigen, und von der Tapferkeit fremder Völker das
Heil seiner Staaten erwarten, in deren Bischirmung
Kraft, Muth, Gold und Geduld seiner eigenen Leute sich
schon lange aufgezehrt hatte.   Aus den nördlich vom Kar-
pathengebirg liegenden Slavenländern rief er neue Bewohner in die große Wüste zwischen Triest, Thessalonica
und den Mündungen des Isterstromes, um die streifenden
Horden auszutreiben, *) die brachliegenden Felder anzubauen, Städte zu gründen, Dörfer anzulegen, und die
Kriegszüge des Avaren-Chans und seiner verbündeten

---

*) Im Jahr 619.
**) Im Jahr 625.

Völker gegen Constantinopel aufzuhalten. Fünf große
Stämme slavischer Chrovaten erhoben sich auf Heraclius
Einladung von ihren uralten Wohnsitzen und wander=
ten mit all ihrem beweglichen Gute in Dalmatien ein.
Und schon damals erhielten die Gegenden zwischen dem
Dravestrom und dem adriatischen Meere von dieser neuen
Bevölkerung den Namen Chroatia oder Chrovatenland.
Nach siegreicher Beendung des Perserkrieges erhielten
die slavischen Serben vom nämlichen Imperator auf der
Ostseite Chroatiens von Zara bis Durazzo in Epirus, und
vom Tempethal bis zum Einfluß der Save in den Ister
alles Land, so daß ihnen der Rest von Dalmatien mit
ganz Ober=Mösien, Dacia ripensis, Dardanien und einem
guten Theile von Macedonien überlassen blieb. Andere
Slaven=Horden wurden in den weiten, ganz mit Wald
überwachsenen Ebenen Nieder=Mösiens bis an das schwarze
Meer hin angesiedelt. Der Kaiser behielt von dieser unge=
heuern Länderstrecke nichts als einige noch nicht zer=
störte Küstenstädte und die Inseln des adriatischen Mee=
res mit der Oberlehensherrlichkeit über alle diese neu=
eingewanderten Colonisten und die zahlreichen Fürsten=
thümer oder Tzupanien, in welche sie sich trennten.
Alle diese Länder mit ihren Flüssen, Bergen, Thälern
und Ebenen verloren damals ihre alten Namen. Die
Benennungen Chroatien, Serblien in seiner ganzen Aus=
dehnung, als da sind Tscherna=gora (Montenegro),
Bosna, Zachlum (Ennetberg) u. s. w. blieben von jener
Zeit an im Schwunge, obgleich die Byzantinischen Scri=
benten bis an das Ende ihres Reiches sich häufig auch

der claſſiſchen Nomenklatur bedienten. Alle Städte und Dörfer, welche heut zu Tage dieſe ungeheure Fläche ſchmücken, wurden durch dieſe nordiſchen Ueberſiedler angelegt und nach ihrer Sprache benannt.

Der Erfolg dieſes großen politiſchen Heilmittels war entſcheidend. Denn ehevor noch der Krieg in Anatolien das Ende erreicht, und die Herbeiziehung der Serben den Weg zur Hauptſtadt geſchloſſen hatte, war der Chan mit großer Macht wirklich vor Conſtantinopel erſchienen, und hatte als Freund und Bundesgenoſſe der gegenüber gelagerten Perſer die Mauern dreizehn Tage lang mit der heftigſten Wuth beſtürmt. Am Ende war er aber genöthiget, die Belagerung mit großem Verluſte aufzuheben und zur Beſchirmung des eigenen Landes zurückzukehren. Dieſer fehlgeſchlagene Angriff auf die Hauptſtadt des Byzantiniſchen Reiches war der Wendepunkt der Avarenmacht. Die Empörung der Bulgaren im Oſten, und die kriegeriſchen Bewegungen vieler Slavenſtämme auf der Weſtſeite erſchütterten endlich dieſelbe ſo weit, daß die Eroberungszüge gegen Conſtantinopel und gegen die Länder ſüdlich vom Iſter nicht mehr erneuert werden konnten; beſonders nachdem ſich Heraclius in den letzten Jahren ſeiner Regierung auch noch mit den frei gewordenen Bulgaren verbündet und jene Kette neuer Slavenſtaaten zwiſchen Conſtantinopel und Avarenland gezogen hatte.

In dieſer Weiſe endete die erſte Periode des grauſamen Sturms, nachdem er ſeit Juſtinian dem Erſten hundert volle Jahre ununterbrochen von Mitternacht her über das illyrische Dreieck getobt hatte. Die menschlichen Dinge im Großen wie im Kleinen steigen und fallen nach den physischen Gesetzen der Pendelbewegung, und eine Wendung zum Bessern ist nicht eher möglich als bis das Verderben den tiefsten Punkt erreicht hat. So hatte das politische Elend des griechischen Reiches in Europa mit den stürmenden Angriffen des Avarenheeres auf die Mauern von Byzanz die tiefste Tiefe, und mit der Niederlage und dem Rückzuge des Groß-Chan zugleich den Wendepunkt zu einem glücklicheren Loose berührt. Der Vertilgungskrieg der Scythen gegen die Hellenen war erloschen, weil diese Nation bis auf einige schwache Reste, die in schwer nahbaren Stellungen der feindlichen Wuth spotteten, verschwunden war. Und weil demnach der Kampf seinem Wesen nach geschlossen ist, so tritt auch in dem bewegten Gemüthe des Zuschauers wieder die Ruhe ein. Der Tod des Einzelnen, wie das langsame Hinsinken großer Völker erfüllet das Herz mit Grauen, und vor nichts schaudert die Natur mehr als vor Leere und Veröddung. — Man fühlt, daß mit dem friedlichen Einzuge der karpathischen Slaven ins Byzantinische Reich eine neue Epoche beginnt. Und in je dichtern Haufen sich die Fremdlinge durch die offenen Thore des breiten Landes hereindrängen, je schneller sie die ausgeleerten Provinzen anfüllen, Hütten zimmern, Dörfer anlegen und Getreide säen, desto eher hoffen wir, Cultur und Menschlichkeit in diesen Wüsteneien wieder aufleben zu sehen. Denn die Reste des Griechenvolks, auf isolirte Punkte auf und unfern der

Seeküste zurückgedrängt, umschlossen auf zwei Seiten des ungeheuern illyrischen Dreieckes, wie einzelne Lichtpunkte, die rohen Massen der eingedrungenen und eingewanderten Fremdlinge. Und wer wollte zweifeln, daß im Kampfe der Geister das slavische Element dem griechischen, die Barbarei der Gesittung, und der heidnische Aberglauben dem Christenthum endlich unterliegen müsse?

Wenn wir daher noch von ferneren Einwanderungen slavischer Bebauer auf griechischen Boden Meldung thun,*) so sollen uns die Hunderttausende, die im Laufe des siebenten und achten Jahrhunderts über den Ister gegangen und in das Innerste von Hellas eingedrungen sind, als eben so viele willkommene Gäste gelten. Sie sind nur als Zusatz zum großen Heilmittel anzusehen, dessen sich die Weltordnung bediente, um an der üppigen Tafel der irdischen Glückseligkeit eine ungeheure Lücke auszufüllen. —

Mit dem Todesjahre des Heraclius, dieses zweiten Prometheus des Reichs von Byzanz, begann der Slaventumult, wie es vorauszusehen war, aufs Neue, aber in veränderter Gestalt und Richtung. Alle Colonien und neu gegründeten Fürstenthümer der Fremdlinge erklärten sich für unabhängig von Constantinopel, und begannen Feindseligkeiten gegen die Seedistricte, zimmerten Schiffe, schwärmten durch alle griechischen Meere, landeten sogar auf den Küsten von Neapel, und streiften bis gegen Benevent, wo sie Rodoaldo der Herzog überwand. **) Macedonien

---

*) Im Jahr 641 nach Christus.
**) Anno 643. Vide Giannone Storia etc.

nordostwärts] bis zu den Engpässen bei Philippi, wo sich das rauhe Gebirg Rhodope an die Seeküste herabzieht und Thracien von Griechenland trennt, wurde von den Eingewanderten ganz überschwemmt, so daß man von Constantinopel aus zu Lande nicht mehr nach Thessalonica kommen konnte. Das ungeheure Binnenland vom Ister bis in die Alpenthäler Arkadiens und Messeniens war nicht mehr Byzantinisch, und wird schon von den Byzantinischen Scriptoren des achten Jahrhunderts mit der allgemeinen Benennung Σκλαβινία, d. i. Slavenland bezeichnet. *)

Unter Constans II, einem Enkel des Heraclius, eröffnete die griechische Nation den Waffenkampf gegen die neuen Slavenreiche in der Richtung von Philippi und Thessalonica. Um die Straße zu dieser großen und wichtigen Handelsstadt wieder zu öffnen, ging Constans im Jahre 658 persönlich ins Feld, und erfocht, wie die Byzantiner schreiben, große Vortheile. **) Ueberall, wir wollen es gleich anfangs bemerken, zeigte es sich, daß die Slaven schnell zum Ackerbau gegriffen, Handwerke, Handel und, wo Gelegenheit, auch Schifffahrt zu treiben angefangen haben. Während des friedlichen Besitzes unter Heraclius hatten sie sich im neuen Vaterlande bereits acclimatisiret, und setzten den kaiserlichen Armeen in

---

*) Theophanes. Nicephorus Patriarcha, Cedrenus.

**) Τούτῳ τῷ ἔτει ἐπεστράτευσεν ὁ Βασιλεὺς κατὰ Σκλαβινίας, καὶ ἠχμαλώτευσε πολλοὺς καὶ ὑπέταξεν.

Theophanes p. 329. Edit. Venet.

flachen Gegenden gewöhnlich keinen oder doch nur geringen Widerstand entgegen.

Die Eroberungen der Mohammedaner in Anatolien und der Longobarden in Süditalien hinderten den Kaiser seine Vortheile weiter zu verfolgen, und man lieset nicht, daß er während der übrigen Zeit seiner Regierung die Ankömmlinge je wieder beunruhigt habe. Noch weniger konnte dieses sein Sohn Constantin mit dem Barte, *) den die mohammedanischen Flotten sieben Jahre hintereinander in Constantinopel selbst ängstigten, und in dessen eilftem Jahre endlich **) die Bulgaren über die Donau setzten, Varna eroberten, die auf dem Flachlande zwischen dem Strome und dem Hämusgebirge wohnenden Slavenstämme überwältigten, den Kaiser in die Flucht schlugen und durch Abtretung des eben bezeichneten Landstriches den Frieden zu erkaufen nöthigten. Von dieser Zeit an führt das Thalland zwischen der Donau und dem Hämus (ehemals Niedermösien und Kleinscythien) den Namen Bulgaria bis auf den heutigen Tag.

Unter Constantins Sohne, Justinian II (mit der abgeschnittenen Nase), bedrohten die Slaven Thessalonica heftiger als je, drängten sich in ungeheuern Schwärmen gegen die thracischen Gebirgspässe, gegen die Seestädte Thessaliens und Inner-Griechenlands. Justinian überwand sie, trieb sie von Thessalonica weg, verpflanzte eine große Menge in öde Gegenden Kleinasiens und nöthigte

*) Regierte von 668—685.
**) Im Jahre 679—680.

die auf den macedonischen Flächen Wohnenden Tribut zu zahlen. —

Einen Feldzug weiter südwärts gegen die Tzupanien des Inneren konnte auch er noch nicht unternehmen, weil die Bulgaren Thracien beunruhigten, und die ekelhaften Revolutionen im kaiserlichen Palaste selbst alle Kraft und Wirksamkeit nach Außen hemmten.

Um die slavinischen Nationen auf dem Boden Griechenlands zu consolidiren, und die Möglichkeit einer glücklicheren Zukunft für die verheerten Landstriche herbei zu führen, trugen zwei Umstände das meiste bei: einmal die mit Tollwuth verknüpfte Stupidität der Prinzen aus dem Hause Heraclius, welches mit Justinian II im Jahre 711 erlosch; und dann jene unglaubliche Verwirrung, Erschütterung, Umwälzung und Vernichtung, welche unter der folgenden Dynastie durch den hartnäckigen, aber mißlungenen Versuch, den öffentlichen Gottesdienst zu reformiren, Constantinopel und das ganze Reich ergriff. Jedermann weiß, daß hier von der Isaurischen oder sogenannten Ikonoklastendynastie die Rede ist, welche mit Leo III im Jahre 717 den Byzantinischen Thron bestieg und 802 mit Irene wieder verlor. Alle Prinzen dieses Hauses waren Männer von großen Talenten und die beiden ersten sogar große Generale. Selbst frei von den Fesseln des Aberglaubens, gehörten sie zu jener Classe von Fürsten, welche im Hochgefühle ihrer Macht sich stark genug glauben, dasjenige zu verachten und zu vernichten, was dem großen Haufen zu verschiedenen Zeiten als Religion gegolten hat. Es gehört nicht hieher, und wir vermöchten es auch nicht, zu erklären, wie diese, übrigens gewiß achtbaren Fürsten auf den Gedanken verfielen, in der tiefsten Nacht des menschlichen Geschlechtes ihren Unterthanen durch Vernichtung der Mönche und der Heiligenbilder die letzte Stütze zu entziehen, und eine Geläutertheit des Cultus einzuführen, wie ihn der Mensch nur im vollkommensten Zustande der Civilisation und geistigen Veredlung üben kann. Genug, daß sie das gefährliche Unternehmen wagten, es ein volles Jahrhundert mit unerbittlicher Strenge verfolgten, und am Ende gänzlich scheiterten.

Leo III eröffnete den Kampf. Im zehnten Jahre seiner Regierung verbot er durch ein kaiserliches Edict allen seinen Unterthanen, die Bilder zu verehren, und ließ des allgemeinen Wehklagens ungeachtet, diese Gegenstände religiösen Aberglaubens mit Gewalt aus den Tempeln und aus den Augen der Menschen entfernen. Von den Wirkungen dieses Edictes in den verschiedenen Provinzen des Reiches kann hier nicht geredet werden. Die Seestädte Ostgriechenlands, d. i. Monembasia, dieses peloponnesische Venedig, Nauplion, Athen und besonders die cykladischen Inseln griffen augenblicklich zu den Waffen, wählten einen andern Kaiser, stellten eine Flotte auf, und segelten unter Anführung des Stephanos und Agellianos, Turmarchen von Hellas, bis vor Constantinopel. Leo verbrannte ihre Schiffe und schlug den gefangenen Feldherren der Aufrührer die Köpfe ab. *) — Die Seemacht der Cykladen war in den blühendsten Zeiten Grie-

*) Im Jahr 727.

chenlands von keiner großen Bedeutung, und die Rolle, welche die Bewohner derselben in der hellenischen Helden= periode spielten, so viel man weiß, unansehnlich und dunkel. Wie war es denn möglich, könnte man fragen, daß diese erbärmlichen Insulaner des achten Jahrhunderts es wagen durften, die kaiserliche Flotte unter den Mauern der Hauptstadt anzugreifen, und selbst den Thron des Monarchen zu bedrohen?

Es ist klar, daß viele Bewohner aus dem Peloponnes und dem Continent sich mit ihrem beweglichen Gute vor dem Grimm der eindringenden Barbaren auf die nahen Inseln geflüchtet und dadurch Macht und Streitkräfte der= selben gesteigert haben. —

Welche Verwandlung der hellenischen Nation wird durch diese einzige isolirt dastehende Begebenheit beurkundet! Die Metamorphose war demnach vollständig, und das alte Element in den elenden, flüchtigen, verarmten Trümmern dieser gewaltigen Stämme ausgetilgt. Sie waren Enthu= siasten für — das in dreifacher Rinde der Superstition ein= gehüllte Christenthum, und warfen sich mit der nämlichen religiösen Schwärmerei und Hingebung vor den grausen= erregenden Gestalten aus der christlichen Mythen= und Heroenzeit nieder, als sie früher die lieblichen und heiteren Gebilde der heidnischen Götter umfingen. Die Hellenen hatten andere Augen und einen anderen Sinn.

Die Niederlage vor Constantinopel, noch mehr aber die furchtbare Pest, welche im Jahre 746, dem sechsten des Kaisers Constantin Copronymus, das griechische Reich entvölkerte, brachen die Kraft der cykladischen Inseln und

der peloponnefifchen Küfte auf immer. Ich glaube nicht,
daß man fich in unfern Tagen, wo die menfchlichen Dinge
gleich einem vollen Strom ruhig zwifchen hochgedämmten
Ufern fortrinnen, eine Vorftellung von den gräulichen Ver=
wirrungen des Byzantinifchen Reiches unter Copronymus
Regierung machen kann. Wie die meiften mohammeda=
nifchen Bewohner des türkifchen Reiches bis auf die neue=
ften Ereigniffe ihre Namen in den Liften der Janitfcharen
eintragen ließen, um die Vorrechte diefer Miliz zu ge=
nießen, ebenfo war fchon vor den Ikonoklaften=Kaifern
ein großer Theil der romäifchen Bürger theils aus Andacht,
theils zur Sicherheit vor weltlicher Unterdrückung unter
den Mönchen und Einfiedlern des heiligen Bafilius ein=
rollirt und als folche den kirchlichen Reformen des Impe=
rators feindlich entgegengefetzt. Während Conftantin
gegen die Araber ftritt, brach zu Conftantinopel eine Em=
pörung aus. *) Der Patriarch, die Klerifei, die Mönche,
das ganze Reich wurde vom Feuer der Rebellion ergriffen,
Artabasdus der Bilderanbeter zum Kaifer ausgerufen, und
der legitime Monarch außer feiner Armee von allen Unter=
thanen verlaffen. Drei volle Jahre mordeten Conftantin
und feine Feldherren unter den rebellifchen Mönchen der
Provinzen, belagerten die Hauptftadt, zwangen fie nach
gräßlichen Scenen des Hungers und der Verzweiflung zur
Uebergabe, blendeten, geißelten, verftümmelten, tödteten
und rafeten mit fo unerbittlicher Strenge, daß Mönche,
Nonnen und Heiligenbilder von der ganzen Oberfläche des

---

*) Im Jahr 741.

Reichs allmählich verschwanden. Seit Erschaffung der Welt, meint Cedrenus, habe noch keine solche Wuth und kein solches Blutvergießen unter den Menschen geherrscht. Den Schluß machte die obenerwähnte allgemeine Pest, die ein volles Jahr nicht eben einzelne Gegenden, sondern einen großen Theil der bekannten Erde durchwandelte. Wo sie wüthete, raffte sie, wie der giftige Hauch aus der Wüste, das ganze Menschengeschlecht weg. Nur eilfertige Flucht in die entferntesten Gegenden brachte einer geringen Zahl von Bewohnern Rettung. Constantinopel starb so zu sagen ganz aus. Besonders verheerend wirkte sie in Hellas, auf den cykladischen Inseln und um Monembasia, d. i. auf der Ostküste des Peloponnesus, wo nach den Berichten eines Theophanes und St. Nicephorus nur wenige Menschen übrig blieben. *)

Was von den peloponnesischen Hellenen den frühern Stürmen entgangen, was dem Mordstahl der Hunnen, der Avaren und der Slaven entflohen war, hatte nun zugleich mit den neu angesiedelten Fremdlingen bei dieser unerhörten Katastrophe großen Theils den Untergang gefunden,

---

*) Λοιμώδης νόσος.... οἷόν τι πῦρ ἐπινεμόμενον ἐπὶ τὴν Μονοβασίαν καὶ Ἑλλάδα καὶ παρακειμένας νήσους ἦλθε δι' ὅλης τῆς ἰνδικτιῶνος.

Theophan. p. 282.

Λοιμώδης θάνατος.... ἐπὶ τὴν Μονεμβασίαν καὶ Ἑλλάδα καὶ παρακειμένας νήσους ἦλθεν οἷόν τι πῦρ κ. τ. λ. .... ἅπαν ἀνθρώπων γένος ἐπινεμόμενον διώλλυέ τε καὶ ἄρδην ἠφάνιζεν.

Niceph. Pan. p. 32.

den, und der Peloponnes muß im Jahre 747 eher einer
verlassenen Räuberhöhle oder einem mit Moder gefüllten
Leichenacker, als einem von Menschen bewohnten und an-
gebauten Eilande geglichen haben. Neue Fluthen von Slavinen brachen über den Isthmus herein, besetzten die leeren
Plätze, erfüllten das ganze Land. Der ganze Peloponnes, schreibt Constantin Porphyrogenitus, wurde
nach dieser verheerenden Seuche slavinisiret und völlig barbarisch. *) Schließe man aus dieser abermaligen Revolution auf die Ereignisse in den nordwärts liegenden Provinzen, Böotien, Phocis, Aetolien, Akarna-
nien, Lokris und Thessalien, welche alle noch eher
durch die Slavinen überschwemmt wurden, als der südwärts gelegene und vom Meere umflossene Peloponnesus.
Urtheile man weiter, wie viel von der alten Bevölkerung
nach solchen Umwälzungen in der Mitte des achten Jahrhunderts noch übrig seyn konnte. Hatten sich auch noch
in den Thälern der Taygetischen Gebirge Trümmer von
lacedämonischen Griechen erhalten, so sind sie doch ganz
sicher durch diese entsetzliche Seuche und die darauf folgende
Immigration der Fremdlinge weggerafft worden, weil wir
von dieser Zeit an nicht etwa nur das Eurotasthal bis zum
Meere hinab, sondern auch die Halden, die westlichen Ab-
hänge des Taygetus von Kalamata bis Maïna hinab, und
sogar die innersten Winkel und Thalschluchten dieses famösen
Gebirges urkundlich durch die melingiotischen Slaven besetzt

---

*) Ἐσθλαβώθη δὲ πᾶσα ἡ χώρα καὶ γέγονε βάρβαρος.
  Constant. Porphyrogen. de Themat. lib. 2. Thema 6.

finden. Und so vollständig war die Vernichtung der Hellenen und die Colonisirung dieser unwegsamen Gegend durch Slavenstämme, daß noch vierhundert Jahre nachher der ganze Gebirgszug von den Gränzen Arkadiens bis zum Cap Tänarus in der Chronik von Morea vorzugsweise τα Σκλαβικά genannt wird, nachdem der übrige Peloponnes längst durch die wieder auflebende Kraft der Byzantinischen Imperatoren unterjocht, bekehrt und gräcisirt war. *)

Man muß sich unterdessen nicht vorstellen, als wären die von der Pest veröden Ostküsten des Peloponnesus augenblicklich, wie auf ein gegebenes Zeichen, durch frisch eingedrungene Horden occupirt worden. Es dauerten vielmehr die Strömungen der Fremdlinge vom Ister bis zum Cap Tänarus während der ganzen Regierungszeit des Constantin Copronymus; **) und erst das Ende derselben ist beiläufig als der Gränzpunct anzusehen, in welchem der eben bezeichnete ungeheure Länderstrich wieder mit Bebauern gänzlich angefüllet war und allmählich mit neuen Städten, Dörfern und Maierhöfen bedeckt zu werden anfing. Im Jahre 763 ließen sich nach Angabe des Patriarchen St. Nicephorus ***) noch 280,000 frisch eingewan-

---

*) Wenn man bedenkt, daß die Taygetischen Bergcantone weder vor noch nach dieser Katastrophe je von einem Eroberer des Peloponneses bezwungen worden, kann man an der furchtbaren Desolation der Halbinsel und an der völligen Vertilgung der hellenischen Ueberreste jener Hochthäler nicht einen Augenblick zweifeln.

**) Vom Jahre 741 — 775.

***) p. 35 et 38.

derte Slaven, am Flusse Artanas nieder, und sechs Jahre
nachher hatten sie schon die Inseln Tenedos, Imbros und
Samothracien geplündert und entvölkert. Die Slavinen
selbst hatten damals noch keine Geschichtschreiber, und die
Byzantiner wußten nicht, was im Innern der illyrischen
Halbinsel vorfiel, weil sie außer Thracien nur einzelne
Puncte an der Seeküste noch in ihrer Gewalt hatten. Nur
wenn die Gewalt der hereinbrechenden Sturmfluth an die
Mauern dieser letzten hellenischen Städte schlug, konnten
sie auf Erschütterungen des ihnen fremd gewordenen Binnenlandes schließen. Wir müssen uns deßwegen mit den
dürftigen und wenig zusammenhängenden Andeutungen begnügen, welche Theophanes, St. Nicephorus und Cedrenus mit Constantin Porphyrogenitus über diese große,
allgemeine und letzte Migration der Slaven von den
Ufern der Donau gegen die Mündung des Eurotas überliefert haben.

Die losen, fluthenden, beweglichen Menschenmassen
zwischen Korinth und Kiew consolidirten sich gegen den
Schluß des achten Jahrhunderts in allgemeinen Umrissen;
neue Königreiche erhoben auf jener Erdfläche ihr Haupt,
und gaben der Staatspolitik jener Weltgegend eine von der
altbyzantinischen ganz verschiedene Richtung. Den viel-
bewegten und vielgeplagten Geschlechtern der Menschen
zeigte sich endlich die Möglichkeit eines friedlichen Neben-
einanderseyns, weil die Schwachen vertilgt und die Starken
zum Besitz der Beute gekommen waren. Ueberhaupt ist
die Mitte des achten Jahrhunderts als die Zeitepoche anzusehen, in welcher die Verwandlung der illyrischen Halb-

14*

insel vollendet wurde, und zwar ganz ohne Mitwissen, ohne Mitwirken, ohne Einwilligung des Hofes von Constantinopel. Nichts ist aber auch irrthumvoller und grundloser als die Begriffe, Meinungen und Ansichten über Ausdehnung und Macht des Byzantinischen Kaiserthums um diese Zeit, wie man sie in den Geschichtbüchern dargestellt lieset. Unter andern herrscht allgemein die Vorstellung, das heidnische und grausame Bulgarenvolk habe sich während der ganzen, beinahe siebenhundertjährigen Dauer seines Reiches innerhalb der Landmarken gehalten, welche ihm Constantin Pogonates zwischen der Donau und dem Hämusgebirge abzutreten genöthiget war. Dieses furchtbare Volk bewohnte und beherrschte alle Länder zu beiden Seiten des Unterdonaustromes, und versetzte den Avaren und den serbischen Slaven im Innern die ersten tödtlichen Streiche, während es wiederholte Versuche machte, durch die Gebirgsschluchten des Hämus in die Ebenen Thraciens hinabzudringen. Nur diese letztgenannte Kampfseite finden wir in den Schriften der Byzantiner aufgezeichnet. Wie aber diese Bulgaren Donau aufwärts gegen Widdin und Nissa, und landeinwärts gegen Sophia und die Quellen der Morava vorgedrungen, und in das alte Bergland Dardania eingebrochen sind; — wie sie die Slavencantone alle niedergeworfen, auf dem breiten und vielarmigen Gebirgsrevier zwischen Epirus und Macedonia bis zu den Thälern des Pindus, Metzovo und Agrafa Alles ihrer Herrschaft unterworfen, und aus den Trümmern von Lychnidus die neue Bulgarenresidenz Ochri (Achrida) erbaut haben, ist von diesen Autoren so zu sagen ganz

mit Stillschweigen übergangen. Es gingen aber auch
alle diese Umgestaltungen den Constantinopolitanischen
Hof nichts an, weil sie Länder betrafen, in welchen die
Autorität der romäischen Kaiser längst schon erloschen
war. Der Körper, oder der Hauptbestandtheil dieses
Kaiserthums war, im achten Säculum, die Ländermasse
zwischen dem Hellespont und dem Halys in Anatolien;
in Europa besaß es nur Inseln und Küstenstriche mit
der einzigen Provinz Thracia zwischen den Gebirgs-
armen Rhodope und Hämus, in welcher die Feldbe-
wohner Jahrhunderte lang mit der einen Hand Pflug
oder Sichel, in der andern aber Bogen und Lanze halten mußten. Constantinopel war lange Zeit eine Gränz-
stadt des romäischen Kaiserthums.

Blicken wir im Geiste noch einmal zurück auf die
vier Jahrhunderte, welche vom Uebergang der Westgothen über die Donau und dem Anfang der Völker-
wanderung unter Kaiser Valens bis zur gänzlichen Destruction des Peloponneses durch die Slaven unter Constantin Copronymus verflossen sind, und fragen wir:
wer es wohl vermöge, die Summe des Jammers zu
berechnen, welcher in dieser entsetzlichen Zeit über die
Länder des illyrischen Dreieckes ergangen ist; und wer
stark genug sey, das Blut, die Thränen, die Verzweiflung eines langsam abgeschlachteten großen Volkes anzusehen, ohne in seinem Gemüthe zu verzagen, und über
die Armseligkeit und Unmacht der Menschen im Kampfe
gegen das Verhängniß in die tiefste Zerknirschung zu ver-
sinken! —

Viertes Capitel.

Die Byzantinischen Griechen erobern den in ein flavinisches Morea verwandelten Peloponnes und bekehren die barbarischen Bewohner desselben zum Christenthum. Auch die Heiden von griechisch Maïna verlassen den alten Götzendienst. J. 783—886.

Der Ikonoklasten-Sturm hatte die griechische Nation aus dem lethargischen Schlummer aufgerüttelt, und dem kaiserlichen Hof etwas von dem Gefühl seiner alten Majestät wiedergegeben. Und wäre die Nation fähig gewesen, die kirchliche Reform in sich aufzunehmen, so hätte man an einer neu anbrechenden Morgenröthe des Byzantinischen Reiches nicht zweifeln dürfen. Copronymus Sohn, Leo IV, lenkte die Zügel des Reichs ganz im Sinne seines Vaters, wurde aber durch einen frühzeitigen Tod vom Schauplatze gerissen. *) Seine Gemahlin Irene, eine geborne Athenäerin, übernahm statt des unmündigen Constantin VI die Leitung der öffentlichen Angelegenheiten, mit einer kleinen Unterbrechung, bis zum Jahre 802. Dieses ehrgeizige Weib hatte Kraft genug, die mütterlichen Gefühle der Herrschsucht aufzuopfern, indem sie

---

*) 775 — 780.

ihren eigenen Sohn durch Verleitung zu fehlerhaften und
harten Schritten verhaßt machte und endlich auf eine so
grausame Art blenden ließ, daß der unglückliche Fürst an
den Folgen dieser Operation das Leben verlor. Als ge=
borne Athenerin hatte sie von dem Zustande Inner=Grie=
chenlands eine bessere Kenntniß als die vorhergehenden
Imperatoren, deren Sorgfalt durch näherliegende Uebel
aufgezehrt, für die Wiederherstellung des kaiserlichen An=
sehens sich auf jene entfernten Gegenden nicht erstrecken
konnte. Irene, das erste Weib auf dem Throne der
Cäsarn, wollte ihre Regierung durch zwei Begebenheiten
auszeichnen: einmal durch die Wiederherstellung des Bil=
derdienstes, und dann durch die Unterjochung aller Sla=
venhäuptlinge, welche seit zweihundert Jahren Griechen=
land von den macedonischen Gebirgen bis an die Mündung
des Eurotas bewohnten und beherrschten. Die Armee,
aus den kräftigen, streitbaren Stämmen recrutirt, die sich
in den letzten Jahrhunderten auf dem verlassenen Boden
Illyriens angesiedelt hatten, war durch die Sorgfalt der
drei vorhergehenden Monarchen an innerer Gestaltung,
Tapferkeit und Uebung den griechischen Nationaltruppen
der altbyzantinischen Zeiten weit überlegen. Gegen Bul=
garen und Serbier blieb Irene auf der Defensive und be=
gann im Jahre 783 ihren Eroberungszug gegen Süd=
Slavinia oder Alt=Griechenland. Bis in die Gegend
von Berda hinter Salonichi in Macedonien war Constan=
tin Copronymus schon vorgedrungen, und hatte Alles
seiner Herrschaft unterworfen. Hier waren beim Regie=
rungsantritte Irenens die Gränzsäulen des Byzantinischen

Kaiferthums, so wie zu Philippopolis und Anchialos ge=
gen Serbier und Bulgaren. Der Beweis liegt in der
Gränzbesichtigung, welche Irene im Jahre 783 vor dem
Feldzuge nach Griechenland vorgenommen hat, gleichsam
um den Umfang ihrer Macht zu erforschen und mit eigenen
Augen zu sehen, wie viel noch fehle, um die Spuren der
slavinischen Revolutionen auszulöschen.*) Wenn Irene den
Plan, das griechische Binnenland wieder an das Reich zu
bringen, nicht bloß aus Vorliebe und Neigung für ihr
Heimathland aufgefaßt, sondern auf dem Wege politischen
Calculs darauf verfallen ist, so gereicht ihr dieser Gedanke
zum größten Lobe. Statt ihre Streitkräfte, nach dem Bei=
spiele ihrer Vorgeher in nutzlosem Kampfe gegen die Nord=
seite des illyrischen Dreiecks, d. i. gegen Bulgaren, Ser=
bier und Chrobaten zu vergeuden, schien sie deutlich er=
kannt zu haben, daß ein Angriff auf den schmalen, von
den griechischen Küstenstädten auf beiden Seiten zusam=
mengepreßten Continent von Hellas von größerem Erfolge
seyn muß. Das Angriffsheer war zahlreich ($\mu\varepsilon\tau\grave{\alpha}$ $\delta\upsilon\nu\acute{\alpha}$-
$\mu\varepsilon\omega\varsigma$ $\pi o\lambda\lambda\tilde{\eta}\varsigma$) und der Patricier Staurakius an der
Spitze.

Wenn der Leser eine umständliche Beschreibung dieses
Feldzuges und gleichsam eine fortlaufende Reihe von
Kriegsberichten erwartet, in welchen die Gestalt des sla=
vinischen Griechenlands, die Zahl der Häuptlinge und
das Maß ihres Widerstandes beschrieben sey, wird er sich
vollkommen getäuscht finden, weil diese merkwürdige Be=

---

*) Le Beau ad ann. 785.

gebenheit nicht durch einen sachverständigen Mann, son=
dern durch einen frommen Mönch aus Constantinopel,
mit Namen Theophanes, auf unsere Zeiten gekommen ist.

„Staurakius wurde mit einer großen Armee gegen
„die slavinischen Völker geschickt, drang in Thessalien
„und in Hellas ein, unterjochte sie alle und machte sie
„der Kaiserin zinsbar: er that auch einen Einfall in den
„Peloponnes und führte viele Gefangene und große
„Beute fort,“ ist Alles was man uns überliefert hat. *)
Wie weit er im Peloponnes vorgedrungen, wo er Schlach=
ten geliefert, ob und wo er Garnisonen zurückgelassen,
wie viel slavische Häuptlinge er besiegt, unterworfen oder
nach Byzanz abgeführt, und was er zur Sicherung des
Gehorsams der Unterjochten gethan und verfügt habe,
möchten wir Alle gerne wissen, können es aber nirgends
erfahren. Nur daß Staurakius im Monat Januar des
folgenden Jahres zu Constantinopel einen prachtvollen
Einzug gehalten und die gefangenen Slavenfürsten aus
Morea zur Schau geführt habe, setzt Theophanes als
Augenzeuge noch bei.

Die ganze Unternehmung, so weit sie Morea be=
trifft, scheint nur ein Streifzug ohne bleibende Folgen

---

*) Ἀποστέλλει Σταυράκιον ἰὸν πατρίκιον ... μετὰ δυνάμεως
πολλῆς κατὰ τῶν Σκλαβίνων ἐθνῶν. Καὶ κατελθὼν ἐπὶ
Θεσσαλίαν καὶ Ἑλλάδα ὑπέταξε πάντας, παὶ ὑποφόρους
ἐποίησε τῇ βασιλείᾳ, εἰσῆλθε δὲ καὶ ἐν Πελοποννήσῳ, καὶ
πολλὴν αἰχμαλωσίαν καὶ λάφυρα ἤγαγε τῇ τῶν Ῥωμαίων
βασιλείᾳ.

Theophanes Edit. Paris. p. 385. Edit. Venet. p. 306.

gewesen zu seyn. Beute wollte man holen und zugleich versuchen, was die Moraiten oder Neu-Peloponnesier an Muth und Kriegskunst vermöchten.

Vor diesem Einfalle der Byzantiner hatten die Moraiten, wie es scheint, mit ihrem Loose zufrieden, die griechische Bevölkerung der Küstenstädte nicht besonders angefochten. Mit ihrem Schaden hatten sie nun die Ueberzeugung geschöpft, daß die Behauptung ihres neuen Vaterlandes doppelt schwierig sey, so lange bedeutende Districte an der Seeküste in der Gewalt der alten Bewohner wären. Nicht nur mußten sie (die Slaven) bei einem Angriffe Byzantinischer Heere von Mitternacht her, ihre Kräfte theilen, um die griechischen Bürger und Garnisonen von Patras, Korinth, Argos, Modon und Arkadia im Zaume zu halten; sondern auch während den Friedenszeiten fanden die Küstengriechen trotz der gänzlich abgebrochenen Communication mit dem Innern doch häufig Mittel, über Lage, Streitkräfte und Stellung der Slavenhäuptlinge Erkundigungen einzuziehen und an die feindlichen Feldherren gelangen zu lassen.

Dieser lästigen Nachbarschaft wollten sich die Slaven im sechsten Jahre des Kaisers Nicephorus, *) Nachfolger der bilderanbetenden Irene, durch einen allgemeinen und gleichzeitigen Angriff auf alle rundum an der Küste noch uneroberten Griechenstädte entledigen. Seestädte kann man ohne Seemacht nicht bezwingen; dieß

*) Im Jahr 807.

wußten die moraitischen Tzupanen recht gut. Sie hatten
deßwegen mit den mohammedanischen Häuptlingen der
Küste von Africa Bündnisse geschlossen, um die griechischen Colonien von der Seeseite anzugreifen, während sie
die slavinische Macht zu Lande ängstigte. Der Haupt-
schlag sollte gegen Patras geschehen. Die Landgüter der
Bürger wurden geplündert und angezündet; die Stadt
selber zu Wasser und zu Lande hart bedrängt, wollte sich
schon ergeben, als ein Zufall, oder wie das gläubige
Zeitalter sprach, ein Mirakel, Rettung und Sieg verschaffte.
Den Byzantinischen Strateg auf der Burg Akrokorinth
hatte man von den Bewegungen der Slaven aus dem Innern gegen die Küste von Patras frühzeitig unterrichtet
und um Beistand gebeten. Vergebens hatten die Bedrängten von Tag zu Tag gehofft und auch im letzten
Augenblicke wollten sie die Hoffnung nicht sinken lassen.
Noch einmal vor Unterzeichnung der Capitulationspunkte
wollten sie Erkundigung einziehen, ob denn die Streitmacht von Korinth nicht wirklich heranrücke, und schickten
einen Kundschafter auf die Höhenzüge gegen Osten, mit
der Weisung, wenn er Hülfe erblicke, umzukehren und
das Fähnchen (φλάμουλος) zu senken; im entgegengesetzten Falle aber es aufrecht zu halten, zum Zeichen, daß
keine Hoffnung des Entsatzes sey. Der Kundschafter ent-
deckte nichts und kehrte zurück. Durch Vorbitte des heil.
Andreas aber (Stadtpatrons von Patras) habe das Pferd
gestolpert und der Reiter wieder Willen das Fähnchen ge-
senkt, worauf die Bürger der belagerten Stadt — in der
Meinung, der Strateg rücke heran — unvermuthet und

herzhaft durch alle Thore zu gleicher Zeit einen Ausfall machten und das feindliche Heer zerstreuten. In der Hitze des Kampfes wollten die frommen Patrenser, wie einst in der Schlacht bei Salamis ihre Altvordern den Kastor und Pollux, so hier St. Andreas zu Pferde sitzend und gegen die Slaven streitend gesehen haben. Zwei Tage nach diesem heldenmüthigen Gefecht kam der Strateg von Korinth.

Dieser Sieg war für die Reste der peloponnesischen Griechen von großer Wichtigkeit und von großen Folgen. Von der reichen Beute des feindlichen Lagers erhielten die Sieger zwar nichts, weil der Kaiser auf den Bericht des Strategen befohlen hatte, den ganzen Raub dem heil. Andreas zu überlassen, weil dieser allein den Sieg erfochten habe. *) Ueber die saracenische Flotte, die zu gleicher Zeit vor der Stadt lag, wird in den Nachrichten so wenig etwas gemeldet, als von dem Gange des Kampfes auf den übrigen Punkten der Halbinsel. Daß der Byzantinische Feldherr aus der Niederlage der Barbaren Vortheil gezogen und mit seiner ungeschwächten Streitmacht die Slavenhäuptlinge im benachbarten Gebirge und auf den Ebenen von Elis unterjocht habe, ist urkundlich erwiesen, weil sie von dieser Zeit an der Apostelkirche zu Patras auf ewige Zeiten zinspflichtig wurden, wie Porphyrogenitus aus einem schriftlichen, vom Kaiser Nicephorus eigenhändig unter-

---

*) Constantin. Porphyrogenit, de administrat. Imperii cap. 49. Edit, Banduri.

zeichneten und mit einer goldenen Bulle verſehenen Document erfahren hat. *)

Offenbar iſt die Wiedereroberung des Peloponneſes
durch die Byzantiner von dieſem Jahre zu datiren. Der
Zug des Patriziers Staurakius glich einem ſchnell vor-
übereilenden Ungewitter ohne bleibende Spur. Nicolaus
wenigſtens, der Byzantiniſche Patriarch, ſagt, wie wir
früher gezeigt haben, ausdrücklich, daß bis zu dieſem
Ereigniß vor Patras ſeit 218 Jahren kein Grieche im
Innern der Halbinſel ſicher war. Daß aber in dieſem
achthundert und ſiebenten Jahre die Kriegsflamme nicht
etwa unter den Mauern von Patras allein, ſondern auf
der ganzen Halbinſel gewüthet habe, erhellet ebenfalls
aus dem angezogenen Berichte des Conſtantin Porphyrogenitus zur Genüge. Er ſagt nicht, daß die Slaven
nur Patras angegriffen und folglich nur die in der Nach-
barſchaft dieſer Stadt ſitzenden Häuptlinge feindlich ſich
erhoben haben; die Slaven im Thema Peloponnes, ſagt
er, empörten ſich, und plünderten und verheerten die
Häuſer der umwohnenden Griechen. Für unſer Zeitalter, welches in allen Dingen gerne auch die geringſten
Umſtände ergründen möchte, iſt es freilich ein Aergerniß,
von einer ſo wichtigen Begebenheit nur ſo wenig zu erfahren. Und auch dieſes wäre niemals zu unſerer
Kunde gekommen, wenn die frommen Bürger von Patras
die Befreiung ihres Vaterlandes von einem barbariſchen
Feinde mehr dem Glücke und ihrem Heldenmuthe, als

---

*) Idem ibidem.

dem unmittelbaren Beistand himmlischer Geister zugeschrieben hätten. Was uns wichtig ist, war es den
Menschen des neunten Jahrhunderts nicht in gleichem
Maße. Gleich wie aber die Barbaren Griechenland und
den Peloponnes nicht in Folge eines Feldzuges, sondern nach einer Reihe wilder Verheerungszüge und beinahe hundertjähriger Kämpfe überwunden hatten; eben
so verflossen auch vom ersten Angriff der Byzantiner auf
Morea durch Irene bis zur gänzlichen Niederwerfung
und Bekehrung desselben unter Kaiser Basilius dem Macedonier nahe an die hundert Jahre. *) In allen Dörfern und Städtchen, welche die Slaven während ihrer
politischen Unabhängigkeit auf Morea gebaut hatten,
betete man Götzenbilder an, opferte ihnen gefangene
Feinde, und redete einen barbarischen Dialekt. Eben
so war es in Böotien und dem ganzen eigentlichen Hellas
und in allen Ländern zwischen Thermopylä und Belgrad. So lange die Moraiten Heiden waren, und slavisch redeten, rebellirten sie bei jeder günstigen Veranlassung gegen ihren christlichen Oberherrn. Mehrere
Theile der Halbinsel, namentlich aber das Eurotasthal
und die Hochthäler des Taygetus waren selbst im Kriege
des Jahres 807 noch unbezwungen zurückgelassen, wie
aus einer Aeußerung des oftgenannten Constantin Porphyrogenitus hervorgeht. Denn unter den letzten Ikono-
klasten-Kaisern Theophilus und Michael II **) hatten mit

---

*) 783—870 circa.

**) Theophilus mit seinem Sohne Michael, regierte von

dem barbarischen Hellas auch die peloponnesischen Slaven
das Byzantinische Joch abgeschüttelt und einen unabhängigen Staat gebildet. Ungehindert verheerten und
plünderten sie Alles, was im Lande griechisch und christ-
lich war. Theodora ernannte den Feldherrn Theoktistos
zum Strategen vom Peloponnes, und gab ihm ein großes Heer macedonischer, thracischer und anderer abend-
ländischer Barbaren zur Dämpfung des Aufruhres. Er
unterjochte die Rebellen und Alle jene, setzt Porphyrogenitus bei, welche bis dorthin des Kaisers
Macht auf Morea nicht anerkannt hatten.
Nur zwei Volksstämme, die Ezeritä und die Milingi im Eurotesthal bei Lacedämon und Helos
konnte er nicht bändigen, weil sie der hohe und rauhe Berg
Pentedaktylon (Taygetus), zu dessen beiden Seiten sie sich
gesammelt hatten, vor seinen Angriffen schützte. *) Zwar,
erzählt unser Gewährsmann weiter, hätte Theoktistos
auch diese beiden Horden überwältigen können, begnügte
sich aber mit einem jährlichen Tribut von 360 Goldstücken,
wovon die Milingi 60, die Ezeritä aber 300 zu bezahlen
hatten. — Sechzig Goldstücke sollte ein Volkshaufe
zählen, der halb Morea in Contribution setzte und vielleicht
mehr als 10,000 waffenfähige Männer zählte! Ist dieß
nicht ein Beweis, daß die Unterwürfigkeit der Milingioten
nur nominell war, wie sie es bis auf unsere Tage herab

829 — 842. Michael unter Vormundschaft seiner bilder-
herstellenden Mutter Theodora und allein von 842—867.
*) De Administrat. Imperii. Cap. 50, p. 107. Edit. Venet.

gegen alle Machthaber von Constantinopel geblieben ist? Die Ezeritá dagegen, d. i. die Bewohner des untern Thallandes und der Seeküste, als auf einem durch die Natur weniger gesicherten Boden, mußten das Fünffache erlegen! Aber auch diesen geringen Beweis ihrer Unterthänigkeit gegen die Imperatoren von Byzanz abzulegen weigerten sie sich nicht selten und lebten wie ganz unabhängig und selbstherrlich (ὡς αὐτόνομοι καὶ αὐτοδέσποτοι) in ihren eroberten Sitzen. Unter andern schüttelten sie das Byzantinische Joch beiläufig im Jahre 933 ab, als Romanus I statt des schwachen Constantin Porphyrogenitus die Zügel des Reiches hielt. An die Stelle des Strategen Johannes, der die Halbinsel nicht in Gehorsam zu halten vermochte, wurde Krinites Arotras mit dem Oberbefehl über den Peloponnes bekleidet, und zugleich Befehl ertheilt, die Aufrührer zu unterjochen, zu entwaffnen und auszurotten (ἐξολεθρώσῃ). Im Monat März des neunhundert vierzigsten Jahres begann der Kampf. Krinites verbrannte ihre Ernten, stritt aber ohne entscheidenden Erfolg bis zum November desselben Jahres, wo die Insurgenten, durch Noth und Kälte bezwungen endlich unter Erneuerung der alten Verträge um Frieden baten. Beiden rebellischen Volksstämmen wurde aber höherer Tribut auferlegt, so daß die Milingioten 600, die Ezeritá aber 1200 Goldstücke für die Zukunft zu bezahlen hatten.

Des Drängens und Treibens auf diesem barbarischen Eilande war aber in jenen Zeiten kein Ende. Unter Bardas Platypus, Krinites Nachfolger im peloponnesischen

Mi=

Militäroberbefehl, erregten, nach dem Ausdruck des Porphyrogenitus, mehrere Häuptlinge (wie es scheint Byzantinisch = griechischer Abkunft) innere Unruhen und
Bürgerkriege, durch deren Begünstigung die kaum gebändigten Rebellen ihre Verheerungen erneuten, bis sie
vom Kaiser Nachlaß des erhöhten Tributes ertrotzten.
„Aus Furcht, die Sclavesiani der Halbinsel möchten
„mit den Horden des Taygetus gemeinschaftliche Sache
„machen, und die ganze Provinz an sich reißen, hatte der
„Kaiser in ihr Begehren eingewilliget.“ *) Diese letzte
Stelle des kaiserlichen Berichterstatters halte ich für sehr
wichtig und besonders geeignet, von denjenigen genauer
geprüft zu werden, welche aus Mangel eigener Forschung
an einen beinahe vollständigen Wechsel der peloponnesischen
Population im Mittelalter nicht glauben wollen. Ist
denn hier nicht deutlich genug ausgesprochen, daß außer
Lakonien und den Taygetus=Schluchten auch noch andere
Theile der Halbinsel von Nichtgriechen besetzt waren?
Daß außer den Melingioten und Ezeritä auch noch die
Sclavesiani ihre Wohnsitze im Peloponnes und zwar
in solcher Anzahl aufgeschlagen hatten, daß selbst im
neunten Jahrhunderte noch für den Untergang der griechischen Küstenorte zu fürchten war? Der Unterschied zwischen diesen beiden Classen der Fremdlinge war nicht na-
tionell; beide gehörten sie ja zum großen Geschlechte der
Slaven: aber zu verschiedenen Zeiten waren sie eingewandert
und die in der Ebene oder in weniger unzugänglichen Ge-

---

*) De administratione Imp. Pars II. cap. 52.

genden des Eilandes wohnenden hatten schon ihren Nacken mit Gehorsam unter ein fremdes Joch beugen gelernt, während Melingioten und Ezeritá ihre natürliche Wildheit in Sitte und Sprache länger behielten. Sodann übersehe man hier nicht, daß in der ganzen Byzantinischen Literatur keine Stelle zu finden ist, welche meldet, daß die eingedrungene Slavenbevölkerung je wieder aus dem Peloponnese herausgetrieben und durch griechische Colonien ersetzt worden sey.

Hätten die Byzantinischen Monarchen des neunten und zehnten Jahrhunderts Alles aus ihrem europäischen Reiche vertreiben wollen, was nicht griechischen Blutes war, so hätten sie nicht nur den Peloponnes, sondern das ganze Mittelland vom korinthischen Meerbusen bis an die Donau und selbst Constantinopel in eine menschenleere Wüste verwandeln müssen. — Wie Carl der Große, wie die sächsischen Kaiser und Herzoge, wie die Fürsten aus Bayern die eingewanderten Slaven aus den Ostsee- und Donauländern, aus Böhmen, Kärnthen und Steyer nicht austrieben, sondern unterjochten und bekehrten; eben so mußten es auch die Imperatoren von Byzanz ihrem Interesse viel zuträglicher finden, dem slavischen Hellas das Joch des Cäsars und der christlichen Kirche aufzulegen, als sie auszurotten oder zu vertreiben. Und gleich wie die Slaven zu gleicher Zeit ihre neuen Wohnsitze in Germanien und in Hellas erobert hatten, so verloren sie durch ein sonderbares Spiel der Umstände in beiden Himmelsgegenden ungefähr in einer und derselben Zeitperiode die politische Freiheit, die alten Götter und die alte Sprache,

d. i. die einen wurden in christliche Germanen, die andern aber in christliche Griechen umgewandelt. Beide mußten aber zuerst mit Waffengewalt gebändigt und der Nationalselbstständigkeit beraubt werden, bis sie die Gräuel ihres Götterdienstes verlassend vor dem Bilde des Allerbarmers niederfielen. Denn vom Ende des sechsten bis in die zweite Hälfte des neunten Jahrhunderts war das alte Christenthum nicht etwa nur aus der Pelopsinsel, sondern aus dem ganzen illyrischen Dreiecke (die oft bezeichneten Puncte an der Küste ausgenommen) zugleich mit den alten Bewohnern verschwunden. Daneben hatte sich aber auch noch im Canton Maïna das mildere Heidenthum der Hellenen erhalten, so daß zwischen dem mit Menschenopfern gesühnten Rodegast und der stillen Majestät des Christengottes auch noch auf den Altären des vergessenen Zeus Weihrauch dampfte. Byzanz, Achrida und Maïna waren die drei Hauptstützpuncte dieser drei verschiedenen Religionen. *) — Sollte hier etwa Jemand die Frage erheben, warum die germanischen Götzendiener so schnell das Christenthum aufgenommen, die Slaven aber über zweihundert Jahre die alten Götter angebetet haben, so wäre die Antwort nicht schwer zu finden. Die

---

*) Achrida, die im Gebirge zwischen Macedonien und Epirus aus den Trümmern von Lychnis erbaute Residenz der Könige Bulgariens im neunten Jahrhundert. Von Varna und den Donaumündungen bis in die Gebirge von Thessalien und Phocis herab erstreckte sich das Reich dieser furchtbaren Heiden.

erſteren ließen ſich bekanntermaßen in nicht großer Anzahl unter einer zahlreichen Chriſtenbevölkerung nieder; und wie hätte da die Finſterniß neben dem Lichte der beſſern Einſicht lange beſtehen ſollen? Die Slaven dagegen hatten ſich in furchtbaren Maſſen über den Iſter gewälzt und in den eroberten Ländern das ganze menſchliche Geſchlecht ausgetilgt, ſo daß alle Anklänge und Vorbilder beſſerer Geſittung und menſchlicheren Gottesdienſtes aus ihrer Mitte und aus ihrem Bereiche gänzlich verſchwanden. Von Natur wilder und unedler als die Germanen geſtatteten ſie häufig, und namentlich auf Morea, einem Chriſten nicht einmal den Eintritt in ihr Land. Und ſo lange die Bulgaren (als Vorfechter des Heidenthums ſollen ſie hier allein genannt werden) über die Kaiſer von Byzanz das Uebergewicht im Felde hatten, verachteten und verſchmähten ſie Künſte und Glauben der unmächtigen Anbeter Jeſu Chriſti. Kaum waren ſie aber durch Leo den fünften (813—820) entſcheidend geſchlagen, in ihrem eigenen Lande durch die ſiegreichen Byzantiner heimgeſucht, und zu einem dreißigjährigen Frieden genöthiget worden, als ſich ihr Sinn, anfangs beim regierenden Chan, und dann auch bei der Nation, plötzlich wandte und der Haß gegen die chriſtliche Lehre zu ſchwinden begann. Phyſiſche Calamitäten im Bunde mit dem ſiegreichen Andrang Michaels des dritten nöthigten endlich Bogoris, den Bulgaren-Chan, am Hofe zu Conſtantinopel um Frieden und um chriſtliche Lehrer zu bitten. *)

---

*) Im Jahre 860 nach Chriſtus.

Wichtige Dienste in Bekehrung und Entwilderung des damals so grausamen, jetzt aber so sanften Bulgarenvolkes leisteten die Bilder und die bildlichen Darstellungen religiöser Dinge, wie sie durch die beiden selbstherrschenden Weiber Irene und Theodora nach Dämpfung der Ikonoklastenstürme in der Byzantinischen Kirche wieder eingeführt wurden. *) Eine auf metaphysische Speculationen zurückgeführte, und aller sinnlichen Vorstellungen entkleidete Religion hätten die unwissenden Viehhirten und Feldbauer Bulgariens niemals zu der ihrigen gemacht. Und wenn man nebenbei auch den moralischen Zustand der Byzantinischen Völker selbst betrachtet, wird es leicht zu begreifen seyn, warum, der hundertjährigen Bemühungen der Ikonoklasten ungeachtet, die Bilderreform nicht Wurzel fassen konnte. Die größten Mißgriffe und Thorheiten werden von den Fürsten gemacht, weil sie entweder die Mühe scheuen, oder nicht genug Einsicht besitzen, um die Natur der Dinge und der Menschen zu ergründen und zu erkennen. — Byzantinische Priester, Mönche, Künstler und Handwerker kamen nach Einführung des Christenthums in das Land; unterrichteten, tauften, bekehrten, bauten Kirchen und Klöster, lehrten Ackerbau und Gartenkunst; und mit der griechischen Liturgie drang auch die

---

*) Es ist bekannt, welche Wirkung auf das Gemüth des Bulgaren-Chans Bogoris ein Gemälde verursachte, auf welchem der Byzantinische Mönch Methodius das letzte Gericht und die Strafen der verdammten Geister im Style seines Zeitalters darstellte.

griechische Sprache in die geheimsten Windungen und Schluchten des Bulgarenlandes. Der Erzbischof von Achrida huldigte im Namen des ganzen Volkes dem Welt=patriarchen von Constantinopel. Dauerten die politischen Zerwürfnisse zwischen den beiden Völkern und ihren Macht=habern auch nach der Bekehrung mit gleicher Heftigkeit fort, so waren sie doch durch das gemeinsame Band des Glaubens, des Gottesdienstes und der Hoffnung eines bessern Lebens jenseits der Gräber umschlungen.

Von dieser Bekehrung der Bulgaren hätte man hier keine Meldung gethan, wenn ihr Uebergang zum Christen=thum nicht das Signal einer allgemeinen Religionsverän=derung unter den illyrischen Heiden gewesen wäre. Vom Innern Griechenlands bis an die Save und den Ister hinauf begehrten unter Michaels Nachfolger, Basilius dem Macedonier, die götzenanbetenden Slaven christliche Priester und Taufe. Sogar die hellenischen Heiden in Maïna entsagten endlich ihren mit so großer Hartnäckigkeit vertheidigten Irrthümern, und schworen zur Fahne des Gekreuzigten. *) Länger als achthundert Jahre nach der ersten Verkündigung des lebendigen Wortes durch Sanct Paulus in Korinth haben die Bewohner der kleinen Ge=birgsrepublik Maïna dem himmlischen Lichte, den Be=fehlen der Imperatoren, dem Eifer frommer Verkünder und dem Beispiele einer halben Welt Widerstand geleistet, und waren, soviel man weiß, das letzte bürgerliche Ge=

---

*) Constantin. Porphyrogen. de administrat. Imp. Pars 2, cap. 52.

meinwesen der römischen Weltmonarchie, welches mit den
alten Sitten die alten Götter bewahret hat. Wer die Bi=
schöfe und die Mönche gewesen seyen, die die peloponne=
sischen Heiden getauft, und den neuen Gottesdienst auf
der unterjochten Halbinsel eingerichtet haben, steht nir=
gends geschrieben, und alle Sorgfalt, über diese letzte
Begebenheit in der großen Verwandlung des Eilandes er=
läuternde Monumente aufzufinden, ist bis jetzt vergeblich
geblieben. — Um das Land zu zähmen wurden an den
Küsten häufig feste Orte, im Innern aber Klöster nach
Sanct Basilius Regel angelegt, gewöhnlich auf steilen
Felsen oder in schwer nahbaren Felsenklüften, um von ge=
sicherten Haltpuncten aus die Slaven in den Künsten des
gesitteten Lebens so wie in der neuen Lehre zu unterrichten
und zu stärken. Und vielleicht findet man heute noch in
einem oder dem andern dieser Bauten aus dem neunten
und zehnten Jahrhundert Stiftungsurkunden mit Bulle
und Unterschrift der Autokraten aus dem Hause Basilius
des Macedoniers nebst Angabe der Grundstücke, Maier=
höfe und Dörfer neubekehrter Slaven, die durch die reli=
giöse Milde des Eroberers den frommen Vätern überlassen
wurden. Namentlich könnte dieß der Fall im Kloster Pe=
poilenizi seyn, welches nach Pouqueville schon unter
Constantin Porphyrogenneta, einem Enkel des eben ge=
dachten Kaisers Basilius (912—959) reich und blühend
war. Ortschaften mit Heiligennamen, z. B. Sanct=Georg,
Sanct=Isidor, Sanct=Basil, Sanct=Peter, Sanct=Nicola,
Sanct=Demetrius, Sanct=Adrichus und Sanct=Trinitas
entstanden von dieser Zeit an in allen Gegenden der Halb=

insel durch Mühe und Sorgfalt der Mönche, welchen
der barbarisch gewordene Peloponnes eben so gut als
viele nördliche Länder Europa's Gesittung, Ackerbau, Le=
benskünste und besseren Gottesdienst zu verdanken hat.

In dieser Weise wird man es leicht begreiflich finden,
daß in den Gemüthern der Moraïten oder Neu=Peloponne=
sier das Andenken an die althellenischen Zeiten bis auf
die letzte Spur verschwunden ist und Erzählungen aus den=
selben für Mährchen aus der Fabelwelt gehalten werden.
Alle Erinnerung dieser Völker geht nur bis zur Verkündi=
gung des Evangeliums und zum christlichen Tempel= und
Klosterbau im neunten Säculum zurück. Auch nannten
sich diese neubekehrten Geschlechter nicht Hellenen, son=
dern Christen und Romäer bis auf den heutigen Tag,
während die Trümmer der alten Population auch noch im
Laufe des zehnten Jahrhunderts die alte National=Benen=
nung lebendig erhalten hatten. *)

Aus gleichem Grunde sind auch die verschiedenen alt=
griechischem Dialekte, wie man sie noch zu Pausanias Zei=
ten in den verschiedenen Städten und Cantonen des Eilan=
des gesprochen hat, durch die Revolution sämmtlich ver=
schwunden, weil die heidnischen Neu=Peloponnesier als
Proselyten der Kirche und der Kriegsheere von Byzanz
das Romäische, oder Constantinopolitanische
Griechisch reden lernten, ausgenommen die Bewohner
jener Gegenden, in welchen die alte Race weder durch

---

*) Constantin Porphyrogen. de administrat. Imp. cap. 50,
pag. 109

Slaven, noch durch andere Fremdlinge ausgerottet, ver=
trieben oder zerſetzt worden iſt, wie namentlich zu Praſto
und Monembaſia auf der Oſtküſte Lakoniens.

So wie die Sachen heute ſtehen, glaube ich nicht,
daß das Blut der Alt=Peloponneſier irgendwo auf Morea
ſo rein und ungemiſcht fließe, wie in der Bürgſchaft von
Monembaſia. Ihre Stadt liegt auf einer Inſel, wurde
von keinem Sturm der ſpäteren Jahrhunderte erreicht,
wurde niemals mit Gewalt erobert, niemals ausgemordet,
wie alle übrigen Städte der Halbinſel zu verſchiedenen Zei=
ten. Kluge Unterwerfung und Nachgiebigkeit bei feind=
licher Uebermacht hatte bei jeder Revolution auf dem ge=
genüberliegenden Continent Rechtſame und Freiheiten die=
ſer friedlichen, nun ſeit tauſend Jahren ariſtokratiſch ver=
walteten Handelsrepublik gerettet oder gemehret. Und
ich zweifle gar nicht, daß ſich der alte Lakoniſche Volks=
dialekt innerhalb der Mauern dieſer Inſelſtadt noch reiner
und folglich den romäiſchen Continental=Moraïten unver=
ſtändlicher erhalten habe, als ſelbſt in Praſto und allen
zu dieſem Cantone gehörigen Dörfern. Jetzt, da Morea
die Freiheit errungen hat, und der Zugang zu dieſen lange
verſchloſſenen Ländern Jedermann offen ſteht, ſollten ſach=
verſtändige Männer ja nicht ſäumen, Sprache, Sitten
und Gebräuche dieſes, ſeit Jahrhunderten gleichſam ver=
geſſenen und überſehenen Inſelvölkchens von Monembaſia
mit Sorgfalt zu prüfen und zu vergleichen.

Wenn hier von der Reinheit dieſes Lakoniſchen, oder,
wie ihn die Eingebornen nennen, Tſchakoniſchen Dialektes
geſprochen wird, ſo iſt es nicht in der Art zu verſtehen,

daß er an claſſiſchen Wörtern und claſſiſcher Fügung ein=
zelner Redetheile reich begütert ſey. Sein Vorzug beſteht
vielmehr darin, daß ſich in ihm die Redeweiſe des gemei=
nen Volkes, die Sprache des Feldbauers, des Handwer=
kers, des Fiſchers, des Handeltreibenden u. ſ. w. erhal=
ten hat. Neue Begriffe brachten dieſen Tſchakoniern auch
neue Wörter, ohne deßwegen den Grundton der herkömm=
lichen, niemals ausgeſtorbenen Sprache der Vorfahren
umzuſchmelzen.

Es iſt bekannt, und einer der größten Helleniſten
unſerer Zeit, Hr. Haſe in Paris, hat es bemerkt, daß
ſchon in den Schriften der Byzantiner die Hauptwör=
ter häufig und ohne allen Grund in der Diminutivform
gebraucht werden. *) Noch weit auffallender aber und
allgemeiner als in den benannten Autoren herrſcht dieſe
Sitte in der gemeinen Umgangsſprache und in den Orts=
namen des heutigen Griechenlandes, was als einer der
größten Beweiſe erſcheint, daß die ganze Population,
welche das illyriſche Dreieck füllet, von der Natur und
von dem Weſen des ſlaviſchen Elementes durchdrungen,
oder vielmehr ganz aus ſlaviſchem Blute erwachſen iſt.
Oder gibt es irgend eine Sprache, in welcher der Ge=
brauch der Diminutiva bei Appellativ= und Eigennamen
häufiger gefunden wird als eben in der Slaviſchen nach
dem weiteſten Sinne des Wortes.

Wohl redeten die Moraïten und die übrigen Bewoh=
ner des ſlaviniſirten Griechenlandes nach dem Verluſte

---

*) In Leon. Diacon. pag. 574.

der politischen Freiheit und der alten Religion in kurzer
Zeit das Idiom ihrer Sieger und Bekehrer; aber sie rede=
ten es nicht mit hellenischem, sondern mit scythi=
schem Organ und Accent. Aus den Vocabularien der
Bulgaren und Serben läßt sich entnehmen, daß diese Na=
tionen eine vorherrschende Neigung haben, in ihren Wör=
tern die dritte Sylbe vom Ende zu betonen, z. B. népoto,
mesetzinata, móreto, mastinitza, topólica, planineto,
lė nitzi, kazándica, voténitza u. s. w. Eben diese Nei=
gung, den Ton auf die drittvorletzte Sylbe zu legen,
findet man ohne Widerspruch bei allen griechischredenden
Leuten des illyrischen Continents. Die größten Kenner
des neugriechischen Dialektes gestehen ja alle ein, daß in
ihm Accent und Prosodie der alten Hellenen gänzlich ent=
stellt oder vielmehr völlig verschwunden sind. *) Wenn
z. B. der alte Hellene Λάρισσα, Κόρινθος, Ὄλυμπος,
Ἐπίδαυρός accentuirte, dabei aber Λάρισσα, Κορίν=
θος, Ὄλύμπος und Ἐπιδαύρος sprach, so spricht und
schreibt dagegen der Neugrieche Λάρισσα, Κόρινθος,
Ὄλυμπος und Ἐπίδαυρος (πίδαυρος), wie er Sálona,
Vélvitzi, Kónitza, Préveza, Pápingo, Plánitza, Ka=
stänitza, Bumísto, Ágrafa, Délvino, Strétzova, Glå-

---

*) Every person, who hears a modern greek recite
Hellenic compositions for the first time, considers his
accent destructive of every kind of harmony, and sub-
versive of all the laws of prosody; and he generally
find, that this tone is still more injurious to the harmony of prose than of verse.

Leake pag. 209.

nitza und Aráchova bezeichnet und ausspricht. Man könnte aber auch fragen, warum die Neugriechen den Spiritus asper oder den Buchstaben h nicht mehr aussprechen? Denn es wird heut zu Tage in Griechenland nicht mehr Hydra sondern Ydra; nicht mehr homios (ὁμοίως), sondern omios; nicht mehr henóno (ἐνόνω), sondern enóno und nicht mehr Hellenes, sondern Éllines gehört. Hat aber jemals eine Nation einen organischen, aus der ursprünglichen Structur ihrer Redewerkzeuge hervorgegangenen Laut freiwillig ausgemerzt, verlernt oder vergessen? Ich zweifle, ob man eine solche Selbstverstümmlung irgendwo nachweisen kann, und offenbar wird sie auch bei den Neugriechen nur deßwegen gefunden, weil diese nicht mehr Kinder jener Männer sind, welche nycht' holen (νύχθ' ὅλην) schrieben und sprachen; sondern in gerader Linie aus der Fluth jener scythisch-slavischen Völker emporstiegen, welche einst alle Länder des illyrischen Dreieck's überschwemmt und verwandelt haben. *)

Mit Recht könnte man den Einwurf machen, warum sich der slavische Dialekt, z. B. in Serbien und Bulgarien bis auf unsere Zeit erhalten habe, auf Morea aber ausgestorben sey? Man kann hierauf mit der Gegen-

---

*) Im Alphabet der slavischen Dialekte fehlt der Buchstabe H eigentlich ganz; ein Mangel, den z. B. die Russen in fremden Wörtern gewöhnlich durch den Konsonanten G ersetzen, und daher Gamburg statt Hamburg zu schreiben genöthiget sind.

frage antworten, warum das Slavische auf der Insel
Rügen, warum es in Brandenburg, Bayreuth, Pom-
mern und Tyrol erloschen, in Böhmen aber großen
Theils lebend geblieben sey? Offenbar weil die slavische
Bevölkerung der obengenannten Länder noch vor dem
Aufblühen einer National = Gesittung und
Literatur von ihren germanischen Nachbarn der politischen Selbstständigkeit beraubt und durch deutsche Co-
lonien erdrückt worden ist. Ju Böhmen, so wie in
Serbien und Bulgarien findet das entgegengesetzte Verhältniß statt. Diese Länder wurden dem christlichen Cultus und der christlichen Civilisation eher zugänglich gemacht und von denselben durchdrungen, als sie die politische Freiheit verloren. Dagegen hatten die Slaven
Morea's das gleiche Schicksal mit ihren Brüdern auf
Rügen, in Meklenburg und Pommern. Auf verschiedenen Punkten des neuen Vaterlandes von alten Griechen-
Christen umstellt, und in ihrem alten Zustande als un-
gesittete Götzendiener von den christlichen Kriegsvölkern
aus Constantinopel überrascht und gebändiget, verloren
sie mit der Freiheit zuerst ihre Götter, und durch den
gewaltigen Einfluß der christlichen Gesittung im Laufe
der Zeit die alten Begriffe und die alte Redeweise. Mit
der Taufe hatten sie auch die griechischen Buchstaben
erhalten, weil sie selbst keine hatten; und wer immer
von den bekehrten Moraïten schreiben und lesen lernte,
mußte es mit den Charakteren und in der Sprache ihrer
Apostel und Zwingherrn lernen. Wie hätte unter solchen Umständen das heidnisch=slavische Element nicht

im griechisch = christlichen untergehen sollen? *) Ob aber
die Ackerbau treibende Bevölkerung von Messenia,
Elis und Arkadia zur Zeit der Eroberung Morea's
durch die Franken schon gräcisirt war, oder noch Slavisch
redete, bemerken die Chroniken nicht; wohl aber geben
sie deutlich zu verstehen, daß die Melingioten Sitte und
Redeweise ihres nördlichen Vaterlandes damals noch ge=
treulich bewahrten. **)

Die Beschreibung der Gestalt, welche der alte Pe=
loponnes in Folge aller bisher angedeuteten Katastrophen
durch Slaven und Byzantiner angenommen hat, soll
ausschließlicher Gegenstand des nächstfolgenden Capitels
werden. Und ich glaube auch, daß diese Schilderung
um so nothwendiger ist, da sie Blick und Sinn des Le=
sers in einem Momente festhält, in welchem sich die
formlosen Trümmer dreihundertjähriger Erschütterungen

*) Die europäischen Schulgelehrten haben es darin übersehen,
   daß sie die griechischredenden Völker von Morea und Livadia
   darum schon für Hellenen hielten. Ein Byzantiner (wenn ich
   nicht irre Cedrenus) sagt irgendwo, daß die gemeinen Sol=
   daten des großen Bulgarenheeres, kaum hundert Jahre nach
   Einführung des Christenthums, neben ihrem heimathlichen
   Dialekt insgesammt Griechisch gesprochen haben. Eben so ist
   es bekannt, daß die eingestandenermaßen albanesischen Be=
   wohner von Attica, von Argolis und Achaja ihre aus der
   Heimath hergebrachte Redeweise völlig mit der griechischen
   vertauscht haben oder beide neben einander sprechen.

**) Wie schon früher bemerkt wurde, nannten die Moraiten des
   Flachlandes die Bergcantone des Pentedaktylos noch am Ende
   des 13ten Jahrhunderts „Slavenland, τὰ Σκλαβινά."

wieder aneinander fügen und durch den Cement religiö=
ser und politischer Einheit gleichsam zu einer neuen Ober=
fläche abglätten, wie sie der Hauptsache nach bis auf
die neuesten Zeiten geblieben ist.

Denn so schaudervoll auch immer die Calamitäten
der Neu = Peloponnesier im Laufe der späteren Jahrhun=
derte gewesen seyn mögen, so gab es doch keine Zeit
mehr, in welcher sieben Achttheile der Halbinsel von
einem Volke bewohnt und bebaut worden wären, das
andere Sitten, ein anderes Blut, einen andern Gottes=
dienst und eine andere Sprache als die alten Besitzer
des Landes gehabt hätte.

Die Kinder der im neunten Jahrhunderte bezwun=
genen Slaven besitzen einen großen Theil der pelopon=
nesischen Erde und der von ihren heidnischen Voreltern
erbauten und benannten Ortschaften in ununterbrochener
Reihenfolge bis auf die gegenwärtigen Zeiten. —

Fünftes Capitel.

Ueber den Ursprung und die Bedeutung des Wortes Morea, und von der inneren Gestaltung des Peloponneses im zwölften Jahrhundert; auch von den Maïnoten und ihrer Abstammung. Anfang der Gefahren aus dem Abendlande.

Daß die Halbinsel Peloponnes heut zu Tage nur noch bei den europäischen Schulgelehrten diese alte Benennung trage, von den Eingebornen aber seit mehr als tausend Jahren Morea genannt werde, ist im Allgemeinen als bekannt anzunehmen. Was aber dieser Name bedeute, woher er stamme, und wann er an die Stelle der classischen Benennung des Eilandes getreten sey, darüber hat man noch nichts Genügendes aufzustellen vermocht. Morea, ἡ Μορέα, erwidert der gelehrte Philolog, ist ein althellenisches Appellativ und bezeichnet einen Maulbeerbaum; denn diesen Namen trage die Pflanze in der griechischen Botanik bei Dioskorides. Im Laufe der Zeit habe der Grieche von Byzanz so wie der eingeborne Dorier das Eiland nicht mehr Peloponnesos, sondern Morea, d. i. Maulbeerbaum, genannt, — vermuthlich weil dieser Baum dort häufig gefunden werde. *) —

Den

*) Die Meinungen jener Autoren, welche Morea (auch Moraia häufig geschrieben) als eine Sylbenversetzung aus Romaia

Den Gelehrten, welche solche Erklärungen machen, dürfte
es ziemlich schwer fallen, ihren Satz mit gültigen Beweis=
gründen zu unterstützen, selbst wenn sie Zeugniß und Schreib=
art der heutigen Griechen zu Hülfe nähmen. Denn diese
letzteren, seit Jahrhunderten, besonders im Peloponnes,
auf die tiefste Stufe der bürgerlichen Gesellschaft herabge=
sunken, haben von der Vergangenheit und von den großen
Revolutionen ihres Landes im sechsten, siebenten und
achten Jahrhundert unserer Zeitrechnung eben so wenig
eine richtige Vorstellung, als z. B. das gemeine Volk im
Bayerlande von den Wanderungen seiner Urvoreltern, der
Schyren, Rugier, Heruler und Turcilinger von den Ufern
des baltischen Meeres in die heutigen Wohnsitze an der
Donau und an der Isar. Selbst der unterrichtete Mo=
raïte unserer Zeit hält sich, durch die Doctrin unserer
Schulgelehrten verführt, für einen ungemischten Abkömm=
ling der alten Spartiaten, Arkadier und Achäer, weil
die Scenen, welche Evagrius, Constantin Porphyro=
genitus und Patriarch Nicolaus andeuten, niemals zu
seiner Kenntniß gekommen sind. Deßwegen ist Zeug=
niß und Orthographie der Moraïten von heute für uns
ohne Werth. Abgesehen von der Abgeschmacktheit, der
berühmtesten Provinz des alten Griechenlandes den Na=
men eines Baumes zu geben, findet man in den By=
zantinischen Schriften vom sechsten bis ins sechzehnte

---

erklären, oder den Namen von einer Mohren=Colonie herlei=
ten, die einst auf die Halbinsel gekommen sey, wollen wir
unwiderlegt lassen.

Jahrhundert herab keine einzige Stelle, welche nur einiger:
maßen zum Belege dienen könnte, daß der Name Morea
eine Schöpfung des griechischen Volkes sey. Im Gegen:
theil affectirte die Byzantinische Canzleisprache bis zur
Eroberung Constantinopels durch die Türken eine Nicht:
kenntniß des barbarischen Ausdruckes Morea, und bediente
sich durchgehends des griechischen Namens Peloponne:
sus; eine Sitte, welche Niketas, Pachymeres, Akropo:
lita und selbst Chalkondylas und Phrantzes großentheils
noch beibehielten. Was in der Welt hätte aber auch die
Griechen bewegen sollen, den uralten classischen Namen
der Pelopsinsel in einer so ungewöhnlichen und gegen alle
Sprachanalogie streitenden Weise zu verwandeln, während
unbedeutende Winkel des übrigen Hellenenlandes einer
solchen Metamorphose entgingen? Hätte man den Pelo:
ponnes Platanos genannt, wäre es noch begreiflich,
weil dieses Eiland wirklich dem spitzulaufenden Laube der
Platane ähnlich sieht. *)

Mehr als dieses Alles beweiset aber die grammatische
Form, in welcher man das Wort Morea in den ältesten
Manuscripten geschrieben findet, daß es eine nicht von
eingebornen Hellenen, sondern von barbarischen Fremblin:
gen und Ueberzüglern geschöpfte, und später allgemein an:
genommene Benennung der Halbinsel sey. Denn wäh:

---

*) Εἰδομένη πλατάνοιο μυερίζοντι πετήλῳ.

Dionys.

Ἔχειν δὲ ὅμοιον σχῆμα φύλλῳ πλατάνου.

Agathem. lib. 1. pag. 15.

rend man in unsern Tagen ἡ Μορέα schreibt und spricht, lieset man bei den Byzantinischen Historiographen des dreizehnten, und in der Chronik von Morea aus dem vierzehnten Jahrhundert im Nominativ überall ὁ Μορέας, auch Μορεᾶς oder Μοραίας, im Genitiv τοῦ Μορέως oder Μορέου, auch Μωραίως und Μωραΐς bei Dukas, im Dativ τῷ Μορέᾳ und im Accusativ τὸν Μορέαν oder Μοραίαν gegen alle Natur und gegen allen Genius der hellenischen Sprache. So z. B. lesen wir lib. IV. cap. 26 des Pachymeres: Ἐκ τε Μορέου (aus Morea), während kurz nachher die Moraitische Chronik ἐκεῖ ἦτον ὁ μισὲρ τζεφρὲς, αὐθέντης τοῦ Μορέως schreibt. *) Ἐγύρισε τὸν Μορέαν (er durchstreifte Morea) steht in der kleinen Chronik bei Dukas, während die große Franken = Chronik die Aufschrift an ihrer Stirne trägt: Χρονικα των εν Ρωμανια και μαλιστα εν τω Μορεα πολεμων των φραγχων. **)— Moreas ist aus dem slavischen Worte More, das Meer, die See, entstanden, oder ist vielmehr ein rein slavischer Name, welcher Küstenland, Seeland, Fläche am Meeresstrande, Litorale, Ebene, so wie die Bewohner derselben bezeichnet. Anfänglich trugen die Westgegenden des peloponnesischen Eilandes, vorzüglich aber die Flächen von Elis und

*) Dort war der Herr Gottfried, Gebieter von Morea. Vers. 14. pag. 90. Edit. Buchon. Paris. 1825.
**) Chronik der in Romanien und besonders auf Morea geführten Kriege der Franken.

16 *

das gesammte Küstenland zwischen Patras und Kalamata mit dem sie bewohnenden großen Slavenstamme
allein diese Benennung, im Gegensatze mit den Ostküsten,
wo sich hellenische Bewohner länger erhalten haben. Es
ist eine erwiesene Thatsache, daß sich die zahlreichsten
Massen und gleichsam der Kern der slavischen Population
gegen die saatenreichen Gefilde hindrängten, welche die
achäischen Cantone Olenos und Dyme, dann Alt-
Elis, Pisatis an der Mündung des Alpheus, Cauconia und Triphylia mit, den angränzenden Districten Arkadiens, und endlich das fruchtbare Gartenland
Messenia umfaßten. Die Vertilgung der alten Hellenen war in diesen Gegenden so vollständig, daß es sogar
einem anatolischen Griechen auffallend war, der beiläufig
um das Jahr 1000 unserer Zeitrechnung einen Auszug
aus Strabo's Geographie verfaßte. „Die Bewohner von
Pisatis, von Cauconia und Pylos," schreibt er, „find
bis auf den Namen ausgerottet, denn Alles dieses bewohnen jetzt scythische Slaven. *) Ein anderer, an dieses
alte Moreas gränzende Slavencanton hieß Mesarea,
und die Chronik unterscheidet deßwegen beim Jahre 1205
ausdrücklich Häuptlinge von Morea und von Mesa-

---

*) *Νῦν δὲ οὐδὲ ὄνομά ἐστιν Πισατῶν καὶ Καυκόνων καὶ*
  Πυλίων· ἅπαντα γὰρ ταῦτα Σκύθαι νέμονται. —
   Καὶ νῦν δὲ πᾶσαν Ἤπειρον καὶ Ἑλλάδα σχεδὸν καὶ Πελο-
  πόννησον καὶ Μακεδονίαν Σκύθαι Σκλάβοι νέμονται.
  Excerpta ex Strab. Geograph. lib. 7. pag. 1251,
   et lib. 8. pag. 1261. Edit. Almeloveen.

rea, *) bemerkt aber, daß der Ausdruck Morea schon damals zugleich die ganze ehemalige Halbinsel Peloponnes bezeichne. In eben demselben Zeitabschnitte, in welchem die Donau-Slaven Griechenland besetzten, colonisirten ihre nördlicheren Brüder einen großen Theil von Deutschland, bei welcher Veranlassung in den Gegenden zwischen dem Elbestrom und dem baltischen Meere Ländernamen entstanden, deren Aehnlichkeit und zum Theil völlige Gleichheit mit der neuen Benennung des Peloponneses Niemand läugnen kann. Po = Moran (Pommern) d. i. Am = Meere wurde der große Küstenstrich zwischen der Weichsel = und Odermündung von den slavinischen Ueberzüglern genannt. Morim hieß ein Slavencanton am großen Binnensee (More) zwischen der Oder und dem Havelflusse in Süd-Mecklenburg. **) Südlich von Morim am rechten Elbufer zwischen den Flüssen Havel und Nuta fanden die vordringenden Germanen ein weitläufiges Slavengebiet Moréas (lateinisch Moracia) genannt, was mit der Byzantinischen Schreibart der neuen slavischen Benennung des Peloponnesos ganz gleichlautend ist. ***) Und son-

---

*) Pag. 125.

**) Morim pagus Slavicus a Venedico vocabulo More (Meer, See) denominatus, de quo in Vita S. Ottonis Episcopi Bambergensis scribitur: Barbarorum natio, quae Morim vocatur, in vastissima sylva ad stagnum mirae longitudinis. . . . .

Chronicon Gottvicense pag. 690. Tom. I.

***) Moracia, Morasson, Morezini Pagus Slavicus Ducatus Saxoniae juxta Magdeburg ad dextram, ultra Al-

derbar genug steht heute noch an den Gränzen des bran-
denburgischen Morea ein Ort Belegast, wie einst die
Franken an den Landmarken zwischen dem später slavinisirten Taygetusgebiet und dem eigentlichen Alt = Morea
des Peloponneses eine Slavenstadt Veligosti gefunden haben. Aus dieser Bemerkung geht von selbst hervor, wie
wichtig es ist, die alte Orthographie der Eigennamen zu
prüfen, weil die Römer mit dem allmähligen Verschwinden der slavischen Sprache in Griechenland die alten Ortsnamen dem Byzantinischen Dialekt zu assimiliren durch
die Natur der Sache selbst veranlaßt wurden. So entstand denn im Laufe der Zeit aus dem, griechischen Ohren
unverständlichen ὁ Μορεᾶς, ein Maulbeerbaumland, ἡ
Μορέα. Ich glaube nicht, daß man dieser Deduction
irgend eine gründliche Widerlegung entgegenstellen kann,
und es ist gleichsam nur ein Ueberfluß, wenn wir noch
auf die Moro = Blachen (Morlacchi bei den Italienern), einen slavischredenden Volksstamm an jenem Theil
der adriatischen Seeküste, aufmerksam machen, welcher
heute das Litorale heißt und zwischen Fiume und Zara
in Dalmatien liegt. Dieses Volk nennt sich selbst Vlach,
und von seiner Lage am Meere Moro = Vlach, d. i.
See=Vlach; nicht aber Schwarz=Vlach, wie es die abend-

---

biam, a fluvio Nuta usque ad fluvium Havalam, inter
Pagos Serimunde, Ciervisti, Plonim et Heveldun in
Marchia etc. .,..
Chronicon Gottvisense pag. 690. Tom. I.
Edit. Tegernsee 1732.

ländischen Schriftsteller zu erklären pflegen. Aus dem
nämlichen Grunde ist auch Moro-Bulgaria nicht Schwarz-
Bulgarien, sondern See-Bulgarien im Gegensatze mit
Inner-Bulgarien, wie der Römer Dacia ripensis und
Dacia mediterranea unterschied. —

Soviel man wissen kann, ist Abt Damascenus Stu-
bita der erste Byzantinische Scribent, der sich in seinen
Schriften der slavischen Benennung der Halbinsel be-
dient. *) Wäre das Wort Moreas der Eigenname
irgend eines slavischen Heerführers, so könnte man allerdings schon aus diesem Umstande auf einen größeren
oder geringeren Grad von Vermischung der Eingebornen
mit ausländischen Ueberzüglern schließen, aber nicht so
leicht eine allgemeine Destruction der griechischen Race
beweisen. Da aber Moreas die Bezeichnung einer Na-
tureigenschaft des Landes involvirt, und ursprünglich nur
einem Theile der Halbinsel an den Küsten von Elis eigen
war: so ist dieses keiner der schwächsten Beweise, daß
Strabo's Epitomator und Constantin Porphyrogenitus
vollkommen Recht haben, wenn ersterer schreibt: die
Bewohner von Elis und Arkadia seyen mit Stumpf und
Stiel ausgerottet; letzterer aber den Beisatz macht: die
ganze Halbinsel sey nach der großen Katastrophe unter
Copronymus slavinisch und barbarisch geworden.
Hätten sich Fremdlinge mitten unter der hellenischen
Bevölkerung in der Art niedergelassen, wie kurz vorher
die Germanen unter den Völkern Italiens, so würde die

---

*) Leunclav. türkische Pandekten ad voc. Morea.

Geschliffenheit und Vollendung der griechischen Sprach=
formen und die alte Civilisation der Helleken, die auch
damals noch den nördlichen Völkern überlegen war, die
rohe Mundart eingedrungener Barbaren eher verschlungen
und aufgelöset haben, als sich eine allgemeine Revolution
der Namen der Berge, Flüsse, Dörfer, Städte, Pro=
vinzen und endlich des Landes selbst bemächtigen konnte.

Von den Slaven, welche im sechsten und siebenten
Jahrhunderte die ganze Osthälfte Deutschlands, von der
Elbemündung bis zum Ausflusse des Isonzo ins adriati=
sche Meer überschwemmten, ist es bekannt, daß sie in
den neuen Wohnsitzen schnell zum Pfluge griffen, Städte
und Dörfer anlegten, die ödesten Berg= und Thalschluchten
mit Maierhöfen schmückten, Viehzucht, Handel und Ge=
werbe mit Geschick und Lebhaftigkeit trieben, und über=
haupt an Rührsamkeit die germanischen und latinischen
Stämme beinahe überall übertrafen; sey es, daß sie vor
ihrer Migration nach Süd und nach West schon einige
Cultur besaßen, oder von einem gewissen Triebe der Nach=
ahmung und Assimilation fortgerissen, die Natur ihrer
neuen Stellung rascher auffaßten und begriffen, als z. B.
die Avaren oder andere, den Ackerbau und die Müheselig=
keiten des Lebens scheuende Volksstämme.

Als Carl der Größe im achten, und seine Nachfolger
im neunten, zehnten und eilften Jahrhundert dieses sla=
vische Germanien in Nord und Süd, an der thüringischen
Sale, an der Elbe und Havel, an der Donau und an der
Save, im Gailthal und am Zirknitzer See angriffen und
bändigten, war von den ehemaligen germanischen oder kel=

tischen Bebauern dieser Himmelsstriche, von ihren Städten und Wohnorten, von ihrer Cultur und Einrichtung auch keine Spur zu finden. See, Teich, Bach, Baum, Hügel, Berg, Stadt und Dorf hatten slavische Benennung und Bauart, mit Einem Worte, es war Alles neu. Und es ist Niemand, der nicht wüßte, daß die Ortschaften mit deutschen Namen, die man heute um Halberstadt und Magdeburg, in Sachsen, Brandenburg und Pommern, in Schlesien, Mähren, Böhmen, Steyermark, Krain und Kärnthen findet, entweder Uebersetzungen aus dem Slavischen, oder Bauten jener germanischen Colonisten sind, welche durch obengenannte Eroberer und Vertilger in verschiedenen Zeiten angesiedelt wurden. *) Und obgleich seit dieser Reoccupation bereits an die tausend Jahre verflossen sind, ist das slavische Grundelement doch immer an den heutigen Bewohnern, an ihren Sitten und Einrichtungen, in ihrer Mundart und an ihren Wohnorten weniger oder mehr durchschimmernd, selbst wo die slavische Sprache erloschen ist. So unvertilgbar sind die Grundzüge, die eine ethnische Revolution den Ländern und den Menschen einzudrücken pfleget. Wer eine topographische Charte der eben benannten Länder zur Hand nimmt, und nur einige Bekanntschaft mit den slavischen Dialekten besitzt, wird meine Behauptungen unumstößlich und vollkommen wahr finden.

---

*) So z. B. wurde die slavische Stadt Gora auf Rügen durch die deutschen Sieger Bergen genannt, was gerade die Uebersetzung aus der Ursprache ist.

Aber wozu diese Bemerkungen über das slavische Germanien? Antwort: Weil alles hier Gesagte in seiner Art vollständig auf Morea und auf seine damalige und heutige Gestalt passend ist; nur daß die Reoccupation keine germanische, sondern eine Byzantinisch=griechische war, wie das vorgehende Capitel angedeutet hat.

Gleichwie alle Nationen, besonders aber die germanischen, für ihre Ortschaften gewisse Lieblingsnamen und Endungen haben, die allenthalben wiederkehren und gewöhnlich den Charakter der Landschaft, z. B. das Steinichte, Waldichte, Hügelichte, Flache, Sumpfichte, Düstere, Dürre, Heitere oder Wässerichte bezeichnen, und im Deutschen gewöhnlich auf ing, hausen, icht, heim u. s. w. enden: eben so finden wir auf der ungeheuren Linie von Messenien auf Morea bis nach Halberstadt und Pommern in Deutschland auch jetzt noch, ungeachtet tausendjähriger Umwälzungen und Verwandlungen, eine Menge gleichendender und ein und dasselbe bedeutender Städte=, Dorf= und Gebirgsnamen auf ova, ista und itza. Es gibt kein ehemals slavisches Land, in welchem man nicht heute noch einen Bach Planitza, ein Gebirg Gora, Chelm oder Chlum, eine Ortschaft Kamenitza, Goritza, Chlumitza, Beligosti, Rachova und endlich ein Verbena, Bistritza, Bistra und Mistra, fände. Ganz natürlich! — weil es allenthalben Hügelreihen, allenthalben von Gebirgen herabrinnende oder aus Hochthälern hervorrauschende klare Wasser, allenthalben Steingründe, Weidengebüsche und schöne, mit grünen Matten bekleidete Triften gibt.

Denn in der Mundart aller slavisch redenden Volksstämme, welche einst Griechenland und Germanien überschwemmten, bedeutet planina eine Alpe, einen Höhenzug,
und Planitza den vom Gebirge herabrinnenden Bach.
Daher ein Flüßchen Planitza bei Argos auf Morea, bei
Theben in Böotien, in den illyrischen Gebirgen, unweit
Pilsen in Böhmen, am rechten Oderufer in Schlesien, und
sogar noch auf der Südseite der böhmischen Bergkette
gegen Passau ein Bächlein Planitz, woran Niemand das
Slavische, durch den Alles aspirirenden deutschen Mund
verwandelte Planitza verkennen kann. Gora bezeichnet
im Slavischen einen Hügel, eine über die Fläche hervor-
ragende Erderhöhung; auch als Präposition über. Daher in der bulgarischen Bibelübersetzung gora na zemiata
über der Erde. Das Diminutiv Goritza als Name
einer Berghöhe, eines Dorfes oder einer Stadt wird in
den benannten Ländern ungewöhnlich oft gefunden. Zagora, hinter dem Berge, Ennetberg, zwischen
Korinth und der Donau wenigstens sechsmal. Pod-goritza,
Unterberg, in Illyrien; Goritza (auf deutsch Görz)
an den Gränzen von Friaul; Goritza, Pod-goritza, Vyna-
goritza (Weinbühl) und Per-goritza in Krain; Goritza
in Cilly; Goritza auf dem Draufelde in Steyermark; Goritza
(Görtz) in Böhmen, Sachsen, Brandenburg und Pommern sehr oft, und endlich Goritza, ein slavisches Städtchen nahe an den Ruinen der alten Griechenstadt Mantinea im Peloponnes.

Chelm oder Chlum (im Deutschen Kulm) bedeutet
einen kleinen Hügel, auch ein Vorgebirge; daher Chlumetz

oder Chlumezi, Castell auf einem felsichten Vorgebirge
der Seeküste von Alt=Elis in Morea, und Chelm-os der
heutige slavische Name zweier Gebirgsketten, welche einer=
seits die Flußgebiete des Alpheus und Eurotas, an=
dererseits aber Arkadien vom Küstenlande trennen und
in der classischen Zeit Boreon und Cyllene hießen.
Wer kennet nicht die vielen Ortschaften Chlumeß, Chulm
und Chelm in Böhmen, in Brandenburg, in Polen und
in Rußland? — Keinen Namen aber liest man in sla=
vischen Ländern häufiger als Kamenißa, Verbena und
Bistrißa. Kamen bedeutet einen Stein, Kamenitza und
Kemnata (deutsch Kematen) eine steinichte Gegend oder
einen aus Stein gemauerten Wohnort. Von den Gränzen
Arkadiens auf Morea bis zu den Küsten des baltischen
Meeres gibt es wenigstens vierzig Flecken, Städte und
Bäche, welche Kamenißa heißen. Zwischen den alt=
achäischen Cantonsstädten Tritäa und Dyme im Pelo=
ponnes war ein felsiges Gebirge (ὄρος πετρῶδες), Scollis
oder Petra Olenia von dem nahen Olenos genannt. Von
den drei Ortschaften Tritäa, Dyme und Olenos existirt
schon lange kein Stein mehr; aber das alte Felsengebirg
ist heute noch wie ehemals, und in seiner Nähe das sla=
vische Städtchen Kamenißa an dem gleichfalls Kamenißa
genannten Gebirgswasser. Mit diesen vergleiche man
Kamenißa, Kamenza und Kamen in Krain; Kamenißa in
Illyrien; Kamenißa in Serbien; Kamenißa in Slavonien,
in Mähren und in Böhmen (beinahe in jedem Kreise);
Kamenißa in Oberschlesien, in der Lausiß, in Sachsen
und bei Gnesen in Preußisch=Polen, um von den vielen

Orten dieses Namens in Groß-Polen, Lithauen und Süd-
Rußland gar keine Meldung zu thun.

Eben so häufig begegnen uns Städtchen und Dörfer
mit Namen Verba, Verbena (Vervena) und Vervovo,
d. i. Weide, Weiden, Weidenheim und Weidenfeld, vom
slavischen Substantiv Verva, die Weide (salix) benannt. Wer kennt nicht die vielen Ortschaften Werben
und Verbena um Halberstadt und Magdeburg? *) Werben in Pommern, Vervitza in Mähren, Verba und
Verbovo in Krain, Verbova und Verva in Slavonien und
endlich Verveni, Vervitza und Vervena in Elis und Arkadien auf Morea.

An reißenden Gebirgsbächen, an Städtchen und Ortschaften auf Bistritza gibt es in den benannten Ländern
allenthalben eine solche Menge, daß wir den Leser mit
Aufzählung derselben nicht ermüden wollen, sondern uns
mit der Bemerkung begnügen, daß Bistra im Slavischen
scharf, frisch, klar bedeutet, woraus ein Diminutiv
Bistritza erwachsen ist, welches ein frisches, klares Berg-
wasser, und gewöhnlich auch einen lieblich an Berg und
Bach gelegenen Ort bezeichnet, und im Deutschen etwa
mit Lauterbach zu übersetzen wäre. Auf der illyrischen

---

*) Der Deutsche spricht Werben statt Verbena. Die alten
Chroniken bemerken aber ausdrücklich, daß die Stadt Werben an der Elbe Vervena geheißen habe, zur Zeit als
sie durch Heinrich I. König von Deutschland, wieder hergestellt wurde,
Joh. August Werdenhagen de rebus Hanseatic.
cap. 7, p. 254.

Halbinsel, am Norduser der Donau, an der karpathischen Gebirgsabdachung, besonders aber in Krain, Kärnthen, Steyermark und Böhmen sind nur nach Angabe gewöhnlicher Landcharten einige und fünfzig Ortschaften und Gewässer mit Namen Bistra, Bisterza und Bistritza zu lesen.

Besondere Lieblingsendungen slavischer Appellativ= und Eigennamen sind die Sylben gast und gostj, welch letztere der deutsche Sprachgenius ebenfalls in gast zu verwandeln pflegt. Wer erinnert sich nicht der slavischen Kriegshäuptlinge Andragast und Pirgast beim Byzantiner Simocatta? Wem sollen die zahlreichen Ortschaften mit dieser Endsylbe in germanisirten Slavenländern nicht aufgefallen seyn? Schloß Pirgast in Hinter=Pommern; Gorgast bei Küstrin, Schurgast in Schlesien, besonders aber Volgast an der Peene=Mündung, und Velegast an der Spree oberhalb Havelberg in Brandenburg. Eine besondere Wichtigkeit ist letztgenanntem Orte Velegast beizulegen, weil die Franken bei ihrer Landung auf Morea, wie schon oben bemerkt, mitten im Gebirgsstocke zwischen dem Alpheusbett und Lacedämon eine Slavenstadt Veligosti ($Bɛλιγοστῆ$) gefunden haben, — Namen, deren Aehnlichkeit gewiß nicht leicht Jemand verkennen wird. Radugosti (deutsch Rodigast) hieß die berühmteste Gottheit der alten Slaven, und Fredegar, der Chronist, redet von einer Slavenresidenz Vogastiburg am östlichen Elbeuser. *) Vogastj und Volgast scheinen allerdings nur Corruptionen von Veligostj

---

*) Frédegaire p. 212. edit. Guizot.

zu seyn; unterdessen leidet ersteres auch in der Form, wie sie uns Fredegar liefert, eine ganz ungekünstefte Erklärung, indem voga bei den illyrischen Völkern heute noch Ried, Riedgras (alga), und vogast einen mit Riedgras bedeckten Ort, eine flache, sumpfige Ebene bezeichnet. *)

Wären diese wenigen Exempel, aus verschiedenen Puncten des Eilandes aufgelesen, nicht schon ein hinlängliches Belege für unsere Behauptung einer allgemeinen Colonisation des Peloponneses durch slavische Völker? Denn die eben angezogenen und erläuterten Orts = und Flußnamen haben etwa nicht bloß eine slavische Endung, wie ein berühmter Mann urtheilet, sondern auch Stamm und Grundbedeutung sind slavischer Natur. — Die Einwendung: daß zwar einzelne Gegenden der Halbinsel durch das oft genannte Volk eingenommen und angebaut worden, im Ganzen aber die hellenische Bevölkerung und Nomenklatur der Wohnorte trotz aller Revolutionen des sechsten, siebenten und achten Jahrhunderts überwiegend geblieben sey, ist eben so unnütze und unhaltbar, weil wir nachweisen, daß am Ende des zwölften Jahrhunderts außer etwa vierundzwanzig namentlich zu bezeichnenden Orten an der Seeküste alle zur Zeit des Pausanias noch bestehenden und griechische Namen tragenden Städte und Flecken der Halbinsel vertilgt und durch slavische Bauten ersetzt waren. Ueber das einzige Lacedämon, welches die Franken im Jahre 1206 unter diesem Namen als eine

---

*) Stulli Lexicon. Illyric. ad. voe. alga.

große, volkreiche und stark ummauerte Stadt mitten unter slavischen Städtchen und Dörfern gefunden haben, wagen wir keine Entscheidung. Daß Lacedämon heute nicht mehr existirt und kein Stein mehr davon übrig ist, weiß Jedermann, und wir werden auch an der treffenden Stelle dieser Schrift Zeit und Ursache seiner gänzlichen Verödung festzusetzen nicht ermangeln. Daß es aber auch bei der letzten allgemeinen Slavenfluth unter Copronymus von den Binnenstädten des Peloponneses allein dem Verderben entronnen, oder seine Bevölkerung von der vorhergehenden, Alles verheerenden Seuche nicht hingerafft und durch nachrückende Slaven ersetzt worden sey, wünschen wir zwar zu bejahen, haben aber aus Mangel an kritischen Belegen nicht Muth genug. Wollten wir die Sache nach Angabe der Byzantinischen Kirchengeschichte entscheiden, so wäre freilich jeder Zweifel schnell gehoben, weil diese damals wie heute noch einen Bischof von Lacedämon, Elis, Amyklä und Megalopolis nennt, obgleich der Staub dieser Städte längst schon durch den Sturmwind in den Lüften zerstreut ist. Die Byzantiner überhaupt, und namentlich Hierokles und Porphyrogenitus, tragen durchgehends die alten Namen der zerstörten Städte auf die, gewöhnlich in geringer Entfernung aus den Trümmern neu erbauten Slavenorte über. Uns scheint, das vielleicht großentheils verlassene Lacedämon sey nach Wiedereroberung der Halbinsel durch die Byzantinischen Kriegsheere wieder aus seinen Ruinen auferstanden und durch eine Colonie Byzantinischer Griechen neu belebt zu jener bürgerlichen Glückseligkeit herangewachsen, welche die Franken an ihr bewundert ha=

haben. Für diese Meinung (denn mehr ist es nicht)
spricht vorzüglich der Umstand, daß Lacedämon in der
Mitte des sechsten Jahrhunderts und folglich einige und
dreißig Jahre vor der Eroberung des Peloponneses durch
die Slaven, nach dem Zeugnisse des Procopius, offen
und schutzlos, zur Zeit des Frankenkrieges aber gut gebaut, hoch ummauert und mit einer Burg befestiget
war. Wann und von wem sind nun diese Mauern,
diese Thürme und Paläste Lacedämons erbaut worden?
Die erbärmlichen, so oft geplünderten, und zusammengeschmolzenen Lacedämonier des sechsten Jahrhunderts
waren doch nicht vermögend, die Ruinen ihrer durch
Alarich vom Grunde aus zerstörten, vom kaiserlichen
Hofe vernachlässigten und vergessenen Stadt in schöne
Wohnhäuser zu verwandeln, Tempel und Burg zu bauen,
Mauern und Thürme von solcher Ausdehnung, wie man
sie im Jahre 1206 gefunden hat, durch eigene Kraft
aufzuführen. Procopius, Agathias und die damalige
Natur der Dinge gestatten diese Annahme nicht. Sparta
war unter der elenden Regierung des Tiberius, des
Mauritius und Phokas ein offener, halbverfallener Ort,
von dem man nicht einsehen kann, wie er sich gegen
die wilden Eroberer der Halbinsel im Jahre 589 hätte
vertheidigen sollen mitten im Lande, ohne Felsenburg,
ohne Verbindung mit der See. Die moraitische Chronik
bemerkt ausdrücklich, daß die Werke Lacedämons im
dreizehnten Jahrhunderte nicht so wie die Festungswerke
und Burgen von Veligosti, Kalamata, Araklovon und
anderen slavischen Ortschaften aus rohen Backsteinen,

sondern mit Kalksteinen gemauert waren, woraus man
vielleicht nicht ganz mit Unrecht folgern darf, daß die
beiden verschiedenen Mauerwerke der Halbinsel auch verschiedene Urheber hatten. An der unweit der Ruinen
Tegea's gelegenen Stadt Nicli bemerkten die Franken
freilich auch denselben Unterschied des Gemäuers. Wir
lassen deßwegen diese Streitfrage, wie gesagt, aus
Mangel aller positiven Angaben unentschieden, oder
nehmen vielmehr an, daß sich in Lacedämon während
der zwei Jahrhunderte, in welchen das Innere Morea's
der Byzantinern verschlossen war, doch einige Reste griechischer Bewohner erhalten haben, obgleich rundumher
Alles in Schutt und Verwesung sank.

Ganz unbezweifelt dagegen ist, daß Stadt und
Burg Argos mit der Hafenfeste Nauplion und der
ganzen Hohlebene im Hintergrunde des argivischen Meerbusens völlig im Besitze der alten Population geblieben
sey. Das rund abgeschlossene, durch Schluchten be-
schirmte Thalland mit der großen Stadt und mit der
hohen Felsenburg, besonders aber die Nähe des Meeres
und die beständige Hülfe byzantinischer oder inselgrie-
chischer Schiffe, setzten dem Fortschreiten der fremden
Ueberzügler einen dauerhaften Damm entgegen. Deßwegen hat sich auch der Name Argos und Nauplion
mit den Namen der beiden Gebirgsbäche Erasinus und
Inachus von dem Zeitalter Agamemnons bis auf den
heutigen Tag an die dreitausend Jahre unverändert erhalten. Merkwürdig genug, und für die hier angenom-
mene Revolution des Peloponneses höchst bezeichnend

und laut bestätigend, trägt der Gießbach Inachus, so lange er von seiner Quelle an durch das alte Gebirge Artemission zwischen Argolis und Mantinea fließt, den slavischen Namen Planitza, gewinnt aber seine hellenische Benennung, von der Stelle, wo er die Ebene erreicht und Argos vorbei zum Meere hinabströmet. Läßt sich demzufolge nicht wenigstens auf dieser Seite der Halbinsel mit aller Schärfe die Linie ausscheiden, bis wohin die slavischen Colonien von Arkadien aus gegen Argos vorgedrungen sind und das griechische Element verwandelt haben? —

Hiemit haben wir nur so viel bewiesen, daß die Kinder jener Argiver, welche einst gegen Mummius gefochten und den römischen Proconsuln Steuer entrichtet haben, durch die scythischen Inundationen des Eilandes nicht erreicht worden seyen. Damit aber Niemand dieses glückliche Ergebniß bis auf die Argiver der neuesten Zeiten herab ausdehne, wollen wir gleich jetzt die Bemerkung einschalten, daß sich die alte Population in und um Argos zwar bis zum Schlusse des vierzehnten Jahrhunderts der Hauptsache nach erhalten, aber beim ersten Einfalle der osmanischen Türken unter Bajesid-Sultan, insgesammt den Untergang gefunden habe, und daß endlich in den politischen Stürmen der beiden nächstfolgenden Jahrhunderte die etwa noch ursprünglich griechischen Bewohner der Gebiete Korinth und Argolis eben so vollständig durch die Albaneser verdrängt und vernichtet worden seyen, wie ehemals die Innerpeloponneser durch die Slaven und Avaren. Die Albaneser

17*

indessen änderten, so wie die Slaven nach ihrer Bekehrung und Gräcisirung, nirgends die bestehenden Eigennamen, weil sie zur Zeit ihrer Einwanderung auf Morea
schon lange Christen waren und neben ihrer Muttersprache auch häufig schon das Griechische redeten, oder
es doch sehr schnell zu sprechen anfingen. Wo man daher immer in Morea auf einen in Stamm und Endung
slavischen Eigennamen stößt, ist jederzeit und ohne Ausnahme allgemeine Destruction und Veröbung durch götzen-
anbetende Scythen vorauszusetzen und anzunehmen. Und
um diese Sache endlich einmal dem Schlusse näher zu
bringen, werfen wir selbst die Frage auf: „Wo auf
der peloponnesischen Halbinsel redete man am Ende des
achten Jahrhunderts noch hellenisch und betete man Chri-
stum als Gott und Welterlöser an?“ — Antwort: Zu
Patras, in den drei messenischen Städten, Arkadia,
Modon und Coron; zu Monembasia; in vierzehn Ortschaften mit und um Prasiä und überhaupt auf der
schmalen Ostküste Lakoniens bis hinab zum Promontorium
Malea; zu Nauplion und Argos sammt der ganzen zur
Stadt gehörigen Ebene; zu Korinth und in den beiden
Hafenorten Lecheum und Kenchrä mit noch einigen hin
und wieder an der Seeküste oder im Gebirge erhaltenen
Flecken und Städtchen. In der Seestadt Maïna redete
man zwar Griechisch, betete aber die Götter des Perikles
an. Ueber Lacedämon können wir begreiflicher Weise
auch hier keine bestimmte Angabe liefern. Jedoch neigen
wir uns immer zur Meinung hin, daß sich griechischredende Menschen in dieser halbzerstörten Stadt erhalten

haben." Auf allen übrigen Puncten des Eilandes hörte man slavische Rede aus dem Munde von Scythen, und loderte die Opferflamme auf den Altären des Gottes Rodigast.

Bei diesen Begebenheiten war das Schicksal der Westküste und der Ostküste des Peloponneses auffallend verschieden. Denn während auf erstere erweislich nur das auf einem ins Meer hinausragenden Felsen neuangelegte Arkadia im Besitze der Eingebornen blieb, erhielt sich griechisches Idiom und Christenthum auf letzterm, mit einzelnen Unterbrechungen ziemlich vollständig. Gleich wie bei der allgemeinen Ausmordung Morea's durch die Albaneser im achtzehnten Jahrhundert die Bauern aus Argolis, Tegeatis und Laconia in den heutigen Cantonen Sanct Peter, Prasto und Rheontas eine Zufluchtsstätte vor dem Schwerte der Mohammedaner fanden und durch das Küstengebirg Malevo beschirmt wurden: *) eben so scheinen sich auch bei Eroberung und gänzlicher Desolation des Landes durch die Slaven, Trümmer hellenischer Bevölkerung eben dorthin geflüchtet, und durch Hülfe des nämlichen Gebirges (damals Parnon genannt) ihr Daseyn gerettet zu haben. Und wenn die

---

*) Le canton de Saint Pierre était presque abandonné aux nomades, lorsqu' à l'époque de la sanglante révolution de 1770, les paysans chrétiens de l'Argolide, de la Tégéatide et de la Laconie, vinrent chercher un asyle, à fin de se soustraire au glaive des Mahométans, le trait de la montagne Malevo les couvrit.
Pouqueville Tom. IV, p. 171.

Bewohner dieser Küsten einen berühmten Reisenden unserer Tage versicherten, daß sie die einzigen und wahren Ueberreste der alten Lacedämonier (nicht der Spartiaten), die Mainoten aber (d. i. die Gebirgsleute von Melingi) Räuber seyen, so haben sie eine große Wahrheit gesagt. Diese Trümmer der dorischen Peloponneser bewohnten im sechzehnten Jahrhundert noch vierzehn Ortschaften um Prasto, und redeten den alten lakonischen Bauerndialekt, den die übrigen Bewohner der Halbinsel nicht verstanden. *) Ganz begreiflich! Diese Tzaconier waren alte peloponnesische Hellenen, die andern aber in Byzantinische Griechen verwandelte Slaven, Avaren, Italiener, Franken und Albanesen.

Nicht so glücklich war das weiter südwärts von Prasto gleichfalls an der See und auf einer Anhöhe gelegene Epidaurus limera Zu Pausanias Zeiten noch im guten Stande, war es in der ersten Hälfte des achten Jahrhunderts schon verschwunden, und eine neue griechische Stadt, Monembasia genannt, in geringer Entfernung auf einer Felseninsel erbaut, war an seine Stelle getreten. Hiemit ist nicht gesagt, daß Epidaurus im achten Jahrhundert zerstört und Monembasia erbauet wurde, sondern daß im Jahre 746 nach Christus Monembasia schon die Hauptstadt der peloponnesischen Ostküste und die gewöhn-

*) . . that the only people, who are not understood by the rest of greece, are the Zacones, who inhabit feorteen villages between Nauplia and Monembasia.
Stephan Gerlachius by Leake p. 196. Turco graecia lib. 7. Not. in Epist. 7 und 8.

sehe Section der Byzantinischen Flotte auf dem Wege nach Sicilien und Abendland gewesen ist. Die erste Nennung dieses Ortes findet man vom Jahre 746 bei Theophanes und Cedrenus, von welchen ihn der eine Monobasia, der andere aber Moenembasia nennt. *) Beide Formen sagen das Nämliche und werden ohne Unterschied gebraucht **) war die Mitte des sechsten Jahrhunderts nur Monembasia noch nicht gegründet, weil Justinians Flotten noch im alten Hafen von Dacarus oder Nauplios, welches durch Geserich zerstört, nachher aber wieder aufgebauet worden war, vor Anker gingen. Im Laufe des folgenden Jahrhunderts verliert sich dieser Name in das weiter nördlich liegende Maina, und auf einem schroffen Eilande östlich vom zerstörten Epidaurus steht auf einmal Monembasia mit einem bequemen, geräumigen Hafen und einer Seefahrt treibenden Bevölkerung. Schon Strabo bemerkt, daß nahe am Ufer von Epidaurus limera mehrere kleine Inselchen liegen, von welchen aber nichts zu bemerken sey. ***) Auf diese Inselchen hatten sich die Epidaurier geflüchtet, als ihre Stadt bei dem ersten Einbruche der Slaven gegen Ende des sechsten Jahrhunderts in einen Schutthaufen verwandelt wurde. — Ist nicht die Gründung von Ragusa und Venedig durch ähnliche Begebenheiten veranlaßt worden? Und gleich wie sich im

*) Theophan. p. 32. Cedren. p. 365.
**) Μονοβασία oder Μοενεβασία bedeutet einen Ort, zu welchem man nur auf einem einzigen Pfade kommen kann.
***) Νησίδια τε πολλὰ πρόκειται αὐτῆς οὐκ ἄξια μνήμης.
p. 254. Edit. Casaub.

fünften Jahrhundert die aus dem illyrischen Epidaurus flüchtenden Bürger zuerst in Altragusa, und die Venetianer zuerst auf Malamocco ansiedelten, bis die ersteren die bequemere Lage von Neuragusa, die letztgenannten aber die von Rialto wählten: eben so hatten die vertriebenen Bewohner des lakonischen Epidaurus ihre Niederlassung zuerst auf einem ganz dicht am Continent liegenden, ungefähr eine Stunde vom heutigen Monembasia entfernten Inselchen gegründet, auf welchem man jetzt noch die rohen Trümmer dieser ersten Anlage erblickt und im Gegensatze zu Neumonembasia von dem Umwohnern Palä-Embasia (Alt-Embasia) nennen hört. *)

Die Entstehungsgeschichte dieser Stadt, wie sie hier erzählt wird, ist zwar aus keiner schriftlichen Urkunde gezogen, trägt aber deßwegen nicht weniger den Stempel der Wahrheit, weil Steine, Ruinen und die Natur der Menschen und der Dinge, oft eine viel sichrere Grundlage zur Erkenntniß der Vergangenheit bilden, als selbst geschriebene Ueberlieferungen, da diese letzteren nicht selten durch Ignoranz, Leidenschaftlichkeit und absichtlichen Betrug entstellt und getrübt werden. Zugleich ist hiemit auch der Beweis geliefert, daß Lakonien nicht etwa erst nach der großen Pest und der neuen, in den Peloponnes hereinbrechenden Slavenfluth unter Copronymus seine Bewohner und seine Städte verloren, sondern zu gleicher Zeit mit dem übrigen Binnenlande schon am Ende des sechsten Jahrhunderts wenigstens zum Theil seine slavische Verwandlung erlitten habe.

*) Voutier p. 92. edit. Schott.

Obwohl es langweilig ist, und manchem Leser vielleicht Ekel verursachet, sind wir doch genöthiget, eine
möglichst sorgfältige Vergleichung der lakonischen Ortsbenennungen vor und nach dem Schlusse des sechsten Jahrhunderts anzustellen. Pausanias auf der einen, und die
monnitische Chronik mit den Reiseberichten späterer Franken
auf der andern Seite müssen unsere Führer und Gewährs-
männer seyn. Pausanias war der letzte heidnische Geograph der Pelopsinsel, die er nach der Mitte des zweiten
Jahrhunderts unserer Zeitrechnung gänz bereiset und mit
bewunderungswürdiger Genauigkeit in allen ihren Theilen
beschrieben hat. *) Procopius, Christ oder Heide aus
dem sechsten Jahrhundert, hatte zu wenig Veranlassung
von den Orten der Halbinsel viel zu melden. Jedoch ist
aus dem Wenigen, was er sagt, klar genug, daß sich
bis zu seinem Zeitalter in dieser Hinsicht seit Pausanias
nichts geändert habe. Alarichs und Geiserichs Verheerungen, welche in die Zwischenzeit hineinfallen, mögen
wohl die Ruinen des Landes vermehret haben; die Namen
blieben aber auch bei den verfallenen Trümmern und bei
dem moosbewachsenen Gestein unverändert, wie z. B. bei
Selasia, Pharis und Helos im Eurotasthale, welche schon
zu Pausanias Zeiten alle drei öde lagen, aber doch noch
die alten Namen führten. Daß sich Gothen und Vandalen
damals im Lande nicht niedergelassen haben, und daß die

---

*) Er selbst sagt, daß er 217 Jahre nach Wiedererbauung
Korinths durch Julius Cäsar, d. i. einhundert vier und
siebenzig Jahre nach Christus sein Werk geschrieben habe.

Spuren ihrer Wuth durch den Fleiß der Menschen nach und nach verschwunden seyen, ist schon früher Einwert worden.

Für die Zeiten nach dem sechsten Jahrhundert und nach den furchtbaren Convulsionen, welche die Länder des griechischen Volkes erlitten, haben wir für unsere Untersuchung keine frühere ächte Quelle als die morazische Chronik, deren Verfasser, ein gräcisirter und mit den classischen Städtenamen des Eilandes völlig unbekannter Franke, Morea so beschreibt, wie es seine barbarischen Landsleute bei ihrer Landung im Jahr 1205 gefunden haben. Daß der Synekdemos des Hierokles, welcher in die Zwischenperiode hineinfällt, ganz unkritisch und werthlos sey, ist Jedermann klar, der ihn gelesen und verglichen hat. In seinem magern Verzeichnisse nennt er im Ganzen nur dreiundzwanzig peloponnesische Städte, unter welchen auch Aegä steht, obwohl es nach dem Zeugnisse des Pausanias schon zu seiner Zeit nur mehr ein menschenleeres Dorf (ἔρημον χωρίον) gewesen. Offenbar hat Hierokles, wie alle Byzantiner in ähnlichen Fällen, auf die in der Umgegend von Aegä durch die Slaven erbaute Stadt Vostiza auch den Namen Aegä übertragen, wie es bei einer großen Anzahl von Städten im nördlichen Hellas geschehen ist. — Eben so können nur Schwache und Ungeübte glauben, es habe nach dem sechsten Jahrhunderte im Peloponnes noch eine Stadt Megalopolis, Tegea, Elis, Amyklä, Olenos oder Stymphalos gegeben, weil sie in der Byzantinischen Kirchengeschichte als Bischofsitze aufgeführt werden. Von Olenos in Achaja sah

Pausanias nur noch Ruinen (τὰ Ἄμυκλα ἐρείπια) und unweit des zerstörten Dorfes Amyklä hatten die Slaven Slavitza (griechisch Σκλαβοχώριον) gebaut. Dessen ungeachtet nannten sich die geistlichen Hirten von Andravida in Elis noch zur Frankenzeit „Bischöfe von Olenos," so wie ein ambulirender, bald in einem Flecken an der Seeküste, bald in Byzanz oder auf einer nahen Insel wohnender Griechen-Priester „Bischof von Amyklä" bis auf den heutigen Tag genannt wird. Die Kirche erkennet keine politische Umwälzung und creirt ihre Bischöfe in partibus, wenn auch der letzte Stein des alten Hirtensitzes verwittert und in Staub zerfallen ist.

Unterdessen fällt den Byzantinern ihre Unwissenheit in der Topographie der Pelopsinsel nicht im geringsten zur Last, weil sie über zwei Jahrhunderte lang vom Innern des Eilandes gleichsam ausgeschlossen, und auch nach Unterjochung des slavischen Griechenlandes diese Gegenden topographisch zu untersuchen eben so unfähig waren, als über die ethnische Revolution des großen illyrischen Dreiecks ein umfassendes Bild zu entwerfen und auszumalen. Wenn man aber irgend einen gelehrten Byzantiner vor den Zeiten des Franken-Einbruches dessen ungeachtet wegen dieser Nachlässigkeit und Unkunde tadeln wollte, so wäre es ohne Zweifel der Erzbischof Eustathius von Thessalonica. Hätte es wohl für irgend einen Gelehrten jener Zeit eine schicklichere Veranlassung gegeben, eine Schilderung über den Untergang des alten Peloponneses zu entwerfen, als für eben diesen Eustathius in seinen Commentarien zum zweiten Gesange der Ilias und zum

erſten der Odyſſee? Aber auch nicht die leiſeſte Andeutung
liefert er, daß Homers Städtetafel des Peloponneſes
auf den Zuſtand dieſer Inſel im zwölften Jahrhunderte
nicht mehr anwendbar ſey. Freilich konnte dieſes Land
für einen chriſtlichen Byzantiner damals keine größere
Wichtigkeit haben, als Bulgarien oder Wlachenland. *)

*) In den Literargeſchichten über die mittlere Zeit findet man
ein Gedicht des Byzantiniſchen Kaiſers Leo Sapiens, unter
dem vielverſprechenden Titel: „Carmen de misero statu
Graeciae" aufgeführt. Da dieſer Imperator im neunten
Jahrhundert regierte und ſich beſonders mit hiſtoriſchen
Studien beſchäftiget haben ſoll, würde bei Anſicht des eben
angezogenen Titels ohne Zweifel Jedermann umſtändliche
Klagen über den Untergang der Hellenen, über die Ueber-
ſchwemmung des alten Griechenlands durch eine rohe und
heidniſche Scythenbevölkerung, und über die Vernichtung
der herrlichen Kunſtwerke jener Gegenden aus dem Munde
des Dichters erwarten. Von All dem findet man aber kein
Wort. Das ganze Carmen beſteht aus ſechs jambiſchen
Trimetern, welche im Allgemeinen beſagen: daß die allver-
zehrende Zeit alles Ehrwürdige, Gute und Nützliche im
romäiſchen Reiche zerſtört habe, daß Kenntniſſe und Ge-
lehrſamkeit, daß feine Bildung, daß Gottesfurcht, daß
Recht und Gerechtigkeit, — mit Einem Worte, daß alles
Schöne und Gute aus der Welt verſchwunden ſey:

  ἡδει τὰ σεμνὰ τῷ χρόνῳ τῷ παμφάγῳ

  διέφθορε τὰ χρηστά, καὶ τὰ τίμια.

  ὄλωλεν ἡ παίδευσις. ἔσβη καὶ λόγος.

  φροῦδος δὲ καὶ ὁ νοῦς· οἴχεται θεωρία.

  λέλοιπεν εὐσέβεια, καὶ τελεστικὴ

  θέμις δ'ἀπέστη, καὶ δίκη, καὶ πᾶν καλόν.

  Leo Allat. lib. 2. de Consensu Eccles. pag. 854.

Aus diesen Gründen ist die Chronik von Morea die erste authentische Quelle, aus welcher uns eine nähere Einsicht in die Natur des gänzlich umgestalteten Landes entgegenfließt. Dabei ist nur noch die Bemerkung einzuschalten, daß im Jahre 1205, mit welchem sie beginnet, schon an die 400 Jahre seit der Wiedereroberung Morea's durch die Byzantinischen Griechen verflossen und die Bewohner nicht nur Christen waren, sondern auch ihren slavischen Dialekt mit Ausnahme der Cantone Melingi wenigstens in den Städten bereits mit der Redeweise ihrer Besieger und Bekehrer vertauscht hatten. Die Reaction war auch vielfältig auf die Nomenklatur der Wohnorte übergegangen, so daß nicht nur jene Bauten, welche durch die Byzantinischen Apostel und Colonisten neu aufgeführt wurden, griechische Namen erhielten, sondern auch slavische Ortsnamen in die entsprechenden griechischen übergingen. Dessen ungeachtet haben von den fünfundsechzig Städte-, Flecken- und Dörfernamen, welche Pausanias in der Provinz Laconia noch gefunden hat, urkundlich nur sechs die Slavenrevolution der Halbinsel überlebt. Unter diesen liegen fünf an der Seeküste, im Innern das einzige Lacedämon; sey es, daß es durch die Slaven niemals erobert, oder durch die Byzantiner restaurirt und mit anatolischen Griechen colonisirt worden sey. Die Franken wenigstens hörten die Stadt bei ihrer Ankunft Lacedämonia nennen. — Cardamyle, Leuktra und Pitylos am Strand von Maïna; Trinasos im Lakonischen und Prasto (Prasiae) im Argolis Golf haben ihre alte Benennung durch alle Stürme bis zur Fran-

kenzeit und zum Theil bis auf den heutigen Tag geret=
tet, indem das einzige Leuktra im Tumulte der letzten
Jahrhunderte verschwunden ist.

Um unsere Untersuchungen zu erleichtern, wollen
wir das ganze Gebiet von Alt=Laconia in drei, durch
die Natur selbst geschiedene Theile zerfällen: das Euro=
tasthal in der Mitte, und die beiden Gebirgsdistrikte
Menelaïon und Taygetus im Ost und West. Von
den Gebirgsschluchten um die Quellen des Flusses bis
zu seiner Mündung waren zu Pausanias Zeiten folgende
Ortschaften theils unversehrt, theils in Ruinen noch
übrig: Scotitas, Caryä, Belemina, Selasia (zerstört),
Pellana, Amyklä, Lacedämon, Therapne, Alesiä, Pharis
(zerstört), Brysea, Charakomä, Taleton, Sakos, Här=
plea, Derrion, Hypsos, Kroked und Aegiä. *) Alle diese
Namen sammt den Ortschaften, Lacedämon ausgenom=
men, sind jetzt ausgetilgt und neue an ihre Stelle getre=
ten. Die Einwendung, daß die alten Wohnorte nur
veränderte Namen erhalten haben, wollen wir vorne=
weg entkräften, da man durchaus die Beobachtung machen
kann, daß die scythischen Völkerschaften, welche Griechen=
land überschwemmten und sich daselbst bleibend niederge=
lassen haben, alle hellenischen Orte zerstörten und ihre
neuen Bauten nicht etwa auf der alten Stelle, sondern in
einer gewissen Entfernung und gewöhnlich aus den Trüm=
mern der niedergerissenen aufführten. Man denke nur an
die Neubauten in Bulgarien, Serbien, Bosnien, Dal=

---

*) Pausanias in Lacon.

matien, Macedonien, Thessalien und ganz Nordgriechen-
land, um eine zahllose Menge von Quelegen zu finden.
Deßwegen ist es auch die größte Thorheit, wenn sich neuere
Geschichtforscher, Geographen und Reisebeschreiber den
Kopf zerbrechen, um zu entziffern, wie etwa diese oder
jene Stadt im Alterthum, d. i. vor der großen Scythen-
Revolution des sechsten Jahrhunderts geheißen habe. Es
es ist in Hellas wie im Peloponnes Alles neu geworden.
Ueber Mantinea erwuchs Goritza, Muchli nicht weit von
den Trümmern Tegea's, wie sich Vostitza bei Aegä, und
Misistra eine Stunde von Lacedämon erhoben hat. Vergleiche man das hier folgende Verzeichniß der Ortsnamen
in dem nämlichen Eurotasthale von den arkadischen Gränzen bis zur Seeküste hinab, und urtheile man selbst, ob
es noch die alten sind: Garbilibon, Arachova, Chelmina,
Agrapulo-Campo, Mangari, Krabata, Burlia, Butiana,
Papioti, Trupia, Kodina, Choritiza, Kevanio, Perivolia, Partali, Misistra oder Mistra, Sklabochorion, Potamia, Baphio, Daphne, Arabades, Bardunia, Tsoka,
Kumastra und Kutraphas. Unter diesen sind offenbar
slavischen, oder wenigstens nicht griechischen Ursprungs:
Garbilibon, Arachova, Chelmina, Agrapulo = Campo,
Mangari, Krabata, Trupia oder Trupa, Kevanio, Misistra, Tsoka, Bardunia und Kumastra, da sich zum Theile
ihre Bedeutung ohne Zwang aus den slavischen Volks-
dialekten erklären läßt. *) Zweifelhaft sind Perivolia und
Kutraphas, Burlia, Butiana und Papioti. Vollkommen

---

*) Weiter unten wird diese Erklärung folgen.

neugriechisch dagegen, jedoch mit den alten Namen durchaus nicht zu vergleichen, sind Sklabochorion (Slavenstadt), Potamia, Baphio, Daphne und Arabades. Dieses letztere ist offenbar nach Eroberung Morea's durch die Mahommedaner erst gebaut oder doch nach seinen mahommedanischen Bewohnern genannt worden, wie Sklabochorion nach den Ueberzüglern des achten Jahrhunderts seinen Namen erhielt.

An der Seeküste zwischen den Vorgebirgen Matea und Tánarus sah man zu Pausanias Zeiten noch Gythium, Helos (in Ruinen), Aktá, Cyparissia, Asopus und Boeá östlich von der Eurotasmündung; auf der Westseite dagegen standen Trinasos (leere Mauern), Las, Pyrrhichos, Teuthrone und die Hafenorte Psamathus und Achilleus. Um das Jahr 1200 kommen hier schon die nämlichen Namen zum Vorschein, wie sie uns die Reisebeschreiber der neueren Zeit nennen. Und daß die Slaven bis an die Eurotasmündung vorgedrungen und links und rechts vor derselben sich niedergelassen, Gythium, Aktá, Cyparissia, Boeá, Las, Pyrrhichos mit Teuthrone zerstöret und Bauten ihrer Art gegründet haben, ist durch unverwerfliche Zeugnisse zum Theil schon aus dem zehnten Jahrhunderte dargethan. Bei Lacedämon und in allen Schluchten des Taygetus, sagt Constantin Porphyrogeneta, saßen im neunten Jahrhundert die Slaven Milingi; an der Mündung des Flusses aber, in der Gegend des ehemaligen Helos (und an den südöstlichen Abdachungen des Gebirges) haben die Ezeritä mit dem Haupt-

Hauptorte Ezeron gewohnt. *) Diese Stelle ist merkwürdig, und, wie mir scheint, völlig hinreichend, um die
Irrthümer aller jener Kritiker zu zerstreuen, welche in den
heutigen Bewohnern dieses classischen Bodens noch immer
Alt-Spartaner und Lacedämonier finden wollen. Ezeron
ist die wörtliche Uebersetzung des griechischen Wortes Ἕλος,
der Sumpf, die Lagune; denn in allen slavischen Dialekten bedeutet Ezero, Ozero, Jezero (sprich Esero,
Osero, Jesero), was die deutschen Wörter See, Bin-
nenwasser, stehendes Wasser, Niederung an
der Seeküste, Lagune bezeichnen. Ezeritä sind also
die in den Niederungen an der Eurotasmündung und Seeküste, d. i. im Lande der ehemaligen Heloten, hausenden
Slaven. **) Es sage hier Niemand, die Slavenstadt
Ezeron des neunten Jahrhunderts sey die alte Griechenstadt Helos mit verändertem Namen. Schreibt denn nicht
Pausanias, letztgenannter Ort sey schon zu seiner Zeit in
Ruinen gelegen und unbewohnt gewesen? Aus den Trümmern haben die Slaven das neue Ezeron erbaut, von welchem aber heut zu Tage eben so wenig als von Alt-Helos
etwas zu sehen ist. — In den Ortsnamen Passava,
Scutari, Kastagnitza und Tschernagora, zwischen Kap
Tänarus und dem Eurotas, wird man wohl nur eine

---

*) De administrat. Imp. pag. 49. Edit. Banduri.

**) Orte mit Namen Ezero gibt es in allen slavischen Ländern
eine große Menge, namentlich in Thessalien und in Krain;
überall aber an Seen und stehenden Wassern erbaut. Besonders Ezeri in Brandenburg nicht zu vergessen.

weitere Bestätigung der allgemeinen Revolution finden. Aus dem slavischen Tschernagora, d. i. Schwarzenberg, Monte negro, hat der Byzantinische Grieche, wie allenthalben bei den vielen Orten und Gegenden dieses Namens, so auch im Peloponnes sein Mavrovuni (bei Marathonisi) gebildet. — Die classischen Namen sind nur noch in den drei Hafenorten Psamathia, Triniß und Elapo zu erkennen. Und man kann hieraus mit Recht den Schluß ziehen, daß sich bei der großen Umwälzung und Verwandlung des Peloponneses durch die Scythen daselbst griechischredende Menschen erhalten haben.

Das Nämliche können wir mit voller Ueberzeugung auch von der Seeküste zwischen Cap Tänarus und Calamata im heutigen Mainotenlande behaupten, obgleich die innern Schluchten, Thäler und Höhenzüge des Taygetischen Gebirges ausschließlich durch die Milingi-Slaven colonisirt worden sind. Leuktra haben die fränkischen Ritter im dreizehnten Jahrhundert noch so gefunden, wie es Pausanias im zweiten beschrieben hat. Kardamyle und Vitylos haben Namen und griechischredende Bewohner vom trojanischen Kriege bis auf den heutigen Tag erhalten. Auf mehreren Punkten dagegen rückten die Slaven auch hier bis an den Strand herab, wie aus den Berg- und Ortsnamen Seliza, Multiza, Andriza, Plaza, Kialefa und Tschimova leicht zu erkennen ist. *)

_____

*) Seliza, das Grün von Graswuren und mit Laubwäldern umschatteten Bergen bezeichnend, ist in slavischen Ländern besonders häufig zu finden.

Die übrigen Städte, von welchen Pausanias spricht, fanden auch hier den Untergang, und die Namen Alegonia, Gerenia, Phará, Pephnos und Thalamä werden nicht mehr gefunden. Vom oberen Gebirge und zugleich aus Messenien und Arkadien sind die Slaven hierher gedrungen. Von den Bewohnern der Seefestung Maïna, von ihrem Namen und von ihrem Schicksale soll noch besonders gesprochen werden.

Am schwierigsten ist es, über jenen District Lakoniens, welcher östlich vom Eurotas gegen Monembasia und Malea-Promontorium liegt und von uns Menelaion genannt wurde, etwas Gründliches und Erschöpfendes zu sagen. Seine Breite mag in der Regel bei vierzehn Wegstunden betragen; lauter Bergland, in welchem tiefe Schluchten mit Gießbächen, traurige Nadelholzwaldungen mit steilen Gebirgspfaden, auch wohlgebaute Ebenen mit Weinreben und Oliven abwechselnd den Wanderer ermüden und erquicken. Die Seeküste von Prasiä bis Malea-Promontorium war, wie es scheint, in keiner Zeit stark bewohnt. Außer Epidaurus limera fand Pausanias nur die Städtchen Cyphanta, Zarax, Epidelium, Syda und Nymphäum. Weiter im Gebirge hinauf sah er die Stadt Marios mit dem Dorfe Glympe in der Nähe, und im Innern des Gebirges Geronthrä, Selinus und Paläa-Kome (Alt-Dorf) in einem Thale, welches sich gegen Helos hinab aufthat. Ganz unverfälscht haben von allen diesen acht Namen nur drei den Sturm überlebt, indem in jener Gegend heute noch drei Dörfer Cyphanto, Nymphico und Marios genannt wer-

den. Aus Epidelium wurde ein christliches Dorf Sanct
Lindos, Cara aus Zarax, und in der Gegend des alten
Geronthrä stand zur Frankenzeit das ohne Zweifel durch
die Byzantinischen Griechen erbaute Hieraki. *)   Außer
diesen wanderte Voutier auf seiner Reise von Monembasia
nach Mistra durch Sikia, Kato=Vroda, Xili, Njata,
Alopukori, Zaraphona, Agrinos, Tzintzana und Krisava
(Krisova oder gar Chrysaphe, womit nach Le=Quien die
Byzantiner das slavische Brestene bezeichnen).   Unter
diesen haben Xili und Alopukori allein neugriechische Form
und Bedeutung.   Um die übrigen zu erklären, müßte
zuerst durch sachkundige Männer die wahre Orthographie
hergestellt und jene Gegend überhaupt in ihrem Charakter
genauer erforscht und geprüft werden.   Die Moraitische
Chronik und alle Byzantiner zusammengenommen nennen
uns, außer Hieraki, aus diesem Gebirgsrevier nicht einen
einzigen Ortsnamen, weßwegen wir auch nicht vermögend
sind, über die Gründung derselben irgend ein entscheiden=
des Urtheil zu fällen.   Zeiget es sich nun bei einer künfti=
gen wissenschaftlichen Prüfung der genannten Gegend,
daß die Bewohner von Mario, Katovroda, Hieraki und
Krisava, wie die von Prasto und den dazu gehörigen
Dörfern die altlacedämonische Mundart bewahrt haben,
oder wenigstens ein vom Romäischen verschiedenes
Griechisch reden, so wird dieß ein untrüglicher Beweis
seyn, daß hieher niemals Slaven gekommen, und das
lacedämonische Blut nicht mit scythischem oder albane=

---

*) Chronique de la Morée.

fifchem gemifcht worden fey.   Reden fie aber nicht den
Tzakonen = Dialekt von See = Prafto, fondern das Bulgar=
Romäifche, fo find fie was die übrigen Moraiten von Elis
und Arkadia find.   Man fchmeichle fich aber ja nicht mit
leeren Hoffnungen.   Denn wenn man bedenkt, daß nach
Theophanes gerade in der Gegend zwifchen Monembafia
und Lacedämon zur Zeit des Copronymus die Seuche am
verheerendften wirkte, und der Andrang der Slaven nach
Porphyrogeneta gegen Lakonien am heftigften war, fo
wird man nicht einfehen, welcher Umftand die Fremdlinge
hätte abhalten follen, in die Gebirgsthäler und Hoch=
ebenen diefes Himmelsftriches hereinzubringen.   Wenn
aber wir die Sache unentfchieden laffen, fo gefchieht es
nur, weil wir nicht fo eitel find, in einer fo dunkeln und
zweifelhaften Sache Alles wiffen und Alles erklären zu
wollen.   Vielmehr nehme der Lefer nur dasjenige als wahr
hin, was durch nüchterne und unbefiegbare Argumente ge=
ftützt wird.

Das Refultat unferer Forfchung für die Provinz La=
konia befteht alfo darin, daß im Eurotasthal, von der
Gränze Arkadiens bis zur Flußmündung hinab, am
Schluffe des achten Jahrhunderts mit Ausnahme des halb=
verfallenen Lacedämons von den alten Orten nichts mehr
übrig war; längs der Seeküfte aber vom heutigen Kala=
mata über Tänarus und Malea nach Prafiä hinauf ur=
kundlich und erweislich die drei Cantone Kardample, Vitylos
und Leuktra, dann die Hafenorte Pfamathus, Trinifi,
Efopo und Nymphico; endlich der fchmale, durch eine parallel
laufende Gebirgswand vom Innern getrennte Küftenftrich

von Vatica oder Cap Malea bis Prasto hinauf, wenn auch nicht von temporärer Verwüstung, jedoch von bleibender Colonisation der Slaven verschont geblieben sey und wenigstens damals die griechische Population bewahret habe. *) Aus dem achten Jahrhunderte selbst haben wir für die Existenz dieser alten Orte keine Belege, aus dem dreizehnten wenige, die meisten aus der neueren Zeit. Dessen ungeachtet steht unser Satz fest und unerschüttert, da der Schluß, „daß die Orte Kardamyle, Vitylos, Nymphico und Kyphanto im Jahr 800 diese Namen trugen, weil sie dieselben tausend Jahre später auch noch hatten, nicht so leicht anzufechten ist." Als Hauptsatz für die ganze Untersuchung gilt Porphyrogenita's Nachricht: der ganze Peloponnes wurde slavinisirt und barbarisch, d. i. er hörte auf von Leuten bewohnt zu seyn, welche griechisch redeten und griechische Sitte hatten. **) Die Ausnahmen von dieser allgemeinen Regel müssen streng bewiesen werden, was seinerseits nur durch Untersuchung der Ortsnamen und des Dialektes möglich ist.

Zum Schlusse fügen wir noch die oben versprochene Erklärung einiger slavischer Ortsnamen bei, die sich im Eurotasthale bis auf die letzten Zeiten erhalten haben und

---

*) Trinisi soll eigentlich nicht einmal in die Kategorie der alten Ortsnamen gerechnet werden, weil es neugriechisch ist. Im lakonischen Dialekte wurde Trinasos gesprochen und der Flecken wegen der drei gegenüber liegenden Inselchen so genannt.

**) Ἐσκλαβώϑη πᾶσα ἡ Πελοπόννησος καὶ ἐγένετο βάρβαρος.

nicht nur von den gelehrten Europäern, sondern von den Neugriechen selbst für hellenisch gehalten werden. Diese sind Gardilibon, Chelmina oder Velmina, Arachova, Trupia oder Trupa, Bardunia, Kumastra, Agrapulos Campo, Perivolla und Misstra oder Mistra. Der nördlichste Gränzpaß, um aus der Ebene Tegea's in die Gebirgsschluchten Lakoniens zu gelangen, wurde im dreizehnten Jahrhundert Gardilibon (Γαρδιλιβον) genannt und war ein fester, mit Thürmen verwahrter Ort in der Gegend, welche zu Pausanias Zeiten Skotitas geheißen hat. Durch dieses Gränzthor drangen im Jahr 1267 die fränkischen Ritter, um die Rebellion der Tzakonier zu bekämpfen. *) Gard heißt auf Slavisch Burg, Thurm, Stadt, und livon gibt mit Weglassung der griechischen Declinationssylbe on das Slavische lev, welches an Klang und Bedeutung vollkommen dem deutschen Worte Löw entspricht, so daß Gardiliv-on in unserer Sprache mit Löwenburg, Löwenthurm, wie Stargard und Belgard in Pommern mit Altenburg und Weißenburg, wörtlich zu übersetzen ist. **) Als Beweis unserer Deduc-

*) Ils entrèrent à Gardilivon et ravagèrent la Tzaconie.
Chronique pag. 330.

**) In den slavischen Dialekten, wie man sie jetzt in illyrischen Büchern geschrieben findet, heißt Burg, Thurm, Stadt nicht Gard, sondern Grad. Daher Belgrad (Weißenburg) in Serbien, Starigrad (Altenburg) in Seekroatien, Rasgrad in Bulgarien, Gradeska in Macedonien und Sfetigrad in Albanien. Sey es nun, daß Gard eine alte Form oder eine Corruption des russischen

tion diene daß am Flüßchen Milde in der Alten-Mark gelegene Städtchen Gardeleben, welches die alte slavische Benennung noch reiner und ebenso unverfälscht als das moraitische Gardilibon bis auf den heutigen Tag erhalten hat. *) Thurm und Name Gardilibon ist im Laufe des fünfzehnten Jahrhunderts aus Morea verschwunden und dagegen ein türkisches Wachthaus, Derveni genannt, im nämlichen Engpasse an seine Stelle gekommen. Derveni ist aber das türkische Nennwort für jeden Gebirgspaß, so daß im Grunde genommen die alte slavische und die neue türkische Benennung der Thore Lakoniens eine und dieselbe Sache bedeutet.

Die nordwestlichste Thalschlucht am Fuße eines Kegelberges, der einst Lakonia von Arkadia schied, wird von Pausanias Belemina, von Ptolemäus aber Blemmina genannt, und ist die quellenreichste Gegend des Lan-

---

Gorod ist, so bleibt die gegebene Erklärung nichts destoweniger richtig.

*) Neuere Geographen schreiben diesen Ortsnamen, aus Unkunde seiner Bedeutung, öfters auch Gardelegen. Neben diesem gibt es in den Fürstenthümern Magdeburg und Halberstadt eine große Menge Ortschaften mit der Endung — leben und einem vorangesetzten deutschen Substantiv; ein Beweis, daß man beim allmählichen Absterben der slavischen Landessprache durch den Andrang germanischer Eroberer und Colonisten, diesen Terminus in alten und neuen Orten, weil deutsch klingend, beibehalten hat. Auch ist levo in den slavischen Sprachen öfters bloß eine grammatische Endung, wie Fr. Hermes in seiner etymologisch-topographischen Beschreibung der Mark Brandenburg sagt.

des *) Am Fuße des nämlichen Kegelberges, der heute den slavischen Namen Chelm trägt, liegt nach Angabe neuerer Reisenden auch ein Ort Velemina oder Velmina oder nach der Analogie des Berges bei Sell auch Chelmina genannt. Unbegreiflich wäre es, wenn sich in dieser Schlucht und Hauptpassage aus Arkadien in das Eurotasthal der alte Name erhalten hätte, während Alles in der Runde und sogar der Berg, an dessen Fuß sich die Schlucht ausdehnt, eine slavische Benennung trägt. Unter zwei Dingen ist Eins nothwendig: entweder heißt die benannte Thalschlucht mit dem Dorfe heute nicht Velemina, wie Pouqueville angibt, sondern Chelmina, was Sell für synonym mit Chelmos hält, oder es gibt ein alt-slavisches Wort, welches ungefähr wie Velemina (Βελεμίνα) lautet und Thalengen dieser Art bezeichnet. So wahrscheinlich von diesen beiden Conjecturen die erstere seyn mag, da Ortsnamen wie Chelm, Chelmieki, Chelmina in den nördlichen Slavenländern sehr häufig gefunden werden, so sind dessen ungeachtet die Gründe für Annahme der zweiten Conjectur nicht weniger triftig, indem man ein zweites Velemina im Gebirge zwischen der Seestadt Arkadia und Sidero-Kastron in Messenien, ein drittes und viertes Velemina oder Velmina aber in Böhmen finden kann, von denen das eine in den Bergengen zwischen Lowositz und Außig,

---

*) Τῆς δὲ χώρας τῆς Λακονικῆς ἡ Βελεμίνα μάλιςα ἄρδεσθαι πέφυκεν.

Pausan in Lacon. cap. 21.

das andere aber in den Schluchten liegt, durch welche man aus Böhmen gegen die Lausitz und Schlesien hervorbricht. Wer wird nun noch über Ursprung und Bedeutung der beiden moraitischen Dörfer Belmina Zweifel hegen? Kann man wohl vernünftiger Weise eine gar so genaue Aehnlichkeit zwischen den Sprachen der slavischen Tschechen und der dorischen Peloponnesier voraussetzen? —

Am obern Eurotas, gegen die Quellen des Alpheus hinauf, trägt eine Schlucht, dann der Gießbach in der Schlucht, und endlich das am Gießbach erbaute Städtchen zu gleicher Zeit den Namen Arachova. Dieses Wort ist rein slavisch, und bedeutet eine Gegend, in welcher häufig Krebse zu finden sind. Man schreibt eigentlich Rachova, von Rak, Rach oder Rah, der Krebs. Das Alpha am Anfange gehört nicht zum Wortstamm; es ist nur der Vorschlag, welcher fremden, mit Consonanten anfangenden Wörtern, von Griechen, Arnauten und Türken häufig vorgesetzt wird. Von Rah wird das Adjectiv Rahov, Rahova, Rahovo hergeleitet. Ein zweiter Ort dieses Namens liegt in den Gebirgen von Phokis, ein dritter (Rakova) in Croatien, ein vierter in Krain, ein fünft (Rahova) an der Donau in Bulgarien, ein sechster in der alten Mark, ein siebenter an der Moldau in Böhmen, ein achter endlich in Mecklenburg.*) — Trupa

---

*) Der Krainische Ort Rakovnek wird von den Deutschen Krebseck genannt.

Valvasor Geschichte von Krain.

(Trupiá), ein durch seine schönen Cypressen berühmtes Dorf zwischen Papioti und Mistrá, hat seine Benennung ohne Zweifel von dem heute noch üblichen Slavenworte trupa, Baumstamm, truncus, weil in der hellenischen Sprache, so viel ich weiß, eine Sylbe τρουπ gar nicht gefunden wird. Eben so sind Bardunia und Kumastra in den Gebirgen oberhalb der Eurotasmündung in Stamm und Bedeutung rein slavische Wörter, welche der Hauptsache nach auch einen und denselben Gegenstand bezeichnen. Denn Bárdo bedeutet im illyrischen Slavendialekt einen Berg, und ist synonym mit planina, gora und hum, chum oder Kum. *) Bardunia oder Bardonia, wie es richtiger geschrieben wird, bezeichnet demnach einen Gebirgsdistrict an der östlichen Abdachung des Pentedaktylos, dessen räuberische Bewohner unter dem Namen der Bardunioten in den Geschichten Morea's bis auf den heutigen Tag verrufen sind. Im Dorfnamen Kumastrá ist Kum der Wortstamm und stra die trennbare Beugungssylbe, wie in den Eigennamen Elistra und Misistra. Man könnte es mit Bergen, Bergdorf, Bergheim Verseßen. — Bei der Straße von Londari nach Mistra, ungefähr vier Stunden vor leßtgenanntem Orte, und zwar in einer Gegend, in welcher nach den Zeugnissen der Alten niemals ein Ort von Bedeutung war, findet man jeßt eine Stadt mit Namen Perivolia. Daß sie nach der classischen Zeit und nach der Slavenrevolution entstanden sey, bezweifelt Niemand. Wohl aber soll entschieden werden, ob

---

*) Stulli Tom. 2, p. 115. in voc. Mons.

Bau und Name slavisch oder Byzantinisch sey? Wenn die Orthographie des Namens, wie man ihn jetzt schreibt und spricht, die wahre und alte ist, so kann über den Ursprung desselben kein Zweifel obwalten. Περιβολον bedeutet im Hellenischen Mauerumfang, Zaun, Gehäge, und hat als Diminutiv die classische Form περιβόλιον, woraus der neugriechische Singular περιβόλι mit dem Plural περιβόλια erwachsen ist. Perivolia wäre demnach ein Byzantinisch = griechisches Wort und mit Mauerumfänge, Zäune, Hecken zu erklären. Ein zweites Peribolia (nicht Perivolia) liegt bei einem Dorfe zwischen Nauplia und dem Hafen Tolon in Argolis, und ist nach Gell ein großer Orangengarten. Zum Drittenmal erscheint der Name Peribolia zwischen Navarin und Modon, bezeichnet aber auch hier wie in Argolis nicht eine Ortschaft, sondern ein umzäuntes Stück Feld mit einem Gartenhause. Dessen ungeachtet scheint Perivolia mit dem Namen Morea gleiches Schicksal gehabt, und als eine ursprünglich slavische Schöpfung im Laufe der Jahrhunderte eine griechische Form angenommen zu haben. Wahrscheinlich hat der Ort im Munde der slavischen Urbewohner Peripolia geheißen. Pole, Polje, Plural Polia, bedeutet in der Sprache aller der nördlichen Völker, welche Griechenland colonisirten, Feld, arvum, campus; Pero oder Perie aber Rohr, Schilf, so daß der moraitische Stadtname Peripolia mit Rohrfeldern zu übersetzen wäre. Mit Pole, Polje, Polia zusammengesetzte Ortsnamen gibt es in slavischen Ländern eine besonders große Menge, und namentlich im Peloponnes sind

nach so vielen Zerstörungen und Metamorphosen heute noch
zwei Orte dieses Namens, obgleich in ein lateinisches Gewand eingehüllt, dennoch zu unterscheiden: Agrapulo-
Campo und Aglado-Campo, von denen das eine
auf derselben Straße von Mistra nach Londari, nicht weit
von Perivolia; das andere aber auf dem Fahrwege von
Goritza nach Nauplia liegt. Campo oder καμπρ, wie die
Griechen schreiben, ist in diesen beiden Eigennamen das
übersetzte slavische Polia, Feld, während die beiden
ersten Worthälften Aglado und Agrapulo rein slavisch und unverändert geblieben sind, wie wir zum Theil
weiter unten genauer erklären wollen. Die Byzantinischen
Eroberer und Bekehrer machten es in Morea, wie die germanischen in den eroberten Slavenlandschaften des östlichen
Deutschlands, — die Reaction dehnte sich mit aller Gewalt auch über die Sprache und Wohnortsbenennungen der
Besiegten aus. Wo die Sieger die Bedeutung eines slavischen Ortsnamens verstanden, übertrugen sie ihn in ihre
Sprache. Oft geschah es nun, daß in Doppelwörtern
die eine Hälfte in die Sprache der Ueberwinder überging,
während die andere in der ursprünglichen Gestalt verblieb,
wie dieses namentlich in Aglado-Campo und Agrapulo-
Campo zu erweisen ist. Manchmal scheint sogar das slavische Stammwort neben seiner Uebersetzung geblieben zu
seyn, weil die slavischen Ortsnamen der Regel nach immer
eine Localeigenschaft bezeichnen, welche dann die neuen
Ueberzügler mit einem Worte aus ihrer eigenen Sprache
ausdrückten und mit dem ersten Namen in Verbindung
setzten. Aglado-Campo und Ozero-Limne sollen uns für

holde Fälle als Beispiel dienen. Glad (der Grieche spricht
aglad, wie er arachova spricht) heißt im Slavischen Ebene, Aglado-Campus, oder in der Ursprache Morea's
agladopolia, die Feldebene, aequor campi, *)
eine Benennung, welche die Lage dieses Fleckens am Aus-
gange der arkadischen Bergschluchten auf die Flächen von
Argos gut bezeichnet. Ozero-Limne nennen die Byzantinischen Griechen mehrere Seen des illyrischen Continents,
da doch limne (λίμνη) nur die Uebersetzung von Ozero ist,
wie wir schon oben gemeldet haben. — Urform und Bedeutung von Agrapulo-Campo wage ich aus Mangel an
slavischen Hülfsmitteln nicht zu erklären. Daß aber diesem Namen ein ähnliches Spiel zu Grunde liegt wie bei
Aglovo-Cambos und Perivolia ist nicht zu bezweifeln. —
Das Ueberfließen der slavischen Form Perivolia in die
neugriechische περιβόλια ist unter allen Verwandlungen
am natürlichsten, und auch am leichtesten zu begreifen.
Unterdessen nehme man die Sache, wie ich sie gebe, als
eine Wahrscheinlichkeit, die darum noch nicht erwiesen ist.
Nichts desto weniger verdient sie aber die ernsthafteste
Aufmerksamkeit jener Freunde der griechischen Alterthums-
kunde, welchen es mehr um Erforschung der Wahrheit als
um spitzfündige Conjecturen und Rechthaberei zu thun ist.
Ein zweites Perivoli liegt an der Südwestspitze des urkundlich ganz durch serbische Slaven colonisirten Theiles
von Macedonien. Ein Pripolje und Bielopolje (Weißen-

---

*) Filius ardentes haud secius aequore campi
Exercebat equos.

feld) und Kossovopolje (Amselfeld) in Serbien; ein
Verpolje und Topolje in Slavonien; ein Dobropolje
(Gutfeld) in Krain und in Gallizien, um von den vielen
Orten auf polje im südlichen Rußland keine Erwähnung
zu thun. In germanisirten Gegenden wurde polje durch-
weg in Feld verwandelt, wie z. B. das alte Dravepolje
in Steyermark jetzt Draufeld und Libnitzapole jetzt
Leibnitzerfeld genannt wird. —

Unter allen slavischen Eigennamen Morea's hat aber
keiner unter den Gelehrten größere Mißverständnisse und
abgeschmacktere Erklärungsversuche hervorgebracht als das
Wort Misistra (Μισιθρᾶ, Μιστρᾶ), welches bekannter
maßen der Name der ersten Stadt des heutigen Lakoniens ist. —. Lange konnte man sich gar nicht an die
Vorstellung gewöhnen, daß Mistra einen von Lacedämon
verschiedenen Ort bezeichne. Daß im Innern des Eilandes viel, ja beinahe Alles neu geworden ist, mußte man
auch bei einer flüchtigen Vergleichung der moraitischen
Ortsnamen mit den altgriechischen erkennen. Man konnte
sich aber von der falschen Idee nicht trennen; alle Umgestaltung der Eigennamen sey griechischer Art und Natur, und gleichwie Korinth, Argos und Patras, so habe
auch Mantinea und Lacedämon den Ruin der Zeiten
überlebt; nur daß durch eine unerklärbare Laune der
Griechen Mantinea in Goritza, Tegea in Muchli und
Lacedämon in Mistra oder Msistra verwandelt worden
sey. Aus diesem Grunde ist die frühere Bemerkung,
daß die Slaven nach Zerstörung der Hellenen-Orte von
der Donau bis an die Mündung der Pirnatscha in

Messenien die Sitte befolgten, ihre Neubauten häufig in einiger Entfernung aus den alten Ruinen aufzurichten, nicht ohne einige Wichtigkeit. Zu fragen, warum die Griechen die alten Städtenamen Korinth, Patras und Argos bewahret, Lacedämon aber in Mistra verwandelt haben, ist Niemanden eingefallen. Unterdessen hätte der Name Misistra (Misithra), schon wie er in den gedruckten Chroniken aus dem dreizehnten, vierzehnten und fünfzehnten Jahrhunderte erscheint, auf seinen barbarischen Ursprung hindeuten sollen. Ὁ Μυσιθρᾶς, τοῦ Μισιθρᾶ, τὸν Μυσιθρᾶν lesen wir im Pachymeres; Μεσιθρᾶ in der Franken-Chronik ὁ Μησιθρᾶς und Μισιθρᾶς bei Chalkokondylas, wie man bei diesen nämlichen Autoren ὁ Μορεᾶς, Μορέας und Μωραΐας gefunden hat; das eine so gut wie das andere gegen alle Natur der griechischen Sprache. Daß aber Mistra und Lacedämon nicht eine und dieselbe, sondern zwei verschiedene und zu gleicher Zeit neben einander bestehende Städte seyen, erklärt schon Chalkokondylas aus dem fünfzehnten Jahrhundert ganz deutlich, da er schreibt: „In Lakonien am Fuße des Taygetus liegt eine griechische Stadt, stark bevölkert und reich, achtzehn Stadien (etwas mehr als dreiviertel Stunden) von Alt-Sparta entfernt." *) — Dagegen heißt es in der Fran-

---

*) Ἐπὶ μὲν οὖν τὴν Σπάρτην, ἐς τὴν ὑπώρειαν τοῦ Ταϋγέτου, ᾠκεῖται πόλις Ἑλληνικὴ εὐδαίμων. διέχει δὲ ἀπὸ τῆς παλαιᾶς πόλεως καὶ τοῦ Εὐρώτα σαδίους ὡσεὶ ὀκτωκαίδεκα. Chalcocondyl. lib. 9, p. 195 edit. Venet.

Franken-Chronik: „Eine Stunde westwärts von Lace-
„dämon, auf einer Bergspitze, baute Wilhelm Villehar-
„duin (im dreizehnten Jahrhundert) ein Castell und nannte
„es Mesithra (Misistra, μεσιθρα)." Diese Chronik
setzt aber nicht bei, daß am Fuße des Schloßberges
schon eine Ortschaft Misistra lag, nach welcher er das
neuerbaute Bergcastell benannte. Wie wäre denn sonst
etwa diesem französischen Edelmann der Name Misistra
eingefallen? Der nämliche baute aber auch an der Westseite des Taygetus zwei Felsenburgen, welche er nach den
beiden, unten an der Seeküste gelegenen Städtchen Leuk-
tron und Maïna nannte. Mit vollem Rechte schreibt deßwegen Laguilletière schon im vorigen Jahrhunderte:
Misithra ist der Name eines kleinen Berges und eines
Baches, an welchem die Stadt Misithra gelegen ist. *)
Am Fuße dieses kleinen Kegelberges erwuchs aus einer
alten slavischen Anlage im Laufe des dreizehnten Jahrhunderts, wie am gehörigen Orte zu zeigen ist, die heutige Stadt Mistra oder Misistra, oder Misithra, in gleichem Maße zu Blüthe und Kraft, als das Byzantinische
Neu-Lacedämon in Ruin und Veröddung sank. Daß aber
ein Berg, ein Bach und eine Ortschaft mit Namen Misithra schon vor dem dreizehnten Jahrhundert und vor der
Eroberung Morea's durch die Franken da gewesen sey,
läßt sich ausdrücklich und urkundlich nicht beweisen, weil
vom sechsten bis ins zwölfte Jahrhundert über den Pelo-

---

*) La guilletière Lacédémon ancienne et moderne, nach
Martinieres geogr. Lexikon citirt.

ponnes Niemand geschrieben hat. Jene Kritiker also, die
nichts zulassen und nichts glauben, als was mit dürren
Worten in alten Büchern geschrieben steht, wird man wohl
niemals bereden können, daß Wilhelm Villeharduin sein
neugebautes Schloß Misithra nach einem schon vorher be-
standenen Orte dieses Namens genannt habe. Unterdessen
ist die Sache selbst außer Zweifel, da noch am Schlusse
des siebzehnten Jahrhunderts die Bewohner von Mistra
selbst Herrn Fourmont versicherten: ein Frankenhäuptling,
Messir Wilhelm mit Namen, habe ihre Stadt zuerst befestiget, in der Absicht die Bürger von Lacedämon herbei-
zuziehen. *) Wäre dieses Wort aus einer Frankensprache
entlehnt, wie zum Beispiel die Benennungen der Bürgen
Saint = Omer, Hirondelle und Bellevue in Elis, so
würde ich selbst gestehen, daß Misithra's Name aus fränki-
schem Genius entsprungen und keine Spur slavinischer Verwandlung in jener Nachbarschaft Lacedämons je gewesen
sey. Auch wenn Misithra ein griechisches Wort wäre,
könnten wir das Argument völliger Ueberschwemmung und
Umwälzung des Eurotasthales durch die scythischen Slaven
wohl kaum mit haltbaren Gründen unterstützen. Wer
wird aber in dem Namen Misithra, μισιθράς, oder
Mistra einen fränkischen oder griechischen Sinn zu

---

*) Si l'on en croit le Mistraltes, c'est un chef de francs,
nommé Messire Guillaume, qui a commencé les fortifi-
cations de leur ville, dans le dessin d'attirer les Spar-
tiates.

Mémoires de l'Académie des Inscriptions 7, p. 556.

entdecken vermöchten? Schön La .... legte den .... seiner Zeit die Frage vor: was der Name ihrer Stadt eigentlich bedeute? Und man sagte ihm: Mistra bedeute Ziegenkäse. Mit dieser Erklärung hat man sich bis auf unsere Zeiten herab begnügt. Selbst Leake scheint noch dieser Meinung zu huldigen. *) Daß aber Ziegenkäse weder in irgend einem germanischen, lateinischen oder griechischen Dialekte Mistra heiße, ist zu beweisen unnöthig, da die Natur des Namens und seine ganze Physiognomie deutlich genug das Gegentheil anschaulich machen. Aber auch in keinem zwischen Korinth und Belgrad, zwischen der Donau und Wolga gesprochenen Slavendialekte hat Mistra die angegebene Bedeutung. **) Frage man einen pommerschen Landmann, was Stargard, einen sächsischen, was Verbena, einen steyerschen, was Distritza, und einen Moralten, was Mistra bedeute, und alle werden die gleiche Unkunde verrathen, weil die Sprache ihrer Urväter schon längst erloschen ist.

In Venedig wird heute noch eine Art Liqueur, mit welchem man das Trinkwasser von seinem Sumpfgeschmacke zu reinigen pflegt, Mistra genannt, weil er in der Stadt dieses Namens zur Zeit der venezianischen Oberherrschaft über den Peloponnes in vorzüglicher Güte zubereitet und nach Italien verführt worden ist. Wollte nun deßwegen Jemand behaupten, Mistra bedeute Liqueur,

---

*) Leake Researches etc. p. 385 Note.
**) In allen diesen Ländern slavischer Zunge heißt Kosji Sir Ziegenkäse.

19*

so wäre dieses eben soviel, als wenn man sagen wollte: Portorieco bedeute Rauchtabak, Mokah Kaffebohne, Cognac Branntwein und Greco einen wallachischen Regenmantel, da doch Jedermann weiß, daß diese Producte in der Handelswelt von den Gegenden, in welchen sie entweder durch die Natur oder durch den menschlichen Kunstfleiß hauptsächlich hervorgebracht oder verkauft werden, ihren Namen erhalten haben. Eben so verhält es sich mit der Erklärung des Herrn Laguilletiere. In dem Handelsverkehr wurde eine Art peloponnesischer Ziegenkäse Misithra genannt, weil er in der Gegend dieser Stadt ehemals in großer Menge, und wegen der aromatischen Kräuter der Weideplätze in besonderer Vortrefflichkeit bereitet und in das Abendland verführt worden ist.

Mit all dem hat man aber nur soviel dargethan, daß Misithra weder ein fränkisches noch ein griechisches Wort ist, und auch nicht Ziegenkäse bedeutet. Was ist es nun aber für ein Wort und was bedeutet es?

Die doppelten Lesearten der Byzantinischen Chroniken zeigen klar, daß man im Peloponnes Mesistra und Misistra (μεσιϑρᾶ, μισιϑρᾶς, μησυϑρᾶς) gesprochen und geschrieben habe. Die Endsylbe stra kann in keine Betrachtung kommen, weil sie hier eben so wenig zum Wortstamme gehört als in den Eigennamen Platani-stra, Kuma-stra, Miß-czra und Eli-stra. Es ist dieses stra eine allgemeine Termination slavischer Eigen- und Appellativnamen, wie die Sylben ova, itza, ista, ast und ost. Platanistra, ein Dorf in Argolis, bezeichnet einen mit Platanen bewachsenen Ort, Kumastra ein in bergichten

Gegenden belegenes Dorf, Eliſtra aber ein Tannengehölz, eine mit Tannenbäumen beſetzte Gegend, auch das durch Tannenwälder rinnende Waſſer; und iſt bekanntlich der ſlaviſche Name des Elſterfluſſes in Sachſen, abgeleitet von dem ſlaviſchen Subſtantiv Eli, die Tanne. *)
Wir haben alſo hier nur über Meſi oder Miſi zu entſcheiden, können aber durch eine hinlängliche Anzahl von Orten, die in alten und neuen Slavenländern zwiſchen Korinth und dem baltiſchen Meere heute noch zu finden ſind, die ſlaviſche Natur dieſer Namen beweiſen. Oder wird Jemand glauben, daß Meſo in Pommern, Meſen-Dorf in der Alten-Mark, Miſa in Böhmen, Miſa in Kärnthen, Meſia und Miſa (Meißen) in Sachſen und endlich Miſi-czra in Boſnien und Miſtra im Herzen von Alt-Rußland einem andern Volke und einem andern Sprachſtamme angehören als Miſi-ſtra und Miſtra im Peloponnes? **)

Was nun das pommerſche Meſo und Meſen, das ſächſiſche Meißen und das böhmiſche Miſa bedeutet, denſelben Sinn hat auch das peloponneſiſche und das ruſſiſche Miſiſtra oder Miſtra. Kann man aber verlangen, daß die deutſchredenden Bürger von Meißen heute

---

*) Stulli Tom. L p. 5 in voc. Abies. — Chronic. Gottvicens. Tom. 1. p. 570.

**) Daß ſlaviſche Sylben auf i und e von den Deutſchen gewöhnlich in ei oder ie verwandelt werden, iſt durch hundert Beiſpiele zu erweiſen. Man denke nur an Beiſtritz für Biſtritza, Neiſſe für Nice, Leipzig für Lipzk, Zeitz für Cittiza u. ſ. w.

noch den Sinn verstehen, welchen ihre slavisch redenden Urvorältern vor mehr als tausend Jahren mit dem Namen Mesa oder Misa verbanden? König Heinrich der Erste fand bei seinem siegreichen Vordringen in die Elbgenländer an der Elbe ein Flüßchen und eine Ortschaft Misa (Meißen), baute ein Castell auf der Höhe und nannte es nach dem unten am Fuße des Berges liegenden Orte Meißen, wie Villehardouin für seine neuerrichtete Burg Mossthra den Namen von dem Slavendorf, Fluß und Berg gleiches Namens entlehnte. — Sollten so viele Aehnlichkeiten nur Spiel des Zufalles und diese ganze Ansicht und Erklärungsweise nur leere Täuschung seyn? *) —

Von den Veränderungen und den Schicksalen der Ostküste Morea's im Allgemeinen, so wie von der Provinz Lakonia insbesondere soll jetzt genug gesprochen seyn. Zur Vollendung des Ganzen fehlet nur noch eine Erläuterung und eine historische Bestimmung der Namen Maïna und Maïnoten, von welchen wir in Kürze das Nöthige bemerken wollen.

Es ist ganz gleich, ob ich Maïna, Mania oder Mani (μάνη); Maïnoten, Maniaten oder Manioten schreibe und spreche, weil alle diese Namen im

---

*) Wie das slavische Mesa und Mesen-Dorf in Pommern, so bedeutet auch Mossthra ohne Zweifel nichts anderes als Gränze, ein Name, der die Lage dieses Ortes auf der Scheidelinie zwischen der Thalebene des Eurotas und dem hohen Bergrevier von Mellingos recht treffend bezeichnet.

Deutschen ein und dasselbe bedeuten. *) Vor der slavischen Revolution ist dieser Name im Peloponnes unbekannt, und soviel man weiß, ist Constantin Porphyrogeneta der erste byzantinische Scribent, der von einem Castrum Maïna Meldung thut. Dieser Ort, sagt er, liegt an der Seeküste jenseits Ezeron, und seine Bewohner sind nicht von dem Geschlechte der Laygetischen Slaven, sondern Nachkommen jener Römer, die man heute noch Hellenen nennt, und welche vor Alters Heiden waren. **) Ueber Lage und Nationalität von Maïna und der Maïnoten könnte man nicht einfacher und deutlicher sprechen. Es muß deßwegen hier vor Allem einer irrigen Meinung gesteuert werden, die in Europa so zu sagen allgemein herrschend ist, und zu vielen Verwirrungen Anlaß gibt. Wir sind nämlich gewohnt, nicht nur die Bürger der heute noch blühenden Seestadt Maïna, sondern auch die Bewohner des ganzen Striches von Cap Tänarus bis Calamata hinauf und sogar die Völkerschaften des langen und breiten Bergrückens zwischen dem Flußbette des Eurotas und dem Golf von Messenien bis tief in Arkadia hinein, Maïnoten zu nennen und in dieser Weise den Begriff, welcher ursprünglich nur einer Stadt mit ihrer nächsten Umgegend eigen war, über einen großen Theil des Peloponneses auszudehnen. Dieser Irrthum schreibt sich aus den

---

*) Maïna, die Seefeste, die Burg.

**) Constantin. Porphyrogen. de Administrat. Imp. Pars 3. cap. 50.

neueren Zeiten her, in welchen die Venetianer Herrn
der Halbinsel waren und dieselbe in drei Statthalter-
schaften eintheilten, von welchen il brazzo di Maina das
ganze alte Lakonien mit einem Theile von Arkadien
umfaßte.

Den Namen Maïna kennt Pausanias noch nicht;
auch zu Procopius Zeiten, in der Mitte des sechsten
Jahrhunderts, geschieht von diesem Orte keine Erwähnung, und doch sagt Porphyrogennetos: die Bewohner
des Castrums Maïna seyen aus dem Geschlechte der
Hellenen. Am Cap Tänarus, welches die Neugriechen
Matapan nennen, fand Pausanias den Hafenort Achilleus und auf dem Vorgebirge selbst einen Neptuntempel
mit vielen Heiligthümern und einer wunderbaren Brunn-
quelle. Ungefähr zwei Stunden nördlich sah er die Stadt
Cänepolis, welche früher ebenfalls Tänarus genannt
wurde. Anderthalb Stunden weiter lagen die Ruinen
von Hippola und ganz in der Nähe Hafen und Stadt
Messapolis. Von hier bis Vitylo, welches auch
heute noch bewohnt wird, zählt er hundert fünfzig Stadien, oder ungefähr sieben Stunden. *)   Cänepolis wurde
zwar durch Geiserich im fünften Jahrhunderte zerstört;
hundert Jahre nachher fand es aber Procopius doch
wieder hergestellt und als Zwischenstation der Byzantinischen Flotten auf ihrer Fahrt ins Abendland stark besucht. Während der Slavenkatastrophe verschwinden Cänepolis und Messapolis völlig und werden nie mehr ge-

_____

*) Pausanias in Lacon. cap. 25.

nannt. Was aber heut zu Tage in diesem Winkel Morea's an alten Namen, Orten und Ruinen noch zu finden
sey, und welchen Dialekt die Bewohner desselben sprechen,
ist noch nicht hinlänglich erforscht. Und wir vermögen
nicht zu bestimmen, wie weit sich auf dieser Seite die Taygetischen Slaven, d. i. die Milingioten, dem Strande
genähert, welche Dörfer und feste Orte sie angelegt, und
welchen Gebirgsbächen sie slavische Benennungen gegeben
haben, weil die Reisebeschreiber gewöhnlich nur von Hören-
sagen ihre topographischen Gemälde entworfen haben,
Leakes gründliche und auf Selbstansicht gegründete For-
schungen über diese Gegenden aber noch nicht erschienen
sind. Unterdessen ist allgemein bekannt, daß Hafen,
Stadt und Burg Maïna mit einem wasserarmen und schwer
zugänglichen aber blreichen Gebiete an dieser Küste liegt.
Ob diese Stadt geradezu das alte Messapolis oder ein in
seiner Nähe neuerbauter Sammelplatz der alten hellenischen
Küstenbewohner sey, gehört gar nicht zur Sache, weil
über griechische Form und Bedeutung des Wortes Maïna
eben so wenig ein Zweifel zu erheben ist, als über das
griechische Blut der Bewohner im zehnten Jahrhundert.
Wissen wollen wir nur: warum diese ebengenannte Griechenstadt Maïna und ihre Bürger Maïnoten oder
die Rasenden heißen, und bei welcher Veranlassung
diese Benennung etwa entstanden sey?

In keinem alten Buche findet man über diesen Gegenstand die leiseste Andeutung, und am allerwenigsten
würden die Maïnoten selbst irgend einen Grund ihrer No-
minalmetamorphose dem wißbegierigen Fremdling zu sa-

gen im Stande seyn. Man muß aber deßwegen die Hoffnung nicht verlieren, da das Wort Maïna selbst und die Zeiten, innerhalb welcher es erwachsen ist, seinen Ursprung nicht undeutlich verrathen.

In fernen Orient, auf schwer zugänglichen Höhen der Gebirgsketten Jrans, gegen Bactriana, gegen den Caucasus, auch nordöstlich von Susiana, wohnten wilde Volksstämme, Mardi genannt. *) Von Krieg und Raub in wilder Freiheit lebend beugten sie ihren Nacken nicht unter das Joch der weltherrschenden Könige Asiens und wurden in der alten Sprache Jrans vorzugsweise Mard, d. i. Männer genannt. **) Mardi mit einer Stadt Marde waren ferner in den kurdischen Gebirgen an der Westseite des Tigris, wo heute noch eine Stadt Merdin bewohnt wird.

In der Mundart der oft beunruhigten und ausgeplünderten Bewohner des Flachlandes wurde gar bald das Wort Mard gleichlautend mit Gebirgsräuber, Rasender, Tollkühner.

Als in den ersten Zeiten des siebenten Jahrhunderts Chosrev der Zweite den Orient verheerte und die Bevölkerung der christlichen Provinzen zur Verzweiflung brachte, bildete sich zu Byblos in Phönizien eine kleine Stadt aus Bewohnern des Gebirges Libanon, welche gegen die per-

---

*) Plin. lib. 6, cap. 16 et 27.

**) Diese Bedeutung hat das Wort Mard in der Geschichtssprache, und auch im Neupersischen heißt heute noch Mard der Mann.

lichen Besatzungen in Tripolis und gegen die herren- und
planlos den Orient durchplündernden Räuber-Compagnien
den niemals ruhenden Kleinkrieg begonnen. Ihre Stellung in den Schluchten des Libanon, die Anarchie und
Hülflosigkeit des Morgenlandes, und die Natur der Dinge
selbst, welche ohne Zuthun der Gewaltigen für alle Uebel
ein Heilmittel und in der letzten Verzweiflung ganzer Welttheile auf unbekannten Wegen den Pfad zur Rettung zeigt,
kamen dem Muthe dieser Männer zu Hülfe; und Byblos
ward bald zum Eckstein, um welchen sich Alles sammelte,
was in Asien Muth besaß und die Freiheit liebte. Es
kamen aus den Ländern gegen Morgen große Schaaren
glaubenseifriger Christen zum streitbaren Häuptling im
Gebirge Libanon; es waren ihrer bei vierzigtausend; sie
nannten sich Maroniten (Mardaiten), und bauten
Städte im Gebirge. Niemand wußte, aus welcher Gegend Asiens sie kamen. *) Um die Zeit ihrer Wanderung
hatte die Gluth des mohammedanischen Glaubens den
Orient in Flammen gesetzt und die Kinder der arabischen
Wüste über nahe und ferne Länder ausgegossen. Gleicher
Feuereifer und Glaube hatte die Maroniten im Libanon
entzündet, und sie erkannten ihre Bestimmung, die abendwärts gelegenen Länder des Byzantinischen Reiches vor
der allgemeinen Kombustion zu hüten und dem Strom des

---

*) A. d. l. Die byzantinischen Chronikschreiber wußten es nicht.
Sie meinen aber, der Gegenden am Tigris, daß sie aus
Kurdistan und Assur gekommen, und nannten sich Mar-
daiten.

Verderbens einen Damm entgegenzusetzen. Die neuen Kämpfer streiften bis Jerusalem und Damascus, und die saracenische Bevölkerung entwich aus allen Gegenden in der Nähe der Bergkette Libanon. Im islamitischen Morgenlande wurde ihnen deßwegen der Name Mardaïten d. i. Räuber, Rasende, Wüthende gegeben, wie man zur Zeit der letzten allgemeinen Militärherrschaft in Europa mit der Benennung Räuber, Brigands, Enragés alle jene bewaffneten Kriegshaufen brandmarkte, welche hie und da der Knechtschaft Trotz boten.

Durch die elenden Regenten in Constantinopel, für deren Unterthanen und Vorfechter sich die Mardaïten im Libanon jederzeit angesehen und erklärt hatten, wurden sie im Kampfe gegen die Ungläubigen nicht im geringsten unterstützt; vielmehr war ihr Glück, ihr Muth und Freiheitssinn an jenem Hofe mehr als verdächtig. Despotische, schwache und schlechte Regierungen halten muthvolle und von kriegerischem Geist beseelte Unterthanen für weit gefährlicher als große Heere auswärtiger Feinde. Als daher im Jahre 686, unter dem Chalifen Abdulmelik und Justinian dem Zweiten der erste Frieden zwischen Christen und Mohammedanern geschlossen wurde, ward in einem geheimen Artikel ausbedungen, der Kaiser solle die Kraft der Mardaïten so weit schwächen, daß sie nicht mehr stark genug wären, die Streifzüge gegen die mohammedanischen Länder fortzusetzen. Hinterlistig drang Justinian in ihre Städte und Festungen, ließ die Häuptlinge in Byblos bei der Mahlzeit ermorden und führte zwölftausend der tapfersten Männer mit ihren Familien unter dem Vor-

wurde kaiserlichen Dienstes aus dem Heimathlande, um
sie theils in Klein-Armenien und an der südlichen Tau-
ruskette, theils auch in Thracien anzusiedeln. *) Die
Zurückgebliebenen waren zu schwach, um den Kampf
gegen den Islam noch länger zu bestehen. Der Friede
wurde bald gebrochen, und die Mohammedaner überschwemmten von dieser Zeit an ohne Hemmniß Anatolien, weil Justinian, nach dem Ausspruche des Chroni-
sten, die Mardaïten, diese eherne Gränzmauer des
Reiches, in seiner Thorheit vom Gebirge weggeführt
hatte.

Weiter verfolgen die Byzantinischen Chronikschrei-
ber die Schicksale dieses merkwürdigen Volkes nicht.
Es beweiset aber eine Stelle in dem Leben des Kaisers
Basilius des Macedoniers offenbar, daß eine Abthei-
lung dieser Kriegerkaste bleibende Quartiere im
Peloponnes erhalten hat. Oder was heißt denn
die Phrase: ἀπὸ τῶν κατὰ Πελοπόννησον Μαρδαΐ-
τῶν, wenn nicht: von den im Peloponnes woh-
nenden Mardaïten?**) Sey es nun, daß man die
Mardaïten vor oder nach Unterjochung der slavischen
Tzupanien im Innern Morea's auf die Küsten dieses
Eilandes verpflanzet habe, so hätte man ihnen in kei-
nem Falle einen Sitz einräumen können, welcher der
Heimath, der Gemüthsart und der Bestimmung dieses

---

*) Theophanes pag. 502. Edit. Paris.
**) Constant. Porphyrog. Vit. Basil. Macedon. cap. 70,
   pag. 142. Edit. Venet.

Volkes angemessener wäre, als jener südliche Theil des
lakonischen Bergreviertes, wo wir heut zu Tage Maina
sehen, und wo die Herrschaft des Byzantinischen Hofes
niemals erloschen war. Hier hatten sie, wie am Tau-
nus in Asien, wie am Südrande des Taurus in Pam-
phylien, Gebirg und See und Feinde zu Wasser und zu
Lande auf ewige Zeiten. Die Raubzüge der Mitte-
ten und die ununterbrochenen Angriffe der africanischen
und spanischen Mohammedaner auf die Küsten Moreas
und der umliegenden Inseln gaben ihrem kriegerischen
Feuer, ihrem brennenden Glaubenseifer so wie ihrer
unersättlichen Beutesucht erwünschte Nahrung. In den
Ueberresten der alten Küstengriechen fanden sie eifrige
Bundesgenossen und Mitarbeiter in Raub und Streit zu
Wasser und zu Lande. Der Name Mardan verschwindet, und es erscheint in jener Gegend der Halbinsel auf
einmal eine Stadt Maina und ein Volk der Mainio-
ten. Maina ist aber die wörtliche Uebersetzung von
Marde, und Mainaten die wörtliche Uebersetzung von
Mardaiten. — Was könnte wohl einfacher, und der
Wahrheit gemäßer erscheinen als diese Erklärung? Hier-
mit ist nicht gesagt, daß die Bürger des Castells Maina
asiatische Mardaiten seyen, da Porphyrogenitus ausdrücklich versetzt, sie seyen Kinder der alten Hellenen des Landes.*) Nur in die allgemeine, von den Mardaiten ab-

*) Ἰστέον ὅτι οἱ τοῦ κάστρου Μαΐνης οἰκήτορες οὐκ εἰσὶν
ἀπὸ τῆς γενεᾶς τῶν προρρηθέντων σκλάβων, ἀλλ' ἐκ τῶν

geleitete Benennung wurden sie hineingezogen, wie z. B. alle jene Gallier und Franken, die in Rouen wohnten, nach Besetzung dieser Stadt durch die Normannen, nicht mehr Gallier oder Franken, sondern ebenfalls Normannen heißen. Lange mag auch der kurdische Name Mardaït neben dem neugeschöpften Mainot im Schwunge gewesen seyn. Im Laufe der Zeiten aber rann Sprache, Sitte und Benennung der Mardaïten und der alten dorischen Griechen in Eins zusammen, jedoch daß auch hier, wie allenthalben, wo sich Fremde mit Hellenen mischen, die Redeweise der letzteren herrschend blieb und das ausländische Element verzehrte. In Sitten und Gebräuchen dagegen will man heute noch einige Aehnlichkeit zwischen den Kurden (besonders der Völkerschaft Jesidis in Assyrien, wo das alte Marde, Mardin oder Mardia liegt), und den Mainoten Morea's entdecken, indem auch bei diesem letztgenannten Volke die Braut keine Morgengabe, wohl aber der Vater vom Bräutigam eine Vergütung für den Verlust der Tochter im Hauswesen erhält. Dieser Umstand gibt der vorangegangenen Erklärung ein neues und nicht unbedeutendes Gewicht, da bei der übrigen Bevölkerung Morea's bekanntlich das Gegentheil statt findet. Hiezu rechne man auch noch die Bemerkung, welche Codinus über die Mardaïten an der Seeküste Pamphyliens macht, um ein neues Belege für unsere Meinung

παλαιοτέρων Ῥωμαίων, οἱ καὶ μέχρι τοῦ νῦν παρὰ τῶν ἐντοπίων Ἕλληνες προσαγορεύονται.

De Administrat. Imp. cap. 50. pag. 109. Edit. Venet.

zu finden. Es ist eine alte Sitte, schreibt er, daß
der Mardaïten-Capitan von Attalia geradezu vom Kaiser ernannt wird. *) Hat sich nicht
eben diese Sitte auch beim Volke der Maïnoten bis zum
Ausbruche der gegenwärtigen Revolution erhalten? Der
Hof von Constantinopel ernannte einen Häuptling von
Maïna und bezog einen mäßigen Tribut, ohne sich weiter um die innere Verwaltung dieser wilden Gegend zu
bekümmern. Im zehnten Jahrhundert zahlten die Maïnoten vierhundert Goldstücke an die kaiserliche Schatzkammer und die Ernennung des Capitans erfolgte im Namen des Kaisers durch den Militärstatthalter von Morea, der seinen Sitz auf der Burg Akrokorinth hatte. **)

An Lakonien reihet sich das alte Küstenland Messenia, in welchem die Städte Cyparissia, Pylus,
Methone, Corone, Messene mit seiner furchtbaren Mauer, und die Flecken Carnasion, Asine, Colon-
ides, Electra, Limnä und Calamä am Schlusse des zweiten Jahrhunderts noch standen. Auch der Fluß Pamisus auf der fetten Thalebene von Steniclarus prangte
noch mit seinem alten Ruhme und mit seinem alten
Namen. Aus allen diesen Orten hatten sich am Schlusse
des zwölften Jahrhunderts nur die beiden Seefestungen

Mothone

---

*) Τρόπος ἐκράτησε παλαιὸς τῷ Καπιτάνῳ Μαρδαϊτῶν Ἀτ-
ταλίας παρὰ τοῦ Βασιλέως δηλονότι προβάλλεσθαι.
Codin. histor. Byzant. apud Hammer. Geschichte
des osmanisch. Reichs. Tom. 2. pag. 443.

**) Constantin. Porphyrogen. de Administ. Imp. Pars. 2,
cap. 52,

Mothone und Korone mit einigen benachbarten Dorfschaften am Strande unverändert bei ihrem alten Namen erhalten. Alles Uebrige hatte der Sturm niedergerissen und verwandelt. Unterdessen sind von der slavischen Topographie dieser Gegend Morea's gerade die wenigsten Notizen bis zu unserer Kunde herabgekommen.
Sie reichen aber dennoch hin, um zu beweisen, daß
sich die aus dem Innern verdrängten alten Peloponnesier nur an einigen Punkten des Strandes gegen die
serbatischen Colonisten halten konnten. Die Albanesen
und Osmanli, welche nach den Slaven, Byzantinern
und Franken den Peloponnes überschwemmten, haben
in vielen Gegenden dieses Eilandes, besonders aber in
Messenien, die Spuren der drei vorangegangenen
Revolutionen gänzlich vertilgt, so daß albanesische und
türkische Ortsnamen und Bewohner einen großen Theil
des morätischen Bodens bedeckten. Wie sich Messenia jetzt zeigt, sind Vierneuntel der Ortsnamen Franco-
Neugriechisch, drei andere Neuntel Turco-Albanesisch,
und Zweineuntel Slavisch. Von den rein neugriechischen, schon im dreizehnten Jahrhundert bekannten Städten müssen wir Arkadia berühren. Auf einem weit
ins Meer hinausragenden Felsen sahen die Franken das
Castell, und am Fuße desselben die Stadt und den Hafen Arkadia. *) Pausanias kennt diesen Namen nicht.
Wann und wie ist er entstanden? Wie Monembasia auf

---

*) Le Château (Arcadia) situé sur la mer et dominant le
port. Chronique pag. 127.

der Morgenseite der Halbinsel, so verdankte auf der
Abendseite Arkadia Ursprung und Namen ohne Zweifel
Bürgern der Landschaft Arkadia im Innern, die zur
Zeit des Slaven=Einbruches auf die Küste hinabflohen,
wo sie sich gegen die Wilden um so leichter beschirmen
konnten, da letztere nicht zu Schiffe, sondern zu Lande
nach Griechenland gekommen waren. Zur Erinnerung
an die verlassene Heimath hat man dem neuen Zufluchts=
orte, sey es, daß er auf den Ruinen des alten Städt=
chens Cyparissia oder in seiner Nähe gegründet wurde,
den Namen Arkadia gegeben. Ich weiß wohl, daß die=
ses nur eine Meinung, nicht eine auf geschriebene Ur=
kunden gestützte historische Wahrheit ist. Man muß sich
aber gleichwohl mit dieser Ansicht begnügen, bis etwas
Gründlicheres über die Entstehung dieses festen See=
platzes ausgemittelt wird.

Am Strande fortrückend stießen die Franken nach
der Bezwingung Korons auf das Castell *Kalamata*,
woran freilich das classische *Kalamä* des Pausanias
nicht zu verkennen ist. Dessen ungeachtet ist es doch
nicht ein und derselbe Ort, weil der Flecken Kalamä land=
einwärts (μεσόγαιος) lag, Kalamata aber nach dem
einstimmigen Zeugniß aller neueren Reiseberichte nahe
am Strande und auf einer Stelle gebaut ist, auf wel=
cher im Alterthum keine Häuser standen. Man vergesse
nicht, daß beim allgemeinen Unglücke im sechsten, sieben=
ten und achten Jahrhundert die Seeküste allein Rettung
gab vor einem Feinde, der kein Fahrzeug hatte. Uebri=
gens war dieses Kalamata im Jahr 1205 nur dürftig be=

wohnt, mauerähnlich und einem befestigten Kloster ähnlich. *) Selbst die wohlbefestigte Seestadt, welche heut zu Tage Modon heißt, ist nicht mehr das alte Mothone oder Methone, dessen Ruinen nach Gell 2700 Schritte östlich von Modon zu sehen sind. Zur Kirche von Modon gehörte um 1216 das Dorf Zagora im benachbarten Gebirge. **) Dieser Name findet sich in allen Gegenden Griechenlands, und überhaupt wohl zwölfmal zwischen Modon und Belgrad; allzeit aber in bergichten Landstrichen. Zagora bedeutet auf Slavisch Ennetberg, hinter dem Berg, auch im Gebirg und kann im Deutschen mit Berg oder Bergheim übersetzt werden. ***) Oestlich von Modon liegt Selitza, dessen gleichfalls slavischen Ursprung man schon früher beim Selitza am Taygetus erwiesen hat. — Der liebliche Fluß Pamisus wurde durch die neue Bevölkerung Pirnatscha genannt, und wo ehemals Pylos war, hatte sich eine Horde Avaren niedergelassen und einen Ort Avar (griechisch Ἀβαρῖνος) erbaut. In der Nähe desselben heißt ein Küstenfluß heute noch Dschimova und eine sandige Ebene in derselben Gegend wegen des Tannengehölzes Jalova, welches das in Illyrien jetzt noch übliche Adjectiv von Jalva, die Tanne, ist. *) Wenn man von dem nördlichen Gränz-

---

*) Chronique pag. 128.

**) Ducange Histoire de Constantinople sous les Empereurs français.

***) Za bedeutet pone, trans, in. — gora, Mons.

****) Es ist äußerst schwierig, den wahren alten Sinn dieser von verschiedenen Nationen verschieden gesprochenen und

20*

paffe Klissura auf die messenische Ebene herabsteigt, trifft man den reißenden Bergbach Kalka, der sich in den Schwarz-Zumena ergießt und endlich in den Golf von Koron stürzt. Links von der Straße sieht man ein Dorf Bug-a. *) Sind aber die Namen Kalka, Zumena und Bug nicht alle drei in Südrußland und in Podolien zu finden? Oder ist es nöthig, zu beweisen, daß die im Innern liegenden Ortschaften Volemi, Anbruzza, Popritza, Mischka und Velemina nicht griechische, sondern slavische Namen haben? Wenn es wahr ist, daß μάτι im Bulgar-Griechischen nicht nur Auge, sondern auch Quelle bedeutet, so ist der Name der Ortschaft Mauromati an den Ruinen von Messene, offenbar nur eine Uebersetzung des alten Slavennamens Tschernavoda, was im Deutschen Schwarzwasser, Schwarzenbrunn bedeutet. Eben diesen Sinn soll nach Pouquevilles Erklärung auch Mauromati haben. **) Tschernavoda und Dovravoda (Gutenbonn) sind

---

geschriebenen Wörter zu entziffern. Sollte man z. B. in Jalova die erste Sylbe auf französische Weise aussprechen, würde sie der slavischen Sylbe ЖА entsprechen, und der Name selbst Stachelicht bedeuten, von ЖАΘ Stachel.

*) William Gell Itinerar. pag. 26. der deutschen Uebersetzung.

**) So wie man *Μαυρομμάτι* schreibt, muß es mit Schwarzenbrunn übersetzt werden. Denn ομμάτι heißt im Neugriechischen wirklich der Brunn, das abgekürzte μάτι aber Auge.

zwischen dem Golf von Korinth und der Donau nicht sel-
tene Namen.

Wenn in jenen Gegenden Morea's, welche man nach
alter Art zum Gebiete des Eurotas Flusses, zur östlichen
und westlichen Abdachung der lakonischen Gebirge und
zum Küstenlande Messenia rechnet, doch hin und wieder
einige alte Namen mit Ueberbleibseln alter Hellenen den
Stürmen der Slaven-Revolution des sechsten und der folgenden beiden Jahrhunderte überlebten: so ist uns doch diese
tröstliche Bemerkung von jenen Ländern der Halbinsel,
die man zum Flußgebiete des Alpheus zählet, leider nicht
vergönnet. Es fallen in diesen Theil unserer Prüfung
vorzüglich die beiden alten Provinzen Arkadia und Elis
in ihrer ganzen Ausdehnung, d. i. das eigentliche Herz
und Mittelland des Peloponnesses mit dem größeren Theile
der Westküste zwischen dem Flüßchen Buzi (Neda) im
Süd, und der Kamenitza im Nord. Hier ist das eigentliche Morea, das eigentliche peloponnessische Slavinien
zu suchen; hier haben sich die Spuren der erlittenen Umwälzung bis auf unsere Tage am kennbarsten erhalten.
Einer der schönsten und wasserreichsten Ströme Griechenlands, der Alpheus, sprudelt am Ostrande dieses neuen
Slavoniens aus mehr als vierzig Quellen hervor, durch-
schneidet es der ganzen Länge nach, nimmt alle zu beiden
Seiten aus den messenischen und achäischen Gebirgen herabrinnenden Bäche in seinem Schooße auf, und führet sie
zwischen Gehägen von Lorbeerrosen, Ahorn-, Nußbaum-
und Platanenwäldern, in romantischen Schluchten und

erinnerungsreichen Feldern vorüber, in tausend Krümmungen in das jonische Meer hinab.

Vieles hat Arkadien allerdings in Folge seiner demokratischen Stürme und der römischen Welttyrannei von seinem alten Glanze verloren; jedoch war es gegen das Ende des zweiten Jahrhunderts keineswegs gänzlich an Städten veröbet und von Bewohnern verlassen, wie es in den Zeiten des Augustus Octavianus durch Strabo geschildert wird. Bewohnt waren zu Pausanias Zeiten von den alten Städten des Landes noch Mantinea, Tegea, Orchomenus, Caphya, Stymphalus, Pheneos, Cynätha, Cliter, Psophis, Heräa, Aliphera, Megalopolis, Pallantion, Lycosura, Telphusa und Phigalia. Unter diesen war von Telphusa und Aliphera die Hälfte, von Megalopolis aber der südliche Theil eingefallen und verlassen. Lycosura hatte noch den Mauerumfang, aber nur ein kleines Häuflein Bewohner. Von Asea sah Pausanias noch die Schloßmauer und von Menalos die Ruinen. Außerdem sah er achtundzwanzig bis dreißig mehr oder weniger bewohnte —, und ungefähr vierzehn verlassene und zum Theil schon eingefallene Flecken, deren Namen zum Behufe eines anzustellenden Vergleiches unterhalb angefügt werden. *)

---

*) Bewohnte Flecken: Amilus, Caria, Lycuria, Nasos, Condyleä, Rheunos, Soron, Argeathä, Lycuntes, Scotane, Sira, Trophäa, Oncios, Buphagos, Gortys, Dipoenä, Thisoa, Methydrion, Teuthis, Callia, Hellison, Marathä, Anemosa, Nymphas, Phädria, Phaläsiä, Geiranos und Thyrä.

Freilich mag das Reich der Veröbung durch Alarichs und Geiserichs Verwüstungen seine Gränzen erweitert haben, und zur Zeit des Kaisers Mauritius mancher Ort in Arkadien ohne Bewohner gewesen seyn, in welchem bei der Durchreise des Pausanias Freude und bürgerliche Glückseligkeit herrschte. Hierüber das Genauere zu wissen, ist eben so unmöglich, als für unsere Zwecke nutzlos, da wir nur zu untersuchen haben, ob vor und nach der Einnahme des Peloponneses durch die Slaven die gleichen alten Ortsnamen vorkommen, oder ob man neue und früher nicht gekannte, auch von ersteren wesentlich ver= schiedene entdecken kann. Daß aber in der Zwischen= zeit, welche von den Antoninen bis zum Einbruche der Scythen verflossen ist, in diesem Lande keine neue Niederlassung gegründet und keine neuen Städte oder Dör= fer gebaut worden seyen, wird man uns wohl ohne Be= weis gerne einräumen.

Von der Thalebene bei Mantinea, auf welcher Epa= minondas gefallen ist, wollen wir ausgehen, und bei den Quellen des Alpheus und den Landmarken Lacedämoniens und Messeniens vorüber, die Runde durch ganz Arkadien machen, um zu sehen, welche Namen seine Städte und Dörfer am Ende des zwölften Jahrhunderts hatten. Auf dieser eben genannten, ungefähr fünf Stunden lan= gen und drei Stunden breiten Fläche standen einst die bei=

Verfallene Flecken: Calus, Paos, Melänä, Paroria, Zoetia, Bassilis, Thocnia, Thyräus, Hipsus, Phalanthos, Paratheos, Lycoa, Lust und Berenthe.

Pausan. in Arcad.

den großen Städte Mantinea und Tegea. Von diesen ist während des großen Sturms kein Stein auf dem andern geblieben. Aus den Trümmern der ersten bauten die Slaven Goritza (Chra), und Nikli aus den Ruinen der zweiten. *) Nikli war im Jahre 1207 eine große, fest ummauerte und mit Thürmen wohl versehene Stadt, verschwindet aber schon während der Kriege des dreizehnten Jahrhunderts gänzlich von der Schaubühne, um dem Namen Muchli a Platz zu machen, welches die Byzantinischen Scribenten des fünfzehnten Jahrhunderts als die ansehnlichste Stadt unfern der Ruinen Tegea's bezeichnen. **) Herrn von Pouqueville zeigte man aber auch von diesem Muchlia nur noch einiges verwitterte Gemäuer, Paläo-Muchlia genannt, im Osten von Tripolitza. Auch Goritza ist schon lange zerstört und nur der Thalebene noch im Munde der Moraiten dieser Name geblieben; aus den Trümmern dieser dreifachen Verödung aber, im Laufe des siebzehnten Jahrhunderts das heutige Tripolitza entstanden. Zwar bildete im Alterthum der Bergrand, der die Ebene von Goritza auf der Ostseite einschließt, zugleich die Gränzscheide Arkadiens gegen die Argiver; und die Thalflächen auf der Morgenseite dieser natürlichen Scheide

---

*) Von Goritza ist schon früher gehandelt worden. Mit Nikli in Morea vergleiche die slavischen Städte Nikel im Chrudimer Kreise in Böhmen, und Nikel im Fürstenthum Lignitz in Schlesien.

**) Vergleiche mit dem moraitischen Muchlia die Ortschaften Mochling in Kärnthen, Muchla im Hämusgebirge und Mochla in der Lausitz.

nand gehörten zum Gebirge von Argos. Weil aber die
Slaven auch auf der östlichen Abdachung dieser Bergreihe
Niederlassungen gegründet haben, so müssen wir sie der
Ordnung wegen mit den Bauten in Verbindung bringen, die dieses Volk auf der Ebene Goriza errichtet hat.
Wer von Tripolitza durch die Schlangenwindungen
der Kaki-Skala gegen den Golf von Nauplia hinabsteigt,
führt die Straße durch den großen Ort Aglabo-Campos,
dessen slavischen Ursprung wir schon oben deutlich ausein-
andergesetzt und nachgewiesen haben. Ebenso sind auch
die Ortsnamen Tritzena, Agamitzi, Audruza,
Tzipiana und Dolina, welche in und an diesem Gebirge liegen, unverkennbar slavischer Natur, besonders
Dolina, welches Thal bedeutet und in den oftgenannten slavischen Ländern Europa's sehr häufig gefunden
wird.[*] Vor Tritzena findet sich das Diminutiv
Trzewitza in Böhmen; an den drei übrigen ist wohl
die ausländische Form, nicht aber die Bedeutung zu erkennen. Desto unzweideutiger dagegen ist der Ursprung des
Dorfes Greben, welches weiter südlich gegen Prasto
hinab im Steingebirge belegen ist und eben daher seine
Benennung hat, denn Greben bedeutet im illyrischen
Slavendialekt eben dasselbe, was das lateinische Scopu-

---

[*] Z. B. Dolina in Krain, Dolina in den mährisch-ungari-
schen Gebirgen, Dolina in Galizien, Dolina in der Buko-
wina, Dolina (Dolein) bei Olmütz in Mähren und Dolina
(Döllen) in Brandenburg. — Uebrigens haben Dolia
und Doliana dieselbe Bedeutung wie Dolina.

luc. *) — Auf ihrem Zuge von Messenien herauf gegen die Hochebenen Arkadiens kamen die Franken noch auf der Südseite des Alpheus und auf der Straße zwischen Lacedämon und dem alten Megalopolis zu der großen und festen Stadt Belïgosti (Βελιγοστη), welche wir schon früher als einen der reinsten slavischen Städtenamen bezeichnet haben. Ihre Burg, ihre Mauern und ihren Glanz verlor auch sie zu gleicher Zeit mit Nikli in den Kriegen des dreizehnten Jahrhunderts, so daß sie die letzten Byzantiner schon nicht mehr kennen. Nach ihrem Verfalle erhob sich das unweit davon gelegene Londari zu einiger Bedeutung. **) Nahe bei Londari, auf einem Vorberge des Taygetus liegt die in den moraïtischen Kriegen des vierzehnten und fünfzehnten Jahrhunderts berühmte Festung Koba ***); jetzt ein elender Ort, dessen Name in den Schriften der Byzantiner Akova lautet, wie sie auch Arachova statt Rachova, Azagora statt Zagora und Aglado-Campos statt Glado-Campos schreiben und sprechen. Die richtige alte Lesart dieses Eigennamens scheint aber Akuba zu seyn, von dem Slavenworte Kuba, die Höhe, der Gipfel. Auch hat sich diese Form in der kleinen Chro-

---

*) Z. B. Hidáriti Korabljom o grebén, d. i. das Schiff auf einen Felsen hintreiben.

**) Mit Londari vergleiche Lindar, ein Pfarrort in Krain. Valvasor.

***) Gell, pag. 34.

nik bei Dulos in ihrer Reinheit erhalten. *) Auch
ein zweites Arachova, zum Unterschiede von dem Orte
gleiches Namens im Eurotasthal, Groß-Arachova
genannt, muß einst in diesen Gegenden geblühet haben.
Es war, wie die moraïtische Chronik sagt, ein Flecken
im Gebirge auf der äußersten Markscheide zwischen
Sparta und Lacedämon, in welchem eine Zeit lang
das frankische Hauptquartier unter Gottfried von Cari-
tania lag. **) Heute findet man es nicht mehr. — Desgleichen sind mit Nikli, Groß-Arachova und Veligosti
auch die übrigen Slavenorte auf den Gränzmarken von
Arkadien und Lakonien großentheils verschwunden und
Dörfer mit albanesischen und türkischen Namen allenthalben an ihre Stelle getreten, wie sich im Verlaufe dieser
Abhandlung umständlicher entwickeln soll. Von den
classischen Berg- und Stadtnamen dieser Gegend am
obern Alpheus haben schon die Franken keine Spur
mehr gefunden. Oder wird wohl noch Jemand an den
Bergen Maleto, Burbura, Tschimparu, Bam-
beni und Chelmos, so wie in den Ortsnamen Kutraphas, Tschuppoga, Risvan-Aga, Aïas-
Bey, Dedir-Bey, Chiose und Chamitze die alte
classische Welt von der Alpheusquelle bis Megalopolis hinab erkennen? Ist es nicht klar, daß hier nicht
nur die hellenische, sondern auch die slavische Erd-
rinde unter einer albanesisch-türkischen begraben liegt?

---

*) Chronicon M. Ducas ad annum 1391. Ambo Acuvam
separati hat ... ...

**) Chronik von Morea, zwischen pag. 559 und 560.

Der gebirgige Theil Arkadiens zu beiden Seiten des Alpheus unterhalb der Gelle, wo ehemals Megalopolis stand, hatte nach Clavinisirung des Landes den Namen Skorta erhalten, *) und war von einer besonders unruhigen und streitbaren Völkerschaft bewohnt, unter welcher die Familie Bugará (Βουτζαρά) im hohen Felsencastell Araklovon besonders mächtig und einflußreich war. **) Bekanntlich ist das Land auch vom linken Ufer des Flusses gegen die Landmarken von Messenien, Elphadia und Triphylia hinauf mit Steilseiten, Hochwaldungen, Thälengen, Gebirgen und Schluchten übersäet, weßwegen dieser Canton auch ohne Zweifel durch die eingewanderten Slaven den Namen Skorta erhalten hat. Denn Thälengen, Schluchten, saxa montium, werden in den russischen und slyrischen Dialekten heute noch Gorta genannt. Ein zweites Skorta liegt auf dem Grinzgebirge zwischen Kätten und Böotien. ***) Und ein drittes endlich erkennen wir im deutsch-böhmischen Dorfe Skortawitz (Schurewitz). Den Namen Araklovon aber kennen die Bewohner nicht mehr; ja selbst die Byzantiner des fünfzehnten Jahrhunderts schweigen schon von dieser kleinen, aber, wie die Zeiten damals waren, unbezwinglichen Festung in den Defileen von Skorta. Auf einem hohen Felsen unweit der

*) Τὰ Σχόρτα der Chronik von Morea.
**) Chronic pag. 150 et 409.
***) Reise eines Engländers von Athen nach Morea im Jahre 1822.

ruinen, welche man für das alte Phigalia hält, sah Bell
die Trümmer eines alten Schlosses (ohne Namen), dessen
Lage mit der Angabe der moraitischen Chronik über Arkaddos
von ziemlich genau zusammen trifft. Nebenan liegen
die beiden Stadtdörfer Gradiza und Poliza. *) Und
überhaupt kann man in dem ganze Theile von Skorta,
welcher vom linken Ufer des Alpheus, den Gränzen Messeniens und dem Meer eingeschlossen ist und im Alterthum
Tryphilien hieß, keine Spur der alten Griechenwelt entdecken. Hier wurde Alles vertilgt. Keine Stadt, kein
Flecken, kein Bach, kein Berg hat seinen classischen Namen erhalten. Phigalia, Carnion, Claphos, Ruda,
Sudar, Macistus, Lapitha, Mynthe, Lepreos, Chaila,
Phryra, Ketrini, Athigros, Acheron, Aliphera, Samin-
eum, Hypana und Scyllus sind vergessen und ausgelöscht.
Dagegen fand man im Mittelalter und findet zum Theil heute
noch Andrizena, Gribeni, Perigardi, Bliziri, Lebiza, Ser-
biana, Meskli, Baden, Bolanza, Risavo, Rundriza,
Dorzi, Verviti, Serobiti, Agowniza, Muntra, Koprinitra,
Albena, Kresthena, Siniza, Stalla, Aguniza, Katabá und
Glaza. Wird wohl Jemand diese Namen für hellenische
ansehen, oder gleichlautend mit den vorangeschickten classischen halten? Sind etwa Graz in Steiermark, Gradiz

---

*) Gradiza und Poliza sind Diminutiva aus Grad und
Pole, und werden in allen Slavenländern häufig gefunden.
Wer kennt denn wohl nicht die vielen Gradez (Graz),
Gradiz und Poliz zwischen Morea und Brandenburg?
Z. B. Gradiz unweit Glogau; Poliza im Königs-
Gradezer und Poliza im Leitmerizer Kreise in Böhmen.

in Schlesien, Glatz, Strohnitza und Colenitza in Böhmen auch hellenische Städte oder Flüsse? *) Selbst das Dorf Sarene unweit dem Strande möchte ich nicht in die Kategorie griechischer Namen einreihen, obgleich Gell der Meinung ist, es sey aus dem Homerischen εἰς Ἀρήνην erwachsen. Dieß letztere ist aber unmöglich, weil in jenen Gegenden schon zu Pausanias Zeiten keine Ortschaft Arene mehr existirte, ja weder irgend ein Eläer oder Messenier dem eben genannten Reisebeschreiber zu sagen wußte, in welcher Gegend Arene einst gestanden habe. **) Nur in den sumpfigen Niederungen an der Mündung des Anigros scheinen sich einige Reste alter Griechen, wenigstens zur Zeit der Slavenstürme erhalten zu haben, wenn man einer Angabe bei Gell trauen darf, daß in jener Gegend heute noch ein Flüschen Anigra und ein Ort Samaicum heiße, wo im Alterthum der Anigros rann und Samicum stand. ***) Wenn man aber bedenkt, daß dieser sehr achtbare Alterthumsforscher auch die Häuser von Trapezus gesehen haben

---

*) In den Chroniken des dreizehnten Jahrhunderts sind von diesen Namen nur Koprinitza, Muntra, Kataba (ὁ Μισὲρ τζὰν τσὲ Κρταβᾶς), Gribeni, Perigardi, Vliziri, Lebitza, Serbiana und Mesistli genannt; die übrigen sind aus Gell und Pouqueville ausgezogen. Statt Gells Chrystina (S. 17) habe ich mir erlaubt, Chrestena zu setzen, weil ich in der Chronik von Morea τὰ μέρη τῶν Κρεσθένων lese.

**) Pausan. lib. 5, cap. 6.

***) Gell Reisebericht S. 18.

mill (S. 94), obgleich diese Stadt schon zu Epaminondas Zeiten demolirt, und von Pausanias nur in ver-
wittertem Gemäuer noch erkannt worden ist: so kann man
ihm nicht jedesmal unbedingten Glauben schenken, so
oft er vom Daseyn alter, aber unbedeutender Orte spricht.
Uebrigens wäre es ganz der Natur der Dinge angemessen,
wenn sich in einigen Stellen dieses sandigen, häufig Ueber-
schwemmungen ausgesetzten, schilfbewachsenen und unge-
sunden Küstenstriches Flüchtlinge aus den benachbarten
Städten Triphyliens und Arkadiens angesiedelt und gegen
die Barbaren vertheidiget hätten. —

Der vorzüglichste Ort und gleichsam die Hauptstadt
von Skorta auf dem rechten Ufer des Alpheus war Karitene, an einem Bache gleiches Namens und in einer
Gegend erbaut, in welcher nach der Beschreibung des Pau-
sanias niemals eine arkadische Stadt war. Flußabwärts
lagen hintereinander Lidoria, Isova, Agredi Kunupiza,
Priniza und Seliriza, letzteres am Eingange eines herr-
lichen Thales, durch welches der alte Erymanthus
seine Fluthen in den Alpheus herauswälzet. *) Dieses
Thal mit seinen Verzweigungen reicht in das Innerste von
Arkadien hinein und ward im Alterthum durch viele
Städte geschmückt, von welchen Pausanis noch Clitor,
Sirä, Psophis und den Flecken Trophäa sah.
Bachaufwärts von Seliriza bauten die Slaven Dimizana,

*) Von diesen sechs Namen kommen die ersten fünf in der
Chronik von Morea vor, der letzte ist aus Pouqueville ent-
nommen.

Jannau, Jacuba oder Jacoba, Terzena, und im innersten Gebirge Gardichi. *) Zwischen dem alten Erymanthus und dem Helisson rinnen eine Menge Bäche vom arkadischen Hochlande herab. Thäler, Ebenen, Schluchten, Auen, Wälder, Ruinen, alte Grundmauern und Strohhütten wechseln auf eine seltsame Weise auf der ganzen Erdfläche zwischen dem Alpheus und den Gränzmarken von Achaja und Argolis ab. Neugriechische, slavische, albanesische und türkische Benennungen begegnen uns überall; nur die alten classischen sind nirgends mehr zu finden. Es ist hier eine ganz neue Welt entstanden. Und ich glaube nicht, daß Jemand in dem folgenden Namensverzeichnisse die alte arkadische Welt des Pausanias und Strabo zu erkennen vermöge. Um gegenseitige Lage und Entfernung der einzelnen Orte, Ruinen und Ortsnennungen kann man sich nicht bekümmern, weil Erläuterungen dieser Art nicht zum Vorhaben gehören. Es ist die Bemerkung hinreichend, daß alle hier folgenden Namen zwischen dem Alpheus und den achäischen Gebirgen liegen: Arachuni oder Rakani, Bettazinico, Betizi, Bucovina,

Bla=

*) Die slavische Physiognomie dieser Ortsnamen ist nicht schwer zu erkennen. Die Endung tone ist in den Slavenländern an der Donau unzählige Mal zu finden. — Zweifelhaft könnte Liboria seyn, wenn nicht Luboria nach Stulli's Zeugniß ein in Illyrien jetzt noch gebräuchlicher Ausdruck für Vieh, pecus, wäre. Ein Jacova findet man in Slavonien; und ein verfallenes Schloß Jacuba im Leitmeritzer Kreis in Böhmen. Der Grundbegriff beider Stämme ist asper, fortiter, alacriter, Stulli.

Glaniza, Graniza, Guminiza, Gura, Gahzanistris, Kalpaki, Kerpene, Livadi, Matisti, Mostiza, Nezero, Podagora, Prosina, Skupi, Sopoto, Strezova, Stemniza, Struza, Sudena, Terstena, Trupa, Tsuka, Valdezzi, Vanina, Velimaki, Velizi, Versiki, Vitina und Zukuka. Wenn man bedenkt, daß seit der Entstehung dieser Ortsnamen in Morea mehr als tausend Jahre verflossen sind, und wenn man nebenbei noch die furchtbaren Katastrophen zu Gemüthe führt, welche diese Halbinsel seit ihrer Wiedereroberung und Recolonisirung durch die Byzantinischen Griechen bis auf die gegenwärtigen Zeiten erschüttert haben; so muß man billig erstaunen über die unverkennbaren und unwiderleglichen Spuren der einst vor sich gegangenen völligen Umwandlung dieses Himmelsstriches durch die Nation der Slaven. Denn so unvollkommen auch unsere Hülfsmittel, und so auch unser Beginnen selbst, immer seyn mögen, so vermögen wir doch die größere Zahl der oben angezogenen Ortsnamen Arkadiens in den Slavenländern zwischen dem adriatischen Meere und der Ostsee wiederzufinden, mehrere aber selbst in der corrumpirten Form, in welcher sie von europäischen Reisebeschreibern geliefert werden, ohne Mühe ins Deutsche zu übersetzen. Vorher möchte ich nur Jemand fragen, ob in der Homerischen Topographie der Pelopsinsel auch eine Stadt Gradiza oder Strezova erscheint, oder ob die arkadischen Hellenen Orte gebaut haben, die sie Graz, Glaz, Struza, Conupiza und Bucovina nannten? — Dagegen ist aber Priniza ein Flüßchen, und sind Gura und Kerpene Ortschaften in Schleken; Konopischt, Gomenitza, Strazova und Strobnice Ortschaften in Böhmen; Stresova und Stemnitza in Pommern; Podagora und Vitina in Krain; ein Isova und ein Zatuna in Serbien, und ein Bucovina in Galicien, ohne die vielen Ortschaften Bucov in allen deutschen Slavenländern mit der Provinz dieses Namens am obern Pruth in Anregung zu bringen. Bucov heißt im Illyrischen die Buche, Bucovina eine mit Buchenholz bewachsene Gegend. Daher die vielen Orte Bucov in Böhmen, in den Marken von Brandenburg und in allen von Slavenstämmen besetzten Ländern der untern Donau. *) Podagora heißt wörtlich übersetzt Untersberg, und Vitina in Krain nennen die Deutschen Feichting. Kloster Sopot in Böhmen, und Zobten, Dorf, Schloß und Berg in Schlesien, ist ein und dasselbe mit Sopoto auf Morea. Oberhalb diesem moraitischen Sopoto liegt im rauhen Gebirge Nezero; Nezrio bedeutet aber rauh, holpericht, uneben. **) Terstena, vier Stunden von Karitene entlegen, ist rein slavisch, und bedeutet Schilf, mit Schilf bewachsen, von tarst, tarstitza, tarstenitza und tarstena, Schilf. Kalpaki ist das bei allen slavischen und tatarischen Stämmen übliche Wort für Kopfbedeckung, Mütze. Ekupi bedeutet Hauptort, Hauptversammlungsplatz. Ohne Zweifel war an dieser Stelle in den ersten Zeiten nach

---

*) Das moraitische Bucovina liegt nach Geß in einer stark bewaldeten Gegend gegen Tripotamia hinauf.

Seite 55 der deutschen Uebersetzung.

**) Stulli in voce asper.

Eroberung des Peloponneses eine kleine Slavenresidenz, der Sitz eines Tzupan gegen die griechischen Christen von Argos. Granitza ist gleichfalls rein slavisch, und bedeutet soviel als Gränze. Ein Velitza findet sich im slavinisirten Böotien, ein Velitza in Brandenburg und in vielen andern Gegenden von slavisch Germanien, und am Dnieper in Südrußland mehreremal. — Ungefähr sechs Stunden oberhalb Vitina liegt nach Gell das hohe Bergschloß Battisinico und Bettasinico ein großes mit Bäumen umgebenes Dorf. In der nämlichen Gegend läßt Phrantzes Sultan Mohammed II im Jahre 1458 ein sehr festes Schloß Pazenica vergeblich belagern. *) Dieses soll wohl vermuthlich ein und derselbe Name mit Battisinico seyn. Pazen ist nach Stulli ein altes slavisches Wort, welches bewahret, gesichert, fest bedeutet. — Eine ganz eigenthümliche Bewandniß hat es mit dem Dorfnamen Livadi nordwestlich von Goritza. Eine Stadt dieses Namens findet man eben heute noch ungefähr in jener Gegend Böotiens, wo ehemals die Stadt Lebadia gestanden hat. Ein drittes Livadi endlich ist im mittäglichen Theile Macedoniens. Man gebe sich nicht der Täuschung hin, die nördlich von Theben gelegene Stadt Livadia sey noch das einst auf einer weiten Ebene gebaute λεβαδεια der Hellenen. **) Athen und die Burg von Theben ausgenommen sind alle Binnenstädte von Althellas untergeᵗ

---

*) Phrantzes lib. 3, cap. 22.

**) *Ἐν δὲ τῷ πεδίῳ λεβαδεια ἐςίν*....

Pausan. Boeotic. cap. 39.

gangen. Wie hätte wohl jenes zwar schöne, aber niemals mächtige Lebadia bei der Zerstörung der alten griechischen Welt durch die Scythen dem allgemeinen Verderben entrinnen sollen, da es weder mit dem Meere in Berührung stand, noch eine Akropolis zu seiner Beschirmung hatte? Livadia aber, wird man mir entgegnen, ist der Plural des altgriechischen Substantivs λιβάδιον, die Aue, der Wiesenplan; und Livadi (λιβάδι) auf Morea ist auch nichts Anderes als dasselbe λιβάδιον nach Art der Neugriechen abgekürzt. — Livâda ist aber auch ein Wort der slavischen Dialekte Illyriens, und hat mit den Ausdrücken polje, poljanna, lug und Travnik ein und dieselbe Bedeutung: die Aue, der Wiesenplan, eine Ebene, die man nicht bearbeitet, wohl aber zur Weide benützt. *) Eine große und weit ausgedehnte Grasfläche dagegen heißt im Illyrischen Livadija. Und sind denn die großen Flächen Böotiens nicht allbekannt? Gleich wie nun der Peloponnes von den Küstenflächen der Seeprovinz Elis dem Namen Morëas, eben so hat das eigentliche Hellas zwischen dem Isthmus und den Thermopylen von den ausgedehnten Binnenebenen Böotiens den Namen Livadia erhalten. Ob aber die Scythen dieses Wort erst nach ihrer Einwanderung von den Griechen entlehnt haben, oder ob es zum Stammgut der Slavendialekte gehöre, wollen wir nicht entscheiden. **) — Demnach

---

*) Stulli Tom. 2. p. 367 in voc. Pratum.

**) In Anbetracht jedoch, daß die russischen Vocabularien diesen ganz griechisch klingenden Ausdruck nicht haben, möchte ich ihn auch nicht für ächt altslavisch erklären.

wäre der morattische Dorfname Ltoabi in jedem Falle mit
Aue oder Velden zu übersetzen, wie anderswo Granitza mit Gränze, und Topolova mit Pappelfeld, vom
slavischen Substantiv Topola die Pappel. — Von den
übrigen Namen arkadischer Wohnorte, zu welchen man
weder den Wortsinn noch eine Aehnlichkeit in anderen
Slavengegenden aufzufinden vermag, mögen wohl die
meisten der albanesischen Revolution angehören, in keinem
Falle aber dem Byzantinischen Griechenthum zu vindiciren
seyn. Eine weitere und genauere Erforschung derselben
müssen wir einem Manne von ausgebreiteterer Gelehrsam-
keit und umfassenderen Hülfsmitteln überlassen.

Wahr ist es allerdings, daß in der eben benannten
Landschaft, mitten unter diesen unwiderlegbar nichtgrie-
chischen Städte-, Dorf- und Gebirgsnamen auch eine
große Anzahl reingriechischer gefunden wird, wie z. B.
Hagios Demetrius, Hagia Triada, Hagio
Sosti, Anemoduri, Tripotamia, Franko-Bry-
si, Rapsomati, Sarakinio, Papades, Mau-
reas, Sanct Anastasius, Cyparissia u. s. w.
Wer sieht aber nicht ein, daß diese Namen keine Aehnlichkeit mit denen des classischen Arkadiens haben, und
daß sie nach Unterjochung und Christianisirung der slavischen Moraiten durch die aus Byzanz und Anatolien eingewanderten Griechen auf dem barbarischen und dünn bevölkerten Boden entsprungen sind? Oder findet sich im
Reisebericht des Pausanias in diesen Gegenden ein Ort
Sanct Demetrius, Sanct Trinitas, Sanct
Johann, Frankenbrunn und Saracenenheim?!

— Nur im Nordosten von Arkadien, am Fuße des Cyllenius, unfern von der Stelle, wo ehemals Lycuria und Pheneus standen, sah Gell Neu-Lycuria, ein Dorf mit zerstreut liegenden Hütten in einem hohen, von Bergen umschlossenen Thale, und ein anderes Dorf, Phonia genannt, unweit der Ruinen von Pheneus. *) Obwohl in der Nachbarschaft die slavischen Ortschaften Livadi, Kotußa, Mocha und Kalpaki liegen, und der Berg Cyllenius selbst den gemeinen slavischen Appellativnamen Chelm erhalten hat, so ist es doch nicht unmöglich, daß in diesen Gebirgsschluchten Reste griechischer Bevölkerung den scythischen Sturm überlebt und ihre Generation mehr oder weniger vermischt bis zur Einwanderung der Franken und Arnauten erhalten haben. Alt-Lycuria und Alt-Pheneus wurden freilich zerstört, die flüchtigen Bewohner haben aber ohne Zweifel Mittel gefunden, die verlassene Brandstätte wieder anzubauen, und gaben natürlicher Weise den neuen Hütten die alten Heimathsnamen.

Nach diesen Vorgängen wird gewiß Niemand die Rettung irgend eines Bruchstückes hellenischer Geschlechter in den Ebenen von Alt-Elis erwarten. Hat denn nicht Strabo's Epitomator vorzüglich von den Bewohnern dieser Gegenden des Peloponneses die Bemerkung gemacht: sie seyen bis auf den Namen ausgerottet, und ihre Wohnsitze seyen durch scythische Slaven

*) Gell Reisebericht, S. 59 und 67. — S. 68 nennt er Phonia eine Stadt.

eingenommen? — Uebrigens hatten Rom und das
Verhängniß schon vorgearbeitet. Pylus, Dyspontion und Harpinna waren im zweiten Jahrhundert
schon verödet, von Letrini nur wenige Gebäude noch
bewohnt, und in der Hauptstadt Elis selbst schon Tempel
und Häuser mit eingefallenen Dächern zu sehen. *)
Olympia, Cyllene und Heraclea waren die einzigen größeren Orte, welche Pausanias außer der Hauptstadt in dieser fruchtbaren und schönen Landschaft noch zu
nennen der Mühe werth fand. Zur Erleichterung der
Uebersicht ziehen wir in diesen Theil unserer Prüfung auch
die drei nächsten, an Elis und Arkadia stoßenden
Cantone Dyme, Phara und Tritia von Achaja,
in welchen die drei alten Hauptorte gleiches Namens mit
den Flecken Pirá und Eurytea unweit der Ruinen
von Olenos damals noch bewohnt waren, so wie auch
alle Berge, Flüsse und Bäche zwischen der Alpheusmün-
dung und der Stadt Patras ihre alte, classische und un-
verfälschte Benennung trugen. In eben dieser Landstrecke
heißen jetzt die Flüßchen, die theils in den Alpheus, theils
in das Meer fallen, Caminiza, Drovolova, Doriza, Ri-
niza, Martiniza, Pachista und Belvizi. An Städten,
Flecken und Dörfern aber nennt man Andrabida, Avura,
Barbasena, Bocovina, Brati, Katakolo (κατω-kolo,
d. i. Unter-Kolo), Cazzaruni, Chalantistra, Chlomuzi,
Cucura, Cumani, Dschiasmena, Elekistra, Gomosto,
Kriséva, Kukobiti, Leschena, Lubista, Luca, Lustiza,

*) Pausan. in Eliac. lib. 2.

Maritza, Mazi, Miraca, Reminitza, Pepoilenitza, Pititza,
Purleska, Retuni, Sclabitza, Tristena, Tschipiana,
Bardikosta, Verveni, Binitza und Bolatuna. *)

Welche Aehnlichkeit haben diese nun mit den classischen
Namen Leucyonius, Parthenius, Harpinniates, Cladeus,
Cytherius, Enipeus, Peneus, Caucon, Pirus, Elis,
Olympia, Cyllene, Myrtuntion, Heraclea und Tritäa,
die man vor der Revolution des sechsten Jahrhunderts
zwischen dem Alpheus und dem Weichbilde von Patras
gefunden hat? Namen wie Verveni, Bucovina, Chlu=
mutzi, Caminitza, Sclabitza und Tristena haben wir schon
oben vollkommen erklärt, und auf ihr häufiges und immer
gleiches Wiederkehren im slavischen Deutschlande aufmerk=
sam gemacht, so daß hier nichts zu thun ist, als eine Be=
merkung Pouqueville's über die Lage von Chlomutzi zur
Bekräftigung unserer Auslegungen beizufügen. Castell=
Tornese, schreibt er, nennen die Türken Klemutzi;
seine Umgebungen sind lachend, obgleich uneben und
gebirgig. **) Den Namen dieses Seecastells schreibe
die Chronik von Morea durchaus Chlomutzi, was seinem
slavischen Ursprunge vollkommen angemessen ist. ***)
Heißt denn nicht Chelm und Chlum Anhöhe, Uneben=
heit, Berg, und z. B. Zachlum hinter dem Berg?
Wie viele Orte Chelm, Chulm, Chlum, Chlomin und be=

*) Aus Pouqueville und Gell ausgehoben.
**) Tom. I. p. 94. Uebersetzung. Leipzig 1805.
***) Εἰς τὸ Χλωμοῦτζι ἀπέςειλε δομεςικ᾽ν τὸν μέγαν.
Chronique de la Morée p. 286.

sonders Chlumetz zählt man nicht in Galizien, Böhmen, Sachsen und Brandenburg? *) Und wie kommt es, daß im nämlichen Böhmen ein Linitza, ein Martinitza in Mähren, ein Maritzen unterhalb Alt-Brandenburg an der Spree, ein Nemitz in Pommern, ein Vinitza in Croatien, ein Kolo in Polen und ein Luca in Galizien ist? — Nicht weit von der Stelle, auf welcher einst Cyllene war, stand im dreizehnten Jahrhundert die große Slavenstadt Andravida (Ἀνδρα-βίδα) mit dem Hafenorte Glarenza unten an der Küste. **) Die Aehnlichkeit von Andravida mit Andritzena, Andruzza und dem slavischen Andragast springt in die Augen. Nordwestlich von Andravida, in den sumpfigen Niederungen am Meere liegt Leschena. Leschenje heißt aber im Illyrischen heute noch faul, sumpficht, stehendes Wasser, und ein Städtchen Lessan an einem Küstensee Lessan liegt unweit Volgast in Pommern, und ein Ober- und Nieder-Leschen unweit Glogau in Schlesien. ***) Drovolova endlich kann man füglich mit Holze, Holzbach übersetzen, da im Illyrischen Drova das Gehölze bedeutet. — Wenn das illyrische Wort Mir, die Mauer, dem

---

*) Namentlich findet man im Rakonitz- und im Bechin-Kreise in Böhmen ein Chlumetz.

**) Chronik v. Morea S. 109 ff.

***) Büsching, Th. 9. S. 2042. Edit. Schaffhausen 1771. — Neue Sammlung geographisch-historisch-statistischer Schriften. Eilfter Band. Weißenburg und Schwabach 1791. —

alten slavischen Sprachstamm angehört und nicht etwa
aus dem lateinischen Murus entstanden und dem Albanesischen eigen ist, so wäre der Name des Dorfes Miraca unweit der Stelle, wo ehemals Olympia lag,
besonders bezeichnend, da man ihn ungefähr mit Gemäuer oder Mauerwerk übersetzen könnte. Denn
wohl nicht leicht in einer Gegend der Halbinsel sahen
die Slaven bei ihrer Einwanderung mehr Ruinen und
verfallenes Gemäuer, als in den Umgebungen dieses berühmten Versammlungsplatzes der Hellenen. Oder wer
hätte denn wieder aufgebaut, was durch das Elend der
Zeiten, was durch Theodosius, Alarich und Geiserich,
die drei größten Zerstörer der alten Welt und des alten
hellenischen Gottesdienstes, verfallen war? Daß aber
slavische Ortsnamen auf aca endigen, beweisen Pelaca
und Moraca in Polen hinlänglich. Dessen ungeachtet
kann man dieser Erklärung des Wortes Miraca nur
ein geringes Vertrauen schenken, weil einerseits diese
Ortschaft erst in den neueren Zeiten bekannt wurde, und
anderseits gerade diese fruchtbaren Landstriche von Elis
und längs dem Alpheus in den letzten vierhundert
Jahren völlig umgekehrt und nach Ausrottung der gräcisirten Slavenpopulation von Osmanlis und mohammedanischen Arnauten besetzt worden sind. Wie mag
man noch von Nachkommen alter Arkadier und Eläer
träumen in einer Gegend Morea's, welche seit dem
sechsten Jahrhundert das Geschlecht seiner Bebauer zwei
bis dreimal complet gewechselt hat, ohne von den man-
nichfaltigen Mischungen derselben mit Italienern, Ger-

manen, und Kelten Meldung zu thun! — Ueber die Schreibart des Städtchens Chalantistra unferne des zerstörten Tritia stimmen die Quellen nicht überein, da in der Chronik von Morea so wie in einigen Stellen der Byzantiner aus der letzten Zeit (Chalatritza (Χαλα-τριτζα), in andern wieder Chalandritza und Alan-dritza gelesen wird. Chalantistra unterdessen reihet sich offenbar in eine und dieselbe Kategorie mit dem flavi-schen Elekistra, Elistra, Bistra, Mistra und Misistra, von welchen schon früher geredet wurde.

Auf einem Vorgebirge nördlich von der Alpheusmün-dung stand um 1205 ein schlecht befestigtes Castell, Pon-tikos genannt, *) Es ist ein Neubau. Ob durch Sla-von oder durch Byzantiner oder durch flüchtige Elåer aufge-führt, können wir aus Mangel aller näheren Angaben un-möglich bestimmen. Name und Lage jedoch sprechen ganz für Byzantiner oder altpeloponnesische Griechen, nicht weniger auch der Fluß Eliakos, wie die Moraïten des dreizehnten Jahrhunderts ein aus Alt-Elis gegen die Seeküste hervorbrechendes Wasser nannten, an welchem in der Folge die neue Stadt Gastuni erbaut wurde, damals aber der Ort Kriseva (Κρησαιβα) lag. **) Man vergesse ja keinen Augenblick, daß alle jene Schlösser und Anlagen, welche nach Wiedervereinigung der Halbinsel mit dem Byzantini-schen Kaiserthum entweder durch die Regierung oder durch

---

*) Τοῦ ποντικοῦ τὸ κάςρον, d. i. die Rattenburg, nennt es die Chronik S. 126.

*) Chronique de la Morée.

eingewanderte Griechen aus Anatolien gebaut wurden, griechische und nicht slavische Namen erhielten. Das Nämliche geschah ja auch verhältnißmäßig im slavischen Germanien, wo sich immer deutschredende Heere oder Colonisten niederließen. Daher jenes wunderbare Gemisch von Ortsnamen beider Zungen, welches man daselbst heute noch finden und vergleichen kann. Und wie die Deutschen ein Friedland und Neustadt im Lande der Tschechen, eben so erbauten die Griechen von Constantinopel und Vorderasien ein Neo=chorion und Pontiko=kastron mitten unter den Strohhütten der moraïtischen Slaven.

Nach diesen langen Scenen der Vernichtung im schönsten und fruchtbarsten Theile der Halbinsel muß es dem Leser und Freunde der alten Hellenen angenehm seyn, unter den Ruinen des Peloponnesus endlich eine Stadt und eine Landstrecke zu finden, in welcher von den Tagen des Augustus Octavianus bis zur Eroberung Constantinopels durch die Franken, außer den Gegenständen des religiösen Cultus, nichts verändert wurde. *) Wie Patras (denn von dieser Stadt ist jetzt die Rede) am ersten Regierungstage des Kaisers Tiberius war, so blieb es durch die nächsten zwölfhundert Jahre. Seine Mauern waren in dieser langen Zeit niemals menschenleer, seine Bürger redeten allezeit die griechische Sprache, kleideten sich griechisch und bauten ihre Häuser jederzeit im Style des hel-

---

*) Daß Patras und sein Weichbild wegen völliger Verödung mit Colonisten aus Italien gefüllt wurde, hat man schon oben nachgewiesen.

lenischen Landes. Erdbeben warfen zwar seine Wohnungen um, und erschlugen seine Bürger zu Tausenden; belagert wurde es nach dem großen Einbruche der Scythen zu Wasser und zu Lande, durch Heiden und Mohammedaner, rettete aber Freiheit und Namen, während die Slavenfluth ringsumher Alles verschlang. An der See gelegen, reich durch Handel, durch eine hohe Burg geschützt, von allen seefahrenden Nationen des Mittelalters besucht, und durch den Apostelfürsten Andreas (wie das fromme Volk glaubte) mit besonderer Liebe geschirmt und in der äußersten Noth gerettet, hat es sein Daseyn, seinen alten Typus und Namen durch alle Stürme und Umwälzungen der griechischen Welt bis auf die letzten Zeiten herabgebracht. Von keiner Stadt der Halbinsel kennen wir die Zeit ihrer letzten Anfechtung durch die neu eingewanderte Bevölkerung Morea's, so wie die Art und den Erfolg ihres Sieges über die Barbaren mit solcher Genauigkeit, wie von Altpatras. Die Bürger dieser Stadt waren im neunten Jahrhundert nicht ohne Muth und Ausdauer bei Gefahren und Entbehrungen, tapfer im Streite und ihres alten Ruhmes, wie es scheint, besser eingedenk als viele andere Staaten auf der Küste und im Inneren des Landes. Nicht nur innerhalb der Mauern, sondern auch auf dem Flachfelde, am Meeresstrand und am Fuße des Panachaicus, in Flecken, Dörfern und Maierhöfen wurde durch ihren Muth der griechische Name geschirmt und bis auf die spätesten Zeiten herab erhalten. Die Besitzungen, welche Patras nach Anordnung der alten Imperatoren jenseits des Gebirges um Phará und Tritää hatte, gingen freilich verloren. Allein das von Cäsar Augustus gleichfalls zugetheilte Seestädtchen Dyme muß ihm geblieben seyn, weil ein Dorf dieses Namens heute noch auf der nämlichen Stelle bestehen soll. *) Der Berg Panachaicus selbst aber, an dessen Fuße Patras erbaut ist, erhielt schon den slavischen Namen Vodia, **) und in der Ebene muß der Ort Slaviza (Σκλαβίτζα) die Gränzmark der Slaven gegen das Weichbild von Patras gewesen seyn. ***) Ein Castell dagegen, bei Phrantzes Sarabole, bei Gell aber Dorf Saraweni genannt, vertheidigte die Saaten, die Weinberge, die Oelgärten und die Maierhöfe der Bürger gegen feindliche Ueberfälle. ****) Eine andere Burg, auf einer von Eichen umschatteten Höhe unweit der Kamenitza am Strande, nannten sie Achaja, um gleichsam die Erinnerung an das alte achäische Volk bei den künftigen Generationen lebendig zu erhalten, während in der umliegenden Landschaft die alte Welt in Trümmer Schutt und Nacht versank. Heute noch zeigt man dem Fremdling Ruinen von Paläo-Achaja im Schatten des uralten Eichenwaldes.

---

*) Gell Reisebericht S. 12.

**) Voda heißt im Slavischen das Wasser. Βόδια könnte aber auch der Plural des neugriechischen βόδι, der Ochs, seyn.

***) Phrantzes, lib. 2. cap. 6.

****) Der Name Sarabole hat zu viele Aehnlichkeit mit den vielen Serravalle in den Frankenländern, als daß man es nicht für eine Schöpfung der fränkischen Eroberer Morea's im dreizehnten Jahrhundert halten sollte.

Die übrigen Städte und Flecken, welche Pausanias noch auf der Nordküste des Eilandes zwischen Patras und Korinth gefunden hat, sind beim Einbruche der nördlichen Völker ohne Ausnahme zu Grunde gegangen; selbst an der Seeküste wurde Alles zerstört. Argyrä, Rhypes und Aegae waren freilich schon im zweiten Jahrhundert unserer Zeitrechnung verlassen und eingefallen. Aegium aber, Aegyra, Cerynea, Bura, Phelloe, Pellana und der Flecken Helice mit Sicyon waren noch bewohnt. Statt aller dieser hellenischen Namen wanderte man um 1205 durch die Stadt Vostitza (Βοστίτζα) in der Gegend, wo ehemals Aegium gestanden hatte. *) Seitwärts im Gebirge lagen Tzernitza und Pernitza, gleichfalls rein slavische Namen, über deren Sinn und Ursprung kein Zweifel obwaltet. **) Die alte und große Stadt Sicyon war gänzlich verschwunden und ein Ort, Basilicata genannt, unweit seiner Stelle erbaut. Dieß muß ein durch die Byzantiner nach Unterjochung des Landes angelegter und befestigter Ort seyn, so wie Trikala weiter oberhalb im rauhen Gebirg, wohin

---

*) Chronique de la Morée pag. 112.

**) Nach Le-Quien Oriens christianus war Tzernitza ein moraïtisches Bisthum, und zwar das letzte unter den 21. Bisthümern dieser Halbinsel. Von den vielen Ortschaften dieses Namens in den nördlichen Slavenländern will man nur Tschernitz im schlesischen Fürstenthum Sagan anführen. — Pernitza bedeutet im Slavischen Lager, Ruhebette. Vergl. Pernitzen in Steuermark und Co-Pernitza in Pommern.

sich die Familie Notaras, eine der reichsten und mächtig-
sten des griechischen Kaiserthums, nach dem Untergange
des Reichs zurückgezogen, und bis auf die neueste Zeit
neben dem Scheine der Freiheit einen gewissen Glanz erhal-
ten hat. *) Dagegen sind die Orte Zakula, Kerra, Muschi,
Blukuti, Klementi, Merkeri, Klukinais und Laupos mit
dem Thalnamen Gutsch wohl schwerlich Byzantinischen
Ursprungs. Bei den mehrern aus ihnen ist der türkisch
albanesische Charakter nicht zu verkennen. Piturza und
Dostitza nähern sich schon mehr den slavischen Formen.
Wer wird aber sagen können, wann und durch wen die
Stadt Kalavryta in einer lieblichen Schlucht der achäischen
Gebirge gebaut worden sey? Dieser Name wird im alten
Peloponnes nirgends gefunden, auch steht Kalavryta
nicht auf oder bei den Trümmern irgend einer alten Stadt,
und war beim Einbruche der Franken um 1205 schon wohl
bewohnt.

Je näher man der Burg von Korinth und der Landenge rückt, desto seltener und zweifelhafter werden slavische Ortsnamen, ohne daß sich deßwegen die altgriechischen besser als in andern Gegenden des Eilandes erhalten
hätten. Es ist auch hier Alles neu; aber der Farbenton
hat mehr vom barbarischen Griechenthum der Byzantiner
als vom Element der Scythen. Ueberdieß sind viele Namen von Thälern und Districten, wie wir sie durch die
neuesten Berichte kennen lernen, offenbar albanesisch oder
türkisch, so daß es beinahe unmöglich scheint, den wahren

---

*) Gell Reisebericht S. 10.

rern Zustand der alten Gebiete von Sicyon, Phliasia und Korinth am Ende des zwölften Jahrhunderts auszumitteln. Wenn man aber bedenkt, daß noch vor der Verdrängung der griechischen Population durch die Einwanderung der Albanesen in Morea ein Berg nahe bei Korinth den offenbar slavischen Namen Mudriza *) trug und nahe an den Ruinen von Phlius heute noch ein Dorf Abaniza heißt, während sich in den Schluchten zwischen Korinth und Argos an dem Archiepiscopal-Flecken Clegna unverkennbar das alte Cleonä erhalten hatte: so ist man unfehlbar zum Schlusse berechtiget, daß die Scythen zwar auch diesen Theil der Halbinsel umgekehrt, aber durch die Byzantinischen Besatzungen von Akro-Korinth und Argos gehindert worden seyen, diese Landstriche so völlig zu überschwemmen und zu verwandeln, wie Arkadia und Elis. Hier war der Gränzsaum zwischen Slaven- und Griechencolonien und folglich wegen der ununterbrochenen Streifzüge und Verheerungen von beiden Theilen das Land großentheils öde und unbebaut, bis die Byzantiner vollkommen Meister auf der ganzen Halbinsel waren. Im Verlaufe der Untersuchung wird sich aber zeigen, daß die Zerstörung dieser Gränzcantone während des vierzehnten Jahrhunderts so vollständig war, daß etwa nicht nur die allenfallsigen Reste der alten Bevölkerung, sondern auch die slavischen

---

*) Ducange Histoire de Constantinople sous les Empereurs français.

Fallmerayers Gesch. d. Unterganges d. Hellenen. I.

und byzantinisch-griechischen Pfropfreiser vernichtet und
durch Albanesen ersetzt worden sind.

Von der kleinen Halbinsel, die man im Alterthum
Argolis nannte, und in welcher die Städte Epidaurus, Trözene und Hermione lagen; haben wir
der Hauptsache nach schon oben die Bemerkung gemacht,
daß sich von einer Slavinisirung derselben so zu sagen
nicht die geringste Spur zeiget. Zwar sind die eben genannten Städte um 1205 schon zerstört gewesen, wir
können aber in Damala, dessen Primaten dem Frankenhäuptling huldigten, dessen ungeachtet keine durch
Slaven erbaute Stadt erkennen. Und wenn man die
Endsylbe der beiden Dörfer Barbitza und Plati-
nistra und etwa Agenitzi ausnimmt, sind alle Ortsnamen dieser Gegend, wie wir sie jetzt kennen, entweder neugriechisch, oder albanesisch, oder türkisch, deren
nähere Beleuchtung aber nicht hieher gehört. Wann,
durch wen und unter welchen Gräuelscenen Epidaurus,
Hermione und Trözene vernichtet worden, ist unbekannt,
die Thatsache selbst aber außer Zweifel. Welchen Theil
das Christenthum, welchen Alarich, Geiserich, Natur-
ereignisse, Slaven, Avaren und Byzantiner daran haben, wird kein Sterblicher je zu enträthseln vermögen.
Warum hat aber ganz in der Nachbarschaft Kenchri
und das zu einem Dorfe herabgesunkene Epidaurus
selbst auf der einen, und auf der andern Seite Nauplia mit Argos ihre alten Namen und Bewohner erhalten, Trözene und Hermione aber beides verloren? Offenbar weil diese letzteren ihrem Unstern erle-

zu sind, wie so viele andere Städte des Inneren. Am natürlichsten unterdessen ist der Verfall von Epidaurus zu erklären. Diese Stadt war ein berühmter Wallfahrts-ort der Heiden mit einem wunderthätigen Bilde des Gottes Aesculap, zu welchem aus nahen und fernen Gegenden Hülfsbedürftige pilgerten und durch Opfer, durch Weihgeschenke und durch Zehrung den Wohlstand der Tempelgemeinde gründeten und unterhielten. Wie Heidenthum, Gottheit und Tempel fiel, mußte auch die ergiebigste Nahrungsquelle der Einwohner versiegen und die Bevölkerung von selbst verschwinden.

Als Resultat dieser langen Prüfung ergibt sich, daß am Schlusse des zwölften Jahrhunderts von den althellenischen Ortsnamen des Peloponneses noch ungefähr fünf und zwanzig übrig waren, wovon ein und zwänzig an der Seeküste, vier aber in einiger Entfernung lagen. Hiezu rechne man noch die alten Flußnamen Erasinus, Inachus, Anigra und Erata mit dem Vorgebirge Drepanon, und man hat aus den vielen hundert Namen des Alterthums etwa noch dreißig gerettet, was nach unserem Dafürhalten jeden Zweifel über Größe, Dauer und Umfang der Verwandlung dieser Halbinsel auf immer heben soll. *) Aus eben diesem Grunde wird auch leichter ver-

_____

*) Die Namen der Flüsse Alpheus und Eurotas sind in den corrumpirten Formen Rufia und Iri durch alle Revolutionen bis auf unsere Tage gekommen. Nur von den classischen Bergnamen ist nicht ein einziger übrig geblieben. Dagegen nennt man zu wiederholter Malen Berge Stem-

ständlich seyn, was wir in einem der vorigen Abschnitte
von der Neigung der Continental-Griechen zum slavischen
Wortaccent gesprochen haben. Hiebei ist auch nicht zu
vergessen, daß sogar die noch griechischredenden Ueberbleibsel des Peloponneses schon im zehnten Jahrhunderte zu
Constantinopel nicht mehr als Hellenen, sondern als
eine Bastard-Race angesehen wurde, welche die Spuren
ihrer slavischen Abstammung im Antlitze herumtrug.
Deßwegen wurde auch ein morattischer Archont, dessen
Tochter Sophia den Sohn des Kaisers Romanus ge-
ehlicht hatte, und welcher sich rühmte, aus dem Blute der
alten Peloponnesier entsprossen zu seyn, von einem Euphe-
mius mit folgendem Trimeter bestraft:

Γαρασοειδής ὄψις ἐσθλαβωμένη. *)

d. i. Ein runzliches Slavonier-Gesicht.

Sollte Jemand aus Neugierde auch noch die Frage
stellen: Aus welcher Gegend der nördlichen Länder die
slavische Population Morea's etwa ausgegangen sey, so
würden wir ohne Bedenken die Gegenden an der Moskwa, an der obern Wolga, um Vladimir, Kostro-
ma und Jaroslaw, oder überhaupt die alten Susdal'schen Länder im Innern des russischen Reiches
als die Heimath der Peloponnesier des zwölften Jahrhun-

---

nißa, Mudriza, Seliza, Chelmos und Tschernagora, oder Mavrovuni, d. i. Schwarzenberg, wie
es die Griechen in ihrer Sprache wörtlich übersetzen.

*) Constant. Porphyr. de Thematibus lib. 2. Vieta facies
in servitutem redacta gibt die lateinische Uebersetzung des
Porphyrogen.

derts bezeichnen, wenigstens jener Schwärme, die unter Copronymus Regierung die Barbarisirung der Halbinsel vollendeten, und mit Einschließung des Taygetischen Gebirges vorzüglich die südliche Hälfte derselben besetzten. Die Beweise sind freilich schwach, da sie sich nur auf die Aehnlichkeit einiger Namen Süd-Morea's mit einigen anderen in der besagten Gegend an der Moskwa und Wolga beschränken. Allein welch' andere Beweisquelle bleibt uns denn beim Stillschweigen der Geschichte über die große Migration der Slaven übrig, wenn nicht die einzelnen Spuren, die sich in der Sitte oder in der Sprache bis auf unsere Zeiten erhalten haben? An der nordöstlichen Spitze des alten Fürstenthums Moskow liegt das Städtchen Mistra, dessen Name eben so geschrieben und gesprochen wird, wie Mistra im alten Morea. Mistra aber (Μύστρα, nach Μούστρα nördlich der Seestadt Arkadia in Peloponnes) ist nach ausdrücklicher Bemerkung russischer Sprachgelehrten ein Wort, welches dem Slaven-Dialekt in Susdal allein eigen ist, indem von den übrigen Stämmen derselbe Begriff allgemein durch Sestra (Schwester) bezeichnet wird. *) Noch bedeutender ist der Name Melengi an der Ocka, einem Nebenflusse der Wolga, ebenfalls im Innern von Alt-Rußland. Der Leser wird sich erinnern, daß jenes Geschlecht der Slaven, welches die Gegend um Lacedämon und die Schluchten des Taygetischen Gebirges überschwemmte, bei den Byzantinern des zehnten Jahrhunderts

*) Tappe, Geschichte Rußlands, Thl. I. pag. 67.

Milingi (Μιλίγγοι), in der Chronik von Morea oder Melingi (Μήλιγγοι) genannt wird. Ueberdieß möchte ich auch noch die beiden Wörter Glad, die Ebene, und Lav, der Löwe, in die Wagschale legen, weil sie beide vorzüglich dem russischen Dialekt anzugehören scheinen. Das erstere kennen die Slavendialekte Illyriens gar nicht, und statt des zweiten sprechen sie láv, während in moraitischen Ortsnamen beide in ihrer russischen Form nachgewiesen sind. — Wie sehr mit dem Blute der Neu-Peloponneser auch ihre Vorstellungsart und Weltansicht slavinisirt wurde, ersieht man neben vielen andern Proben auch zum Theil schon daraus, daß sie das Volk der Germanen Niemzi nennen, welches bekannter Maßen der eigentliche alt-slavische Ausdruck für alle westwärts wohnenden deutschen Völkerschaften ist. . . . .

. . . Man wird leicht begreifen, daß die Halbinsel Morea in der Eigenschaft als Provinz des wieder aufblühenden Reiches von Byzanz, vom neunten bis zum zwölften Jahrhunderte eben so wenig eine politische Geschichte haben kann, als z. B. irgend eine Paschalik des heutigen Türkenreiches, oder irgend eine andere Parzelle einer großen Despoten-Monarchie des Orients. Weiß man ja vom Centralpuncte des Byzantinischen Staatskörpers selbst beinahe nichts Anderes zu melden als Schandthaten und Niederträchtigkeiten, und beim raschen Wechsel der handelnden Personen, mit Ausnahme einiger kräftigen und edleren Naturen, doch, immer derselben Geist politischer und moralischer Verworfenheit im kaiserlichen Palaste. Wie die übrigen Themen des Reiches war auch

Morea einer Civilregierung unterworfen, deren Oberhaupt, Strategos genannt, auf der Burg zu Korinth
wohnte und ganz wie die türkischen Pascha unserer Zeit
Civil- und Militärgewalt in seiner Person vereinigte.

In Patras und in allen Küstenstädten, in welchen
sich Reste alter Bevölkerung erhalten hatten, gab es neben
den kaiserlichen Beamten, Archonten und Klerikern, auch
Bürger, welche Landeigenthum und persönliche Freiheit
besaßen. In den binnenländischen Gegenden aber und
allenthalben wo eingewanderte Slaven das Land bebau-
ten, gab es nur Herren und Knechte, wie es etwa heute
noch bei den mit den Neu-Peloponnesiern enge verbrüder-
ten Bewohnern Rußlands und Polens häufig ist, und
vor Aufhebung der Leibeigenschaft auch in allen Slavenländern an der Ostsee war. Nach Art der weltlichen
Edelleute besaßen auch Kathedralkirchen, Apostel und
andere Heilige, desgleichen alle in dem eroberten Slaven-
cantonen Morea's neugebauten Klöster leibeigene Knechte,
so daß die ackerbautreibende Bevölkerung der Halbinsel
gewiß zu neun und neunzig Hunderttheilen aus hörigen
Leuten bestand.

Die Gesammtzahl der Einwohner, welche Morea in
den Jahrhunderten zwischen der Byzantinischen und fränkischen Eroberung ernährte, wird wohl Niemand zu bestimmen vermögen, weil von den Byzantinischen Steuer-
registern jenes Zeitalters nichts zur Kenntniß der Nachwelt gekommen ist. Die einzige Stelle, auf welche sich
vielleicht einigermaßen eine Vorstellung über die Einwoh-
nerzahl begründen ließe, hat sich bei Constantin Porphy-

rogenitus erhalten. *) Unter dem Despotat des Romanus (919—944) sollten die Moraiten zu einem Feldzuge nach Italien Soldaten stellen, erbaten sich aber durch den Strategen Johannes Befreiung von dieser Pflicht gegen Stellung von tausend Pferden mit Sattel und Zaum, und Erlegung eines Centners Byzantiner in Gold. Der Hof bewilligte ihr Gesuch gerne, und die Umlage wurde in der Art gemacht, daß von den beiden Metropolitan-Erzbischöfen zu Korinth und Patras jeder vier Pferde, jeder Bischof zwei, jeder Protospathar drei, jeder Spatharocandidatus zwei, jeder Spatharius und Strator eines; jedes kaiserliche oder Patriarchalkloster zwei, das Kloster eines Metropolitanbischofes und Erzbischofes ebenfalls zwei, von den ärmeren Klöstern aber je zwei Eines zu stellen hatten, die kaiserlichen Beamten, die Schiffer, die Perlenmuschelsammler und Papiermacher (κογχυλευται και χαρτοποιοι) aber von der Pferdelieferung gänzlich befreiet seyn sollten. Um den Centner Goldbyzantiner voll zu machen, zahlte von den conscriptionspflichtigen Moraiten jeder Vermögliche für seine Person fünf Goldstücke, von den Aermeren aber gaben je zwei dieselbe Summe. Hat nun der Centner nach Montfaucons Angabe 7200 Numismata oder Goldstücke, so wären auf Morea im zehnten Jahrhundert 1440 für das Landheer pflichtige Männer gewesen, für den Fall, daß man die Contribuenten aus lauter Vermöglichen bestehen läßt. Wäre aber die Summe nur aus den Bei-

---

*) De Administrat. Imper. Pars. 2 cap. 52.

trägen der Aermeren zusammengeflossen, so hätte die Halbinsel 2880 Mann zu stellen gehabt. Dieser umständlichen
Angaben ungeachtet läßt sich doch keine genauere Bestimmung über die Volksmenge aufstellen, weil wir die Con-
scriptionsgesetze des Byzantinischen Reiches auch nicht
kennen. Wenn man aber bedenkt, daß diese Halbinsel in
den letzten Zeiten des achäischen Bundes noch zwischen
dreißig- und vierzigtausend freie Männer ins Feld stellen
konnte, dagegen im zehnten Jahrhundert der christlichen
Zeitrechnung im Durchschnitte etwa nur an die zweitausend
gehoben wurden: so ergibt sich von selbst, wie tief die freie
Bevölkerung Morea's unter jener des alten Peloponneses
stand, auch noch vorausgesetzt, daß die Hörigen nicht
kriegspflichtig waren.

Wir wollten gerne einige Duzende Belagerungen,
Schlachten und auswärtige Kriegszüge der Byzantinischen
Feldherren der Vergessenheit überlassen, wenn wir dagegen
eine genaue Kunde über die Vertheilung des Landeigen-
thums, über die Einrichtung und den Grad der Glückseligkeit des bürgerlichen Lebens, und über das Loos der arbeitenden Classen auf Morea eintauschen könnten. Soviel
scheint gewiß, daß dieses Eiland im zehnten Säculum
sorgfältiger angebaut und dichter mit Menschen besetzt war
als in den sechs ersten Jahrhunderten unserer Zeitrechnung,
während welcher Wohlstand, Kunstfleiß und Bevölkerung
mit jedem Menschenalter tiefer herabgesunken und streckenweise ganz verschwunden war. Von den Geschlechtern
der Slaven ist es ja bekannt, daß sie sich ungewöhnlich
schnell vermehren, und eine zahlreiche Nachkommenschaft

höher achten als die Bequemlichkeiten und egoistischen Le-
bensgenüsse verfeinerter Nationen.

Nach Zerstörung der Slaven = Tzupanien in Elis und
Achaja muß der Canton Patras besonders blühend und
kunstreich geworden seyn, wie man aus den Geschenken
schließen muß, die eine reiche Wittwe und Landeigenthüme-
rin der benannten Stadt dem Byzantinischen Kaiser Basilius Macedonius und seinem Sohn Leo dem V übergab.
Diese Wittwe hieß Danilis (Δανηλις) und hatte einen
einzigen Sohn, mit welchem Basilius noch vor seiner
Thronbesteigung, während eines längeren Aufenthaltes
zu Patras in Berührung kam. Auch als Imperator be-
ehrte er den peloponnesischen Jüngling mit seiner Freundschaft und ließ ihn nach Constantinopel kommen. Die
Mutter, obwohl hoch betagt, fühlte Sehnsucht, das kaiserliche Antlitz zu sehen und in ihrem Alter noch irgend eine
Auszeichnung am Höfe zu genießen. Nach erhaltener
Erlaubniß trat sie die Reise in die Hauptstadt an, nicht
zu Pferde oder in einem Wagen, denn diese Art zu reisen
hätte ihre Weichlichkeit nicht ertragen. Durch dreißig
auserlesene junge Leute ließ sie sich in einer Sänfte nach
Constantinopel tragen, wo man sie im Palaste der auswärtigen Gesandten prächtvoll bewirthete. Das Glück
dem Imperator vorgestellt zu werden, bezahlte sie mit
königlichen Geschenken: fünfhundert Sclaven gab sie dem
Selbstherrscher, und unter diesen hundert Verschnittene von
seltener Schönheit, um sich durch den Einfluß derselben den
Zutritt in den Palast auch für die Zukunft offen zu erhalten. Zu diesen fügte sie noch hundert weibliche Sclaven,

dem Stickeus hundert gestickte Purpurgewänder, ausserordentlich Linnengewebe mit hundert andern Arbeiten des Webestuhles, feiner als die Fäden der Spinne, so daß jedes in einem Schilfrohr (ἐκ καλάμου τινὸς ὀλίγου) verschlossen werden konnte. Hiezu fügte sie noch eine Menge goldener und silberner Vasen, wogegen sie Basilius Mutter mit Gütern und mit Ehren überhäufte. Bedrängiget und unvergleichlich lehrte sie in der Halbinsel zurück, indem sie die aufgezählten Geschenke noch mit einem großen Geschenke an Ländereien im Peloponnes vermehrt hatte, Nachbargüter nämlich angehörten und nun ihrem Sohne und seinem geliebten Freunde gemeinschaftlich überlassen waren. Bei ihrer Abreise ließ sie noch das Innere der eben damals zu Constantinopel neugebauten großen Basilica ausmalen, und auf Morea große Teppiche verfertigen, um den Fußboden des Tempels zu bedecken. Die Stickerei dieser Tapeten war nach Constantins Angabe von bewunderungswürdiger Schönheit. Verschiedenfarbige kostbare Steine, in Musfiv eingelegt, stellten die ganze Pracht eines ausgebreiteten Pfauenschweifes dar. Jenes Jahr schickte dieses reiche und herrliche Weib kostbare Geschenke an den Hof, und trat nach Basilius Hinscheiden eine zweite Reise in oben beschriebener Weise nach Constantinopel an, um seinen Sohn und Nachfolger Leo zu sehen. Diesen setzte sie sogar zum Universalerben ihres unermeßlichen Vermögens ein, zu dessen Besitznahme nach ihrem bald darauf erfolgten Ableben, ein kaiserlicher Bevollmächtigter nach Patras kam. Gemünztes Gold, goldenen und silbernen Hausrath fand man eine ungeheure Menge;

kostbare Geräthe; Sklaven und Vieh ohne Zahl. Ein Theil der Leibeigenen (Constantin sagt dreihundert) wurde mit der Freiheit beschenkt und als Colonie an die Küsten Unter-Italiens geschickt. Achtzig Landgüter blieben dem Kaiser nach Abzug unzähliger und reicher Legate noch als Antheil von der Erbschaft. *)

Ist es nach diesem Vorgange nicht klar, daß Grund und Boden der Halbinsel selbst in jenen Gegenden, in welchen sich Reste der alten Bevölkerung erhalten hatten, Eigenthum weniger Familien, und die freien Bürger größtentheils verschwunden waren? Es scheint doch nicht, daß außer den Ringmauern von Patras, Korinth, Argos und den übrigen Städten an der Seeküste irgendwo ein griechischer Mann mit Freiheit und Grundeigenthum geschmückt die Erde bearbeitet habe. Dieß ist auch ganz natürlich: die Städte und Flecken im Innern wurden vertilgt, die Bürger getödtet, oder auf die Küste hinab und auf die benachbarten Inseln getrieben, wo sie ohne ihren heimathlichen Boden je wieder zu sehen, sich mit Fremden vermischten und vom Elend der spätern Jahrhunderte aufgezehrt wurden. — Was die bürgerliche Glückseligkeit betrifft, herrschten, wie man klar sieht, noch ganz die Begriffe der alten Welt; die arbeitende Classe war Sclav, das Evangelium hatte ihr Loos noch nicht gemildert.

Weitere Nachrichten über die politischen Schicksale dieser Halbinsel aus den Zeiten des elften und zwölften Jahrhunderts haben sich nicht erhalten. Die Bändigung der

*) Vita Basilii Macedonis pag. 142 Edit. Venet.

Molägi- und Cheron-Slaven um die Mitte des zehnten ist die letzte einheimische Begebenheit, welche wir kennen. Was hätte man aber auch aufschreiben sollen? Ein Theil der Morälten baute das Land, ein anderer spann und stickte in Linnen und Seide, ein dritter trieb Schifffahrt, ein vierter lebte von Seeraub, und ein kleines Häuflein endlich verschlief in feiger Ruhe, oder verzehrte in entnervenden Wohllüsten sein unnützes Daseyn. Für solche Leute und Länder gibt es keine Geschichte. Landungen mohamedanischer Piraten aus Africa, Sicilien, Candia und Anatolien auf peloponnesischen Küsten erzählen die Chroniken wohl hin und wieder. Auch einige Streifzüge der christlichen Bulgaren über die Landenge von Korinth zur Zeit ihrer großen Kriege gegen den Thron von Byzanz im zehnten und eilften Jahrhundert werden angegeben.*) Allein was geht das uns an? Wir schreiben ja keine Chronik, sondern die große Verwandlung der Städte und der alten Bewohner auf der Halbinsel des Pelops. Weder Bulgaren noch Mohammedaner gründeten um diese Zeit eine bleibende Macht auf Morea, Sie schreckten, plünderten und zogen ab, oder wurden durch Hülfe kaiserlicher Kriegsschiffe vertrieben.

Gefährlicher war der Angriff des Königs Roger von Sicilien, im Jahre 1147. Dieser König des streitlustigen Normannen-Volkes bedrohte nicht nur Morea und Griechenland, sondern den ganzen Orient mit den Ketten abend-

---

*) Vita beati Lucae Eremitae in Actis Sanctorum. —
Cedrenus historia Byzantina pag. 695.

ländischer Knechtschaft. Und obwohl die vereinigte Macht des morgenländischen Kaiserthums und der Republik Venedig den Ehrgeiz dieses Eroberers in seine Schranken zurücktrieb, war er doch gleichsam der Vorläufer und der Verkünder des großen Sturmes, welcher kurz nachher von den Küsten des Abendlandes ausgehen und die illyrische Landfläche und die Inseln der griechischen Meere in ihren innersten Tiefen erschüttern sollte. Unzufriedene auf Korphu luden Roger ein, von ihrer Stadt und Insel Besitz zu nehmen. Tausend Mann legte der König in diese Festung, segelte mit einer großen Flotte um Morea herum und that einen Sturm auf Monembasia, wo die Abkömmlinge alter Hellenen wohnten, Handel und Seefahrt trieben, ergeben dem Autokraten von Byzanz und dem Glaubensbekenntniß des Morgenlandes schon an die fünfhundert Jahre. Die Bürger wehrten sich heldenmüthig und die hohe Felsenburg spottete der normannischen Tapferkeit. Roger entfloh mit großem Verluste, um die Halbinsel mit besserem Erfolge auf der Nordseite anzugreifen. Im Angesicht von Akro-Korinth stieg das sicilische Heer an das Land, plünderte Böotien, eroberte das reiche Theben, erbeutete große Vorräthe an Gold, an Silber und Seidengespinst. Aus Kenchri, Lechäum und Stadt-Korinth war Alles entflohen. Lebensmittel, Reichthum und Gold hatten die vornehmsten Bürger sammt ihren Personen in die hohe Burg geflüchtet. Auf einem hohen, oberhalb tafelförmig abgeplatteten Berge gelegen, war sie mit starken Mauern umgeben und durch eine Reihe herrlicher Brunnen gegen Wassermangel nicht weniger als gegen Geschoß und Sturmwuth der Feinde gedacht. Dieses Castell ergab sich ohne Gegenwehr mit allen Schätzen und einer zahlreichen Besatzung nach der ersten Aufforderung an den König der Normannen. Nicephorus Chaluphes war der Name des feigen Strategen. Beim Anblick der vertheidigungslos übergebenen Festungswerke waren die Normannen selbst mit Staunen erfüllt, priesen ihr Glück, und trieben — über die unbegreifliche Feigheit der Monarten entrüstet — die Besatzung aus der Festung und überhäuften Chaluphes mit Vorwürfen und Schmach. Häuser und Tempel wurden ausgeplündert; der Raub, die Vornehmsten der Bürgerschaft, Arbeiter und Künstler in Verfertigung der Seidenstoffe auf die Schiffe gebracht und nach Sicilien geführt, um mit ihrem Kunstfleiße die Insel reich und glücklich zu machen. Normannische Krieger legten sich in die Burg.

Nach siebenjährigem Blutvergießen wurde unter Vermittelung des römischen Hofes zu Ancona Friede gemacht. Alles eroberte Land mußte Roger zurück geben, die Reichthümer von Korinth und Theben aber und die gefangenen Seidenweber blieben auf Sicilien zurück. *) Erdreich, Mauern und Städte gelten dem Gewalthaber mehr als der Mensch, der sie bewohnt.

Zwei tiefe Eindrücke jedoch hafteten auch nach dem Friedensschlusse noch in den Gemüthern der abendländischen Völker: Der Grieche ist kunstsinnig und reich, aber wehrlos und feige. Diese beiden Bilder entzündeten die

---

*) Nicetas Choniates in Joanne Comneno, lib. II., 1, 8.

Phantasie des ganzen Occidents. Daß Constantinopel dem Angriffe der Normannen unter Roger nicht erlag, verdankte es nur der kaufmännischen Eifersucht der Republik Venedig. Kaum hatten aber achtundvierzig Jahre nachher die Thorheiten des Byzantinischen Kaiserhauses und das Bedürfniß des vierten, in der Lombardei versammelten Kreuzzuges ein wohlgerüstetes Heer fränkischer Ritter zur Verfügung Venedigs gestellt, als das Verderben unaufhaltsam von dem alten Beschützer selbst auf das römische Reich herabstürzte. Wer weiß denn nicht, daß im Monate April des eintausend zweihundert und vierten Jahres unserer Zeitrechnung zwanzig tausend, auf venetianischen Schiffen nach Constantinopel geführte Occidentalen diese schöne und große Stadt im Sturm eroberten, ausplünderten, in Brand steckten, und die ganze Monarchie zertrümmerten? — Von dieser Zeit an hat Morea wieder eine politische Geschichte, und das fünfte Stadium, die fünfte allgemeine Revolution dieses Eilandes hat begonnen.

Sechstes

Sechstes Capitel.

Zertrümmerung des Byzantinischen Reiches durch die Franken. Leo Sguros, Archont von Nauplion, strebt nach der Oberherrschaft über Griechenland. Landung eines fränkischen Heerhaufens auf Morea, Einnahme von Patras, Audravida, Korinth und Argos. Versammlung und Capitulation der Archonten von Alt=Morea. — Schlacht am Gehölze bei Konbura und Einnahme von Arkadia.

Gegen Feldzüge außerhalb der Landenge hatten die Peloponnesier seit uralten Zeiten einen Widerwillen. Meere trennten sie von der übrigen Welt. Stolz und insularisch von Charakter waren sie von jeher unbekümmert um das Schicksal der transisthmischen Volksstämme. *) Eigensinnig und eifersüchtig auf ihre Macht und ihre Rechte wollten sie ohne Dazwischenkunft anderer Staaten die öffentlichen Angelegenheiten selbst ordnen, und ihre Zwiste ohne Einmischung eines Dritten entscheiden. Wie vor

---

*) Ἡ δὲ εἰς Θερμοπύλας ἐπὶ τὴν Γαλατῶν ϛρατείαν ἔξοδος καὶ τοῖς πᾶσιν ὁμοίως παρώφθη Πελοποννησίοις. ἅτε γὰρ πλοῖα οὐκ ἐχόντων τῶν βαρβάρων, δεινὸν ἔσεσθαί σφισιν ὑπ᾽ αὐτῶν οὐδὲν ἤλπιζον, εἰ τῶν Κορινθίων ἰσθμὸν ἀποτειχίσειαν.

Pausan. Achaic. cap. 6.

Alters bot auch die aus der Colonisirung und Umgestaltung durch die Slaven hervorgegangene Bevölkerung der Halbinsel dem Byzantinischen Hofe Gold und Pferde statt der Mannschaft, um die Reihen der Legionen zu füllen.*) Sie vermengten ihre Interessen nicht einmal mit den übrigen Stämmen von Hellas, geschweige denn mit der Dynastie von Constantinopel und mit den fremden Völkern von Aufgang und Niedergang, die von derselben Gesetze empfingen. Daher fand man die Bewohner dieses Eilandes jederzeit bereitwillig zum Aufstande gegen fremde Obrigkeiten und ausländische Gewalthaber, ohne zu unterscheiden, ob die Verwaltung gerecht und milde, oder willkürlich und drückend war.

Bei der namenlosen Verwirrung des Reiches unter Alexis Angelus konnte daher Manuel Kamytzes, Protostrator von Hellas, der den Purpur nahm, mit seinen Bundesgenossen Morea leicht zum Aufruhr gegen Constantinopel bewegen, nachdem Hellas, Thessalien und Akarnanien schon vorangegangen waren. Unbekümmert um Alexis sowohl als um Manuel den Usurpator und um das Ende der schmählichen Scenen von Byzanz war diese Zeit allgemeiner Auflösung der bürgerlichen Gesellschaft den moraïtischen Archonten willkommen, um den Schatten des kaiserlichen Ansehens völlig aus dem Lande zu ver-

---

*) Καὶ γὰρ τῶν πόλεων αἱ πολλαὶ ἀργύριον ἀντὶ τῶν ἀνδρῶν ἔπεμπον, ἅτε διαποντίου τῆς στρατείας οὔσης.

Xenoph. Hellenic. 6, 2. —

— Constantin. Porphyrogen. de administrat. Imperii. Pars II, cap. 52.

treiben, und ihren Leidenschaften der Goldgierde, der Herrschsucht und der Fehde ein unbegränztes Feld zu eröffnen.

Das Vorspiel begann Leo Sguros, Archont von Nauplion, ein eben so kluger als treuloser und grausamer Mann. Die Herrschaft über die Veste des Palamedes war ihm zu eingeschränkt, und das Vorhaben ein mächtiges Reich zu gründen, ja selbst Imperator von Hellas zu werden und die Kaiserkrone des Orients auf sein Haupt zu setzen, schienen die Zeiten selbst zu begünstigen. Er besetzte Argos, plünderte Korinth, segelte dann mit einer Flotte in den Piräus; während sein Heer über den Isthmus ging, um Athen zu Wasser und zu Lande anzugreifen. Die Akropolis hoffte er um so leichter zu bezwingen, da die Besatzung seiner Meinung nach schwach und unkriegerisch war. *)

Der damalige Erzbischof von Athen, Michael Choniates, vereitelte sein Unternehmen anfangs durch Unterhandlung, dann durch Begeisterung der Bürger zu tapferer Gegenwehr. Er stellte dem Archonten von Anapli vor, wie ungerecht es sey, wenn er als Christ und Romäer seine eigenen Landsleute und Glaubensgenossen feindlich behandeln, und diejenigen in die Knechtschaft stürzen wollte, deren Verunglimpfung selbst die Barbaren der alten Zeit für gefährlich hielten. **) Welches Unrecht,

---

*) Nicetas Choniates p. 285. edit. Venet.
**) Anspielung auf Alarichs schonendes Verfahren nach der Capitulation von Athen.

23*

welche Beleidigung er denn zu rächen habe? Anders
möge es bei den Argivern, anders bei den Bürgern von
Korinth gewesen seyn, von welchen ihm die erstern als
Nachbarn, die letztern aber wegen der Zweizüngigkeit und
verrätherischen Umtriebe ihres Erzbischofes, auf dessen
Zuthun der kaiserliche Strateg von Akro-Korinth zu Wasser
und zu Lande die Veste des Palamedes bestürmt habe,
Ursache genug zu feindlicher Ueberziehung gegeben hätten.
Athen dagegen sey weit von Nauplion entfernt und niemals
in feindliche Berührung mit ihm und seinen Absichten ge-
kommen.

Sguros wollte vom Frieden nichts hören, drang
vielmehr auf unbedingte Unterwerfung und wies ihm sein
Heer, mächtig genug, um Stadt und Akropolis mit Gewalt zu bezwingen. Uebrigens, fügte er noch bei, sey
jetzt keine Zeit von Frieden und ruhiger Nachbarschaft zu
reden; Michael soll nur selbst die Zeitumstände und die
Lage des griechischen Reiches betrachten und dann sagen,
ob nicht jetzt beim allgemeinen Umsturz der Dinge, da die
Zinnen der römischen Hauptstadt gefallen und das Reich
von Barbaren überschwemmt, die Zeit gekommen sey,
daß Jeder aus dem Schiffbruch des gemeinsamen Vaterlandes so viele Trümmer als seine Kraft gestattet, an sich
reißen müsse.

Die Unterhandlungen wurden abgebrochen und unmittelbar darauf ein heftiger Angriff auf die Akropolis
gemacht. Michael nicht weniger herzhaft als beredt, übernahm den Oberbefehl, richtete mit eigener Hand die
Wurfmaschinen, ordnete die Krieger, flößte ihnen Muth

mit Selbstvertrauen ein; und trieb die Morasen mit Verlust von der Burg zurück. Sguros in der Hoffnung schneller Uebergabe getäuscht, rächte sich durch Einäscherung der Landhäuser an der athenischen Tapferkeit, und hob nach mehreren fruchtlosen Stürmen die Belagerung wieder auf.

Von Attica wendete er sich gegen Nordgriechenland, um dem Andrang des Markgrafen Bonifacius zu wehren, der mit Macedonien, seinem Antheile aus der Beute des zertrümmerten Kaiserthums, nicht zufrieden, auch Griechenland zu verschlingen drohte. Theben nahm Sguros im Vorbeigehen weg, und zog ungehindert durch die Thermopylen nach Larissa in Thessalien, wo er dem schon im vorigen Jahre aus Constantinopel entwichenen Kaiser Alexis Angelus begegnete, und seine schon zweimal verehelichte Tochter Eudocia zur Gemahlin erhielt. Die Nachricht vom Anzuge des abendländischen Heeres unter Bonifacius machte dem Hochzeitschmause zu Larissa ein schnelles Ende, und der kaiserliche Eidam besetzte mit seinen aus Morea heraufgeführten Streitkräften eben dieselben Engpässe und waldichten Höhenzüge von Thermopylä, die einst Leonidas mit den Alt-Peloponnesiern gegen die Schaaren des größten Reiches der alten Welt mit Heldenmuth beschirmt hatte. Aber ungeachtet der vortheilhaften Stellung der Vertheidiger, und der geringen Anzahl der Angreifenden wurden diese Thore Griechenlands im Augenblicke gesprengt. So zaghaft waren die Peloponnesier des dreizehnten Jahrhunderts, daß sie schon beim Anblicke der abendländischen Ritter des Muthes vergaßen und ohne Kampf in wilder Unordnung aus den Engpässen flohen, und unaufhaltsam bis hinter den Isthmus von Korinth zurückkehrten. Mit reißender Schnelle besetzten und plünderten die Feinde Theben, Euböa, Stadt und Burg von Athen, und kamen dann siegreich vor dem auf der Landenge wohlverschanzten Lager der Moraiten.

Mit gleicher Feigheit, wie vorher in den Thermopylen, ergriffen sie auch hier beim ersten Anlaufe der Abendländer die Flucht. Sguros warf sich mit den Trümmern des Heeres in die Burg von Korinth, der größere Theil seiner Streiter aber lief in die Heimath zurück, und Bonifacius der Markgraf machte zu gleicher Zeit mit getheilten Streitkräften stürmende Angriffe auf Akrokorinth und auf die stark befestigten Schlösser von Nauplion. Mit mehr Muth und Glück als die Engpässe und den Isthmus vertheidigten die Moraiten diese beiden Bollwerk der vaterländischen Freiheit. An der Stärke und Höhe der Mauern prallte die Wuth der geharnischten Ritter erfolglos zurück, und Bonifacius mußte die Belagerung in eine Einschließung verwandeln, bis der Hunger die Einwohner zur Unterwerfung zwänge. Auf der Südseite, wo die Burg von Korinth am zugänglichsten ist, baute er ein Castell, um den Vertheidigern alle Hoffnung des Entsatzes und der Zufuhr abzuschneiden.

Der allgemeine Aufstand der griechischen Städte in Thracien und Macedonien, welcher sich gleich im darauf folgenden Frühling (1205) erhob, nöthigte den Markgrafen zur Beschirmung seines Erbkönigreiches Macedonien zurückzueilen. Allein beinahe in demselben Augenblicke, in welchem Bonifacius den Boden der Halbinsel auf der

Gebiete verließ, stiegen im Westen derselben neue Schaaren eroberungs = und beutelüsterner Fremdlinge ans Land.

Auf die Nachricht, daß die Ritter des Abendlandes
unter Anführung des Grafen von Flandern Constantinopel
eingenommen und im Lande Romania Reichthümer und
Herrschaften erworben hatten, sammelte Wilhelm von
Champlitte, aus einer Nebenlinie der Gafen von Champagne entsprossen, mit Beihülfe seines — auf dem ererbten Stammgute zurückbleibenden Bruders Ludwig einen
Haufen Abenteurer aus Burgund und andern Gegenden
des innern Frankreichs, um durch Eroberungen auf Morea
auch für sich ein ausgedehnteres und mächtigeres Familienerbtheil zu erwerben.

Im Monat März 1205 segelten sie von Venedig ab,
und stiegen am ersten Mai desselben Jahres einige Stunden westlich von Patras auf das feste Land von Morea. *)
Am Landungsplatze bauten sie ungesäumt eine kleine Festung aus Backsteinen in Form eines verschanzten Lagers,
und stark genug, um gegen einen plötzlichen Ueberfall der
Feinde gesichert zu seyn. Am dritten Tage griffen sie
Patras zu Wasser und zu Lande an. Die untere Stadt ergab sich nach kurzer Gegenwehr, und bald nachher auch
das feste Schloß gegen die Versicherung, daß Niemand im
Besitze seines Eigenthums und seiner Rechte gestört und
beeinträchtigt werden solle. Die Festungswerke der Burg
wurden ausgebessert und mit einer hinlänglichen Besatzung
versehen, die Masse des Frankenheeres selbst aber wandte

*) Chronique de la Morée p. 40.

sich auf Anrathen der Archonten von Patras gegen die starkbevölkerte und reiche, aber ganz offene Stadt Andravida, auf den Ebenen von Elis. Wie bei der Einnahme Constantinopels gingen auch die Bewohner von Andravida insgesammt mit Kreuzen und Heiligenbildern in Procession den Fremdlingen entgegen und ergaben sich ohne Gegenwehr, mit der Bitte, man möge ihnen Eigenthum und Gerechtsame ungeschmälert lassen, und durch neue Gnaden vermehren. Champlitte bewilligte Alles, und zog mit seiner Land- und Seemacht über Vostitza längs dem korinthischen Meerbusen zur Belagerung von Korinth. Denn, sagten die Archonten in seinem Heere, wenn du Korinth einnimmst, werden sich dir die Thore aller festen Plätze Morea's ohne Blutvergießen öffnen.

Bei der Kunde vom Anzug der Feinde hatte Leo Sguros Weiber und Kinder mit Allem was nicht Waffen tragen konnte, auf der Burg Akrokorinth in Sicherheit gebracht; er selbst mit der streitbaren Mannschaft war in der untern Stadt zur Vertheidigung zurückgeblieben. Die Franken hielten nach damaliger Sitte einen Ruhetag im Angesicht der Festung, umringten dann, wie der Morgen graute, Wall und Ringmauern von Korinth, verscheuchten durch einen Hagel von Pfeilen und Steinen aus Wurfmaschinen die Vertheidiger von der Mauer, legten Sturmleitern an, und drangen mit unwiderstehlicher Gewalt in die Stadt. Was sich zur Wehr setzte wurde niedergesäbelt. Die Burg, wohin sich Sguros gezogen hatte, trotzte durch ihre hohe und feste Lage dem feindlichen Grimm.

Wie zu Andravida und Patras ließ Wilhelm auch von

Korinth aus die umliegenden Cantone zur Unterwerfung
auffordern, versprach Ehren und Wohlthaten, wenn man
sich freiwillig ergäbe, bedrohte aber mit schonungsloser
Vertilgung Alle, die sich weigerten die Waffen niederzulegen.
Von Damala und vom heiligen Berge kamen die
Archonten und schworen „als seine Sclaven zu sterben."*)

Bonifacius, König von Thessalonica, eilte, wie die
Chronik sagt, auf die Nachricht dieser glänzenden Thaten
mit einer Schaar edler Ritter, unter welchen auch Gottfried Ville-Harduin war, in das fränkische Lager vor
Akrokorinth. Gastmähler und Ritterspiele verherrlichten
das Zusammentreffen, und befestigten den Bund dieser
glücklichen Räuber.

Kranke und Verwundete ließ man unter hinlänglicher
Bedeckung zu Korinth, das Heer aber wurde gegen Argos
geführt. Diese weitläufige, uralte und offene Stadt fiel
beinahe ohne alle Gegenwehr in die Gewalt der Fremdlinge, nur das Schloß auf dem Berge widerstand.
Während man sich zur Erstürmung desselben rüstete, kam
ein Eilbote mit der Nachricht aus Korinth: Leo Sguros
sey bei nächtlicher Weile mit seiner ganzen Macht von der
Burg herabgestiegen, habe die Besatzung im Schlafe überfallen, und einen guten Theil davon mit allen Kranken
und Verwundeten niedergemacht. Ungesäumt wandte sich
das Frankenheer gegen Korinth zurück; Sguros aber war
bei der Ankunft desselben schon wieder in die Burg entflohen. — Sechs Tage blieb Bonifacius noch in Cham-

---

*) Chronique p. 116.

plitte's Lager, und verlieh ihm vor seinem Abzuge nach Macedonien die Oberlehnsherrlichkeit über Otho de la Roche, Großherrn von Athen, dann über den Markgrafen von Bodonitza in Böotien, und noch über zwei andere italienische Freiherren auf der Insel Negroponte, welche vorher insgesammt dem Königreiche Thessalonica untergeordnet waren. Bonifacius berief sie ins Lager vor Korinth und befahl ihnen, von nun an Wilhelm von Champlitte als ihrem Gebieter zu huldigen. Gottfried Ville-Harduin blieb beim Frankenheer auf Morea, und leistete seinem Freunde und Landsmann Wilhelm durch seine Einsichten in Kriegssachen, und durch seine Klugheit in Behandlung der Eingebornen bei Unterjochung der Halbinsel die wesentlichsten Dienste. Denn Gottfried Ville-Harduin, Neffe des gleichnamigen Marschalls des Franken-Kaiserthums zu Constantinopel, hatte sich bereits über ein Jahr in jenen Ländern herumgetrieben. Denn schon im Herbste des Jahres 1203 ward er auf einer Fahrt ins heilige Land durch einen Sturm in den Hafen von Modon getrieben und genöthiget, die rauhe Jahreszeit daselbst zu bleiben, um das Fahrzeug auszubessern und die nöthigen Vorräthe für die übrige Reise einzunehmen.

Ein vornehmer Morait von Messenien, welcher die kurz nachher zu Constantinopel erfolgten Scenen vorausgesehen hatte, beschloß, wie einst der Fürst von Salerno die normannischen Pilger, so er Gottfried von Ville-Harduin und seine Begleiter zur Gründung einer unabhängigen Herrschaft in jener Gegend der Halbinsel zu benützen. Schon hatten sie im Verlaufe des Frühlings von 1204

mehrere Städte unterjocht, als der Tod des Morosini den
Bund plötzlich auflöste, indem der Sohn des Verblichenen
die Einwohner zur Empörung gegen die Fremdlinge auf=
reizte und Gottfried zur Flucht in das Lager des Königs
Bonifacius nöthigte, der eben damals in Morea einge=
drungen war und sich vor Nauplion gelegt hatte. Von
dort zog er mit ihm in den Kampf gegen die Bulgaren
und rebellischen Griechen von Macedonien, und begleitete
den König im Frühling des folgenden Jahres 1205 auf
die Landenge von Korinth, wo er zu Wilhelm von Cham=
plitte übertrat. *)

Gleich anfangs gab er seinem neuen Gebieter den
klugen Rath, die Streitkräfte nicht in Angriffen auf die
stark befestigten Schlösser von Argos, Nauplion und Ko=
rinth fruchtlos zu vergeuden, weil diese Festungen wegen
ihrer vortheilhaften Lage und wegen des Ueberflusses an
Vertheidigern und Lebensmitteln vor der Hand unmöglich
weder durch Hunger, noch durch stürmende Angriffe zu
bezwingen wären. Es sey klüger sich vorerst der Ebenen
und der Küstenorte auf der Abendseite der Halbinsel zu ver=
sichern; und wären einmal das Binnenland und die Städte
zwischen Patras und Koron unterjocht, so würden sich die
benannten festen Castelle auch endlich ergeben müssen.

Zu Andravida versammelten sich nach dem Einzuge
des fränkischen Heeres alle Archonten und Häuptlinge der
Ebene von Alt=Elis, um die Befehle ihres neuen Gebieters

---

*) Chronique de la Morée, p. 116. —
  Ville-harduin, p. 128. Edit. Buchon.

zu empfangen. Gottfried Ville-Harduin erklärte ihnen
ganz einfach, „es sey Wilhelm Champlitte, der Frankenhäuptling, nach Morea gekommen, um dieses Land zu
unterjochen und eine dauernde Herrschaft daselbst zu gründen. Sie sollten ja nicht meinen, es sey nur auf Raub
und Beute abgesehen, man wolle etwa nur Gut und
Heerden rauben, und dann nach Art der Seeräuber das
ausgeplünderte Land wieder verlassen. Blicket ihn nur
an diesen Häuptling, fuhr er fort, wie stattlich er ist,
wie glänzend und furchtbar die Heeresmacht, die ihn um-
gibt; wahrhaft ein Fürst, ein König ist er, der sich
ein Reich gründen will. Ihr dagegen ohne Oberhaupt,
ohne Hülfe, ohne Hoffnung, wie wollet ihr ihm widerstehen, wie die Beutelust seiner Krieger von euren Reichthümern, wie die Schärfe des Schwertes von den schutz-
losen Bewohnern des offenen Landes abwenden, wenn ihr
den Augenblick versäumet, euer Schicksal durch gütlichen
Vergleich in die Hände eines Eroberers zu legen, welcher
nach Gesetzen und gegenseitigen Verträgen sein neues Reich
zu beherrschen verlangt?‟

Sodann schlug der Redner in Wilhelms Namen einen
Vertrag vor, durch welchen Plünderung, Sclaverei und
Niedermetzelung, wie sie in allen bisher mit Gewalt ein-
genommenen Orten statt gefunden hatte, eingestellt, und
allen jenen Archonten Morea's, welche die neue Dynastie
anerkennen, Sicherheit ihres Familienerbes und ihrer ade-
lichen Vorrechte urkundlich zugesichert werden sollte.

Dagegen verpflichteten sich die Archonten von Elis,
ihren Einfluß auf die Aristokratie und auf die bevorrechteten

Familien der noch unbezwungenen Gegenden zu Gunsten
der Franken geltend zu machen, und nach Kräften mitzuwirken, daß sich das ganze Eiland ohne fernere Verheerung
und Kriegsübel unter dem abendländischen Scepter beugen
möchte. *)

Diese gemäßigten Worte konnten auf die Gemüther
der Häuptlinge von Elis nicht ohne Wirkung bleiben.
Sie schickten Boten mit den vorläufigen Capitulations-
vorschlägen an alle bekannten und befreundeten Archontenfamilien im Innern des Landes mit dem Beisatze, daß sie
durch unverzögerte Annahme derselben nur gewinnen könnten, und daß neben Reichthümern vom neuen Oberherrn
auch Ehrenstellen und Auszeichnungen zu erlangen seyen für
alle Moraïten, welche Talent und Geschmeidigkeit be-
säßen.

Die bevorrechteten Familien aller unbefestigten Ortschaften von der Abendseite der Halbinsel nahmen die Bedingnisse gerne an, und schickten ihre Vorsteher in das
Hauptquartier nach Andravida. **)

Nach Angabe der Chronik vereinigte man sich daselbst
über folgende Puncte:

I. Wilhelm von Champlitte ist dem Rechte nach Oberlehnsherr alles Grundes und Bodens von Morea.

II. Die Söhne jener Archontenfamilien (*Αρχοντόπουλα*),
die bisher Privilegien und Freiheiten genossen, bleiben

---

*) Chronique p. 123.
**) Les chefs de la Morée et de toute la Mesarée (*Μεσαρέα*).
Ibid. p. 125.

im Besitze derselben nach Maßgabe ihres Vermögens in liegenden Gütern.

III. Die Lehenspflichtigkeiten und Ritterprivilegien des fränkischen Feudalsystems werden ihnen nach dem nämlichen Verhältnisse zugesprochen.

IV. Was nach dieser Ausmittelung der Privatrechte an Grund und Boden noch übrig bleibe, sey von Rechtswegen den Eroberern verfallen.

V. Die Ackerbau treibende und arbeitende Classe der Moraïten soll auf dem nämlichen Fuße bleiben wie unter der Herrschaft der griechischen Imperatoren.

VI. Eine Commission von sechs Griechen und einer gleichen Zahl Franken soll ausgesandt werden, um das Grundeigenthum der privilegirten Familien im Sinne des abgeschlossenen Vertrages zu vertheilen.

Während dieser letzte Punct der Capitulation vollzogen wurde, verließ die fränkische Land- und Seemacht Andravida, um vorerst die Archonten der befestigten Küstenorte Pontiko, Arkadia, Modon, Koron und Kalamata zu bezwingen, und dann die siegreichen Fahnen gegen die großen Städte Veligosti und Nikli an den Quellen des Rufia, und gegen die Slavencantone am Eurotas und in den Schluchten des Pentedaktylos zu wenden, welche im Vertrauen auf ihre Macht jeden Vergleich abgelehnt hatten. Die fünf genannten Städtchen an der Seeküste fielen nacheinander theils im Sturm, theils durch Capitulation nach schwacher Gegenwehr; nur die Akropolis von Arkadia, auf einem steilen und weit ins

Meer hinausreichenden Felsen erbaut, blieb unbezwungen hinter dem feindlichen Heere.

Oestlich von Kalamata und nahe bei Kapsilia, am Fuße der maïnatischen Gebirge war ein Olivenwald mit Namen Condura. *) Daselbst hatte ein Moraïtisches Heer, bestehend aus den Bürgern der Städte Veligosti, Nikli und Lacedämon, aus den Dorfbewohnern des Eurotasthales und der Slavencantone von Melingo, im Ganzen viertausend zu Fuß und zu Pferd, Stellung gewonnen, um die Fremdlinge zu hindern in das Innere der Halbinsel einzudringen. Auch ein kleines Geschwader maïnatischer Fahrzeuge hatte sich nahe an der Küste dem Landheere zur Seite gelegt, um die Schiffe der Franken anzugreifen. **) Im Vertrauen auf ihre Uebermacht begannen die moraïtischen Feldherrn die Schlacht, wurden aber von Champlitte, der an jenem Tage nur siebenhundert Mann unter seinen Fahnen gezählt haben soll, aufs Haupt geschlagen, und verloren den größten Theil ihres Heeres. Dem Stoße der geharnischten Ritter des Abendlandes konnte der unkriegerische und unbeschirmte Moraït nicht widerstehen. —

Dieß war zugleich das einzige Treffen, welches die Neu-Peloponnesier zur Beschirmung ihrer Unabhängigkeit

---

*) 'ς τὸν Κονδοῦρον ἐλαιῶνα.

**) Leurs bâtimens arrivèrent de Melingos. Les habitans des villages de Λᾶχος y vinrent aussi. Chronique p. 129.— Nach Ville-Harduin S. 130, Edit. Buchon, hieß der Anführer der gesammten Streitmacht zu Lande Michalis.—

gegen den Frankenhäuptling Champlitte in offenem Felde
wagten. Auf Anrathen der Archonten, die seinem Heere
gefolgt waren, wollte der Sieger nach diesem entscheidenden Schlage sich ungesäumt gegen Veligosti, Nikli
und Lacedämon wenden, ließ sich aber von dem klugen
und methodischen Ville-Harduin bereden, von Kalamata
aus quer durch Messenien gegen die noch unbezwungene
Felsenburg von Arkadia zu ziehen und zu gleicher Zeit
eine Abtheilung der aus den Fahrzeugen ausgeschifften
Mannschaft zur Besetzung der Engschluchten von Skorta
und des Bergschlosses Araklovon abzusenden, und in dieser Weise die Unterwerfung der westlichen Hälfte des
Eilandes zu vollenden. *) „Dann," fügte Ville-Harduin bei, „möge er an einen Kriegszug gegen die Städte
des Binnenlandes denken." — Beim ersten Sturm
schrie die Besatzung von Arkadia um Gnade, und übergab das Schloß. **)

Champlitte war schon im Begriff gegen Veligosti
aufzubrechen, als Gesandte aus dem Heimathlande mit
der Nachricht zu Arkadia landeten, Ludwig, der ältere
Bruder, sey ohne Leibeserben zu hinterlassen Todes ver-
blichen, und die Großen des Landes so wie sein Oberlehnsherr, der König von Frankreich, wünschten, Wilhelm

---

*) Auf der Burg Araklovon lag ein tapferer Krieger aus
   der gräcisirten Barbarenfamilie Butzara (ἀπὸ τοὺς Βουτ-
   ζαράδαις).

Chronique p. 131.

**) Spätherbst des Jahres 1205.

habe möge so schnell als möglich Morea verlassen, um
die Regierung seines Erblandes zu übernehmen.

Thränen, sagt die Chronik, habe der Eroberer von
Morea bei Anhörung dieser unwillkommenen Botschaft ver-
gossen. So sehr schmerzte es ihn mitten im Laufe seiner
Siege still zu halten und ein Land zu verlassen, dessen Be-
wohner eben im Begriffe waren, sich vor der Macht seines
Schwertes zu beugen.

Man rieth ihm vor Allem eine Commission unter
dem Vorsitze des klugen Gottfried von Ville-Harduin mit
Beifügung zweier Prälaten, zweier Bannerherren und
fünf anderer Häuptlinge des Heeres zu erneuen, damit
man noch vor seiner Abreise zur Vertheilung der Halbinsel
schreiten, und jedem der eingewanderten Capitäne nach
Maßgabe seines Kostenaufwandes und seiner mitgebrachten
Truppenzahl ein Erbtheil anweisen könnte.

Gottfried fertigte mit Hülfe seiner Assistenten zwei
Rollen. Auf der einen waren die Namen der Soldaten
und der Häuptlinge des eingedrungenen Frankenheeres,
auf der andern die Namen und Einkünfte der zu verthei-
lenden Grundstücke mit der Bemerkung eingetragen, wem
sie in Zukunft als Loos heimfallen sollten. Nur sich selbst
sprach der kluge Mann keinen Antheil an der Eroberung
zu, obwohl man hauptsächlich durch seine Klugheit, Umsicht und Tapferkeit in der kurzen Frist einiger Monate die
größere Hälfte von Morea bezwungen hatte. In dank-
barer Anerkennung seiner Verdienste und seiner Uneigennützigkeit gab ihm Champlitte die Burgen Kalamata und

Arkadia mit allen dazu gehörigen Ortschaften und Ländereien als Familienerbtheil auf ewige Zeiten. Zugleich
wurden Gottfried und die übrigen Ritter, Sergeanten und
Soldaten durch die Ceremonie des goldenen Ringes in
Lehenspflicht genommen und im neuen Besitzthume
investirt.

Ueber die Wahl eines Stellvertreters, der in seiner
Abwesenheit die Souveränetätsrechte über das eroberte
Eiland ausübe, konnte Champlitte nicht lange in Zweifel
seyn; er ernannte zu dieser Würde ebenfalls den Hugen
Ville-Harduin, jedoch mit dem Beisatze, daß, wenn
nach Umfluß eines Jahres, vom Tage der Uebergabe
an gerechnet, ein neuer Statthalter aus der Anver-
wandtschaft Champlitte's nach Morea komme, Gottfried
ihm ohne Verzug die Uebung der höchsten Gewalt zu
überlassen habe. Erscheine aber nach Ablauf der ge-
setzten Frist Niemand, so sey und bleibe Ville-Harduin
Oberherr des Eilandes Morea mit dem Rechte, die
Souveränetät erblich an seine eigene Nachkommenschaft
zu überlassen.

Gottfried schwor im Angesichte des ganzen Heeres,
Wilhelm, Titulargrafen von Champagne,
Herrn von Champlitte, und Vicegrafen von
Dijon in Burgund, als seinen Herrn und Gebieter
anzuerkennen und ihm in allen Pflichten treu und ergeben zu seyn. Beide Contrahenten beschworen die über
diesen Act ausgestellte Urkunde, und bekräftigten sie
mit Beisetzung ihrer Familiensiegel sowohl als der aller

Bannerherren, Prälaten und Häuptlinge des Heeres auf Morea. *) Wilhelm verließ hierauf das Land und segelte in Begleitung von zwölf Rittern und eben so vielen Sergeanten nach Frankreich zurück.

---

*) Ende Februar oder Anfangs März 1206.

Siebentes Capitel.

Verzeichniß der moraïtischen Baronien und Lehengüter. Organisirung der Militär-Regierung und des Heerbannes. Eroberung von Lacedämon, Akro-Korinth und Hohen-Argos. Gottfried Ville-Harduin bemächtigte sich trügerischer Weise der Souveränetät und stirbt zu Andravida.

In einer allgemeinen Versammlung zu Andravida, wohin Gottfried das ganze Heer einberufen hatte, wurden die Rollen vorgelegt, auf welchen namentlich verzeichnet war, was jedem Häuptling an Gütern und Rechten für sich und sein Gefolge durch den Vertheilungs-Ausschuß zugesprochen und durch Wilhelm Champlitte bestätiget worden war. Der Name Walters de Rougieri stand oben an. Das messenische Slavenstädtchen Acova mit vierundzwanzig umliegenden Ritterlehen war ihm zuerkannt.

In den Engschluchten von Skorta erhielt Hugo von Brienne zweiundzwanzig Ritterlehen mit dem Hauptsitz Karitene im Thalgrund des Rufiastroms. — Als drittes Loos war Patras mit seinem Gebiete an Wilhelm Alaman gefallen. — Die Burg Veligosti mit einem vierfachen Ritterlehen gab man als Baronie an Mai-Remond mit Titel und Pflicht eines Bannerherrn. — Mikli mit sechs

Lehen fiel an Messir Wilhelm; Hieraki in Tzakonien aber sammt sechs Lehen an Guido von Nêle. — Zwölf Ritterlehen mit dem Hauptorte Kalavryta waren dem Herrn Raoul von Tournay zugesprochen; Vostitza aber mit acht Lehen dem Hugo de l'Isle, welcher den Namen Charbonnier annahm. *) — Dem Messir Lukas gab man vier Lehengüter mit Thal und Zubehör von Gritzena. — Messir Jean de Neuilly erhielt das Loos Passava mit vier Lehen, zugleich das Recht eines Bannerherrn und den Titel eines Marschalls von Morea für sich und seine rechtmäßigen Nachkommen. — Das Städtchen Chalatritza mit vier Ritterlehen fiel an Robert de la Trémouille, der seinen Familiennamen ungesäumt nach seinem neuen Edelsitz umänderte. Ueberdieß wurden aus den drei Militär-Orden der Johanniter, Tempelherren und deutschen Ritter einem jeden vier Lehen zugesprochen. **) Der Metropolitan-Erzbischof von Patras erhielt für seinen und seiner Domherren Unterhalt acht Ritterlehen; der Bischof von Oleyos (d. i. Andravida) vier, und von den beiden Bischöfen zu Modon und Koron jeder zwei für sich, und zwei

_____

*) Τζαμπουνη.

**) Die Besitzungen der deutschen Ritter lagen in der Gegend von Kalamata. — Von den Lehengütern der Templer findet man in den Verhandlungen des römischen Hofes aus den Zeiten des dreizehnten Jahrhunderts einige namentlich aufgeführt, z. B. Passalon, ein Geschenk des Ritters Wilhelm v. Resi; dann Paliopoli, Geschenk Ritters Hugo v. Besançon; Laffustau (corrupt) durch Wilhelm Champlitte selbst dem Orden zuerkannt.

andere für das Capitel. *) Von den Bischöfen zu Vell=
gosti, Nikli und Lacedämon erhielt jeder vier Ritterlehen
in der Nachbarschaft ihres Sitzes.

Die Namen aller jener Ritter und Sergeanten, denen
nur ein einziges Lehen als Antheil an der gemeinsamen
Eroberung zugesprochen wurde, übergeht die Chronik
leider mit Stillschweigen.

Nach geschehener Vertheilung des Grund und Bodens
beriethen sie sich über die Maßregeln, durch welche der
Besitz des Landes gesichert, und im Falle eines Angriffs
gegen in= und ausländische Feinde vertheidiget werden
könnte. „Denn in dem nämlichen Augenblicke,“ be=
merkten sie, „würde ihnen Herrschaft und Besitz auf
Morea entschlüpfen, in welchem sie, Schwert und Bogen
ablegend, sich dem ruhigen Genusse überließen.“ Ein=
stimmig fiel ihr Beschluß dahin, daß sie ununterbrochen
auf dem Kriegsfuße bleiben, und gleichsam militärische
Cantonnirungsquartiere auf der Oberfläche Morea's auf=
schlagen müßten. Und da nach den Feudalgesetzen der
Kriegsdienst auf Grund und Boden haftet, wurde in
der nämlichen Versammlung angeordnet, daß jeder Be=
sitzer von vier Ritterlehen ein Fähnlein stellen und Ban=
nerherrndienste leisten, das Fähnlein aber aus einem
(gepanzerten) Ritter und zwölf Sergeanten bestehen

---

*) Die corrumpirten Namen der Flecken und Dörfer, welche
dem Bischoffsitze von Modon gehörten, sind folgende: Va=
letoque, Corseval, Miquelis, Murmura, Zagora, Aldese,
Niclines, Levoudist, Escaminges, Boucham und Lestarona.

müsse. Wer mehr als vier Lehen hatte, mußte für je=
des zwei Sergeanten zu Pferd, oder einen Ritter (mit ge=
höriger Begleitung und Rüstung) beständig schlagfertig
halten. Die Besitzer eines Lehengutes waren zu persön=
lichem Kriegsdienste verpflichtet, und vorzugsweise „Ser=
geanten der Eroberung" genannt. *)

Um jeden Augenblick eine verfügbare Streitmacht zu
haben, mit der man eine Empörung der Eingebornen, oder
einen Angriff auswärtiger Feinde ungesäumt ersticken und
zurücktreiben könnte, mußte jeder Grundeigenthümer von
den zwölf Monaten des Jahres ablösungsweise vier Mo=
nate auf dem Allarm= oder allgemeinen Waffenplatze, den
der oberste Militärchef und Souverän des Landes Morea
jedes Jahr nach Belieben und Umständen bezeichnete,
schlagfertig und auf eigene Kosten präsent seyn. Vier
andere Monate mußte jeder Lehensmann seinem besondern
Feudalherrn und Lehensverleiher Kriegsdienste leisten, wo
es ihm dieser beföhle. Die vier übrigen Monate des Jah=
res konnte jeder hinbringen, wo und wie er es immer für
gut fand. Da aber überdieß der oberste Lehensherr und
General en Chef in Forderung militärischer Dienste jeder
Zeit vor seinen Vasallen den Vorzug hatte, und jene Rit=
ter, die ihm am besten geeignet schienen, durch alle zwölf
Monate zu kriegerischen Unternehmungen verwenden
durfte, so kann man mit Recht sagen, daß der moralti=
sche Lehensmann das ganze Jahr hindurch auf dem Kriegs=
fuße und in Dienstthätigkeit war.

---

*) Σεργέντοις της κουγγίστας.　　　Chronique.

Bischöfe, Kirchen und Ritterorden waren der Ver-
pflichtung des allgemeinen Garnisonsdienstes ledig, mußten aber bei Feldzügen, bei kleineren Expeditionen und
kriegerischen Unternehmungen jeder Art zum Besten des
Landes dem Oberfeldherrn zu Gebote stehen, wie die übrigen Lehensträger weltlichen Standes.

Eben so hatten die geistlichen Vorsteher Sitz und
Stimme in allen Verhandlungen, welche die Civiladmini-
stration des Landes und die in ihrem Bezirke zu erlassenden
Urtheilssprüche betrafen. Nur bei Blutgerichten oder Verhandlungen über Todschlag konnten dem Herkommen gemäß die Bischöfe nicht Richter seyn. *)

Der Leser wird sich erinnern, daß die Franken nach
der Schlacht beim Olivenwalde von Kondura, die sie
gegen das vereinigte Heer der ezeritischen und melingiotischen Slaven sowohl, als der Bewohner von Veligosti,
Nikli und Lacedämon im Innern Morea's noch unter
Champlitte's Anführung gewonnen hatten, ihren Sieg
damals auf Anrathen Ville-Harduins nicht verfolgten, sondern durch Bezwingung der Seefestung Arkadia und der
Bergschluchten von Skorta die Unterjochung des westlichen
Theiles der Halbinsel zu vollenden vom Schlachtfelde ausgezogen waren.

Von den Rittergütern und großen moraitischen
Reichslehen waren aber mehrere an dem obern Theile des
Rufiastromes, im Thalgebiete des Eurotas und in den
Gebirgsgegenden in der Richtung gegen Monembasia hin

---

*) Chronique pag. 143.

gelegen, wo die fränkischen Waffen noch keinen Eindruck
gemacht hatten. Von freiwilliger Uebernahme des fremden Joches wollte man in jenem Theile der Halbinsel
nichts hören, weil große Städte, mit hohen Mauern,
unzugängliche Bergschluchten und Bollwerke, von der
Natur selbst zum Schutze des Landes aufgebauet, die
Freiheit der Bewohner gegen die Gewalt der Fremden
hinlänglich zu schirmen schienen.

Die Schluchten von Melingi und Monembasia sind
gleichsam die Citadellen des moraïtischen Eilandes, und
es ist in unsern Tagen ein historisches Axiom geworden,
daß Morea, — wenn auch von Feinden überschwemmt,
— der Hauptsache nach für unbezwungen gelten kann,
so lange die Sonne der Freiheit noch die Gipfel der alten Gebirgskämme des Pentedaktylos und Menelaion
vergoldet.

Zur Bezwingung aller dieser benannten Ortschaften
und Landstrecken sammelte Ville-Harduin unmittelbar nach
er Militärversammlung zu Andravida das ganze Frankenheer. An dieses mußten sich vertragsmäßig mit dem
gesetzlichen Contingent eingeborner Lehenmiliz alle jene
Archonten anreihen, welche durch freiwillige Unterwerfung und Abtretung eines Theiles ihrer früheren Besitzungen mit dem Ueberreste belehnt und gleichsam in
den Militärbund der Fremdlinge aufgenommen worden
sind.

Von Andravida ausziehend, gelangte das vereinigte
Heer an den Alpheus (Rufia) und kam stromaufwärts
rückend zuerst nach Veligosti. Stadt und Schloß wichen

schnell der Gewalt, und die Sieger rückten ungesäumt vor Nikli. Nikli war eine große Stadt auf der Ebene; hatte ein festes Schloß und hohe Mauern aus Stein und Kalk gebaut. Widerstand in offenem Felde wagten die Einheimischen seit der Niederlage bei Kondura nirgends mehr; wohl aber versuchten die Bürger von Nikli und Lacedämon hinter den Mauern für die Erhaltung der politischen Freiheit zu kämpfen. Bei der Nachricht vom Anzuge des feindlichen Heeres hatten die Häuptlinge dieser beiden Städte durch Verstärkung der wehrhaften Bürgerschaft, durch Aufhäufung von Waffen, Lebensmitteln und Kriegsbedarf, alle Mittel zum Widerstande vorbereitet. Die Franken in ihrem Ungestüm bestürmten ohne nähere Vorkehrung die Mauern der großen Stadt drei Tage hintereinander vergeblich. Am vierten Tage befahl dann Gottfried Material herbei zu schaffen, um Sturmdächer und Mauerbrecher zu zimmern, und schwor zugleich, nicht eher von der Stelle zu weichen, als bis Nikli mit Gewalt erobert und die Bewohner insgesammt durch die Schärfe des Schwertes vertilgt wären. Die Archonten in seinem Heere, welche diese Drohungen hörten, gaben den Oberhäuptern der belagerten Stadt, unter denen sie einige Verwandte hatten, ungesäumt Nachricht mit dem Beisatze, daß, wenn sie sich nicht eher ergeben, als bis die Stadt im Sturm überginge, kein lebendiges Wesen Schonung zu erwarten hätte. Auf diese Warnung capitulirten die Niklioten unter der Bedingniß, daß ihr Eigenthum unangetastet bleibe. Gottfried bewilligte Alles, versah den Platz mit Kriegsbedarf, legte Besatzung ein, und erschien mit dem Rest des Heeres sammt allem Belagerungszeuge vor Lacedämon, wo der Archont Leo Kamaretos den Oberbefehl hatte.

Diese Stadt übertraf Nikli noch weit an Größe und Umfang, so wie an Stärke der Mauern und Streitthürme, die ebenfalls aus Kalk und Stein errichtet waren. Niemand zweifelte, daß Lacedämon alle Angriffe der fränkischen Ritter siegreich zurücktreiben werde. Fünf Tage lang, sagt die Chronik, stritten die Lacedämonier Tag und Nacht gegen die wüthenden Stürme der Fremdlinge aus Abendland mit Ausdauer und Glück. Und nicht eher als bis nach einem großen Blutvergießen die Thürme unter den Stößen der Kriegsmaschinen gesunken waren, baten die Ueberwundenen um Schonung, und ergaben sich unter den nämlichen Bedingungen wie die Bürger von Nikli.

Gottfried mit dem Hauptquartier blieb in der eroberten Stadt, während einzelne Abtheilungen des Heeres plündernd und verwüstend das Eurotasthal bis an die Mündung des Stromes, und die östlichen Gebirge bis gegen Vatica und Monembasia durchzogen. Und nur den Bitten und Vorstellungen der in jenen Gegenden begüterten Archonten von Nikli und Lacedämon, die im Namen der unterthänigen Ortschaften Anerkennung und Gehorsam für den neuen Landesherrn verbürgten, nachgebend befahl er den ausgesandten Schaaren mit Plündern inne zu halten und nach Lacedämon zurückzukehren. Zugleich gab er seinen Räthen den Auftrag,

die auf dem Convent zu Andravida zugesprochenen Lehen
im neu eroberten Lande den betreffenden Rittern zu übergeben und alle seit Champlitte's Abreise gemachten Eroberungen in das Lehenregister einzutragen.

Auf die Frage, welche feste Plätze er noch bezwingen müsse, um das ganze Eiland zu besitzen, antwor-
teten ihm die Archonten, daß deren noch vier übrig
wären, Akrokorinth, Argos, Nauplion und Monembasia. „Dieses seyen aber vier ungemein starke und auf
hohen Felsen erbaute Castelle mit zahlreichen Besatzungen und mit Lebensmitteln auf lange Zeit hinaus versehen. Mit Waffengewalt könne man sie nicht bezwingen, selbst das Alles niederwerfende Ungestüm der geharnischten Ritter pralle wirkungslos zurücke von den lebendigen und steilen Felsen dieser Bollwerke der Halbinsel. Nur Hunger vermöge ihren Widerstand zu brechen. Dieser Weg zum Ziele sey aber so lange ungang-
bar als die Besatzungen der Castelle von der See aus
mit Zufuhr versehen, wie Nauplion und Monembasia,
oder von den Bewohnern des Eilandes selbst mit Lebensbedarf, unterstützt würden, wie Argos und Korinth. Mit
Einem Worte, ohne die gute Neigung und Anhänglichkeit der Eingebornen werde es ihm kaum jemals gelin-
gen, die benannten festen Puncte zu überwältigen. Die
Liebe der Eingebornen aber, fügten sie bei, könne er
sich nur dadurch erwerben, daß er einen feierlichen Eid
schwöre und eine urkundliche Versicherung ausstelle, die
Landesreligion nicht anzutasten und keinem Bewohner
Morea's das latinische Glaubensbekenntniß aufzudringen."

Gottfried trug kein Bedenken, ihr Begehren zu erfüllen und die verlangte Urkunde, mit allen gesetzlichen Eigenschaften versehen, auszustellen. Und da er überdieß als ein kluger und viel versuchter Mann seine neuen Unterthanen mit Wohlwollen behandelte, und sie durch unpartheiische Gerechtigkeitspflege vor dem Uebermuthe der rohen und fanatischen Kriegsleute des Abendlandes, so gut er konnte, zu schützen suchte, gewann er sich schnell die Herzen Aller. „Gut und weise,“ sagten die Archonten, „ist unser Gebieter. Wer weiß, ob Champlitte uns nicht irgend einen jungen, unverständigen und schonungslosen Menschen aus Frankenland schicken wird, um ohne Kunde des Landes und seiner Bewohner, durch ungeschicktes und planloses Eingreifen in das Getriebe der öffentlichen Angelegenheiten das Land um den Frieden zu bringen und den Segen der weisen Verwaltung Ville-Harduins zu vernichten.“ Zugleich sannen sie auf Mittel, die Souveränität auf Gottfried zu übertragen. Dieser letztere wies zwar, wie die Chronik sagt, den ersten Antrag der Archonten als eine große Ungerechtigkeit von sich und weigerte sich durchaus, irgend etwas dieser Art auszuhören. Allein nach langem Zureden und Nöthigen habe er sich endlich das Versprechen gleichsam abnöthigen lassen, die Oberherrschaft über Morea auch gegen den Willen seines Freundes und Wohlthäters Wilhelm Champlitte erblich an sein eigenes Haus zu bringen.*) — — — — — — — — — — —

Vor allen Dingen war Gottfried bedacht, dem Vetter,

— — — — — — — — — — — — — — — — —

*) Chronique de la Morée pag. — — — — — —

welchen man zur Uebernahme der Herrschaft aus Frankenland erwartete, zu hindern, vor Ablauf des festgesetzten
Terminus von Einem Jahre und Einem Tage auf Morea
aus Land zu steigen. Einer seiner Vertrautesten mußte
eiligst nach Venedig abreisen, und dem Dogen Peter
Ziani, mit dem Gottfried schon früher freundschaftliche
Verbindung eingeleitet hatte, reiche Geschenke mit der
Bitte überbringen, er möge Champlitta's Abgeordneten
wenn er nach Venedig komme, ja durch alle ersinnlichen
Täuschungen zurückhalten und an der Weiterreise hindern suchen. Einen andern Ritter schickte Gottfried in
gleicher Absicht zu seinen Freunden und Verwandten nach
Frankenland. Champlitte, der an der Treue seines Freundes niemals zweifelte, ließ acht Monate vergehen, ohne an
den Vertrag über die Oberherrlichkeit der Halbinsel Morea
zu denken. Er hatte einen Verwandten mit Namen Robert, einen jungen Menschen voll der trefflichsten Eigenschaften. Auf diesen übertrug er seine Rechte und sandte
ihn mit Urkunden, Vollmachten und Gelde versehen als
Souverän nach Griechenland. Mit vier Rittern und
zweiundzwanzig Sergeanten verließ Robert Anfangs November 1206 die Heimath, wurde aber wegen der ungewöhnlichen Menge und Tiefe des Schnees auf den Gebirgen zwischen Frankreich und Italien länger als einen Monat am Fuße der savoy'schen Alpen zurückgehalten. Erst gegen Ende Jänner des folgenden Jahres traf er in Venedig
ein, in der sichern Hoffnung, daselbst ein Fahrzeug zu
finden, um in der kürzesten Frist nach Morea zu gelan-

gen. Auf Zianis gebotnen Befehlsverweigerung aber der venetianische Admiral jedem Schiffe die Erlaubniß, an die peloponnesischen Küsten unter Segel zu gehen, und der Doge selbst wußte durch Schmeicheleien, Lustbarkeiten und Zerstreuungen der mannichfaltigsten Art den jungen Menschen so zu bethören, daß er zwei Monate in Venedig verschwendete. Ende März verließ er endlich den Hafen auf einer Galeere, die nach Candia ausgerüstet war. In Korfu angekommen, bat ihn der Capitän unter dem Vorwande, das Schiff habe während der Ueberfahrt am Kiele einen Leck erhalten, seine Habseligkeiten ans Land zu schaffen, um die Reparatur zu erleichtern. Robert ließ Alles was er hatte in die Stadt bringen und bezog daselbst eine Wohnung, bis die Fahrt wieder weiter ging. Der Capitän aber, der geheimen Befehl hatte, den Ritter auf Corfu auszusetzen, segelte vor Anbruch des Morgens heimlich davon. Jetzt erkannte Robert erst die Schlinge, die man ihm gelegt hatte. Zugleich war er in großer Angst, den Termin zu versäumen und die Herrschaft zu verlieren, zu deren Uebernahme er aus der Heimath gezogen war. So eilfertig als möglich suchte er eine Barke zu miethen und fand sie auch. Allein der venetianische Statthalter von Corfu, der ebenfalls durch Ville-Harduin bestochen war, verbot dem Eigenthümer des Fahrzeugs bei Todesstrafe Robert an Bord zu nehmen.

Der hinterlistige Galeeren-Capitän hatte unterdessen bei Sanct Zacharias unweit Glarenza einen Eilboten ans Land gesetzt mit einem Schreiben an Gottfried Ville-Har-

dein, worin er meldete, wie Robert nach Venedig ge=
kommen, zwei Monate daselbst zurückgehalten und end=
lich auf Corfu ausgesetzt worden sey von einer Galeere,
die den Weg nach Cairo genommen habe. Dem Ueber=
bringer dieser Kunde machte Gottfried reiche Geschenke,
bat ihn augenblicklich den Militärbefehlshaber von Andra=
vida, wo er damals Hof hielt, geb Ihm umständliche
Verhaltungsbefehle, über Alles was er bei Roberts An=
kunft zu thun habe, und reiste nach Andravida, da=
selbst das Nähere über Roberts Landung zu erwarten.

Um eben diese Zeit hatte Robert eine neapolitani=
sche Barke, die zufälliger Weise nach Corfu gekommen
war, gemiethet und wurde von ihr bald zu Sankt Za=
charias ans Land gesetzt. Seine erste Sorge war, den
Aufenthalt des Statthalters von Morea zu erforschen,
und als man ihm sagte, er sey in dem nahe gelegenen
Andravida, schickte er einen Sergeanten zu Fuß, ein
Pferd zu holen, auf welchem er sich in die benannte
Stadt verfügen könnte. Gottfried war aber schon ab=
gereist. Der Sergeant ging deßwegen zum Militär=
befehlshaber und meldete ihm, Robert, Champlittes Vet=
ter und künftiger Oberherr des Landes, habe zu Sankt
Zacharias gelandet und verlange Pferde, um nach An=
dravida zu kommen.

Auf diese Nachricht führte der Befehlshaber alle
Einwohner der Stadt, Archonten und Bürger (ἄρχον=
τες καὶ λαός) mit sich nach Sanct Zacharias ab. Alle
zeigten sich bei Roberts Anblick höchlich erfreut, und
suchten ihm durch einen guten Empfang und durch eine

freund=

freundliche Außenseite zu zeigen, wie sehr sie entzückt
wären ihren Gebieter an ihm zu erblicken und künftig unter
seiner Verwaltung zu leben. Unter großen und ununterbrochenen Freudensbezeugungen führten sie ihn dann mit
sich nach Andravida in eine schon vorher eingerichtete Wohnung. Robert gab seinerseits durch eine heitere Miene
die ganze Fülle seines Wohlwollens gegen die neuen Unterthanen zu erkennen, nahm Jedermann freundlich auf,
sagte Allen etwas Schmeichelhaftes in der ungetrübten
Ueberzeugung, sie werden ihn als ihren Herrn und Gebieter, er aber sie als Diener und Unterthanen haben.

Im Taumel seiner Freude erinnerte ihn Jemand an
die Bedingnisse des zwischen Champlitte und Ville-Harduin
abgeschlossenen Vertrages, und machte ihm bemerklich,
daß Mühe und Herrschaft verloren sey, wenn er nicht noch
vor Ablauf des gesetzlichen Termins bei Gottfried dem
Statthalter von Morea eintreffe. Robert verlangte vom
Militärbefehlshaber Pferde und Boten, um ihn dorthin
zu führen, wo man sagte, daß Gottfried zu finden sey.
Ehevor aber Robert mit dem Capitän von Andravida, der
ihn Ehren halber begleitete, nach Bliziri kam, hatte Gottfried schon den Weg nach Kalamata eingeschlagen, und
auf die Nachricht, daß ihn Robert überallhin verfolge,
sich wieder landeinwärts nach Veligosti gewendet. Von
Kalamata trat die militärische Begleitung, die von Andravida her gefolgt war, den Rückweg an, und Robert
ward ganz allein im Flecken zurückgelassen. Der Befehlshaber des Ortes verschaffte ihm Pferde und Führer nach
Veligosti, wo er aber den Statthalter wieder nicht fand,

weil er der Sage nach den Weg nach Nikli eingeschlagen
hatte. Die Bewohner von Veligosti schenkten ihm keine
Aufmerksamkeit, ja nicht einmal Pferde wollte man ihm
geben, die Reise fortzusetzen, und er ward genöthiget von
dem nicht weit entfernten Nilki sich deren kommen zu
lassen. Bei seiner Ankunft in der genannten Stadt
schickte man Boten nach Lacedämon, wohin sich Ville-
Harduin begeben hatte, mit der Nachricht, es sey einer
aus Champlitte's Verwandten, Robert mit Namen, so
eben in Nikli eingetroffen. Gottfried, der von allen
Schritten des fremden Ritters seit dem Augenblicke seiner Landung bei Sct. Zacharias bis zu seiner Ankunft
in Nikli genau unterrichtet war, hatte unterdessen hinlänglich Zeit sich auf die Rolle vorzubereiten, die er
nun spielen mußte. Mit einem großen Gefolge von
Rittern, Archonten und Einwohnern von Lacedämon
zog er Robert auf der Straße nach Nikli entgegen,
empfing ihn mit allen Zeichen tiefer Ehrfurcht und Ergebenheit, freute sich ausnehmend über seine endliche
Ankunft, begleitete ihn mit großem Pomp in den Re-
gierungspalast nach Lacedämon, und behandelte ihn wie
einen Mann der gekommen ist, um die höchste Gewalt
im Lande zu übernehmen.

Am andern Morgen bat Robert den Statthalter,
er möge doch ungesäumt die Capitäne und die vornehmsten Ritter seines Gefolges im Regierungsgebäude versammeln, um Champlitte's Befehle, deren Ueberbringer
er sey, zu vernehmen. Gottfried berief sie ungesäumt,
befahl dem Canzler sich vom Sitze zu erheben, trat

mit ihm mitten in den Kreis der Ritter, und ließ Roberts Documente vorlesen, in welchen geschrieben stand, daß Champlitte die Oberherrlichkeit über den ganzen Peloponnes auf Robert, seinen Vetter, übertrage. Dann ließ er gleichfalls die Briefe ablesen, die an alle Häuptlinge des Eroberungsheeres mit dem Bedeuten gerichtet waren, daß sie von nun an Robert als ihren Herrn und Gebieter anzusehen hätten.

Gottfried erhob sich von seinem Sitz, neigte sich tief, um seine Unterthänigkeit gegen Champlitte's Befehle zu bethätigen, ließ aber zugleich die Urkunde über den Vertrag herbeibringen, den er einst mit Wilhelm Champlitte dahin gemacht hatte, daß Gottfried die Oberherrschaft über Morea als Champlittes Statthalter und Lehensmann zu besitzen; dieselbe aber ihm selbst oder einem seiner Anverwandten, wenn er sich innerhalb eines Jahres und eines Tages zu deren Uebernahme auf der Halbinsel einfand, zurückzustellen habe. Sollte aber vor Ablauf der besagten Frist keine Nachfolger mit gehörigen Creditiven bei ihm erscheinen, sey Land und Herrlichkeit ohne Wiederkehr an Gottfried den Statthalter heimgefallen.

Nachdem der Canzler auch diese Acte vorgelesen hatte, erhob sich Gottfried abermal von seinem Sitze, bat und beschwor die Prälaten und Bannerherren der Versammlung, sie möchten nun nach Anhörung der Befehle seines Herrn und Souveräns Wilhelm Champlitte als Freunde der Wahrheit und als Christen, welche Gott fürchten, den Ausspruch thun und erklären, auf welcher Seite im gegenwärtigen Augenblicke das Recht liege. „Thut aber euren

"Spruch mit Gerechtigkeit," fügte er hinzu, ",,so wie es
eure Pflicht ist; und keinerlei Rücksicht auf meine Person
lenke euch ab vom Pfade der strengsten Unpartheilichkeit;
die Furcht Gottes allein dictire euren Urtheilsspruch."

Hierauf erhob sich der edle Robert und bemerkte, daß
er mit dem Vortrage Gottfrieds ganz einverstanden sey;
er ermunterte die Richter seinerseits, sich in ihrem Spruche
nur von der Wahrheit und Gottesfurcht leiten zu lassen.
Zugleich versprach er, sich ihrer Entscheidung unbedingt
zu unterwerfen.

Die Prälaten und Bannerherren lasen und prüften
mit der gewissenhaftesten Aufmerksamkeit die schriftlichen
Verträge, berechneten den Zeitraum, welcher seit dem
Tage ihrer Ausfertigung verstrichen war, und fanden, daß
vierzehn Tage über die gesetzliche Frist verflossen seyen, vor
deren Ablauf Robert seine Vollmachten an den Statthalter
einzuhändigen verpflichtet war. Zugleich wandten sie sich
an beide Prätendenten mit der Erklärung; Robert habe
seine Rechte auf die Oberherrlichkeit über Morea verloren
und müsse sie nach Inhalt und Befund schriftlicher Urkunden, welche auf dem ganzen Universum und in allen
Ländern, wo Christen wohnen, über Gesetz und richterliche
Form geben, pflichtgemäß an Gottfried Ville-Harduin
überlassen.

Bei Anhörung dieses Spruches war Robert so betroffen, daß er kein Wort hervorzubringen vermochte.
Gottfried dagegen erhob sich voll Freude vom Sitze, und
dankte den Richtern, wie es damals Sitte war, in freund-

lichen und gnädigen Ausdrücken für ihre Entscheidung.
Und nachdem das Patent, welches ihn zur Uebernahme der
oberstlehensherrlichen Gewalt auf Morea berechtigte, von
der Commission ausgefertiget war, erwies er Roberten
große Ehren und bat, er möge sich doch nicht entrüsten
über diesen von der Gerechtigkeit ausgeflossenen Bescheid.
Gerechtigkeit sey ja die einzige Richtschnur um zu bestimmen, was Jedem gebühre, und die einzige Garantie um
die Menschen bei ihrem Eigenthum zu schirmen. Zugleich
lud er den Jüngling ein, im Lande zu bleiben, wo er als
Bruder behandelt und aus allen über die Feinde noch künftig zu machenden Eroberungen einen verhältnißmäßigen
Antheil für sich erhalten solle. Robert aber in seinem Unwillen verschmähte Alles. — Bei einem großen Gastmahle, welches ihm Gottfried hierauf veranstaltete, und
zu welchem er alle Lehensträger und Archonten, groß und
klein, geladen hatte, milderte sich der Gram des ge-
täuschten Jünglings ein wenig. Man aß und trank tapfer
und hielt Karrusel. Tanz und Musik wollten kein Ende
nehmen. Da sagte endlich Robert: „Ich sehe wohl, daß
die Oberherrlichkeit über Morea für mich verloren ist;
schaffet mir Pferde und Begleiter, damit ich die Rückreise
in meine Heimath antrete.‟

Um sich beim König und bei den Großen von Frankreich über seine Rückkehr zu rechtfertigen, ließ er sich dann
vom Gerichtshofe der Prälaten und Capitäne einen ge-
siegelten Act über den Spruch ausstellen, den sie gethan
hatten, und zugleich eine Abschrift des Vertrages beilegen,
den Wilhelm Champlitte mit Gottfried Ville-Harduin

vor seiner Abreise ins Frankenland errichtet hatte. *)
Mit Geschenken, Zeugnissen und Höflichkeiten überladen
kehrte Robert mit Gottfried Ville-Harduin von Lacedämon
nach Andravida zurück, und schiffte sich auf einer Galeere
nach Frankreich ein. **)

Gottfried nahm nunmehr den griechischen Titel
αὐθέντης, d. i. souveräner Gebieter, von Morea
an, und begab sich unmittelbar zur Blocade von Akrokorinth, die schon nahe an die zwei Jahre gedauert hatte.
Leo Sguros war unterdessen gestorben und durch Theodor seinen Sohn im Besitze der Burgen von Argos und
Korinth ersetzt worden. Südlich und nördlich vom Berge,
auf welchem Akrokorinth gebauet ist, sind zwei Hügel von
kleinerem Umfange, aber steil und mit tiefen Schluchten
umgeben. Auf dem südlichen in einem daselbst errichteten
Fort lagerte sich Gottfried. Der Megas-Kyr von Athen
aber, welcher neben dem Herzog von Naxos und den drei
Markgrafen von Budonitza und Negroponte dem Gebieter
von Morea Lehensdienste thaten, nahm eine verschanzte
Stellung auf dem nördlichen Hügel. In beide Lager wurden Lebensmittel und Bogenschützen mit Schilden eingelegt,
um der feindlichen Besatzung von Hohen-Korinth alle Gelegenheit, Brennholz und Lebensmittel in das Schloß zu
bringen, gänzlich abzuschneiden.

---

*) Εἴπερ γὰρ ἀδικεῖν χρή, τυραννίδος πέρι κάλλιστον ἀδικεῖν,
τἄλλα δ' εὐσεβεῖν χρεών.

Euripid. Phoeniss. v. 524 f.

**) Chronique de la Morée p. 149 ff.

Nach der hartnäckigsten Gegenwehr und nach Erdul-
dung des äußersten Mangels ergab sich Theodor unter der
Bedingniß, daß die eingeschlossenen Archonten ihre Güter
und Privilegien gleich den übrigen Häuptlingen der Halbinsel unter fränkischer Schutzherrlichkeit fortgenießen, er
selbst aber Burg und Stadt Argos noch ferner, jedoch als
fränkisches Lehen, zu beherrschen fortfahren solle. Gottfried bewilligte was man verlangte, und verwandelte Akrokorinth durch Vermehrung der Festungswerke, durch Aufhäufung von Lebensbedarf und Einlegung einer starken
Besatzung in einen für die damaligen Zeiten unbezinglichen
Waffenplatz.

Fünf Jahre später wurde Theodor Sguros aller seiner
Lehen verlustig erklärt und aus Argos vertrieben (i. J.
1212), unter dem Vorwande, er habe eine Verschwörung
der moraïtischen Griechen eingeleitet, um die Fremdlinge aus
dem Lande zu vertreiben. *)

---

*) Der unbekannte Verfasser der Chronik von Morea
ist ohne Zweifel im Irrthum, wenn er die Eroberung von
Akrokorinth um mehr als zwanzig Jahre später unter Wilhelm Ville-Harduin erfolgen läßt, von Hohen-Argos
aber stillschweigend anzudeuten scheint, daß es während der
kurzen Herrschaft Gottfried Ville-Harduins II an die Franken gekommen.

Daß aber Akrokorinth im Frühjahre von 1207, und Argos
fünf Jahre später von den Griechen geräumt worden sey,
erhellet deutlich genug aus den Briefen des um 1216 ver-
storbenen Papstes Innocenz III an den Erzbischof von Athen
und andere Hirten der Kirchen Griechenlands. Epistol.
Innocent. III Tom 2, pag 411.

Deſſen ungeachtet war Gottfried doch noch nicht in ungeſtörtem Beſitze des ganzen Eilandes, und konnte aus gänzlichem Mangel einer Seemacht auch niemals zu dieſem gewünſchten Ziele gelangen. Denn Nauplion und Monem= baſia, die beiden ſtärkſten Feſtungen des Landes, an der See gelegen und jeder Continentalmacht unerreichbar, konnten nur durch Hunger zur Uebergabe gezwungen wer= den. Schiffer aus Italien und Nicäa verſorgten dieſe bei= den Plätze mit Lebensbedarf und Vertheidigungsmitteln in Ueberfluß. Nicht genug, daß die ſtreitbaren Beſatzungen dieſer unangreifbaren Puncte die fränkiſchen Ritter nöthig= ten ſtets gerüſtet zu ſeyn, wurden von Monembaſia aus auch noch Verbindungen mit den Capitani der Slavencan= tone von Maïna und Melingi, in deren Hochgebirge und Waldſchluchten noch keine fränkiſche Lanze gedrungen war, zum größten Nachtheile der in der Umgegend begüterten Lehenmänner unterhalten. Die Raubſchiffe dieſer Ge= birgsbewohner umſchwärmten ganz Morea, während ihre

---

Ueber die Einnahme von Hohen = Argos wird in den an= gezogenen Briefen namentlich der Umſtand erwähnt, daß den Franken nach Uebergabe des Schloſſes der Schatz der Metropolitankirche von Korinth, welchen Theodor Sguros nach der Capitulation von Akrokorinth nach Argos gebracht hatte, in die Hände gefallen, von denſelben aber nicht mehr an die korinthiſche Kathedrale zurückgegeben, ſondern als gute Beute unter die Kriegsleute vertheilt worden ſey; weßwegen ſie auch durch Zuthun des latiniſchen Klerus auf Morea Innocenz III mit dem Bannſtrahl geſchla= gen habe.

Schaaren in die Ebene herabstiegen und die Bebauer des flachen Landes bis gegen Veligosti und Monembasia hin ausplünderten.

Diesen zahlreichen Uebeln abzuhelfen, ward dem Authentes Gottfried nicht beschieden. Ehevor er sich um den Beistand der damals seeherrschenden Republik Venedig zur Verdrängung ausländischen Einflusses auf das Eiland Morea bewerben konnte, überraschte ihn der Tod in seiner Burg zu Andravida. Dorthin hatte er, sein nahes Ende fühlend, alle Capitäne und Prälaten zusammengerufen, um in ihrer Gegenwart und von ihren Bürgschaften gekräftiget und gesichert seine letztwilligen Verfügungen zu treffen. Er hatte zwei Söhne, Gottfried und Wilhelm. Der erstere war mit ihm aus Frankreich gekommen, der jüngere zu Kalamata auf Morea geboren und deßwegen ὁ Καλαμάτης, der Kalamatier, zugenannt. Diesem überließ er auch die Castellanie des benannten Städtchens unter dem Titel einer Ville=Harduin'schen Stamm= und Familienherrschaft, während er die versammelten Capitäne, Archonten und Prälaten mit schmeichelhaften und freundlichen Worten bat, Gottfried, den Erstgebornen, als Nachfolger und legitimen Oberlehensherrn der Halbinsel anzuerkennen, und ihm als solchem in pflichtmäßigen und gesetzlichen Dingen unterthänig zu seyn.

Gottfried Ville = Harduin I nahm das Bedauern aller Lehensmänner mit sich ins Grab, weil er klug im Rathe, tapfer im Felde, und menschlich in Handhabung der Gesetze war. Sein erstgeborner Sohn folgte ihm ohne Widerspruch in der Regierung über das eroberte Morea. *)

---

*) Zwischen den Jahren 1245 und 1246.

Achtes Capitel.

Gottfried Ville = Harduin II heirathet eine Tochter des Constantinopolitanischen Kaisers, Peter von Courtenay, wird in den Fürstenstand unter Byzantinischer Oberhoheit erhoben, und rüstet sich gegen die noch unbezwungenen Seeplätze. — Erbauung der Festung zu Chlumutzi. — Streit mit der latinischen Geistlichkeit; Kirchenbann und Absolution.

Das geübteste und furchtbarste Fußvolk im dreizehnten Jahrhunderte hatten die christlichen Könige von Arragonien. Die Banden der Könige Peter I und Jakob I waren berühmt in der ganzen Christenheit. Um Beistand gegen die Nicänischen Griechen zu erlangen, hätte der Kaiser von Constantinopel, Peter von Courtenay, dem Könige Jakob I von Arragonien seine Tochter Agnes zur Ehe versprochen. Zwei Kriegsschiffe sollten die Prinzessin mit einem zahlreichen und glänzenden Gefolge von Rittern und Ehrendamen von der Kaiserstadt am Bosporus nach Catalonien führen. Zufälliger Weise war Gottfried II eben zu Vliziri, als das kaiserliche Geschwader zu Pontikos, einem nördlich von der Alpheusmündung gelegenen Castell vor Anker ging. Der Gebieter von Morea, als ein Ritter dem die Regeln der damaligen guten Lebensweise nicht fremd waren, verfügte sich auf erhaltene Anzeige unverzüglich auf den Ankerplatz, begrüßte die Kaisertochter mit allen Ehrenbezeugungen, die ihrem hohen Range gebührten, und lud sie mit den verbindlichsten Ausdrücken ein, an das Land zu steigen, um sich einige Tage auf dem festen Lande zu belustigen. Am zweiten Tage nach ihrer Landung machten einige vertraute Freunde dem jungen, noch unverheiratheten Gottfried den Vorschlag, er möchte den günstigen Zufall, der eine Prinzessin von hohem Range in sein Land geführt habe, benützen, und eine für seine Person und für seine Unterthanen gleich vortheilhafte Verbindung zu schließen ja nicht versäumen: „Denn was nützet es," sagten sie, „die Herrschaft über Morea zu besitzen, wenn er keinen Sprößling hinterlasse, der seinen Namen und seine Macht auf die Nachwelt bringen könnte. Auf Morea sey kein weibliches Wesen zu finden, mit welchem er ein rechtmäßiges und ebenbürtiges Eheverlöbniß eingehen könne. Und der Kaiser, wenn er sich auch anfangs über diesen Schritt erzürnt stelle, werde sich doch endlich versöhnen lassen und sich zufrieden geben mit einer Sache, die doch nicht mehr zu ändern sey."

Der junge Herrscher legte die Sache seinen Räthen vor, die ihm Alle zuredeten zu thun, was ihm seine Vertrauten gesagt hatten. Der Bischof von Olenos (d. i. Andravida) mußte den Brautwerber machen, und dieser Prälat mußte der Kaisertochter durch so viele und so wichtige Gründe zu beweisen, daß es viel besser sey, den schönen und ritterlichen Gottfried zu heirathen, als den König Jakob von Arragonien, daß sie endlich ihre Einwilligung gab und Gottfried Ville-Harduin II die Hand reichte.

Nach der Hochzeitfeier segelten die Ritter wieder nach Constantinopel zurück, und erstatteten dem Kaiser über

die Vorgänge auf Morea Bericht. Peter, höchlich er-
grimmt, würde den Gebieter von Morea für seine Frech-
heit, die Tochter des Kaisers ohne Einwilligung des Vaters zu ehlichen und die politischen Plane desselben zu zerstören, gleich anfangs empfindlich gezüchtiget haben, wenn
es ihm nicht gänzlich an Macht gebrochen hätte. Zu gleicher Zeit waren aber auch Abgeordnete Gottfrieds in die
Hauptstadt gekommen, um aus einander zu setzen, wie
und in welcher Weise er Schwiegersohn des Imperators
von Byzanz geworden sey. Nicht durch Einflüsterungen
eigenen Hochmuthes, oder in Absicht die kaiserlichen Interessen zu gefährden, habe er seine Hände nach Agnes, der
Prinzessin, ausgestreckt, sondern einzig in Betrachtung
der großen politischen Vortheile, die aus einer solchen Verbindung für beide Theile sich ergeben müßten. Entfernt
von seiner Nation und Familie, und ohne Hoffnung auf
Morea eine Braut von gleichem Range mit ihnen zu finden,
habe er geglaubt, es wäre für ihn von großem Nutzen im
romäischen Lande selbst, wo er so gut wie der Kaiser in
ewiger Fehde mit den Griechen verflochten sey, sich an
einen mächtigen und im Range höher stehenden Mann anzuschließen, der seine unerfahrenen Schritte in einem Lande
lenkte, welches er den Griechen mit dem Degen in der
Faust abgenommen, und seiner Oberherrlichkeit unterworfen
habe. Als Entschädigung für die Verbindung mit seiner
Tochter mache er sich anheischig, Gebiet und Oberherrschaft
von Morea vom Kaiser zu Lehen zu nehmen, ihn mit seiner
Armee und seinen persönlichen Kriegsdiensten zu unterstützen, so oft es der Kaiser beföhle und für nöthig fände,

denn er habe von nun an durchaus keinen andern Wunsch, als daß er und der Kaiser Eines seyen und ihre beiderseitigen Kräfte vereinigen, um die Nation der Griechen gänzlich zu verdrängen aus aller Herrschaft und Gewalt im Morgenlande.

Der Imperator, der in einer so wichtigen Sache für sich allein keinen Bescheid erlassen wollte, legte Gottfrieds Brief und Vorschläge den Frankenhäuptlingen von Byzanz und seinen geheimen Räthen vor, um ihr Gutachten einzunehmen. Diese fanden es zur Sicherstellung der Frankenherrschaft zu Constantinopel viel vortheilhafter, mit dem mächtigen Gebieter eines nahegelegenen romanischen Landes eine Familienverbindung abzuschließen, als mit dem Könige von Arragonien, der so weit von Byzanz entfernt im äußersten Abendlande wohne. Und weil Gottfried überdieß sich anerbiete, alle seine Eroberungen vom Kaiser als Lehen zu nehmen, so rathen sie ihm den geschehenen Schritt gut zu heißen und dem Schwiegersohne zu befehlen, er möge sich in die Provinz Blachia (Thessalien) begeben, um den Kaiser zu sprechen und die Allianz zu besiegeln.

Die Zusammenkunft fand in Larissa Statt, wohin sich Gottfried mit dem Megas-Kyr von Theben und Athen, der sein Lehensmann war, begeben hatte. Nach großen Feierlichkeiten, Gastmählern und Ritterspielen, die man zur Verherrlichung der kaiserlichen Hochzeit veranstaltete, verglich man sich in folgender Weise:

Der Kaiser verlieh an Gottfried die Herrschaft über die sogenannten Zwölfinseln (Dodekanesus) als Byzantinisches Lehen; erhob ihn zum Rang eines Princeps πριγκιψ); ernannte ihn zum Großdomesticus des ganzen

römischen Kaiserthums; verlieh ihm das Recht Krieg zu
führen in seinem Lande, und zugleich die Befugniß Livres
tournois und Denare zu prägen.

Dagegen mußte der neue Fürst von Morea alle Pflich=
ten eines loyalen und getreuen Lehenträgers für alle seine
gegenwärtigen und künftigen Besitzungen übernehmen und
nach Inhalt der Feudalassisen von Jerusalem, die von nun
an auch auf Morea Rechtskraft haben sollten, zu erfüllen
sich anheischig machen. *)

Bei seiner Heimkehr aus Larissa empfingen den neuen
Fürsten von Morea und Achaja wiederholte Freu=
denmahle und ritterliche Ergötzlichkeiten, nach deren Vollen=
dung er sich mit den Kriegshäuptern ernstlich berieth, wie
man die Griechen vollends aus dem Besitz der festen Plätze,
die sie noch immer auf Morea hätten, vertreiben könne.

Ohne Seemacht und bloß durch Mitwirkung der mo=
raïtischen Lehenmiliz war die Bezwingung der mehrge=
nannten Seestädte und der Gebirgsthäler von Maïna nicht
denkbar. Ein Soldheer auf mehrere Jahre zu unterhal=
ten, und eine hinreichende Anzahl von Fahrzeugen für die
Einschließung von der Seeseite auszurüsten, vermochte
Gottfried aus den Domänialeinkünften durchaus nicht.
Man rieth ihm deßwegen, von dem latinischen Clerus
der Halbinsel Hülfe an Mannschaft und an baarem
Gelde zu verlangen; im Falle der Verweigerung aber
sich ihrer Einkünfte zu bemächtigen. „Denn die Kir=
chen,“ sagten sie, „besitzen ungefähr den dritten Theil

*) Chronique de la Morée p. 167.

der liegenden Gründe und verzehren in träger Ruhe,
was die weltlichen Ritter durch ihre Tapferkeit den
ketzerischen Griechen abgenommen und durch täglich wie=
derholte Kämpfe und Kriegsleistungen vor ihren An=
griffen beschützen.“

Der Fürst, dem diese Vorschläge einleuchtend schie=
nen, berief die Kirchenprälaten nach Andravida, und
begehrte eine Kriegssteuer an Mannschaft und Rüstung,
theils um die Besatzungen der Landesfestungen zu bil=
den, theils um bei einem Angriff auf Monembasia mit=
zuwirken. Die Prälaten verweigerten aber Alles mit
dem Bemerken, daß sie dem Landesfürsten nichts Ande=
res schuldig wären als Ehrfurcht und Achtung, so lange
er ihre Freiheiten und Besitzungen respectire, deren Ge=
nuß ihnen durch die Gnade ihres obersten Lehensherren,
des Papstes von Rom, verliehen sey.

Nach dieser Erklärung bemächtigte sich der Fürst
aller Lehengüter der latinischen Geistlichkeit und ließ
vom Ertrage derselben das feste Schloß zu Chlumutzi
bauen. Die Prälaten dagegen schleuderten den Bann=
strahl gegen Gottfried und alle Bewohner von Morea
zu wiederholten Malen. Die Fehde dauerte drei volle
Jahre: die Kirche verfluchte den Landesfürsten; dieser
behielt aber den Betrag ihrer Benefizien und baute
Mauern und Thürme von Chlumutzi an der Abendseite
des Eilandes, nach deren Vollendung er Minoriten=Mönche
und Ritter an den heiligen Vater mit dem Auftrag ab=
schickte, demselben auseinanderzusetzen, daß Gottfried
Ville=Harduin, Fürst von Morea, in ewiger Fehde mit

den

den Griechen von Romania seine Landeskirche, Metropoliten, Prälaten, Templer und Johanniter um Kriegssteuer gebeten, und bei hartnäckiger Verweigerung aller
Beihilfe endlich ihr Eigenthum auf Morea eingezogen
habe. Daß er aber mit dem Ertrage nicht etwa seine
Privatkasse bereichert, sondern eine Landesfestung errichtet habe, um die Bewohner jener Gegend und den
Landungsplatz, auf dem sie stehe, gegen alle Entwürfe
der Feinde zu sichern. Dieser Platz, mußten sie bezeu-
gen, sey so glücklich gelegen und so gut befestiget, daß,
wenn die Franken wiederholt aus Morea getrieben
würden, sie von dort aus das Verlorne immer wieder
gewinnen könnten. Schließlich ließ er den heiligen Vater auch bitten, er möge ihn wieder zu Gnaden auf-
nehmen und ihm vollständige Verzeihung angedeihen lassen, weil die Griechen, im Falle sie sich durch Hülfe
innerer Zwietracht der moraitischen Franken der Halbinsel wieder bemächtigen sollten, die latinischen Kirchen
augenblicklich vernichten würden. Honorius III verzieh,
und Gottfried zeigte dem Metropoliten von Patras,
der sammt seinen fünf Suffraganbischöfen und den beiden
Komthuren des Tempels und des Hospitales vor ihm
erschien, den päpstlichen Gnadenbrief und bemerkte zugleich, daß sie die Schuld ihres Ungemaches sich selbst
zuzuschreiben hätten. Ob sie denn nicht einsahen, daß
ihre Diöcesen, Kirchen und Güter augenblicklicher Untergang getroffen hätte, wenn es den feindseligen Griechen
gelungen wäre, sich Morea's wieder zu bemächtigen. Er
für seine Person sehe wohl ein, daß es für Kirchenmänner

nicht schicklich sey, Besatzungsdienste zu thun, wie andere
Feudalcapitäne, oder anderweitige militärische Verrichtun-
gen zum Schirm des Landes zu verrichten. Allein wenn
es sich von der Belagerung einer vom Feinde besetzten Festung oder von einem Feldzuge gegen denselben, und überhaupt von einer Maßregel zur Sicherstellung des eroberten
Landes handle, dürften sie ihre Hülfe nicht versagen.
Denn die Kirche ohne Schirm des weltlichen Arms sey
unbedeutend und vermöge nichts. Was die Einkünfte
ihrer Pfründe betreffe, habe er durchaus nichts in seine
Tasche gesteckt, sondern im Interesse des gemeinsamen
Landbesitzes die starke Festung Chlumutzi auf der Westküste
der Halbinsel als eine gesicherte Zufluchtsstätte im Unglück, als ein unbezwingliches Waffenhaus angelegt,
um das Verlorne wieder zu gewinnen. Als Väter der
Kirche bitte er sie ebenfalls um Absolution vom Kirchen-
banne, wie er sie von Sr. Heiligkeit in Rom bereits
erhalten habe." — Letztlich ermahnte er sie auch zur
Anhänglichkeit und redlichen Unterstützung gegen ihren
Landesherrn, wogegen er auch sie in allen ihren Ge-
fährlichkeiten gnädig zu schirmen versprach. — Die streitenden Parteien versöhnten sich aufrichtig. Gottfried
gab dem Clerus die Güter zurück und dieser gelobte
seinerseits Kriegssteuer und Hülfe. Doch ehevor der
Fürst irgend etwas gegen die griechischen Festungen unternehmen konnte, überraschte ihn der Tod. Als er sein Ende
nahe fühlte, ernannte er seinen jüngern Bruder Wilhelm
von Kalamata zum Erben und Souverän über Alles
was Tapferkeit und Klugheit ihres Vaters errungen

hatte, mit der ernstlichen Mahnung und Bitte, für die
Ruhe seiner Seele eine Kirche mit einem Mönchskloster
zu bauen und dort die sterblichen Ueberbleibsel ihres gemeinsamen Vaters und Wohlthäters niederzulegen. Auch
seine Hülle bat er ihn daselbst an der Seite des Vaters
zu beerdigen, und den Mönchen reichliches Einkommen
zu sichern, damit sie in ununterbrochenem Gebete für die
hingeschiedenen Fürsten des Landes sorgenlos verharren
könnten. Er schloß mit der Mahnung, Wilhelm möge
ja bei Zeiten zu einer ebenbürtigen Ehe schreiten, um Kinder zu erhalten, an die er Land und Leute vererben
könnte. Er starb kinderlos in der Blüthe seiner Jahre.
Der Zeitpunct seines Hinscheidens selbst wird nirgends
mit Bestimmtheit angegeben. Dieß ist aber für unsere
Zwecke ziemlich gleichgültig, da wir es nur mit dem Schicksale der Ackerbau treibenden und arbeitenden Classen des Peloponneses und nicht mit chronologischen Nachweisungen
über Geburt und Tod der Prinzen aus dem Hause Ville-
Harduin hauptsächlich zu thun haben. *)

---

*) Die Chronik von Morea nennt das Jahr seines Todes
eben so wenig als das seines Vaters. — Nach Du Cange
hätte Gottfried II sogar um 1241 noch gelebt, in welchem
Jahre er mit einer starken Heeresmacht nach Constantinopel gekommen sey, um bei der Minderjährigkeit des Thron-
erben die Regentschaft zu übernehmen, auf die er als kaiserlicher Eidam Ansprüche machte.

Du Cange Histoire des emp. etc.
Tom. I, pag. 226, 237 et 285.

Neuntes Kapitel.

Wilhelm Ville-Harduin I übernimmt die Zügel der Herrschaft. — Eroberung von Nauplion und Monembasia. — Erbauung der Burgen von Misithra, Maina und Ghisterna. — Unterwerfung der Maïnoten und der Slaven von Melingos. — Zustand im Innern der Halbinsel.

———

Alle Mitglieder des Hauses Ville-Harduin, welche in Griechenland auftraten, waren Männer von großen Talenten. Ihre vortrefflichen Eigenschaften als Feldherren, Rathgeber und Regenten schienen mit ihrem Glücke zu wachsen. Mit Wilhelm hatten sie den Höhepunct ihrer Entwickelung und Größe erreicht, ganz nach Art des menschlichen Körpers, mit dessen Wachsthum, Blüthe und Hinwelken die menschlichen Dinge nach der Meinung des Polybius eine sehr große Aehnlichkeit haben. Wachsthum und Verfall der Frankenmacht auf Morea bestätigen diese alte Lehre vollkommen; nicht etwa daß ihre Anwendbarkeit sich auf das ganze menschliche Geschlecht beziehe, sondern vorzüglich deßwegen, weil die Grundlage der Frankenherrschaft über Morea auf physischer Kraft, auf Rüstigkeit und auf jenem natürlichen Ungestüm beruhte, durch welchen die Vollendung des gesunden thierischen Körpers angedeutet wird.

Nicht geschwächt durch die Herrschaft des Geistes

über die Materie, unfähig ihre Handlungen nach den
Gesetzen der moralischen Gleichheit, der Menschlichkeit,
der Gerechtigkeit einzurichten, sind Völker in diesem Zustande allzeit fürchterlich; bleibende Herrschaft zu gründen vermögen sie aber niemals, weil der Verfall ihrer
Macht mit dem Hinwelken ihrer Blüthe gleichen Schritt
hält, und in der einen wie in der andern durch keine
menschliche Vorkehrung ein Stillstand erwirkt werden
kann.

Wilhelm Ville-Harduin war geborner Morait, und
übertraf, wie die Chronik sagt, alle Kinder dieses Landes an Gewandtheit, an Umsicht und Thatendrang. —
Zur Zeit seiner Thronbesteigung waren, wie schon oben
gesagt, die Festungen Nauplion und Monembasia noch
in der Gewalt der Eingebornen, und Johann Vatazes,
Kaiser von Nicäa, bediente sich dieser beiden Puncte
meisterlich, um die Bewohner von Melingos und Maina
mit Waffen und Lebensbedarf zu versorgen, und so den
Krieg gegen die Ländereien der Fremdlinge zu verewigen. Wilhelm erklärte sich im Rathe seiner Prälaten
und Krieger für unwürdig Fürst auf Morea zu seyn,
so lange diese Castelle und Gebietstheile unbezwungen
in feindlichen Händen wären. Und da ohne Seemacht
an die Eroberung derselben nicht zu denken war, Wilhelm aber nicht ein einziges Fahrzeug besaß, so wurden Gesandte nach Venedig abgeschickt, um den Beistand dieser Republik anzusprechen. Gegen Abtretung
der Städte Modon und Koron mit allen Dörfern und
Zubehörden, soweit sie landesfürstlich und nicht Ritter-

lehen waren, machte sich die Republik verbindlich vier vollkommen ausgerüstete und bemannte Kriegsschiffe auf so lange zu seiner Verfügung zu stellen, bis Nauplion und Monembasia gefallen wären. Ueberdieß lieferte sie noch zwei andere bewaffnete Fahrzeuge zum Schutze der Halbinsel, besoldete die Mannschaft aus eigenen Mitteln, und ließ den Fürsten nur für Reparatur der Equipagen Sorge tragen. Zu gleicher Zeit wurden der Megas=Kyr von Theben und Athen, der Herzog von Naxos, die drei lehenpflichtigen Ritter von Bodonitza und Negroponte sammt den Beherrschern der einzelnen cykladischen Inseln durch oberlehenherrliche Ausschreiben eingeladen, ihre Streitkräfte zu versammeln und vereint mit ihrem Gebieter gegen die gemeinschaftlichen Feinde zu ziehen.

Sobald die venetianischen Galeeren an den Küsten von Morea angekommen und die Städte Koron und Modon überliefert waren, begann die Belagerung von Nauplion zu Wasser und zu Lande. An eine Erstürmung der furchtbaren Schlösser durch die gepanzerten Lehenritter war nicht zu denken; alle menschliche Kraft vermochte nichts gegen die senkrechten Felsenwände; der Hunger allein mußte den hartnäckigen Muth ihrer Vertheidiger brechen. Ein ganzes Jahr und darüber hatte die Einschließung ununterbrochen fortgedauert, ehe sich die Besatzung aus Mangel an Lebensmitteln durch Capitulation ergab.

Um die Dienste seiner Bundesgenossen zu belohnen und sie auch für die Belagerung von Monembasia zu ge=

winnen, verlieh der Fürst die Städte Nauplion und
Argos mit ihren Castellen als erbeigenthümliches
Lehen an den Megas = Kyr Otho La Roche von Athen. *)
Im Frühling des folgenden Jahres sammelte sich das
moraïtische Landheer mit allen Bundesgenossen auf der
Ebene von Nikli, und zog von dort zur Einschließung
von Monembasia, während die venetianischen Fahrzeuge
sich vor den Hafen legten und alle Zufuhr an Lebensmit=
teln und Kriegsbedarf abschnitten.

Die Monembasioten, von den Gesinnungen Wil=
helms schon frühzeitig unterrichtet, hatten Zeit genug
gehabt, sich auf eine lange Belagerung vorzubereiten.
Die Beschirmung dieser Festung gegen stürmende An=
griffe eines Feindes schien die Natur selbst auf sich ge=
nommen zu haben. Es ist eine Insel nahe am Conti=
nente gelegen und durch eine lange Brücke zugänglich.
Auf der Insel selbst ist ein senkrechter Felsen mit einer Burg,
zu welcher man nur durch einen zickzack im Gesteine
ausgemeißelten Pfad gelangen kann. Südöstlich am Fuße
desselben liegt die Stadt.

Vor der Verödung Morea's durch die Slaven im
siebenten und achten Jahrhundert war diese Insel unbe=
wohnt. Die nämliche Ursache, welche die Bewohner der
Provinz Venetia auf die unwirthlichen Inselchen des
adriatischen Meeres, die Bürger dalmatinischer Städte
aber auf das Felsenriff von Ragusa zu fliehen nöthigte,
hatte auch, wie schon früher nachgewiesen wurde, die

---

*) Chronique de la Morée. pag. 182.

Peloponnesier des alten Epidaurus Limera und der um=
liegenden Küste auf das verlassene Eiland Monembasia
getrieben. Wie Venedig und Ragusa, wie Amalfi und
Neapel war auch Monembasia mehr eine schutzverwandte
als unterthänige Stadt des Kaiserthums Byzanz, begabt
mit großen Handelsfreiheiten und Vorrechten, und durch
drei einheimische Archontengeschlechter im Namen des
Kaisers verwaltet. *)

Diese Regenten hatten für die Sicherheit der Stadt
so vortreffliche Anordnungen getroffen, daß sich die ge=
werbsamen Bürger um die feindliche Land= und See=
macht, die vor ihren Mauern lag, wenig zu bekümmern
und an der Fruchtlosigkeit ihres Unternehmens nicht im
geringsten zu zweifeln schienen. Wilhelm schwur aber
bei seinem Schwerte, nicht eher von der Stelle zu wei=
chen, als bis Monembasia die Thore geöffnet hätte. Man
errichtete Wurfmaschinen, welche ohne Unterbrechung Tag
und Nacht Steine und Geschosse in die Stadt hinüber
schleuderten, die Wohngebäude zertrümmerten und die
Menschen erschlugen. Drei volle Jahre weheten die
Wimpel der venetianischen Flottille vor dem Eingange
des Hafens und standen die Gezelte der abendländischen
Ritter vor den Thoren von Monembasia. Im vierten
Jahre endlich ergab sich die Stadt, an jeder Hülfe ver=
zweifelnd, aus gänzlichem Mangel an Lebensmitteln. Die
obengenannten Primaten unterhandelten im Namen der

*) Mamonas, Monoïannis und Sophianos waren die Namen
dieser drei bevorrechteten Primatenfamilien.

Bürgerschaft und begehrten als Preis ihrer Unterwerfung folgende Zugeständnisse:

I. Beibehaltung und Fortdauer aller Güter, Privilegien und Freiheiten, in deren Genuß Monembasia von jeher war.

II. Das Recht, ihrem neuen Landesherrn und seinen Nachfolgern nur in Seekriegen Hülfe zu leisten, und zwar gegen Soldbezug der Schiffsmannschaft und Bewilligung einer Gratification als außerordentliche Belohnung der zu leistenden Dienste.

Wilhelm in der Freude über die Einnahme dieser für unbezwinglich gehaltenen Inselstadt bewilligte, beschwor und besiegelte Alles, was die abgeordneten Monembasioten begehrten, beschenkte die Primaten mit Pferden, Ehrenkleidern, Gold und Scharlach aufs reichlichste, und verlieh ihnen noch überdieß Rittergüter in der Gegend von Vatica.

Die wohlthätigen Folgen dieser Eroberung zeigten sich in kurzer Zeit. Viele moraïtische Capitäne in den Gebirgen zwischen Lacedämon und Monembasia, die bisher standhaft im Kampfe gegen ausländische Herrschaft verharret hatte, legten nach dem Falle dieses Bollwerkes die Waffen ab und unterwarfen sich dem glücklichen und siegreichen Fremdling.

Nachdem für Verwaltung und Vertheidigung der Festung hinlänglich gesorgt war, entließ der Fürst die venetianischen Galeeren, ertheilte den cykladischen und attischen Hülfstruppen den Abschied, und bezog mit der moraïtischen Lehensmiliz Winterquartiere in der Stadt

Lacedämon. Daselbst erlaubte er auf Anrathen seiner Kriegshauptleute auch den Moraïten insgesammt in ihre Heimath zurückzukehren, um sich nach den Müheseligkeiten eines Feldzuges von drei Jahren endlich einmal der langentbehrten Ruhe zu überlassen. Er selbst mit seiner Hausmacht blieb in Lacedämon, besichtigte das Eurotas-thal bis Helos (Ezero) und Vatica auf der einen, und bis Passava auf der andern Seite des Flusses, gegen die Engschluchten von Maïna.

Auf seinen Wanderungen fand er eine Stunde west-wärts von Lacedämon einen kleinen Berg, steil, nur auf einer Seite zugänglich, oben mit einer geräumigen Platt-form zur Aufnahme einer Festung ganz geeignet, äußerst malerisch am Fuße der hohen Bergschluchten von Me-lingi. Das Gebirge in der Nachbarschaft, so wie das Dorf und der Bach, welcher am Fuße des Kegelberges fließt, wurde von den slavischen Bewohnern des Landes Misistra genannt. Und so nannte Wilhelm auch das schöne und feste Schloß, welches er auf der besagten Platt-form erbauen ließ.

Diese neue Anlage vereinigte zugleich Pracht mit Festigkeit nach den Begriffen des damaligen Zeitalters in einem hohen Grade. Ein schmaler Pfad im Schlangen-gewinde führte zweimal so hoch als der Schloßberg von Athen zu dem Thore hinauf. Die Mauern selbst, in Form eines Achteckes regelmäßig aus Stein und Kalk aufgeführt, waren nach Art der Ritterburgen im dama-ligen West=Europa mit Brustwehren und Schießscharten versehen, und konnten, wenn von einer muthigen Be=

satzung vertheidigt, unmöglich mit Gewalt erstiegen werden. Befestigung und Verzierung der Burg Misistra war
die Lieblingsbeschäftigung Wilhelms. Er wohnte oft und
lange in ihren Mauern, um Auge und Gemüth durch
den Anblick des gesegneten und blühenden Thales zu er-
götzen, welches sich zu beiden Seiten des Stromes bis
zu seiner Mündung im Golf von Kolokythia hinabzog.

Fränkische und griechische Familien siedelten sich am
Fuße des Schloßberges an, theils um in der Nähe des
Fürstensitzes zu seyn, theils auch um durch die Burgbe-
satzung Sicherheit zu gewinnen vor den Räuberzügen der
noch unbezwungenen Slaven von Melingi. Unvermerkt
erhob sich an der Stelle der armen und zerstreuten Hütten auf der Ebene am Gebirge eine neue Stadt als Ne-
benbuhlerin des nahe gelegenen Lacedämons, zu dessen
Verarmung und bald nachher erfolgter gänzlichen Verödung Wilhelm, ohne es eigentlich selbst zu wollen, durch
Erbauung dieses Schlosses den Grund gelegt und den
Anfang gemacht hatte. Wie einst Babylon durch die
Gründung von Seleucia, dieses durch die Erbauung von
Ktesiphon, dieses sodann durch die Anlage von Bagdad
in Ruinen versank, eben so verwelkte auch Neu-Lacedämon durch das Aufblühen des benachbarten Misistra,
wie es sich im Verlaufe dieser Geschichten erweisen soll.

Während man an der Befestigung des neuen Schlosses arbeitete, zog der Fürst Erkundigungen über die Bergcantone Maïna und Melingi ein. Man sagte ihm, der
Zugang zu diesem Lande sey durch Engschluchten und
Steilseiten von der Natur trefflich beschirmt; im Innern

finde man bedeutende Städte, bewohnt von stolzen und unbeugsamen Menschen.

Diese seiner Herrschaft zu unterwerfen, war von nun an Wilhelms einziges Trachten und Sinnen. Daß man hier mit Waffengewalt nichts bewirken, und hohe Bergschluchten mit ihren natürlichen Brustwehren nicht durch den Stoß einer auf der Ebene so furchtbaren geharnischten Reiterei bezwingen könne, sah der Fürst gleichwohl ein. Man ertheilte ihm den Rath, er möge jetzt, da Misstra vollendet und wie eine undurchdringliche Wand an die Melingischen Schluchten hingestellt sey, in gleicher Weise auch auf der entgegengesetzten Richtung und an den westlichen Mündungen der Schluchten feste Schlösser bauen und sich zum Herrn der vorzüglichsten Gebirgspässe machen, durch welche die Bewohner des Hochlandes auf die Ebene und auf die Seeküste herabzusteigen und Lebensmittel zu beziehen pflegen. Ohne daß er einen einzigen seiner Krieger in das Gebirg hinaufsende, werde er in besagter Weise die kriegerischen Bewohner desselben durch Mangel an Subsistenz zur Unterwerfung bringen.

Wilhelm brach von Misstra auf, zog das Thal hinab zum Meere und längs der Küste, Passava und Cap Matapan vorüber in das Land Maïna. *) Hier fand er nicht weit von der Ortschaft gleiches Namens einen Felsen von furchtbarem Ansehen, auf einem Vorgebirge sich erhebend und weit ins Meer hinausragend. Diese Lage schien vortrefflich, und ein Castell auf der Felsenhöhe an-

---

*) εἰς τὴν Μάνην.

gelegt beherrschte Land und Meer, durchschnitt eine der
Hauptcommunicationsstraßen, auf welcher die Slaven von
Melingos die Früchte ihrer zur See verübten Gewaltthä-
tigkeiten ins Innere hinaufschleppten. Die Burg erhielt
ihre Benennung von der unweit gelegenen Stadt Maïna
oder Mani. *)

Die reichern und mächtigern Capitani der Melingioten wollten auch nach Erbauung dieser beiden Zwingbur-
gen nichts von Unterwerfung hören. Die Mehrzahl der
Einwohner aber, durch die fränkischen Burgen in ihrem
täglichen Erwerbe gehemmt, und nicht geneigt Entbehrungen zu erdulden ihrer Vorsteher wegen, sprachen laut,
man müsse mit den Fremdlingen unterhandeln und Unterwürfigkeit geloben, wenn der Princeps verspreche, ihre
Rechte und Freiheiten nicht anzutasten und keinen Ritter
als Feudalherrn in das Gebirge Melingos zu verpflanzen,
wie es in allen auf der Ebene von Morea liegenden
Städten geschehen sey. „Denn," sagten sie, „jetzt, da
uns zwei feste Plätze den Ausgang versperren und uns
gleichsam auf dem Boden des Heimathlandes festbannen,
wie wollen wir Nahrung finden auf unseren Gebirgen?"
Bei dieser Stimmung der Volksmenge waren Archonten
und Capitäne genöthiger mit Wilhelm wegen ihrer Unterwerfung in Unterhandlung zu treten. Ihre Abgeordneten
verlangten vollkommene Unabhängigkeit in Einrichtung und
Verwaltung der heimathlichen Angelegenheiten als Preis
ihrer Anerkennung der Oberherrlichkeit des Fürsten von

*) Μάνη. Chronique de la Morée. pag. 187.

Morea, mit Beifügung der ausdrücklichen Bedingung, daß
der Landesherr über keine Hufe Landes zu Gunsten ausländischer Feudalherren und Colonisten zu verfügen habe.
Dagegen versprachen sie im nämlichen Maße und Umfange besoldete Kriegsdienste zu leisten, wie sie dieselben
von jeher den griechischen Kaisern von Constantinopel geleistet hätten. Würden diese Bedingungen angenommen
und eine vom Fürsten eigenhändig unterzeichnete und mit
seinem Insiegel bekräftigte Urkunde ausgestellt und den
Archonten überliefert, so wären sie zur Unterwerfung bereit. Wilhelm that auch hier was man begehrte, und
ward in dieser Weise dem Namen nach Oberlehnsherr über
alle Cantone der Slaven von Melingos sowohl als den hellenischen Trümmer am schmalen Küstenstrich zwischen Cap
Tänarus und dem Olivenwalde von Kondyra. Er besuchte aber nicht einmal, wie es scheint, sein neu erwor-
benes Gebiet; legte aber zu sicherer Bezähmung seiner räu-
berischen Bewohner bei einer Thalmündung unweit der
Slavenstadt Ghinsterna eine dritte Felsenburg an, die er
nach den Trümmern des nahe liegenden alten Beuatra Leu-
tron nannte.

Mit Hülfe dieser drei Burgen, die in Gestalt eines
Dreieckes die Defileen der Slaven bewachten, konnte Wilhelm die Bevölkerung eines Landes im Zaume halten, deren Unterwerfung durch offene Gewalt damals wo nicht
ganz unmöglich, in jedem Falle aber nur durch Ströme
von Blut zu erringen war. —

Nachdem die Griechen aus den Seefestungen vertrieben und die Engschluchten von Melingos bezwungen wa-

ren, hatte der Krieg auf Morea sein Ende erreicht, und Wilhelm war ohne Widerrede in oberlehnsherrlichem Besitze des ganzen Eilandes. Im Vergleiche mit den Schicksalen der übrigen Bewohner des zertrümmerten Kaiserthums Constantinopel hätte man das Loos der Moraiten beneidenswerth finden können, wenn in jenen rohen Zeiten der Lüge, der Treulosigkeit und Frömmelei ein bleibender und wahrer Frieden möglich gewesen wäre unter den Männern des westlichen Europa. Vom Christenthum hatten sie nur die äußeren Formen angenommen, die zu unmächtig waren, die Wuth ihrer Leidenschaften für Blutvergießen, Raub und Unterdrückung der wehrlosen Menschenclassen zu bändigen. Ein Leben ohne Waffengetümmel und Kampf schien eines freien Mannes unwürdig, und selbst der Genuß sinnlicher Freuden, wenn er nicht mit Blutvergießen begleitet war, schien ihren rohen Seelen nicht wünschenswerth zu seyn. Ihr Leben war zwischen schwelgerischen Gelagen und den Gefahren des Schlachtfeldes getheilt. Und da sie keinen natürlichen Feind mehr zu bekämpfen hatten, begannen Banneyherren und Ritter sich gegenseitig selbst zu befehden. Jeder Lehensmann baute auf seinem Gute ein Schloß, wie es damals in Germanien und Frankenlande Sitte war. So viele Lehen, so viele Ritterburgen erhoben sich damals auf der Oberfläche des moraitischen Eilandes. Acova, Passava, Nicoli, Karitene, Chalatritza, Kalavryta, Sainte Omer, Asova, Hirondelle, Belle=vue, Katava, Araclovon, Arachova, Beligosti, Chlumützi, Salmenicum, Patras, Bostitza und Rupela, neben einer Unzahl anderer werden als Hauptquartiere ritterlichen Fühlvergeudes neben den Bauten des Landesfürsten in den Nachrichten jenes Zeitalters erwähnet, und von unkundigen Geschichtschreibern unserer Tage irriger Weise den Venetianern zugeschrieben. Der Regel nach erhielten alle diese neuerbauten Felsenschlösser ihre Benennung von der Ortschaft, in deren Nähe sie angelegt wurden, und selbst die französischen Ritter vertauschten ihre fränkischen Familiennamen mit denen ihrer neuen Edelsitze. Schloß und Familie Saint = Omer neben einer kleinen Zahl besonders in Elis errichteter Burgen, die ganz fränkische Namen trugen, bilden eine erweisliche Ausnahme von der obigen Behauptung. —

Und gleichwie die Bauwerherren mit ihren Rittern, so gerieth Wilhelm, der Fürst, mit seinen außerordentlichen Lehensmännern in blutigen und verderblichen Hader.

Man erinnere sich, daß der Megas = Kyr von Theben und Athen, Wilhelm von La Roche mit dem Markgrafen von Bodoniza in Böotien, und mit zwei andern italienischen Dynasten auf Negroponte durch eine Verordnung des Königs Bonifacius von Salonichi der Oberlehensherrlichkeit des Gebieters von Morea untergeordnet wurden. Die ununterbrochenen Kriege, welche die fränkischen Uebersiedler von jenem Zeitpunkte an mit in = und ausländischen Feinden unter gemeinschaftlichen Gefahren bestehen mußten, hatten den Fürsten von Morea bisher gehindert seine Rechte als Suzerän über die benannten Dynasten geltend zu machen. Wilhelm Ville = Hardouin, welchem das ganze Eiland in ruhiger Unterthänigkeit gehorchte,

lies

ließ endlich den Megas-Kyr. sowohl als die übrigen
vorhin genannten Freiherren durch Herolde vorladen, um
ihre Lehensschuldigung am Hoflager zu Andravida abzulegen.
Alle diese Herren wiesen aber ein solches Ansinnen einstim-
mig zurück und erklärten dem Princeps, daß sie ihn nicht
für ihren Oberherrn, sondern nur für einen ihres Gleichen ansehen, ihm als solchem durchaus keinen Act der
Huldigung schuldig und auch niemals einen dergleichen zu
leisten gesonnen seyen. Diese Weigerung erklärte Wilhelm
für Rebellion und befahl allen dienstpflichtigen Männern
auf Morea sich in den ersten Tagen des Maimonats bewaffnet auf der Fläche von Nikli einzufinden, um die Mein-
eidigen mit Waffengewalt zur schuldigen Unterwürfigkeit zu
zwingen. Bischöfe und Tempel-Comthureien, Johanniter
und geistliche Corporationen mußten ihren Betreff an
Mannschaft und Kriegsbedarf um so unfehlbarer liefern,
da hier wirklich die Ehre moraïtischer Landesoberhoheit zu
erfechten war.

Der Megas-Kyr rüstete auch seinerseits so gut als
möglich, um den ungerechten Angriff, wie er glaubte, siegreich zurückzuschlagen. Sein treuester Anhänger unter allen Vasallen und Verbündeten war Gottfried, Freiherr
auf Karitene in Morea, welcher Isabella die Schwester
Otho's von La Roche zur Ehe hatte, und ein naher Bluts-
verwandter des Fürsten Wilhelm Ville-Harduin war.
Uebrigens war dieser Gottfried von Karitene einer der tapfersten Männer seines Zeitalters, und gefürchtet in ganz
Romanien. Der Megas-Kyr bat ihn schriftlich um brü-
derlichen Beistand in der äußersten Gefahr, in welcher

er seine einzige Hoffnung auf ihn und sein furchtbares
Schwert setze.

Gottfried schwankte lange zwischen Neigung und
Pflicht, und entschied sich zuletzt doch für seinen Schwager,
den Megas-Kyr von Athen, für dessen Vertheidigung gegen die Ungerechtigkeit seines Oheims er Gut und Blut zu
wagen gelobte. Von diesem letzteren glaubte er, im Falle
eines widrigen Geschickes ohne viele Mühe Verzeihung für
seinen Meineid zu erlangen. Er machte ungesäumt in seiner Baronie ungewöhnliche Rüstungen, und der Fürst von
Morea zweifelte nicht, daß dieß alles zu seiner Unterstützung durch treue Erfüllung verfassungsmäßiger Vasal-
lenpflicht geschehe. Wie er aber hörte, daß sich der Lehensmann von Karitene unter den Mauern von Theben
mit La Roche und seinen Verbündeten vereiniget habe, war
seine Entrüstung um so grenzenloser, weil ihm die Treulosigkeit seines eigenen Neffen und der Abfall des furchtbarsten Soldaten Griechenlands als eine verderbliche Vor-
bedeutung für den Ausgang des bevorstehenden Kampfes
erschien.

Der kluge und unerschrockene Mann glaubte aber, das
wirksamste Mittel gegen ein so gefährliches Beispiel sey ein
rasch ausgeführter Schlag gegen seinen noch nicht vollkommen gerüsteten Gegner. Schnell zog er mit dem moraitischen Heere von Nikli nach Korinth, brach siegreich durch
die vom Feinde besetzten Engschluchten des Isthmus und
erschien mit Macht auf dem Berge Karydi vor den Schaaren des Megas-Kyr, zu welchen außer Gottfried von
Karitene auch seine drei Brüder, dann Nikolaus von Saint-

Otter mit seinen Brüdern, lauter tapfere Männer und
Bannerherren; auch Messer Thomas, Herr von Salona,
die drei Herren vom Euripus, und der Markgraf von
Bodonitza mit ihrer ganzen Mannschaft gefloßen wären.
Dessen ungeachtet wurde der Großherr von Athen aufs
Haupt geschlagen und mit großem Blutvergießen zur Flucht
nach Theben gezwungen. Die Sieger schlugen ihre Gezelte vor der Festung auf, verheerten das platte Land
und führten die Bewohner als Sclaven fort, bis endlich
der Megas-Kyr von seinen Unterbefehlshabern und Ba-
ronen, deren Ländereien die Zerstörung traf, gezwungen
wurde um Frieden zu bitten. Die Unterhandlungen wurden durch den Metropolitan-Erzbischof angeknüpft und
in denselben vorläufig festgesetzt, daß, wenn der Fürst von
Morea das Land verschone, die Belagerung aufhebe und
nach Korinth zurückziehe, der Megas-Kyr sich in Person zu ihm nach Nikli verfüge, daselbst den verweigerten Huldigungs- und Lehenseid ablege, und in Betreff
der zu leistenden Genugthuung für seine Rebellion sich
dem Ausspruche eines adeligen Gerichtshofes unterwerfen
wolle.

Wilhelm ging zurück und Otho von La-Roche erschien mit einem glänzenden Gefolge von Bannerherren
und Rittern auf dem Hoftage zu Nikli. Alle Häuptlinge, Archonten und Capitäne der Halbinsel hatten sich
daselbst versammelt, nahmen den besiegten Megas-Kyr
von Athen in ihre Mitte, führten ihn in den Thronsaal
und fielen insgesammt vor Wilhelm auf die Knie nieder und baten, er möge dem Ueberwundenen den Fehler

27*

verzeihen, daß er die Waffen gegen ihn getragen und
sein oberlehenherrliches Ansehen in einem Augenblick ver-
kannt habe. Der Fürst ließ sich erweichen, verzieh vollkommen, nahm die pflichtmäßige Huldigung des Ueberwundenen an, und erklärte zugleich in Gegenwart des
ganzen moreïtischen Adels, daß er den Ausspruch, in
welcher Weise Otho das Unrecht, seinen Oberherrn be-
kriegt zu haben, sühnen müsse, dem Könige von Frankreich zu überlassen gesonnen sey. Otho schwor, den Befehlen des Fürsten auch in diesem Puncte völlig Genüge
zu leisten.

Schwieriger war es, die Begnadigung des Freiherrn
von Karitene auszuwirken. Sämmtliche Prälaten, welt-
liche Herren und Ritter und der ausgesöhnte Megas-Kyr
selbst führten ihn — mit einem Stricke um den Hals —
vor seinen Gebieter, fielen alle mit einander auf die Kniee
nieder und flehten um Mitleid und Gnade. Wilhelm
blieb lange unerbittlich, schilderte ihnen das große Unrecht Gottfrieds, der seinen natürlichen Herrn verlassen
und seinen Feinden angehangen hatte. Nach wiederhol-
tem Flehen verzieh er zuletzt nur unter der ausdrücklichen Bedingung, daß Gottfried für seine zurückgerhal-
tenden Ländereien von nun an nicht mehr von ihm als
Oberlehensherrn und Fürsten von Morea, sondern bloß
von Wilhelm Ville-Harduin, dem Besitzer und Freiherrn auf
Kalamata abhängen und dessen Lehensmann werden soll.

Mahlzeiten und Ritterspiele schlossen das Versöh-
nungsfest, nach deren Beendigung Jedermann zufrieden
auf seine Burg zurückkehrte.

Im nachstfolgenden Frühjahre (c. 1259) schiffte Guy von La-Roche nach Brundusium und zog von dort zu Lande nach Paris, wo er um das Pfingstfest am Hofe des Königs erschien. Beiläufig um dieselbe Zeit traf auch der Ritter daselbst ein, welchen der Fürst von Morea mit einem umständlichen Schreiben über das nähere Benehmen des Megas-Kyr abgeschickt hatte. Der König fühlte sich durch die Appellation des Oberlehnsherrn von Morea besonders geehrt und legte die Frage einer Versammlung aller Großen des französischen Hofes zur Entscheidung vor. Nach sorgfältiger Prüfung der Umstände wurde die Antwort schriftlich abgefaßt und zugleich einer der Barone beauftragt ihren Inhalt in Gegenwart des Megas-Kyr beim moräischen Gesandten zu eröffnen. "Wenn der Großherr von Athen," heißt es, "seinem Herrn und Gebieter, dem Fürsten von Morea, Huldigung geleistet, und nachher gegen denselben die Waffen ergriffen und auf dem Schlachtfelde Mann gegen Mann gesetzet hätte, so müßte er nach Recht und Gesetz für sich und seine Familie aller Güter, Besitzungen und Rechte, die er vom Souverän erhalten hätte, verlustig erklärt werden. Dieser Strafe sey er zwar enthoben, weil er nach Inhalt der mitgebrachten Schreiben vor dem Ausbruche des Krieges den Vasalleneid niemals geleistet hatte. Sein Benehmen sey aber dessen ungeachtet gesetzwidrig, weil ihn sein erster Lehnsherr, Bonifacius von Monferrat, der Suzeränität des Hauses Ville-Harduin übergeben habe. Jedoch in Betracht, daß Wilhelm die Entscheidung dem Könige und dem obersten Lehnshofe von Frankreich überlassen habe, und Otho's Bereitwilligkeit, Genugthuung zu leisten, durch seine lange, kostspielige und mühevolle Reise nach Frankreich hinlänglich beurkundet sey, erkläre die Versammlung: es sey, dem Gesetze Genüge geschehen und Otho von aller weiteren Strafe losgesprochen."

Der Megas-Kyr dankte für diese gnädige Entscheidung, indem er seine Kopfbedeckung abnahm und die Bitte hinzufügte, der Hof möge diesen Act schriftlich abfassen und an den Fürsten von Morea gelangen lassen. Zuletzt stellte es der König von Frankreich, gleichsam als Entschädigung für die Mühseligkeiten der Reise von Athen nach Paris, seiner freien Wahl anheim, von ihm eine Gnade zu erbitten.

Otho bat, der König möge Athen zu einem Herzogthum erheben und zugleich befehlen, daß man ihn selbst von nun an Herzog und nicht mehr Großherr nenne. Man that wie er begehrte, und ließ ihn zum Zeichen seiner herzoglichen Würde im Innern des Palastes einen Thronsessel besteigen, weil nach den Sitten jener Zeit nur Könige außerhalb des Palastes einer solchen Auszeichnung sich bedienen durften. — Dieß war das Ende des Lehens- und Erbhuldigungsstreites zwischen Otho von La Roche und Wilhelm Ville-Harduin. —

Physische Lage und Weltstellung der Länder haben auf das Schicksal ihrer Bewohner und auf den Gang der Cultur und der Freiheit des menschlichen Geschlechtes im Allgemeinen anerkannter Maßen den größten Einfluß ausgeübt. Man hat häufig die Beobachtung gemacht, daß gute bürgerliche Einrichtungen, daß Glück und Freiheit der Völker vorher hauptsächlich nur auf insularischem Boden gedeihen konnten, und daß oft ein schmaler Meerarm, ein kleines Wasserbecken einen gewaltigen Einfluß auf Hemmung oder Förderung politischer Glückseligkeit der Nationen hätten. Es scheint, daß die Bosheit der Menschen und das Verderben, wenn es auf dem Continent mit unwiderstehlicher Gewalt fortschreitet, oft vor einer Wassermasse von geringer Ausdehnung und von unbedeutender Tiefe, wie beim Anblicke eines Medusenhauptes, erstarrt und in Verwirrung geräth. Und nicht ohne tiefen Sinn lesen wir in den Schriften der alten Welt von Inseln der Glücklichen. Auf einer Insel wohnten die beneidenswerthen Atlantiden; und selbst der Aufenthalt der Seligen, so wie der Sitz der unsterblichen Götter selbst mußten Inseln seyn, gleichsam als wäre Ruhe und Zufriedenheit, Seligkeit und Freude nur unter dem mütterlichen Schutze der Gewässer möglich. *)

Und in der That, wenn man die ununterbrochene Kette von Umwälzungen betrachtet, welche sich um alle Länder nördlich von der korinthischen Landenge bis an den Isterfluß im Laufe des dreizehnten Jahrhunderts geschlangen hat; wenn man bedenkt, daß in Folge derselben in Thessalien, in Livadien, Macedonien und Thracien blühende Gegenden öd geworden, und nicht nur die Bewohner des offenen Landes, sondern auch die Bevölkerung großer und reicher Städte vertilget worden sind, so kann man das Loos der Moraiten während desselben Zeitraumes in

Allgemeinen noch erträglich finden. Denn jene Verwüstungen, die im Augenblicke als Constantinopel gefallen und die Monarchie zertrümmert war, durch abendländische Seeräuber auf Morea angerichtet wurden, betrafen nur einzelne Küstenstriche und waren vorübergehend. Selbst die Unterjochung des Landes durch die Heerhaufen Wilhelm Champlitte's und Gottfried Ville-Harduins kosteten wegen der geringen Gegenwehr kaum sechstausend Moraïten das Leben, ein Verlust, der bei einer Masse von mehreren hunderttausend Bewohnern fürwahr nicht bedeutend zu nennen ist. Außer der Schlacht im Olivenwalde bei Kondura wurde ja nirgends im freien Felde gefochten, und bei Erstürmung der Mauern von Patras, Korinth, Arkadien und Lacedämon war die Zahl der Erschlagenen vermuthlich auf der Seite der Stürmenden beträchtlicher als bei den Besiegten, indem diese letzteren zeitig genug ihre Zuflucht zu einer heilsamen Capitulation zu nehmen pflegten. Rechnet man zu diesen Umständen auch noch die vielfachen Lobsprüche, welche die moraïtische Chronik der unparteiischen Gerechtigkeitspflege, den milden und humanen Gesinnungen der Fürsten aus dem Hause Ville-Harduin ertheilt, so fühlt man sich versucht, die Bewohner Morea's im Laufe des dreizehnten Jahrhunderts für vollkommen glücklich zu halten. Dieses wäre aber ein großer Irrthum, in welchen hauptsächlich diejenigen fallen, welche den Grundcharakter und die Natur der Feudalherrschaft jenes Zeitalters nicht zu würdigen wissen.

Wenn hier von Gerechtigkeit und Humanität in Ausübung der Herrlichkeit die Rede ist, hat dieses durchaus

hinre Beziehung auf die Behandlung und auf die Lage des
gemeinen Volkes, des sogenannten dritten Standes, der
doch in Morea so gut als in den übrigen Ländern der Christenheit, die große Mehrzahl ausmachte. Kein Lehensrit-
ter und Feudalherr, die Edelsten kaum ausgenommen,
hätte es über sich vermocht, gegen die gemeinen Leute
menschlich und gerecht zu seyn. Wer nicht zu den privi-
ligirten Casten des Priester- oder des Ritterthums gehörte,
ward auch nicht in jene Classe vernünftiger Wesen gerechnet, welche man Menschen nennt und nach den Vor-
schriften des Sittengesetzes behandeln soll.

Wenn es in der Chronik heißt, Wilhelm sey wegen
seiner Herrscher-Tugenden bei Jedermann beliebt und geachtet gewesen, so ist unter diesem Jedermann der
griechisch oder slavisch redende Morait des offenen Landes, der Bewohner in Dörfern und Städten, wenn er
nicht zu einer Archontenfamilie gehört, nicht inbegriffen.
Auf das Loos dieser Menschenclasse hatten im Allgemeinen
die persönlichen Eigenschaften des Oberherrn keinen we-
sentlichen Einfluß, weil sie nicht unmittelbar ihm, sondern
zunächst den Lehensträgern und Feudalmännern untergeordnet und gleichsam als sächliches Eigenthum anhängig
waren. Wollen wir auch ganz ohne Nachweisung annehmen, daß die Coloni auf den Erbländereien des Fürsten
vielleicht hie und da eine schonendere Behandlung genossen als auf den Gütern der übrigen Ritter, so ist es doch
nur lediglich aus politischen und finanziellen Gründen, niemals aber aus Rücksichten der Menschlichkeit geschehen.
Denn Wilhelm, so trefflich er übrigens auch gewesen seyn

seyn mög; hätte sich so gut als andere Reue gescheuet und sich gleichsam zu entehren geglaubt durch das Einge- ständniß, daß man Milde und Gerechtigkeit aus morali- schem Antriebe auch den Knechten und Sklaven des Fein- des schuldig sey. Die Räuber der moralischen Theil- und ....güter waren aber damals so gut als in un- seren Tagen, wo türkische Aga an die Stelle der christli- chen Ritter getreten sind, gleichsam außer dem Gesetze, und waren der Willkür, dem religiösen Fanatismus, der Raubgierde, der Wollust und Rohheit der vom Occident ein- gewanderten lateinischen Priester und Ritter als Beute überlassen. Gegen diese Uebel vermochte sie keine Capi- tulation, kein abgeschlossener Vertrag der Archonten, ja Wilhelms Wille und Befehl selbst nicht zu schützen, weil ...... Fürst als Oberlehensherr von dem einzelnen Grundei- .... nichts zu fordern hatte als den gesetzlichen Le- .... zur Sicherstellung der Gesammteroberung. In ....verfügungen, in Recht und Urtheilssprüchen über seine ....unterthanen war der einzelne moraitische Adels- .... so souverän als Wilhelm selbst. Und wenn .... mit welcher Verachtung und Grausamkeit .... Volk damals in allen Ländern des germa- ....Europa, namentlich aber in Frankreich selbst von ....ten Herren behandelt wurde, und welch' empö- .... Uebermuth eben dieselben Ritter als Sieger und .... von Neapel und Sicilien in der nämlichen Zeit- .... verübt haben, so wird man vergeblich hoffen, daß ....unerschrockenen, aber brutalen und fanatischen Män- ....menschlich und gerecht gegen die Landbewohner Morea's gewesen seyen. (Im Gegentheil darf man als unbezweifelte Wahrheit annehmen, daß die griechischen Morazen eine noch weit sclavischere Behandlung erlitten haben, als die westlichen Völker, weil erstere gegen ihre abendchristlichen Feinde als Anhänger der morgenländischen Kirche in der Meinung dieser unwissenden und rohen Feinde nicht nur nach als Ketzer und unversöhnliche Feinde Gottes erschienen, gegen welche man sich Alles erlauben durfte. Daran nicht genug, daß man sie nach Belieben beraubte schätzte, plünderte und bei den unaufhörlichen Fehden, welche von Burg gegen Burg, von Castell gegen Castell, nach Eroberung von Morembasi und Malvegot sich erhoben, die Saaten verdarb, die Hütten verbrannte und sie selbst häufig tödtete, um den feindlichen Ritter an Gut und Einkommen zu mindern, suchte man die Unglücklichen auch noch durch alle Arten von Mißhandlungen .... gegen die landschaftlichen Pächter der Capitulationen von Androchau zur Abschwörung der vaterländischen Dogmen und zum Uebertritte zu den religiösen Meinungen ihrer grausamen und unmenschlichen Sieger.

.... Wer immer von den griechischen Popen und Bischöfen, die Annahme des römischen Glaubensbekenntnisses verweigerte, verlor seine Pfründe und wurde in den Bann gethan. Nicht genug, daß unduldsame Priester aus Frankreich, Italien und Catalonien zu den ersten und einträglichsten Kirchenwürden des Eilandes befördert wurden, ergossen sich auch noch Schaaren armer Ritter und lumpiger Kleriker, oft ohne kirchliche Ordination, als Betrü=

gr... und Abenteurer über die Oberfläche Morea's *), wels
nen wir den Fürsten und den übrigen Dynasten Kir
chenpfründen, Güter und Dörfer zu Lehen, zwängen dann
ihre Grundholden gegen alles Recht zur Ablösung (ad
redemptionem) der gutsherrlichen Rechte nach willkür
licher Schätzung und zu den höchsten Preisen, und ver
ließen nachher ohne Wissen ihrer Lehensherren, mit dem
erpreßten Raube beladen, ihre Dörfer und Beneficien,
um das Erworbene im Abendlande zu verzehren, und neuen
Schaaren feudalischer Räuber Platz zu machen. Die
Landbauer, gewöhnlich schon durch ... erste ...
zu ... gerichtet und nicht mehr ... den Hüß
hunger frisch angekommener Wölfe ... , zerstreu
ten sich und ließen die Aecker bös liegen. **) Selbst die
eingebornen Archonten vermochte der ... ...
... in demselben Augenblicke, wo sie ... ...
geschlossener und beschworner Verträge ihre Schlösser und
festen Städte übergaben, ... zu ... vor Hohn

*) Epistol. Innocent. III. Tom. 2, pag. 24. Edit. Parif. 1682.

**) Ad audientiam nostram nobili viro Gauffredo de Villa
Arduini Principe Achajae significante pervenit, quod
quidam Clerici, Milites et alii ad partes Achajae acce
dentes, receptis in feudum terris ab ipso et aliis, ho
mines suos ad redemptionem indebitam cogere non for
midant: sicque maxima pecuniae quantitate collecta re
cedunt, deserentes terram penitus desolatam.

Ibidem.

und schmählicher Behandlung von Seiten der adeligen Krieger.

Die drei Fürsten aus dem Hause Ville-Harduin, von welchen bisher gehandelt wurde, konnten diesen Gräuelscenen nicht wehren, und wandten sich wiederholt um Hülfe an den heiligen Stuhl. Innocenz der Dritte, Honorius der Dritte, und Gregor der Neunte baten, vermahnten, drohten, schleuderten Bannstrahlen gegen Prälaten und Krieger, jedoch Alles umsonst. Die Leidenschaften und die Wuth der Menschen waren stärker als das Gesetz, stärker als die Furcht vor dem Zorn Gottes und ewiger Höllenpein. *) Die Frevler wußten überdieß, daß man es mit solchen Drohungen gewöhnlich nicht ernstlich meine, und durch ein verhältnißmäßiges Opfer an die apostolische Kammer jederzeit Verzeihung für reumüthige Straßenräuber und Mörder zu erhalten sey.

Wilhelm selbst hätte gegen sein eigenes Interesse gehandelt, wenn er der ungerechten Unterdrückung der arbeitenden Volksclassen durch Adel und Priester hätte einen Damm entgegensetzen wollen. Seine häufigen und langwierigen Seezüge, die er als Vasall für den fränkischen Hof zu Constantinopel, und als Landsmann und Christ mit Sanct Ludwig und den Kreuzhelden nach Rhodus, Cypern und Aegypten unternahm, machten ihm ein freundliches Verhältniß zu seinen geistlichen und weltlichen Lehensmännern zur Pflicht. Um Hilfe an Mann-

*) Epist. Innocent. III. Tom. I, pag. 24, et Tom. 2. pag. 49. Edit. Paris. — Epistol. Honorii III etc.

...und Geld zu erlangen blieb ihm kein wirksameres
Mittel, als Nachsicht bei ihrer einheimischen Thrannei
und Ungerechtigkeit. —

Dreißig Jahre nach seiner Gründung war das Kaiserthum Constantinopel auf die Mauern seiner Hauptstadt beschränkt, alles übrige Gebiet vom Euxinus bis
an die Thermopylen hatte die Macht des Fürsten Theodor Angelus in Epirus, und nach seiner Verdrängung die Kriegshaufen der Beherrscher von Nicäa und
Bulgarien überschwemmt. Schon hatten diese beiden
Fürsten, in einem furchtbaren Bund vereint, Constantinopel mit großer Macht zu Wasser und zu Lande
belagert, und waren nur durch eines jener Wunder von
Tapferkeit und Heldenmuth, die man nur in den Jahrbüchern des französischen Volkes finden kann, von Seiten
der schwachen Besatzung der Kaiserstadt mit großem Verluste und noch größerer Schande zur Flucht genöthiget
worden.

Zwar wurden nach dieser Waffenthat Briefe und
Boten in das Abendland geschickt um Hülfe an Mannschaft und Geld. Allein eher als diese erfolgen konnte,
hatten die geschlagenen Könige die Lücken in ihrem Landheere sowohl als auf ihrer Flotte wieder ausgefüllt, und
Constantinopel zum zweiten Male von der See und von
der Landseite zu bestürmen angefangen. In der äußersten
Noth bat der Kaiser den Fürsten von Morea um Beistand. Mit hundert Rittern, dreihundert Armbrust- und
fünfhundert Bogenschützen schiffte sich Wilhelm auf drei
und zwanzig Fahrzeugen zu Nauplion ein, um die Haupt-

Stadt des orientalischen Frankenreiches von der Angst zu
befreien.

In der Umgegend dieser berühmten Stadt haben
die Frankenheere sowohl vor als nach dem benannten Zeit-
puncte so außerordentliche Thaten verrichtet, daß Niemand
über die Nachricht erstaunen wird, Wilhelm sey mit seinen drei und zwanzig Fahrzeugen mitten durch die feindliche Flotte von drei hundert Segeln, aus welchen er
fünfzehn theils versenkte, theils unbrauchbar machte, siegreich in den Hafen von Constantinopel eingelaufen, und
habe in einer bald nachher erfolgten allgemeinen See-
schlacht im Bunde mit den venetianischen und genuesischen
Geschwadern zur Vernichtung der feindlichen See-Macht,
und zur Vertreibung des bulgaro-nicänischen Landheeres
heldenmüthig mitgewirkt.

Von dieser Zeit an bis gegen das Jahr 1244 that
Wilhelm jeden Sommer entweder in Person, oder durch
einen Stellvertreter einen Hülfszug in die römische Hauptstadt, um die wiederholten Angriffe des Kaisers von Nicäa
und des Königs von Bulgarien abzutreiben. Ueberdieß
sandte er einen jährlichen Geldbeitrag von 22000 Stück
Yperper zur Besoldung der Besatzung von Constantinopel, und hielt beständig hundert Lanzen zum Schirm des
Kaisers schlagfertig. Zur Bestreitung dieser außerordentlichen Kosten und zur Belebung seines ritterlichen Sin-
nes im Streite gegen die ketzerischen Bulgaren und Griechen trugen die Päpste Honorius III, Gregor IX, und Innocenz IV als jeweilige Schutzherren der Frankenstaaten
im Morgenlande ihr Möglichstes bei durch Verleihung

reichlichen Ablasses, durch rescriptmäßige Erlaubniß die Messe auch in jenen Orten zu hören, die unter Bann, Strahl und Interdictslagen, besonders aber durch die Vollmacht, die geistlichen Güter auf Morea sowohl als in den übrigen griechisch-fränkischen Provinzen noch zwanzig Jahre länger zu besteuern zu dürfen, als ursprünglich seinem Vater Gottfried Ville-Harduin bewilligt worden war.

Druckfehler-Verzeichniß.

Seite 14 Zeile 3 von unten statt Seminarum lies Seminarium
— 27 — 9 st. Malna l. Malea
— 50 — 3 von unten st. Cephalonn l. Cephalonien
— 80 — 16 st. ! Dieser l. ; dieser
— 83 Note ** st. Μαγάλης πόλεως ἐςιν l. Μεγάλης πόλεως ἐςιν
— 93 — 7 v. u. st. affuallenden l. auffallenden
— 94 — 2 st. des l. der
— 95 — 4 st. (151 v. Ch.) l. (251 u. Ch.)
— 98 — 11 st. der Tigris l. des Tigris
— 98 — 15 st. Bosphorus l. Bosporus
— 107 — 3 st. alle l. alte
— 111 — 1 st. Tageate l. Tegeate
— 111 — 10 st. Lácedámon l. Lacedämon
— 111 — 14 st. Eintracht ὀρθοδοξίας l. Eintracht (ὀρθοδοξίας
— 122 — 19 st. draugen l. drangen
— 138 — 3 st. nich l. nicht
— 158 — 6 st. der l. den
— 164 — 1 v. u. st. wurde l. wurden
— 185 — 1 st. wurden l. wurde
— 191 — 5 st. er l. der
— 194 — 1 v. u. st. Antolien l. Anatolien
— 197 — 18 st. Bischirmung l. Beschirmung
— 235 — 9 st. lé nitzi l. lésnitzi
— 281 — 14 st. ober l. oder
— 282 — 3 v. u. st. funft l. fünfter
— 308 — 1 v. u. st. Gutenbrun l. Gutenbrunn
— 327 — 7 v. u. st. Caminiza l. Cameniza
— 377 — 19 st. er l. der
— 410 — 1 v. u. st. weun l. wenn
— 423 — 1 v. ob. st. vonher l. vonjeher.

Lightning Source UK Ltd.
Milton Keynes UK
UKHW030805200721
387465UK00009B/1475